정신분열증 치료와 모던 정신분석

하이만 스팟닛츠 지음
이준호 옮김

한국심리치료연구소

Modern Psychoanalysis of the Schizophrenic Patient

Hyman Spotnitz

Copyright ⓒ 2004 Hyman Spotnitz
Translation copyright ⓒ 2016
by Korea Psychotherapy Institute

본 저작물의 한국어판 저작권은
Center for Modern Psychoanalytic Studies를 통한 Spotnitz 가족과의 독점 계약으로
한국심리치료연구소가 소유하고 있습니다.
저작권법에 의하여 보호를 받는 저작물이므로
무단전제와 무단복제를 금합니다.

정신분열증 치료와 모던 정신분석

발행일 • 2016년 3월 10일
하이만 스팟닛츠 지음
옮긴이 • 이준호
펴낸이 • 이재훈
펴낸곳 • 한국심리치료연구소

등록 • 제 22-1005호(1996년 5월 13일)
주소 • 서울시 종로구 새문안로 5가길 28 918호
Tel • 730-2537, 2538   Fax • 730-2539
www.kicp.co.kr   E mail: kicp@naver.com

값 25,000원

ISBN 978-89-97465-19-4 93180

이 도서의 국립중앙도서관 출판시도서목록(cip)은 홈페이지
(http://www.nl.go.kr/cip.php)에서 이용하실 수 있습니다.
(제어번호: 2016004991)

정신분열증 치료와 모던 정신분석

Hyman Spotnitz

목차

추천의 글　7

1999년 페이퍼백판 서문　9

1985년 2판 서문　11

서문: 초판을 기념하며　14

1장　서론　17

2장　병의 개념화　46

3장　기법에 대한 기본 이론의 확장　82

4장　의사소통에 대한 신경생물학적 접근　92

5장　기초적인 관계에서 협조적인 관계로　130

6장　저항의 인식과 이해　167

7장　저항의 관리와 숙달　191

8장　자기애적 전이　219

9장　역전이: 저항과 치료적 영향력　258

10장　개입: 범위와 순서　295

참고 문헌　349

권장 도서　372

색인　382

저자 소개　399

추천의 글

　미국 모던정신분석가협회(Society of Modern Psychoanalysts) 회장으로서 하이만 스팟닛츠의 중요한 저서인 『정신분열증 치료와 모던 정신분석』이 번역되어 한국인 독자들이 접할 수 있게 되어 기쁩니다. 이것은 모던정신분석이 미국뿐만 아니라 전 세계로 뻗어나가는 역사적으로도 중요한 순간입니다.

　지난 세기 중반부터 하이만 스팟닛츠와 다양한 학파의 임상가와 이론가들이 프로이트의 이론과 기법을 연구하며 전오이디푸스기 발달단계에서 비롯된 정신 병리의 치료를 위해 노력해왔습니다. 그러나 자기애의 발달과 연관된 왜곡이 생긴 이들을 고전적인 접근방식들만으로 치료하기에는 부족하다는 것이 명백했습니다. 고전적인 접근방식에서 주요한 기법인 해석은 초기발달의 고착의 문제가 있는 환자들에게는 유용하지 않았습니다.

　프로이트의 이중욕동이론의 적용 가능성을 수용하며 스팟닛츠는 삶의 가장 초기 단계들에서 비롯된 경험들을 다루기 위해 분석적 접근방식을 확장했습니다. 태아의 태내에서의 경험과 삶의 첫 단계들을 이후에 발달하는 전이들의 전조로 보았습니다. 자기애적 전이의 개념은 초기 전이와 역전이의 개념을 확장했습니다.

진화하는 스팟닛츠의 이론과 기법을 따르는 분석가는 전오이디푸스기 환자를 이해하기 위해서 그가 여러 의사소통의 방식들을 사용한다는 것을 인식해야 했습니다. 행동화, 상징적 의사소통, 증상 형성, 행동 등은 환자의 첫 2년간의 경험들을 이해하는 길잡이가 되었습니다. 이 기억되지 않은 영역에서 분석가는 성인의 삶에서 반복되는 문제들에 대한 단서를 찾을 수 있습니다.

모던정신분석과 고전적인 정신분석의 치료적 관점의 큰 차이점은 중 하나는 치료의 책임이 분석가에게 있다는 것입니다. 환자가 삶의 어느 단계에 있건 간에, 어떠한 병리가 있건 간에, 그는 완전히 수용되었습니다. 치료의 적합성을 판단하기 위해 평가를 시행하지 않았습니다. 초기의 모델에서는 분석에 부적합한 개인들도 있었습니다.

이런 태도로 말미암아 분석가가 치료과정의 부담을 지게 되었습니다. 치료가 실패한다면 환자가 "준비가 덜 되었거나", 좋은 후보가 아니었기 때문이 아니라, 임상가가 제시된 병리를 다룰 수 없었기 때문입니다. 초보자 시절에는 특정 어려운 사례들이 쉽게 중단되었지만, 시간이 흐름에 따라 치료사는 성장하면서 어려운 사례들도 보다 잘 견디면서 치료가 가능해집니다.

다시 한 번 이 책의 한국어 출판을 축하드리며 한국인 독자들이 모던정신분석의 세계로 입문하게 된 것을 진심으로 환영합니다.

Theodore Laquercia, Ph. D.
President, Society of Modern Psychoanalysts

서문
1999년도의 페이퍼백판의 출판을 기념하며

　모던정신분석의 훈련 기관들이 꾸준히 성장하면서 기분 좋게도 이 책을 재인쇄하게 되었다. 심각한 자기애의 치료를 위해 이론이 1969년에 처음 제시되었으며, 1985판에 확장되고 업데이트 되면서 모던정신분석 임상가들과 훈련생들의 기본적 참조 틀이 되었다. 모던정신분석을 현재의 위상까지 끌어올린 동료와 학생들에게 감사를 표한다.

　정신증과 경계선 장애의 정신분석적 치료에 대한 최근의 발달은 현대의 문헌에 나타나듯이, 다른 학파의 임상가들도 반세기 전에 모던정신분석가들이 개발한 임상적 접근방식과 유사한 방식들을 통합하기 시작했다.

　모던정신분석은 한결같은 활력을 가지고 성장하고 있으며, 이를 입증하듯 훈련기관의 숫자와 문헌 또한 증가하고 있다. 지난 판을 인쇄한 이후로 매사추세츠 주에서는 보스턴 정신분석대학원을 Boston Graduate School of Psychoanalysis 인가했으며(이전까지는 보스턴 모던정신분석 연구센터), 뉴잉글랜드 학교협의회가 New England Association of Schools and Colleges 인증한 최초의 정신분석 석사학위과정이 개설되었다. 모던정신분석 Modern

Psychoanalysis 학회지는 30년째 출판에 접어들고 있다.

발달이 아직 요구되는 분야들에 모던정신분석가들이 자신들의 창조성을 발휘하기를 희망한다. 복제 가능한 치료적 개입에 대한 과학은 아직 초기단계에 머물러 있다. 유독한toxic 개입과 치료적 개입의 영역에서, 환자뿐만 아니라 분석가의 신체화의 영역에서, 그리고 정서적 장애의 전체 범위에 적용 가능한 특수한 개입의 영역 등에서 많은 연구가 필요하다. 나는 최근에 무한의 시간에 걸친 건설적 변형의 영역에 대한 연구에 관심이 있다. 연구와 치료가 밀접한 나의 동료들은 분석 회기에서 얻은 데이터를 활용하는 단일사례연구에 대한 관심이 뜨겁다. 분석적 방법을 집단에 적용시키는 관심 또한 식을 줄 모르고 있다.

모던정신분석 커뮤니티가 모던정신분석과 현대 정신분석적 사고에 혁신적인 아이디어로 기여할 수 있기를 기대해 본다.

하이만 스팟닛츠
1998년 12월

서문
1985년도 제2판을 기념하며

이 책의 초판이 출간된 이후로 모던정신분석 영역에서 많은 발전들이 있어왔기 때문에 이 책을 업데이트하고 확장하는 것이 필수불가결해졌다. 실로 벌써 했어야하는 작업이다.

이 책에서 소개된 특정 작동이론(모던정신분석)은 전오이디푸스기 장애들의 치료를 위한 새로운 장들을 열었다. 1971년에 뉴욕시에서 모던정신분석 훈련생들을 위한 훈련 및 연구 센터가 열렸다. 뉴욕 주 정부 내 이사회의 인가를 받고 모던정신분석 연구센터가Center for Modern Psychoanalytic Studies 설립되어 정신분석 자격증을 수여하게 되었고, 이어서 이와 비슷한 기관들이 전국 곳곳에 설립되었다. 뉴욕시와 인접 도시의 네 개의 훈련센터뿐만 아니라, 보스턴, 필라델피아, 콜로라도, 그리고 남동 플로리다 주에도 훈련센터들이 있다.

"모체"격인 모던정신분석 연구센터는 학술지인 모던정신분석Modern Psychoanalysis을 1976년부터 출간을 시작했다. 설립자들과 교수진의 중요한 기여로 정서적 장애의 전체 범위로 정신분석적 치료가 확대되고 있다. 센터의 졸업생들은 여러 대학의 석/박사 프로그램에서 학점 인정을 받기 시작했다.

모던정신분석 훈련기관에서 훈련을 마쳤거나 훈련 중인 수백명의 학생들에게 이 책의 초판은 필독도서였다. 이 기관에 재학 중인 학생들, 그리고 임상을 시작하는 졸업생들의 필요를 충족시키기 위해서 이 책의 업데이트 작업에 착수했다. 이 책은 또한 정신보건클리닉이나 개인개업에서 전정신증과 후정신증 정신분열증 환자들과 작업하는 다른 학파의 분석적 심리치료사들을 위한 것이다.

모던정신분석의 접근법을 개인 혹은 집단 심리치료에서 사용하는 나와 동료들의 최근 경험에 의하면 초판에서 제시한 기법의 이론과 작업가설을 수정할 필요가 거의 없다. 초판에 소개되었던 개념화들은 유지가 되었으며, 그 중 몇은 이번 판에서 보다 구체적으로 공식화하였다. 중요한 예로 자기애적 역전이의 개념이 있으며, 이는 1970년대가 되어서야 체계적으로 상술되었다.

1970년대의 임상 문헌들은 점차 경계선과 자기애적 장애들에 초점이 맞춰졌고, 고전적 학파에서 모던정신분석의 이론을 확증하고 있는 것처럼 보인다. 정신증과 경계선 환자들과 작업하며 정신분석 학술지에 투고하는 임상가들은 일차적 문제가 파괴적 행동과 이에 대한 방어적 상태들의 발달에 있다는 사실에 입을 모으고 있다. 또한 최근에 고전적 학파의 저명한 대변인이 고전적 접근법은 "발달 정지developmental arrest, 결핍, 혹은 일탈의 치료에 적합하지 않다"라는 모던정신분석의 주장을 확인했다 (Harold P. Blum, 1982, p. 976).

지난 15년간 정신분석 분야에서의 주요발전은 심각한 정신병리의 심리적 가역성을 위해 분석가의 정서적 반응성이 필수적 도구라는 이해이다. 이런 인식을 바탕으로 한 모던정신분석의 접근법이 점차 성공을 거두면서 우리는 새로운 정신분석적 과학의 길을 열고 있는 듯하다. 분석적 관계에서 드러나는 유전적, 기질적, 그리고 환경적 요소들을 다루기 위해 도움이 되는 특정 개입들을 적용하는 방법을 배우고 있으며, 이들은 현대 신경과학에서도 인정되고 있다.

사랑하는 아내, 도로시 하텐 스팟닛츠Dorothy Harten Spotnitz의 도움 없이 이 책을 완성할 수는 없었을 것이다.

제2판을 준비하는 과정에서 줄리아 올더 베이저Julia Older Bazer의 공동편집 작업에 감사를 표한다.

서문
초판을 기념하며

    1930년대의 의학도로서 나는 정신분열증을 이해하는 데에 관심이 생겼다. 당시 중요한 연구 분야였으며, 이 장애의 피해자에게 정신분석 치료를 받게 하는 것은 "알 수 없는 무엇인가가 어쩌면 정상으로 돌릴 것"[1])이라는 희망밖에 없었다. 여러 해가 지나고 내가 정신의학 임상을 시작했을 때에도 여전히 치료가 무용지물이라는 태도가 팽배했다.

    그렇기 때문에 나와 작업했던 정신분열증 환자들이 정신분석적 이해에 반응한다는 발견은 놀라웠다. 나의 경험은 심리적 수단을 통해서 이들에게 도움을 줄 수 없다는 생각을 반박했기 때문에 이를 어떻게 이해해야 될지 몰랐다. 정신분열증 환자에게 정신분석을 적용하는 일반적인 이론이 없었으며, 훈련 당시에 만났던 대부분의 정신분석가들은 이에 반대했다. 연구 목적으로 치료를 진행하면서 나는 프로이트의 개념들을 적용하는 것이 구체적으로 왜 실망스런 결과를 낳는지를 찾으려 했다.

    나의 성공적인 결과들, 그리고—보다 중요한—실패들을 설명하려는 시도에서 문헌에서 보고된 다양한 장애물과 나의 사례에서 발견한 해결책들을 체계적으로 검토했다. 결국 정신분열증 사례에서 전이 현상의 복잡성과 공격성의 역할을 감안한다면,

---

1) 미국 정신의학학술지에서 A.A. Brill(1929)을 인용.

전체 치료과정을 기본적인 정신분석적 방법의 테두리 안에서 공식화할 수 있었다.

내가 개발한 작업 원칙들을 가르쳤고, 학생들과 동료들은 정신증과 경계선 장애의 치료에 적용하였다. 몇몇의 원칙들은 나와 다른 정신분석적으로 훈련 받은 임상가들에 의해 간략하게 출판이 되었고, 1962년 뉴욕의 스타이베선트 폴리클리닉Stuyvesant Polyclinic에서 이론의 임상적 함의에 대한 강연을 열었다(미출판됨). 그러나 체계화된 이론은, 최초로 여기에서 제시된다. 이 책은 훈련생뿐만 아니라 정신분석적 방법의 일반적 원칙들에 능숙한 임상가를 위한 것이며, 정신분열증의 외래 사례들의 관리와 결과에 대한 이해를 돕는 이론적 길잡이의 역할을 하기 위해 고안되었다.

몇 개의 공식화에 대한 임상적 예시는 있지만 이 책은 임상편람이 아니다. 전오이디푸스기 장애들의 치료에 대한 체계적인 접근의 발달과 기본적 기법의 확장을 위한 튼튼한 이론적 기반의 확립에 이 책이 기여하기를 희망한다.

정신분열증 환자를 위한 특정 작업가설을 제안한다. 인격의 근본적인 변화와 성숙을 통해 질병의 해결에 공헌한다는 관점에서 환자에 접근했다. 핵심 문제는 정신분석가가 제공하는 특수한 정서적 반응의 도움으로 심리적으로 숙달 가능한 것으로 간주된다. 이런 반응들을 어떻게 생성하고 언제, 그리고 어떻게 제공하는지에 대해 묘사했다. 정서적 상호작용과 치료적 진전 사이의 관계에 대해서도 설명했다.

선생님들과 동료들, 그리고 특히 나의 환자들과 학생들이 이론의 발달을 위한 소중한 도움을 주었다. 여기서 제안된 생각들은 많은 환자들과 논의된 것들이다. 몇 번이고, 그들은 치료적 진전과 회복을 가능케 한 정서적 요소에 대한 나의 이해를 증진시켰다.

나의 아내, 미리엄 버크만 스팟닛츠Miriam Berkman Spotnitz는 책 작업에 필요했던 영감, 흥미, 그리고 협조를 제공했다. 우리 아들들—헨리 엠 박사Dr. Henry M, 알란 제이Alan J., 그리고 윌리엄 디William D.—은 필수적인 비평을 해주었다.

줄리아 올더 베이저Julia Older Bazer는 공동편집을 통해 이 책에 기여한 바가 크다.

하이만 스팟닛츠
뉴욕시

1장
서론

> 오류는 과학의 진보를 막는 가장 커다란 장애물이다; 이러한 오류를 수정하는 것은 새로운 지식을 달성하는 것보다 더 실용적인 가치가 있다.
>
> — 블로일러Eugen Bleuler (1950, p. 280)

정신분열증적 반응을 되돌리는 일반적인 원칙들은 프로이트가 발견했다. 그의 "개념들 덕분에 후대의 이론가들과 치료사들이 이 질병의 병인과 치료에 대한 보다 포괄적인 이해와 치료의 개발이 가능했다"는 것은 널리 인정된다(Day & Semrad, 1978, p. 200). 그럼에도 불구하고 그는 1913년에 이 장애가 심리적으로 비가역적이라 말했으며, 역사적으로 중요한 이런 오류들 때문에 프로이트의 발견은 무색하게 되었다.[1]

정신분열증이 있는 사람을 정신분석에 부적합한 후보라고 거절하는 것은 프로이트의 경고(1913)가 계속하여 반영된 입장이며, 이는 즉 이런 사례를 받아들인 분석가는 "실용적인 오류를 저질렀다; 그는 시간낭비에 대한 책임이 있고 치료 기법에 대한 신임을

---

[1] 프로이트는 이 관점을 끝까지 고수하지 않았다. 이 장의 뒤에 인용된, 프로이트 사후에 출간된 자료에서 A. A. Brill의 진술을 보시오.

떨어뜨렸다. 그는 완치cure에 대한 약속을 지킬 수 없다"(p. 121).

프로이트는 "완치"를 질병의 병리적인 징후와 명백한 증상이 사라지는 것— 바꾸어 말하면 정신 기능과 행동이 "정상"이 되는 것—과 동일하게 보지 않았다. 또한 "완치"를 환자가 적응할 수 있도록 가르치는 것, 혹은 심지어 상당히 호전되는 것과도 동일하게 보지 않았다. 그가 뜻한 것은 질병의 원인을 퇴치하고, 그럼으로써 성격의 역동의 근본적인 변화를 일으키는 것이었다. 정신분석의 창시자에 의하면 정신분석의 규칙과 요구조건들에 성공적으로 협력하는 사람의 정신적 삶은 "영구적으로 변하며, 고도의 발달수준까지 이르게 되며 새로운 발병의 가능성에 대해 계속 보호를 받는다"(1917, p. 451). 이것이 그가 정신분열증이 있는 사람들에게 하지 않았던 약속이다.

그들이 치료가 될 수 없다는 믿음을—오늘날 많은 이들은 그들이 분석가 안에서 치료가 될 수 없다는 감정을 주로 유발하는 것으로 설명한다—20세기 초반에 취리히 근처에 있는 부르그홀츨라이Burgholzli 병원에서 이런 환자들을 연구하는 데에 정신분석을 적용한 위겐 블로일러Eugen Bleuler 또한 공유했다. 이 질병에 대한 그의 일반적인 접근법은 1896년에 이들의 상태를 뇌의 퇴화 또는 비가역적 신체기관 안에서 일어나는 과정의 결과로 보는 에밀 크레플린Emil Kraepelin과는 근본적으로 달랐다. 크레플린은 단일 질병체로서 "조발성 치매"로 분류하면서 베네딕트 모렐Benedict A. Morel(프랑스 정신과의사)의 1852년부터 1853년 사이의 논문에 소개된 조발성 치매demence precoce라는, 주로 젊은이들에게 발병되는 퇴행성 정신질환을 의미하는 용어를 사용했다 (Cancro, 1982). 1911년 블로일러는 장애의 "그룹"을 개념화했는데, 과정과 심각성에서 높은 변수를 가지고 있지만, "다른 곳에서는 전혀 관찰할 수 없는 특정 종류의 사고, 감정, 외부 세계와의 관계에 있어서의 왜곡"으로 특징지었다(Bleuler, 1950, p. 9). 이런 왜곡에는 정신 기능의 "분열"이 나타났기 때문에, 그는 이 질병에 대해 그리스어 schizein(분열)과 phren(정신)에서 기인한 "schizophrenia"이라고 이름 지었다. 심리학적 그리고 부르그홀츨라이에서 사용되는 다른 치료에 의해 변화될 수 있다는 증거에도 불구하고, 블로일러는 정신분열증이 완전한 회복이 될 수 없다고 믿었다. "우리는 완치에 대해 말할 수 없다. 그러나 상당한 호전은 가능하다"(p. 9)라고 그는 말했다.

1912년과 1978년 사이에 출판된 10만 개가 넘을 것으로 예상되는 논문(M. Bleuler, 1979)들에 포함된 이 질병에 대한 방대한 문헌은 한 가지 특정 병인론에 대해 결론을 내릴 수 없었다는 것을 보여준다. 이 장애는 중복결정이 되는 것으로 보인다. 로이 그린커Roy R. Grinker, Sr.(1969)에 의하면 "정신분열증과 관련된 문제는 단일 원인이 없으며 다수의 요인이 원인, 과정, 그리고 결과의 모든 측면에 있다는 것이 분명하다"(p. 22). 맨프레드 블로일러Manfred Bleuler(1979)는 정신분열증적 정신병에 유전과 환경의 영향이 결합되었다는 것을 확신할 수 있다고 하였다.

우리가 아는 한, 누구도 정신분열증을 가지고 태어나지 않는다; 유전적 요인은 장애에 대한 생물학적으로 유전된 기질로 보인다―이는 어느 정도 중요한 소인이며 다른 경험적 그리고 유전적 요소들과 결합된다. 주로 삶의 경험에 의해 결정된 사례들이 가장 쉽게 회복된다. 그러나 병인에 관계없이 이 질병이 완전히 비가역적이라는 증거는 없다. 신경 조직의 기능적 질환일 수도 있다는 견해는 많은 자발적인 차도가 보고된 사례들과 충격요법, 특히 인슐린과―세기 중반부터―항정신성 약물을 통해 병이 심각한 사례들에서 정신증적 상태가 빠르게 회복되는 것을 통해서 지지받았다.

세대가 거듭될수록 세기 초에 치료를 둘러싼 부정주의는 다소 감소했다. 예를 들어 1912년에 컬핀M. CULPIN이라는 영국 정신분석가는 진단 가능성이 있어 보이는 몇 사례들을 치료했다고 보고했다. The Human Mind(1945)의 세 번째 개정판에서 칼 메닝거Karl Menninger는 정신분열증에 대해 점차 낙관적으로 변하는 추세에 대해 언급했다. 15년 전에 출판되었던 초판에 비해 그는 지적하기를: "정신분열증의 대다수 사례가 회복되지 않는 것은 사실이지만, 많은 사례들이 회복되는 것 또한 사실이다… 이 끔찍한 질병이 빠르고 숙련된 치료를 받는다면 희망이 없는 것이 절대 아니라는 것이 널리 인정된다는 사실에 대해 기쁘게 말할 수 있다"(p. 103).

뉴욕대학 메디컬 센터 정신의학부의 교수이자 학장인 로버트 칸크로Robert Cancro의 견해가 최근 10년간의 견해를 대변한다. 만성 정신분열증 환자의 치료에서 심리치료의 역할에 대한 최근 논문에서 칸크로 박사가(1983) 진술하기를:

"임상 경험은 정신분열증이라 불리는 개인들이 타인과 친밀한 관계를 형성할 수 있고 그 관계가 환자의 이후 적응에 변화를 가져온다는 것을 계속해서 보여준다… 개인 심리치료는 개입의 목표를 적절히 명료화한 맥락 안에서만 그것이 어떤 효과를 갖는가에 대한 평가를 할 수 있다. 대개 이 목표들은 정신내적 그리고 대인관계의 변화를 포함한다. 이상적으로 환자의 성격 변화로 인해 더 잘 적응하며, 이로 인해 재발에 대한 위험성은 감소한다"(p. 496).

이를 포함하여 이와 유사한 견해들에서 말하기를 이런 환자들과 작업하는 임상가는 관계를 맺는 동안 어느 시점에서 결과에 대한 가망 없음의 감정들을 갖지 않는다는 것은 아니다. 이 일시적인 감정들은 자기애적 역전이의 요소들이며, 정신분열증 환자가 치료사 안에서 유발하는, 종종 혼란스럽고 불쾌한 정신증적 혹은 정신증에 가까운 정서적 상태들이다. 더 많은 치료사들이 유도된 감정들을 견디고 치료적 도구로 사용할 수 있게 되면 정신분열증 환자에 대한 예후는 지속적으로 좋아질 것이다. 전오이디푸스기 저항 패턴들을 해결하는 추진력으로써 분석가의 감정을 사용하는 것은 비교적 미개척된 영역을 열어준다.

분석을 하는 임상가의 개인적 성질들과 기술이 치료의 결과에 미치는 영향은 종종 문헌에서 인용된다. 페데른Federn, 슈빙Schwing, 세슈에Sechehaye와 같은 이 분야에서 개척자적인 인물은 문헌에서 "돌보는" 치료사에 대한 필요를 강조하거나 암시했다. 최근에는 "재능이 있는" 치료사들이 완치를 시킬 수 있다고 생각된다.

"조발성 치매"라는 명칭이 점차 무용지물이 되면서 신중한 낙관주의에 기여했다. 수많은 임상가들에게 이 용어는 "재앙의 의미"라는 편견을 전달했다 (Will, 1965, p. 32). 크레펠린Kraepelin의 명칭인 "조발성 치매(정신분열증)"라는 개념은 한동안 사용이 되다가 이후에 아돌프 마이어Adolf Meyer의 보다 역동적인 용어인 "정신분열증적 반응"으로 대체되었다. 미국 정신의학협회의 정신질환 진단 및 통계 편람Diagnostic and Statistical Manual of Mental Disorder(DSM-I, 1952)의 초판은 정신분열증적 반응을 "명확하게 정의된 신체적인 원인이나 뇌에서 구조적 변화가 없는 심리발생론의 기원을 둔 질환"이라는 정의 안에 9개의 유형으로 분류하였다(p. 5). (이후 용어상의 변화에 대해서는 진단에 관한 장에서 논의된다.)

최근 몇 십년간 이 장애는 다양한 방법으로 다루어져 왔다. 신체적이고 심리적인 치료 기법들이 개별 사례들에서 단독적으로 또는 복합적으로 적용되었고, 종종 환경적 개입이 추가되기도 하였다. 치료사의 일반적인 성향과 질병에 대한 그의 선입견은 실용적인 문제들과 현재 상황만큼이나 영향을 미쳤을 것이다. 환자가 고칠 수 없는 근본적 성격 결함이 있다는 견해를 수용하는 임상가들은 치료법을 통해서 질병과 "함께 사는 것"을 가르치며 장애가 되는 요소들을 감소시키려고 한다(Hoffer & Osmond, 1966). 다른 극단에는 병리의 핵심적 결함이 제거될 수 있다는 신념하에 이런 목적을 성취하기 위해 가장 가능성 있는 방법들을 탐구하는 치료자들이 있다.

1938년부터 1950년까지 뉴욕 주 정신의학 연구소에서 레지던트 정신과 의사이자 연구자로 근무할 때, 나는 당시 입원한 정신분열증 환자에게 사용되는 다양한 치료법들을 연구했다. 인슐린 충격요법은 광범위하게 이용되었다. 나는 이런 치료를 받은 후 급성 정신증적 삽화로부터 갑자기 많은 환자들이 회복되는 것을 보았다. 더욱 인상적인 것은 인슐린의 비손상적인 주입에 대한 그들의 반응이었다. 혼수상태에 이르지 않는 용량으로 매일 주입했을 때 그들은 정신증적인 징후가 없는 상태를 유지하였다(Polatin & Spotnitz, 1943).

그러나 이들이 빠르게 현실세계로 복구하기 위하여 또는 그들이 현실세계에서 지내도록 충분히 "진정시키기" 위하여 이용되는 연이은 화학적이고 물리적인 방법들은 정신분열증적 과정들에 대한 우리의 이해를 증가시키는 데에는 실패했다. 또한 이런 방법들은 인격의 지속적인 구조적 변화라는 결과의 가능성을 제공하지도 못했다.

나는 또한 이러한 사례들에 이용되는 심리학적 치료의 다양한 체계들을 조사했다. 인격 발달에 대한 정신분석학적 이론은 나에게 다른 접근법들보다는 심한 장애가 있는 사람들에 대한 더 많은 이해를 주었다. 내가 획득했던 정신분석학적 지식의 사용에 대해 치료적 방법으로 그들과 그 이해를 공유할 수 있다는 커다란 희망으로 고무되었다.

정신분석적 방법으로 훈련을 하면서 통상적인 분석적 과정에 대한 정신분열증 환자들의 반응에 대해 실험을 할 수 있었고 가장 효과적인 수정들이 무엇이었는지를 판단할 수 있었다 (Spotnitz, 1976a; Spotnitz & Nagelberg, 1960). 그 후의 임상적인 경험은 이 환자들이 심리적으로 접근 불가능하다는 프로이트의 관점이 정신분석적 치료의 전체 분야에 불합리한 위축을 가져왔다는 나의 인상을 강화시켰다.

이런 경향의 역전은 세기 중반부터 진행 중에 있다. 지난 20년간 정신분석적으로 훈련 받은 심리치료사들뿐만 아니라 다른 학파의 심리치료사들은, 심각한 정서적 장애에 대한 치료에 전념해왔으며 그 결실을 맺었다. 그들의 개척자적 노력은, 정신분열증 환자의 정신분석적 치료에 있어서 치료사의 정서가 중요한 제한 요소라는 궁극적인 인식과 함께, 이런 환자들에 대한 정신분석적 기법의 초기 오류들을 밝혀주었다.

프로이트의 초기 인상들

프로이트는 정신분열증 환자들을 치료하면서 맞닥뜨렸던 장애물들 때문에 몇몇의 결론을 내렸지만 지금은 이론적 근거를 가지고 논박할 수 있는 결론들이다. 최근 몇 십년간의 상당한 임상적 증거들 덕분에 프로이트가 제기했던 의문들을 이해하고 현재 우리가 알고 있는 것과 통합시키는 것이 가능해졌다.

정신분석 기법의 이론은 전이와 저항의 탐구를 축으로 삼는다. 프로이트는 정신분석강의 서문Introductory Lectures에서 이 이론적 지침들에 대해 논의했고, 다음의 간략한 인용문들은 그 논문에서 발췌한 것이다(1917, 26th-28th 강의들). 환자는 초기 삶의 중요한 관계에서 파생된 정서들을 분석가에게 전이하는 경향이 있기 때문에 치료 파트너 관계는 "오래된 갈등의 새로운 판본"(p. 454)들이 만들어지고, 탐색되며, 해결될 수 있는 모체 역할을 한다. 그러므로 전이는 "상호간에 투쟁하고 있는 세력들이 만나야 하는 전쟁터"(p. 454)를 제공한다. 저항은 분석과정의 다양한 장애물들을 포함하며, 이 중에 자유연상의 기본적인 규칙에 대한 환자의 내적 저항이 으뜸이다. 치료의 주요 성취는 이 저항들을 "극복"하고 환자의 정신적 삶을 "고도의 발달 수준"까지 높이는 것이다(p. 451). 이 업무에서 프로이트는 주로 해석의 기법에 의존하면서 환자의 의사소통의 의미를 설명했다.

프로이트는 이런 치료 방법을 히스테리나 강박증과 같은 정신신경증의 다양한 형태를 위한 치료법으로 여겼다. 이 비교적 경미한 상태의 환자들은 고전적 분석상황에서 전이 신경증을 발달시키고, 이 때문에 심리적인 영향에 반응을 했기 때문에 이들을 "전이 신경증"이라고 지칭했다.

다른 한편으로 프로이트는 더 심각한 장애가 있는 환자들은—정신분열증을 포함한 "자기애적 신경증들"—"전이의 능력이 없거나 불충분한 잔여물만이 있다"(p. 447)고 보았다. 전이와 저항이라는 작업 개념들은 이런 사례들에 적용이 될 수 없었으며,

그에 의하면 "전이가 나타나지 않고"(p. 447) "저항을 정복할 수 없다"(p. 423).

프로이트의 초기 인상들이 틀렸다[2])는 것에 이제는 일반적으로 동의하지만, 동일한 기준틀에서 설명하기가 용이하다. 프로이트가 개념화하고 적용한 정신분석적 방법은 분리된 대상으로서의 분석가에게 전이를 발달시킬 수 있는 환자들에게 효과적이었다. 그가 전이에 대해 서술했을 때 그가 생각했던 것은 그 당시에 그가 인지할 수 있었던 유일한 전이인 대상 전이였다. 프로이트는 이러한 저항은 의사소통이라는 한 가지 방식을 통해서는 해결될 수 없기 때문에 자기애의 암벽은 사례를 실패하게 만든다고 믿었다.

인용된 말을 개정하면, "그들은 불충분한 대상 전이를 나타낸다" 그리고 "그들의 저항은 해석이라는 기법에 물러서지 않는다". 그렇다면 오늘날 병리적인 자기애적 환자들을 다루는 가장 정신분석적인 심리치료사들도 프로이트의 의견에 동의할 것이다. 바꾸어 말하면, 높은 수준의 정서발달을 이룬 환자와의 성공적인 임상적 경험을 기반으로, 프로이트는 특정 형태의 전이의 필요성을 상정하였고 저항을 극복하기 위한 특별한 기법을 권고하였다. 이로 인해 그는 길을 잃게 되었다.

정신분열증이 있는 모든 사람들은 기술적인 의미에서 어느 정도의 대상 전이가 가능하지만, 해석에 반응할 수 있을 정도로 발달시키는 것이 치료의 필수적인 문제이다. 병의 뿌리는 유아

---

2) 브릴 Brill에 의하면 프로이트는 초기에 이런 사례를 분석하는 것에 대해 반대했는데, "조발성 치매 과정 그 자체가 일종의 적응이며 비록 병적일지라도, 그것이 파괴되면 환자는 전혀 지지할 수 있는 것이 없다. 그러나 이후에 이 문제에 대해 그와 논의했을 때, 그는 더 이상 이런 생각을 하지 않는다는 사실에 기뻤다. 이와는 반대로 그는 때가 되면 정신증을 위한 정신분석적 치료가 개발될 것이라고 생각했다"(Brill, 1944, p. 97).

가 자기와 비-자기를 구분하기 이전 삶의 첫 몇 달 간에 경험했던 전-감정 혹은 초기 자아 상태들과 연관이 있다(Mahler, Pine, & Bergman, 1975). 어떤 사례에서 이 미분화된 감정들은 몇 년 후에 중요한 대상에게 발달되었던 전이의 감정을 차단한다; 여기서 프로이트(1917)가 말한 "우리를 멈추게 하는 벽"(p. 423)을 관찰할 수 있다. 이 현상을 오늘날 "자기애적" 전이라고 한다(또는 "전오이디푸스기" 혹은 "자기대상"전이라고도 불린다). 프로이트와 그의 동시대인들은 이러한 자기애적 전이의 존재를 인식하지 못했고 그것을 치료적 과정에 어떻게 활용할지도 알지 못했다.

그 이후로 자기애적 전이가 치료적으로 유용하다는 것이 반복적으로 증명되었다. 자기애적 전이의 발달을 촉진하기 위하여 자기애적인 상태에 있는 환자를 치료하는 분석가는 자기애적 또는 자아-동조적인 대상으로서 기능한다; 자기애적 전이가 전개되고 최종적으로는 일반적인 대상 전이로 대체된다. 그리고 객관적인 해석을 통해 안전하게 극복될 수 없는 저항 패턴들은 다른 방식의 의사소통을 통해 해결될 수 있다. 더 나아가, 만일 이러한 의사소통이 환자가 정서적으로 성숙하도록 돕는 궁극적인 목표를 지향한다면, 전이와 저항의 작업 개념들은 매 단계마다 환자가 겪는 장애물들을 제거하는 전체 과정을 조절한다.

이러한 발견들이 정신분열증으로 고통 받는 환자가 분석적 치료로 접근이 불가능하다는 생각을 없애는 데 도움이 된다. 이제 우리는 병리에 내포된 초기 경험의 군집들을 상징적으로 다시 불러내고, 보다 강력한 영향력을 행사하기 위하여 자기애적 전이를 활용할 수 있는 방법들을 알게 되었다. 따라서 정신분석적 기법이론에서 적절하고 실용적인 가설들을 제외시키는 것은 정당성이 없다. 또한 이제 우리는 저항이 확실하고 원초적인 의사소통의 형태—나의 경험으로는 명확하게 그리고 지속적으로—일 수 있다는 것을 알게 되었기 때문에 치료의 기법은 정신분석적 방법의 또 하나의 임상적 초석(저항)에 기반을 둘 수 있다.

저항은 종종 무의식을 의식화하는 데 반대하는 힘으로 개념화된다. 정신분열증으로 고통 받는 사람의 효율적인 치료에서는 일반적으로 더 어마어마한 장애물들에 직면하게 된다; 실로 환자는 심리내적인 방해를 의식할 수도 있고 통찰보다는 정서적 배운 것을 비우기unlearning와 새로운 학습이 더 필요하다는 것을 보여주기도 한다. 인격 성숙에 방해물이 되는 모든 것을 포함하도록 저항의 개념이 넓어진다면 각 사례에서 우리가 해야 될 치료적 임무가 더 명쾌해질 것이다.

해석만으로는 이렇게 다양한 저항을 해결할 수 없다. 심리적 변화와 이해를 가능케 하기 위해서는 비언어적일뿐만 아니라 언어적인, 수많은 방식의 의사소통이 결합된 영향력이 필요하다. 안나 프로이트Anna Freud(1926)가 지적한 것처럼, "성인 분석의 기법 안에서, 우리는 아동에게 필요한 모든 처방들의 흔적들을 발견한다. 우리가 그것들을 어느 정도 사용할지는 우리의 성인 환자들이 얼마만큼 미숙하고 의존적인 존재인지에 달려있으며, 이런 측면에서 보면 아동과 유사하다"(p. 17). 저항에 대해 허용되는 반응들을 재체계화하는 것을 통해 임상가들은 기법에 대한 기본적 이론에서 명시된 언어적 의사소통이라는 한 가지 종류에만 지나치게 의존하는 것으로부터 해방된다. 이 영역에서 상당한 진전이 있었다; 정신분열증 환자에게 효과적인 더욱 많은 개입들이 문헌에서 보고되고 있다(예로 Marshall, 1982).

정신분열증 환자들의 정신분석적 치료에서 특별히 중요한 것은 환자가 분석가의 충동과 감정에 영향을 미치는 역전이가 치료적으로 유용한 요소들을 포함할 수 있도록 개념이 확장되는 것이다. 환자를 정서적 충족의 원천으로 이용하는 것에 대한 위험성에 집중하다보니 역전이 증후들의 잠재적 저항과 현실적으로 환자의 행동과 의사소통에 의해 유발되는 분석가의 감정들 간에 구분이 모호해지는 경향이 있었다. 임상가 자신의 정서적 문제들에 오염되지 않은 관계의 파생물들은 치료적 도구의 중요한 원천이다.

용어에 대한 문제들

방금 논의한 작업 개념들이 적용된 이론적 틀을 "모던 정신분석"이라고 부른다. 어떤 저자들은 고전적인 방법에 새로운 개념이 포함되는 것을 나타내기 위해 이 명칭을 사용한다. 그러나 이 분야에서 이 개념을 포함해서 다른 의미로도 사용되기 때문에 어느 정도의 의미론적인 혼돈은 불가피하다. 내가 어떤 이름을 선호하는 것은 아니다; "모던 간접적 심리치료" 또는 "저항 분석"도 역시 적절할 것이다. 그러나 나는 이 책에서 제시되는 치료의 이론이 기본적으로 프로이트의 이론이자 방법이며, 후속 정신분석 연구를 토대로 재체계화한 것을 가장 잘 나타낸 명칭이 "모던 정신분석"이라고 생각한다.

다른 대안으로 고려되는 것들 중에서, 어떤 것들은 특정한 이유 때문에 거부되었다. "수정 정신분석" 또는 "정신분석 지향적 치료"로 불리는 치료들에 대한 보고들은 이러한 치료들에서 종종 저항에 대해 탐색하고 충분히 다루는 임무가 철저히 엄수되지 않고 있으며, 상대적으로 제한된 목표를 지향한다고 한다. 고전적인 방식의 구조를 고수하며 분석치료를 유사하게 지향하는 접근방식을 다른 명칭으로 부르는 것은 부적절한 것 같다.

이 책에서 공식화된 치료를 "한계가 있는 정신분석"이라고 부르는 것은 옳지 않다. 이 가설을 소개한 아이슬러 박사는Dr. K. R. Eissler 나의 접근법과 맞지 않는 한계의 사용에 관한 규정을 만들었다. 예를 들어, 그는 이러한 수정이 "피할 수 없는 최소치의 한계를 넘어서는 절대 안 되며", "치료의 마지막 단계는 항상 한계치를 제로(0)로 놓고 진행해야 한다"(p. 111)고 구체화했다. 내가 제안하는 기법상의 혁신들이 이 규정을 충족시키든 아니든 간에, 한계의 개념은—임상가를 훈련시키는 데에 유용하지만—저항을 다루기 위해 어떠한 기법이라도 허용된다면 이 개념은 폐기 되어야 한다.

프로이트의 정신분석에 대한 정의는 전이와 저항을 인식하고 "그것들을 작업의 출발점으로 삼는"(1914b, p. 16) "모든 탐색 방향"을 포함한다. 그러나 오랜 세월이 지나면서 고전학파를 대표하는 일부 학파는, 이것이 정신분석 기법의 기본 모델에만 적용되어야 한다고 주장하면서 용어 사용에 있어서 기득권을 주장했다. 그들은 주요 기법으로써 해석을 고이 간직하는 접근 방식에만 "엄밀한 의미의 정신분석"이라는 용어를 사용하면서, 다른 접근방식들에는 "정신분석적 심리치료", "표현 심리치료", 그리고 "지지적 심리치료"(e.g., Kernberg, 1982, p. 516)와 같은 용어의 사용을 제안했다.

그러나 "정신분석"과 정통적 방식에서 벗어난 것들의 연결에 대한 반대에도 불구하고, 나는 장래에 변화하는 정신 질환의 패턴을 다루기 위해 프로이트의 과학적 틀 안에서 수행된 모든 치료에 이 용어가 적용될 것이라고 믿는다. 정신분석은 칼 메닝저Karl Menninger의 깔끔한 묘사처럼 "특정한 종류의 환자를 특정한 방식으로 치료하기 위한 철학과 기법"으로부터 정신신체화 질병을 포함하여 심리적으로 가역적인 모든 질병에 적용할 수 있는 광의의 심리치료 과학으로 이행하는 과정인 것 같다. "모던 정신분석"은 이러한 진화 과정을 제안한다.

이 용어가 적절한 것에 대한 또 다른 이유가 있다. 오늘날의 유능한 의학적 임상가들은 정신 질환을 치료하기 위해 어떤 하나의 방식에 전념하기보다는, 당면한 사례에 가장 효과적인 치료를 적용하기 위해 활용 가능한 다양한 방법들에 대한 지식을 활용한다. 동일한 목적으로 고심하고 있는 분석가들은, 정통을 위한 정통을 맹공격하며, 정신분석에 대한 현대적 접근의 전형을 보여준다.

오늘날 정신분열증 환자를 치료하는 일부 정신분석가들은 고전적인 기법을 대체로 고수하며, 각 사례에 적합하다고 주장하며, 고전적인 기법에서 거의 벗어나지 않는다(McLaughlin, 1982). 다른 극단에서 일부 임상가들은 정신분석적 방법의 일반적인 틀을 거의 버리고 사례마다 우발적으로 대처한다. 내 경험에 의하면, 고전적인 기법들은 이 사례들의 기본적인 문제를 해결해 주지는 않지만, 순수하게 직관적인 접근은 바람직하지 않다. 사례에 대한 일반적인 계획에 근거를 두고 작업을 하지 않으면 결과는 아주 실망스러울 수도 있고 만족스러울 수도 있다; 하지만 결과물이 무엇이든지 간에, 그것을 설명하고 그것으로부터 배우는 것은 어렵다.

합리적인 체계가 고수되지 않고 성공적인 치료를 이루어낸 많은 사례들의 주변에는 신비와 마법의 분위기가 서려 있다. 저자들은 자신들의 임상적인 인상들과 개인적 통찰을 공유하는 데는 관대하지만 사례의 구조, 움직임, 목표를 전달하는 것을 꺼려한다. 그들은 자신들이 무엇을 성취하려고 했고 핵심적인 치료적 요소를 명확하게 밝히는 데에 실패한다.

객관적인 공식화들은 엄청난 과학적 중요성을 지닌다. 정신분열증의 정신역동에 대한 지식을 증진시키며 효과적인 치료 과정을 제안한다. (그러나 치료 종반 이전에는 이런 정보는 알리지 않는 것이 좋다; 그 이후에 환자에게 의사소통 될 수 있다).

병리적으로 자기애적인 환자를 위해 최대의 가치를 지니기 위해 정신분석적 연구는 경험적으로 그리고 치료사가 가진 모든 기법적인 기술을 이용해서 수행되어야 한다. 그러나 내 생각에 치료사가 학생으로서 배우고 적용할 수 있는 치료 이론은 필수적이다. 임상가가 사례의 매 단계에서의 진전에 대한 자료들을 측정할 수 없다면, 어느 정도로 정신분열증적 반응이 가역적이었는지를 판단할 수 없고, 이후에 반응이 재발했을 때 적절하게 면역력을 갖고 있는지를 판단하는 것이 불가능하다. 만약 분석가가 사례에서 목표를 성취하지 못했을 때, 실패의 이유를 이해하는 것이 중요하다; 우리는 가끔 성공보다 실패에서 더 많은 것을 배운다. 하나의 실행 이론을 고수하는 장점 중 하나는 이것이 임상가가 판단을 하고 질문들에 답하는 데 도움을 준다는 것이다.

현대 문헌

진단

정신분열증의 정의들은 잡동사니와 같아서 불만족스러움과 불확실함을 야기했다. 제인스Jaynes(1976)는 "정신분열증이 무엇인지, 그것이 하나의 질병인지, 여러 개의 질병인지, 다양한 병인들의 공통적인 최종 목적지인지, 혹은 과정과 반응성, 급성과 만성, 빠른 발병과 느린 발병 등 다양하게 불리는 두 개의 기본 패턴이 있는지에 대한 논쟁이 다소 애매모호한 파노라마"에 대해 말했다(p. 147). 견해들이 충돌하다보니 효과적인 치료를 안내하고 신뢰할 만한 결과를 예측할 수 있게 돕는 정의들을 공식화하기가 어려웠다. 페니켈Fenichel(1945)이 지적한 대로, "'정신분열증' 이라는 명칭은 너무나 많은 것에 적용되기 때문에 이것은 예측의 목적을 위해서도 가치가 없다"(p. 442). 이로부터 몇십 년 후 칸크로Cancro에 의해 대변되는 또 다른 불만은, 정신분열증 환자로 진단된 사람들의 이질성이 "'정확한' 심지어는 더 좋은 치료의 문제를 완전히 무색하게 만든다"(1979, p. 50)는 것이다.

정신질환의 진단과 통계 편람(미국 정신의학 협회, 1952, 1968, 1980)의 개정판들은 심각한 정신 기능 장애를 일으키는 증상들을 보다 구체적으로 구분함으로써 혼동을 줄이려는 노력을 반영한다. 위에서 언급한 DSM-Ⅰ은 정신분열증적 반응을 9가지 유형으로 분류했다 "①현실 관계와 개념 형성에 있어서 기본적인 장애, ②정동, ③행동, ④인지와 연관된 장애, ⑤현실로부터 철수 경향성, ⑥퇴행 경향성, ⑦괴상한 행동, ⑧사고 흐름의 장애, ⑨망상과 환각으로 특징지어지는 장애" 등이다(1952, p. 12).

이러한 반응들은 기술적으로 정신증적이라고 분류되지만, 1952년도 판의 편람은 반응 유형의 하나를 "만성적이고, 미분화된"으로, 또 하나는 "잔류형"으로 범주화한다. 이 두 유형은 이제 정신병원 밖의 개업의에서 치료하게 된 이른바 잠재성, 전조성, 전-정신증, 그리고 후-정신증적 질병을 포함한다.

DSM-Ⅱ(1968)는 정신분열증적 반응에 대한 Adolf Meyer의 정신생리학적 개념을 견지하지 않는다. 이는 "정신분열증"으로 대체되었다. 즉 DSM-Ⅰ에서 "반응들"이라고 분류된 9개 유형에 덧붙여서 두 개의 유형이 추가되었다—"잠재적 정신분열증"과 "다른[특이화되지 않은] 타입들"(p. 8)이다.

"잠재적 정신분열증" 진단은 정신분열증의 명백한 증세를 보이지만 정신증적 정신분열증적 삽화가 없는 개인에게 적용된다. 이는 "때로는 전조성, 전-정신증, 유사-신경증, 유사-정신병질 혹은 경계선 정신분열증"으로 명명되는 장애를 포함한다 (p. 8). "잔류형"이라는 용어는 삽화를 경험했지만 더 이상 정신증적이지 않은 개인에 적용된다. 정신분열증 증세가 강한 정동과 결합되어 있는 장애의 유형은 "분열성-정동"으로 명명되고 "흥분성"과 "우울성"으로 하위 분류된다. 정신분열증적 장애에서 정신의 상태는 "일차적으로 사고 장애에 귀속되는" 반면에, 주요 정동 정신증은 "기분 장애에 의해 지배된다" (p. 33).

칸크로^{Cancro}의 의견에 따르면 DSM-Ⅱ는 정신분열증의 임상적 모습을 강조하며 유사한 말기-상태들을 묶어서 다양한 유형을 개념화한다. 그러나 편람은 "한 개인의 환경에 대한 특별하고 계속되는 적응 노력으로서의" 정신분열증적 과정에 대한 이해를 돕지 않는다. "진단의 신뢰성에 대한 요구는 더 분명해졌다" (Cancro et al., 1974, pp. 4-5).

다른 한편으로 정신분열증의 다양한 유형들은 적응의 형태이기 때문에, 임상적 징후는 개개의 환자들의 환경이 우호적인지, 비우호적인지에 따라 상이한 변화가 일어날 것이다. 퇴행하려는 경향이 강한 특성으로 인해 정신분열증 환자는 신뢰할 만한 임상 상황을 거의 제공하지 않는다. 환자가 더 퇴행하는가 혹은 심각한 퇴행으로 회복 중인가에 따라 증후군이 결정될 것이다.

DSM-Ⅲ(1980)는 커다란 변화를 가져왔다. 5가지 정신분열증적 장애가 분류되었다: 와해형^{disorganized}, 긴장형^{catatonic}, 편집형

paranoid, 감별불능형undifferentiated, 그리고 잔류형residual 등이다. 현재의 매뉴얼은 또한 4가지 관련된 정신증적 장애들을 분류한다: 정신분열형 장애schizophreniforms disorders와 분열정동형 장애schizoaffective disorders, 단기 반응성 정신병brief reactive psychosis, 그리고 비정형 정신병atypical psychosis 등이다.

　정신분열증적 장애들의 5가지 유형들의 본질적인 특징들은 다음과 같이 정의된다: "질병의 진행 단계 동안 다수의 심리적 과정들과 연관된 정신증적 특징들의 존재, 이전 단계의 기능으로부터 악화, 45세 이전에 발병, 그리고 최소 6개월간의 지속기간 … 정신분열증의 어느 단계는 항상 망상, 환각, 또는 특정 사고의 장애 등과 관련된다"(p. 181). DSM-Ⅲ가 개념화됨에 따라, 정신분열증은 악화 과정에서 나타나는 질병으로 제한되지 않고 최소한의 지속기간이 명시된다. 왜냐하면 "누적된 증거는, 지속기간이 더 짧은 질병들(정신분열형 장애Schizophreniforms Disorder로 불리는)은 가족력과 재발 가능성 같은 다른 외적인 영향요인들을 갖는 것으로 보이기" 때문이다(p. 181).

　지속기간에 대한 조건을 제외하고는 (2주보다는 길고 6개월보다는 짧은) 정신분열형 장애는 정신분열증과 동일한 진단 기준을 가진다. DSM-Ⅲ가 정신분열증 장애로부터 정신분열형 장애를 구별하는 이유는 "감정적 혼란과 혼동이 더 클 가능성, 급성 발병과 해결의 경향성, 질병 발생 이전 수준의 기능으로 회복될 가능성, 그리고 일반적인 사람들과 비교해서 가족구성원 사이에 정신분열증의 발병이 많지 않음을 증명해 보여주기 때문이다"(p. 199).

　이전에는 잠재적, 경계선의, 또는 명시적인 정신증적 특징이 없는 단순 정신분열증으로 불렸던 사례들은 DSM-Ⅲ에서는 분열성 인격 장애schizotypal personality disorder와 같은, 인격 장애 사례들로 분류된다. 발병시기가 중년 이후였다는 이유로 제외됐던 사례들은 비정형 정신병atypical psychosis으로 분류될 수도 있다. 더욱이 정신분열증 진단은 "정신증적 특징들의 지속기간에 비해 우울증 또는 조증을 장기간 나타나거나 또는 정신증적 특징들이 출현하기 이전에 나타나는 경우"에는 적용되지 않는다; 이러한 개인들은 정동 장애affective disorder 또는 분열정동형 장애 schizoaffective disorder로 분류된다(p. 181).

요컨대, DSM-Ⅲ는 질병의 지속기간과 증상의 경중을 토대로 정신분열증-유사한 반응들에 관한 다양한 임상 상황들을 분류한다. 상태를 되돌리기 위해 필요한 시간의 길이는 일반적으로 그것의 지속기간과 증상들의 경중에 달려있다. 그러나 치료 지향적인 정신분석가의 마음에서 가장 중요한 질문은, 질병의 심리적 가역성의 정도, 그리고 그것을 완전히 회복하고 재발을 방지하기 위하여 환자에게 면역력을 키워주는 데에 필요한 시간에 관해, 이러한 다양한 임상적 증후군들이 중요한 정보의 출처인지 아닌지의 여부이다. 환자 안에서의 퇴행하려는 힘과 회복하려는 힘 간의 싸움은 임상적 증후군들을 빠르게—하루가 다르게, 심지어 시시각각—변화시킨다.

특정한 임상적 증후군이 그들을 변화시키기 위하여 필요한 개입의 유형과 그러한 과제에 필요한 시간의 양을 명시하는 한에서는, 그들은 임상가에게 상당히 중요하다.

약물 치료

지난 20년의 정신의학 문헌에서 "정신 약물학의 전체 의료 설비를 정신분열증에 퍼부어왔다"는 것이 너무나 분명히 나타나

있다(Zubin, 1974, p. viii). 최근 문헌의 많은 기고자들이 새로운 항정신증 약물들의 도입을 세기 중반 이후 정신의학 역사에서 가장 중요한 혁신으로 평가하고 있다는 것 역시 명백하다 (Karasu, 1982). 실용적인 이유들 때문에, 그러한 약물은 아마도 병원에 입원한 대부분의 정신분열증 환자들을 위한 치료로, 때로는 그들에게 유일한 치료로 계속 사용될 것이다.

그럼에도 불구하고 항정신증 약물들의 장기적인 그리고 무분별한 사용으로 인한 심각하고, 어떤 사례들에서는 아마 돌이킬 수 없는, 부작용들에 대한 궁극적인 인식이, 약물들의 독성을 줄이기 위한 제안들과 함께, 위험성과 생화학적 접근의 가치에 대한 재평가를 촉진시켰다. 예를 들어, 데이비스Davis는 병원에서 약물치료를 유지하는 것은 "가장 소량의 효과적인 사용"으로 제한해야만 한다고 권고한다. 그는 덧붙여 말하기를, 환자가 심리치료와 약물치료를 병행해서 받을 수 있다는 점을 고려하면, "대결 구조라고 보는 것은 잘못된 이분법"이다(Davis, 1975, p. 1244; Davis 등, 1982).

대결 구조로 경쟁하는 것으로 보이게 만드는 비교 연구들로 인해 양자택일의 태도가 표면적으로 지지받으면서 일부 심리치료사들을 방어적으로 만드는 경향이 있었다. 이는 정신증 치료의 결과에 대한 연구들에서의 중대한 오류에 대한 흥미로운 보고서에서 나타난다. 메릴랜드 정신의학 연구 센터에서 발간한 보고서의 저자들은 "유일하고 지속적인 치료"로서 약물들의 광범위한 사용을, 눈에 띄는 정신증 증상들을 감소시키는 데 있어 그 효율성을 입증한 연구들 덕분이라고 보는 반면에, 조사 연구는 "적합성이 의심되는 인구에 대해 한정된 틀 안에서 적용되었을 때 이들 증상들에 대한 심리치료의 효과를 보여주는 데 실패했다." 반면에, 만약 실험 연구들이 장기간에 걸친 대인관계적 기능과 장애의 특징적인 결함 증상들의 콤플렉스에 초점을 맞추었다면, 항정신증 약물들은 "즉시 무가치한 것으로 일축되었을지도 모른다"(Carpenter, Henrichs, & Hanlon, 1981, p. 466).

외래 환자에게 실시된 심리치료의 보조로서 약물 사용을 고려하는 것에는 다른 요인들이 관여한다. 아리에티^{Arieti}와 칸크로$_{Cancro}$는 이 몇 개의 문제에 대해 언급했다. 비록 약물이 아리에티의 많은 사례들에서 유용한 보조물로 사용되었지만, 그는 그것을 복용하지 않았던 환자들에게서 최고의 결과를 얻었다. "약물 치료가 단지 증상들을 완화시킨 반면에, 심리치료는 환자의 자기-이미지와 자신, 타인, 그리고 전반적인 삶에 대한 그의 태도를 변화시키는 것을 목표로 한다"(1974, p. 248). 칸크로는 자발적인 차도를 경험했던 환자들의 집단에서 "그들의 대상관계는 정동의 깊이와 따뜻함을 보였는데 이는 내가 약물 치료에서는 보지 못했던 것이다… 우리의 환자들 중 일부는 분명히 약을 복용하는 것을 싫어하는 데 그들에게 약을 강요하는 것은 중지되어야 한다. 이 소집단의 환자들의 판단이 우리들의 판단보다 우수할 수도 있다"라는 것을 발견했다(Cancro, Fox, & Sapiro, 1974, p. 9).

내 생각에는, 개업 임상에서 환자에게 약물을 처방하는 것에 대한 주된 정당성은 그들이 입원하지 않고 자신의 문제들에 대해 심리치료적으로 작업하는 것을 가능케 한다는 것이다. 약물은 때로는 병원 입원의 대체물이 될 수 있지만 최소한의 용량으로 관리하고 가능한 한 빨리 중지해야만 한다. 외래 환자일 때, 나는 약물요법을 전공한 전문의에게 그들을 의뢰한다. 정신분석 심리치료사들이 약을 직접 처방하는 것은 전이 상황을 방해하는 경향이 있으며 임상적 성공의 가능성을 감소시킨다.

항정신증 약물의 도입으로 병원 환경은 극적으로 개선되면서 대량 인구의 환자관리가 가능해졌다. 그러나 어떤 의미에서는 정신분열증 환자들에게 약물치료를 하는 것은 당뇨병 환자에게 인슐린을 투여하는 것과 유사하다. 양쪽 치료 모두 치유적인 것은 아니다. 약물요법의 주요 가치는 병원 입원에 대한 대안이라는 것이다; 외래환자로써 심리적 치료에 접근 가능한 환자들의 수를 증가시킨다. 그들이 외래치료가 가능한 상태가 되면서 장기적으로 치료받을 수 있는 모던 분석가의 사무실을 찾아오는 것이 가능해지고 이는 대개 성공적인 결과를 위해 필수적이다. 분석적인 심리치료와 협력적인 정신과 의사에 의해 신중하게 관리되는 약물의 결합은 성공적인 결과를 위한 가장 바람직한 상태들을 가져올 수 있다(Davis et al., 1982, pp. 215-228; Gochfeld, 1978).

예후

20세기 초기에 정신분열증은 정신적 쇠퇴로 이어지는, 치료 불가능한 상태라는 일반적인 합의가 있었다. 오토 윌Otto Will(1974)에 따르면, 이 장애는 여전히 암울한 분위기에 둘러싸여 있지만 그것은 "더 이상 반드시 희망 없음과 동일한 것은 아니다"(p. 18). 아직까지 예후가 개선되었다는 일반적인 의견일치는 없지만 서서히 낙관주의가 상승곡선을 그리는 것을 알 수 있다.

정신분열증 환자와 작업하는 심리치료사들이 많아질수록 완치에 대한 전망도 더 나아진다. 연구에 따라 비율은 다르지만, 최근의 자료는 정신분열증으로 진단받은 환자의 약 3분의 1이 "완전히 회복되고" "상당수의 환자들이 15년 또는 그 이상 지속된 심한 질병 이후에도 개선되거나 회복된다"는 것을 보여 준다 (Strauss, 1982, p. 88; M. Bleuler, 1979). 장기적으로 정신분열증 환자들은 "회복하는 성향을 보인다"(Cancro, 1982, p. 154).

정신분열증의 병인학에서 연관 있다고 보았던 유전적 요인이 불가피한 결과에 대한 저주받은 전달자라기보다는 "엄청난 가소성"을 가진다는 최근의 발견으로 인해 전망은 더욱 낙관적으로 보인다(Cancro, 1982, p. 92). 이미 위에서 언급했듯이 이 유전적 요소는 질병 그 자체를 유전시키기는 않는다. 오히려 유전적 요소는 "개개인이 특정 환경적 자극들에 직면하여 증상들을 발달시키는 소질 또는 취약성을 유전시킨다." 그리고 환경은 "유전자가 놓여있는 생화학의 욕조"로 간주된다(Cancro, 1982, pp. 96, 97). 환경은 생리학적인 경로를 통해, 사회적이고 정신적인 경험들에 의해서 영향을 받으며, 이러한 경험들이 생리적인 사건들로 바뀌는 정밀한 방식은 아직 밝혀지지 않았다. "유전자 또는 환경이 독단적으로 정신분열증 장애를 야기하지 않는다"라고 결론을 내릴 수 있다(Cancro, 1982, pp. 96-97).

정신분열증 환자들과의 심리치료에 참여하는 사람들이 특별히 관심을 가질만한 또 다른 최근 연구는 치료가 병인에 의해 정의되어야 한다는 일반적인 상정에 도전한다. 병인적 요소 그 자체는 복잡하며, 다양한 요소들의 상호작용을 포함한다; 이 중의 일부는 유전적이고 생물학적이며, 다른 것들은 심리적이며 환경적이다 (Strauss & Carpenter, 1981). "심지어 유기적인 요소들을 포함한 조건들도 심리적 혹은 환경적 수단에 의해 상당히 바뀔 수 있다"는 점에 대한 공감이 증가하고 있다(Heinrichs & Carpenter, 1982, p. 155).

전-정신증 혹은 후-정신증 상태에 있는 환자들의 치료를 위해 심리치료가 더욱 효과적인 방법인 것처럼 보인다. 정신약물학적 기법들은 단독 심리치료보다 정신증적 반응들을 빠르게 가역시키는 경향이 있다. 그러나 항정신증약물이 중단되면 환자들은 다시 퇴행하는 경향이 있다. 그러므로 환자가 약물치료에 의지하지 않고 퇴행하는 경향들을 다루기 위해 심리치료의 개입이 필요하다. 더욱이 내가 이미 지적했듯이 항정신증약물들은 부작용이 있기 때문에 최소의 사용만이 권장된다.

아리에티Arieti가 말한 대로(1974) 소위 질병이 생기기 이전의 상태가 이미 병적이었기 때문에, 이전의 상태로 돌아가는 것을 지향하는 치료는 정신증적 상태들에 대한 치료에서 바람직한 목표가 아니다. 정신증 이전의 상태로 환자들이 되돌아가는 것은 생물학적이고 심리적인 취약성이 남아있는 상태에 안주한다는 것이며 정신증의 잠재성이 지속된다는 것이다. 반면에 집중적이고 장기적인 심리치료를 받는 많은 환자들은 정신증이 발병하기 이전보다 월등한 수준의 통합과 자아실현을 성취한다. 성공적으로 치료된 많은 정신분열증 환자들은 현대 정신분석이 정상이라고 정의한 기준에 부합한다(Joseph. 1982).

정서적 장애에 대한 예후는 그것을 성공적으로 다룰 수 있는 치료자들의 능력에 의해 상당히 영향을 받는다는 것을 잊지 말아야한다(Braceland, 1978; Giovacchini, 1979; Karon & Vandenbos, 1981). 이러한 능력이 발달될수록 예후는 좋아진다.

모던 정신분석 연구소들에서 훈련받은 분석적 심리치료사들은 70년대 중반부터 정신분열증 환자들과 작업해오고 있다. 이 중에 많은 이들은 정신병원에서 퇴원한 후에 분석적 치료를 시작하는 후-정신증 환자들이다. 임상 수련생들이 그들의 환자 모두를 치료할 수는 없지만 그들 중 다수는 더 이상 정신분열증으로 분류되지 않는 사람들이다.

정신분열증 환자들과 생산적으로 작업하기 위해서 분석가는 그들이 협력하게 만드는 능력을 가지고 있어야 한다; 환자가 비협조적일수록 그를 성공적으로 치료하기가 더욱 어렵다. 치료의 결과는 환자가 무의식적으로 나아지기를 지향하는지 여부에 큰 영향을 받으며, 아동 혹은 청소년의 경우에는 환자의 부모가 환자의 회복을 돕는 방식으로 행동하는지의 여부에 따라 많은 영향을 받는다. 한편 치료사들은 비협조적 자아를 다루는 데 있어서 더욱 능숙해지고 있다; 어떤 환자들은 악의로 협조하기도 한다(Kesten, 1955). 주로 이러한 환자들은 절망을 느끼며 자신들이 치료될 수 없다는 것을 증명하려고 분석가의 노력을 무색하게 만들기 위해서 격렬하게 분투한다. 그러나 환자들이 유발시키는, 자신들을 위해 할 수 있는 것이 아무것도 없다는 감정(자기애적 역전이)으로 인해 분석가가 포기하지 않는 한에서 환자들은 치료 가능하다.

능숙한 분석적 심리치료사들의 치료를 받고 있는 많은 정신분열증 외래 환자들의 예후에 대한 보고가 없다. 문헌에서 보고된 대다수의 통제 연구들은 경험이 부족한 치료사들, 주로 정신과 인턴 혹은 레지던트들이 이끄는 대형 병원의 단기 치료 프로그램들이다(Mosher & Keith, 1979).

정신분열증 환자들과 심리적으로 작업하면서 그들과 가장 지속적으로 접촉을 유지하는 임상가들의 결과 또한 가장 낙관적이다. 나는 이러한 임상가들이 향후 발표할 연구들을 기대하며, 이 중에는 모던 정신분석의 기술들을 적용하는 사람들이 있을 것이다.

경계선과 자기애적 장애들

나의 견해로는 경계선과 자기애적 장애들에 대한 심리치료적 치료가 계속 진전하면서 정신분열증 장애의 보다 효과적인 치료에 중요한 기여를 할 것이다 (Spotnitz, 1979b).

이 세 가지 환자들의 집단들 간의 차이는 순전히 양적인 차이라고 생각된다. 이러한 인상은 경계선과 정신분열증 환자의 유사성과 차이점에 초점을 둔 비교 연구에 의해서 지지를 받고 있다. 이러한 연구에서 존 건더슨John Gunderson과 그의 동료들이 진술하기를 "입원 증상은 확연하게 차이가 나지만 경계선과 정신분열증 환자들은 놀라울 정도로 비슷한 예후와 결과의 특징들을 가지고 있다"(Gunderson, Carpenter, & Strauss, 1975, p. 1263).

방금 언급된 양적 차이에 대해 몇 가지 이야기한다면, 정신분열증 환자는 경계선 환자보다 더욱 강렬한 자기애적 역전이 반응을 유발한다; 정신분열증의 사례에서 혼돈스러운 퇴행에 대한 위험성이 보다 크다; 그리고 치료 과정이 훨씬 더 길다. 이러한 차이에도 불구하고, 정신분열증 환자는 경계선 환자에게 행하는 동일한 종류의 개입들(더욱 일관되게 적용된)에 대해 반응한다.

경계선 환자들과 안정적으로 그리고 목표-지향적 방식으로 작업한 경험은 분석가가 정신분열증 환자들에게 그들이 필요로 하는 대상관계를 제공하고 그들이 유발하는 더욱 요동치는 감정들을 견딜 수 있도록 준비시킨다. 이러한 정신증적 감정들 (자기애적인 역전이)이 보다 견딜만해지고 정신분열증 환자의 절망과 무기력함의 감정에 의해 유발되었다는 것을 분석가가 알게 됨에 따라, 분석가는 정신분열증 환자와 효과적으로 작업할 수 있게 된다.

바꾸어 말하면 경계선 환자의 성공적인 치료에 대한 경험이 축적되면서 정신분열증의 치료에서 보다 좋은 결과들을 성취하는 과정을 촉진시킬 것이라고 기대된다.

모던 정신분석의 원칙

내가 "모던 정신분석"이라고 일컫는 특정 실행 이론은 심각한 전오이디푸스기 장애로 고통 받는 사람들과의 치료적 필요들을 충족시키려는 동료들과 나의 경험에서 진화해 나온 일원화된 접근법이다. 모던 정신분석의 목표는 환자를 정서적인 질환으로 몰고 간 세력들을 찾아내고 환자가 이러한 세력들을 다룰 수 있게 도와서 정서적 건강과 성숙을 성취하게 하는 것이다.

이 실행 이론에는 해석 과정에 대한 전언어적 인격의 초기 무반응성과 환자의 변동하는 전이 상태들을 염두에 둔 경험이 적용되었다. 프로이트 이후 마음의 초기 발달에서 공격성의 역할에 대한 발견들이 반영되었다(Rudolph, 1981). 혼돈스러운 퇴행을 막는 안전장치는 모던 정신분석의 임상적 접근에서 중요하다; 치료동맹은 환자가 견딜 수 있는 속도에 맞춰서 진행될 수 있도록 허락된다.

역사적인 관점에서 이 접근을 바라보면, 전이와 저항 현상을 관찰하고 인식하는 프로이트의 기본적인 틀을 고수한다는 점에서 모던 정신분석은 프로이트가 중단한 지점에서 재개한다고 주장할 수 있다. 이 틀 안에서 환자의 핵심 문제를 해결하기 위해 실행되는 반면, 모던 정신분석은 정신분석적 기법의 기본적 이론을 확장시켰다. 위에서 언급한 것처럼 고전적 방법과 가장 다른 부분은 사용될 수 있는 개입의 범위를—자아 강화, 정서적, 상징적 개입 등—확장했다는 것이다.

이 책에서 논의되는 임상적 과정, 작업 개념, 그리고 개입들은 정신분열증으로 고통 받는 개인들의 치료를 위해 특별히 고안된 것이라는 것을 독자들은 잊지 말아야 한다. 그들과 작업을 할 때에 바람직한 개입의 종류와 시기는 다른 환자들에게는 치료적으로 효과가 없을 수도 있다. 예를 들어 심각한 우울증 환자의 치료에서, 분석가는 자살의 위험 때문에 공격성을 동원시키는 것을 미룰 것이다. 또 다른 예로, 정신신체적 증상으로 고통 받는 환자는(Brody, 1976) 증상의 진행 과정이 생명에 미치는 위험성 때문에 개입의 선택과 시점이 영향을 받을 것이다; 마찬가지로 진전 속도가 빠른 암으로 고통 받는 환자와의 작업에서 분석가는 매우 적극적으로 개입해야 할 수도 있다. 더욱이 환자마다 장애의 성격과 관계없이 개입의 형태는 개인의 반응성에 의해 경험적으로 결정된다.

이 책에서 논의되는 실행 원칙들은 외래 치료를 진행할 수 있을 정도로 초기에 자신들의 행동을 효과적으로 통제할 수 있지만 그 통제를 유지하기 위해서 도움이 필요한 정신분열증 환자에게 특별히 적용된다. 이 원칙들은 또한 정신증적 분출이 약물요법으로 조절될 수 있는 외래환자에게도 적용된다. 그러나 항정신증약물은 잠재적으로 심각한 부작용이 있고, 정신증 치료에 대한 반응을 더디게 할 수 있기 때문에 위험한 정신증적 발병이 최소화되면 약물에 대한 의존에서 벗어나게 하는 것이 바람직하다(Davis 등, 1982).

이러한 원칙들은 심리적인 방법을 통해서는 되돌릴 수 없는 정신분열증 환자들의 경우에는 단독으로 또는 다른 요법과 병행하여 적용되어도 의미가 없다. 이러한 사례들이 있을 수는 있겠지만 내가 치료한 40년간 아직은 원칙적으로 치료가 불가능한 환자를 만난 적이 없다. 그러나 각 사례에서의 성공은 환자의 저항을 다루기 위해 임상가가 얼마만큼 기꺼이 정서적 희생을 하는지에 달려 있다. 만약 환경적 현실은 너무 열악하고 환자의 요구들이 과도한 경우에는 개업 사무실에서 환자를 성공적으로 치료하는 것이 불가능할 수도 있다.

그러나 만약 환자가 치료에 효과를 보이면 정신분열증 진단이 잘못된 것이라든지 치료가 실패하면 진단이 옳았다는 견해는 더 이상 받아들일 수 없다. 치료에 대한 반응의 실패는 환자가 회복의 능력이 없음을 나타내는 것은 아니라, 치료가 부적절했거나 외부적 환경이 치료적 과정을 방해했다는 것을 가리킨다.

분석적 치료에 내포된 요인들 중에서, 이 책의 초판에서 나는 환자에게 "감정적 반응성과 올바른 종류의 재훈련에 도움이 되는 세팅"을 제공할 수 있는 대상과 "비교적으로 치료에 바람직한 삶의 상황"(p. 12)의 필요성을 언급했다. 나는 이제 세 번째 필수적인 요소로 분석적 치료에 대한 진정한 욕구를 선정한다. 처음에 변화와 개선을 위한 작업에 대한 강력한 욕구를 경험하지 않은 사람들—특히 부모의 압력과 지원에 의해 치료를 받게 되는 젊은이들—또는 삶의 환경적 변화를 통해 그런 욕구를 발달시키지 못한 사람들에게 인격의 성숙에 대한 욕구는 치료 관계의 측면에서 창조될 필요가 있다.

정신분열증의 분석적 심리치료에서 개척 단계는 이미 지나갔다. 내 견해로는 정신분열증은 완전히 가역적인 질병이다. 어떻게 보다 일관되게 가역시킬 수 있는지를 연구하는 것이 앞으로 주어진 임무이다.

2장
병의 개념화

　　정신분열증에 대한 정신분석적 연구로부터 무수한 관찰, 가설, 그리고 발견들이 도출되었다. 그러나 임상가가 그것들을 연구하고 현재 사례에 적합한지를 판단할 수 있는 개념적 틀 없이는 그 임상적 가치는 한정된다. 나의 경험으로는 치료는 징후의 복합체들을 근거로 공식화될 수 없다; 그것은 개개의 환자들마다 개별화되어야 한다. 사실상 이 목적을 위해 필수적인 것은 각 사례에서 경험적으로 적용될 수 있는 일반적인 원칙들이다.
　　이 장에서 제안하는 작업가설은 전체적인 그림—즉 병의 다양한 증후군들—을 포괄하기에 충분히 광범위하지만 정신역동적인 관점에서 핵심 문제에 초점을 맞추겠다. 나는 의사소통에 대한 환자의 특별한 요구를 충족시키고 심각한 퇴행을 예방하기 위해 이 질병의 개념화를 적용할 때에 그것이 중요한 치료적 가치가 있다는 것을 발견했다. 광범위한 외래 사례에 이 가설의 정당성을 시험해 본 동료들과 훈련생들은 자신과 환자 안에서 유발되는 방해하는 정서들을 다룰 수 있는 능력을 가졌을 때 치료적으로 효과적이었음을 발견했다.
　　이 가설은 독창적이기보다는 부분적인 이론들, 임상적인 관찰들, 그리고 나의 경험으로 입증된 많은 연구자들의 가정들을 통합했다. 이 축적된 개념에 대한 원천 중 일부는 서술되지만, 다음의 내용은 이 장애에 대한 정신분석적인 이론들을 전부 포함하지는 않았다.

개념의 상술

현상학에 대한 초기 관점들

세기가 바뀌기 전 프로이트의 임상적인 연구들은 치료적으로 충분한 보상의 결과를 그에게 주었고 이것은 정신분열증에 대한 그의 관점에 강한 영향을 미쳤다. 그는 히스테리 연구를 통해 (Breuer & Freud, 1893-1895) 견딜 수 없는 생각은 의식과 기억으로부터 떨어져나가면서 병의 원인이 되며, 무의식 안에서 그것의 정동적인 활동이 병적인 증상을 드러낸다는 이론을 도출했다. 여러 사례에서 반발하는 힘을 극복하는 것이 회복의 열쇠라는 것을 증명할 수 있었다(Freud, 1917). 심지어 강한 동기가 있고, 지적이며, 주의력이 있는 개인일지라도 이러한 저항을 극복하도록 돕기 위해서는 많은 정신적 노력이 필요했다. 그러나 분석가와의 조화로운 관계 안에서 분석가에 대한 애정의 감정이 발생하면서 환자는 저항들을 극복하도록 유도될 수 있었.

정신과 의사가 신체기관의 변화에 대한 증거를 발견하지 못한 환자들이 보이는 더 심한 장애의 심리학적 가역성의 문제는 논란의 여지가 되었다. 정신신경증에 대한 정신분석적 공식들이 이런 사람들의 치료에 효과적일 수도 있다는 희망을 가졌다. 프로이트는 정신증적 상태들에서 방어기제의 중요성에 집중하면서, 아동기의 성적인 경험과 연결된, 견딜 수 없는 억압된 생각들을 타자들 안으로 투사시킨 결과가 방어적인 정신증인 만성 편집증이라고 개념화하였다(1894). 만약 억압이 정신분열증에서 중요한 역할을 하고, 정신신경증에서 증상 형성과 연관된 것보다 훨씬 이른 단계에서 성적인 충동들의 조직화와 정신분열증이 연결되었다는 가정이 정당하다면, 심리성적 또는 리비도 발달 이론은 적절하게 적용시킬 수 있다.

그러나 이 접근법은 실망스러운 결과를 가져왔다. 정신분열증 환자들 안에서 초기 공식으로는 이해할 수 없는 심리학적인 과정들이 발견되었다. 이 사람들은 억압 때문에 고통 받는 것으로 보이지 않았다; 그들 중 일부는 분석가에게 그들의 무의식에 대해 분석가가 그들에게 말할 수 있는 것보다 더 많이 말할 수 있었다. 수 년 간의 치료 후에 갑작스러운 정신증적 상태로의 재발도 보고되었다. 이 환자들에게 그들이 가진 문제들에 대해 설명을 해도 전혀 영향을 받지 않는 것처럼 보였고 이는 프로이트를 매우 성가시게 했다. 왜 그들은 접촉의 밖에 머물렀는가?

정신신경증의 모든 사례는 모호한 요소들을 가지고 있었지만, 환자의 행동을 통해 하나씩 명료화할 수 있었고 결국 퍼즐 전체를 맞출 수 있었다. "나는 신경증에 대한 임상에서 큰 만족감을 얻는다"고 프로이트는 1895년에 빌헬름 플리스Wilhelm Fliess에게 편지했다. "거의 매일 모든 것이 검증되며, 새로운 조각들이 추가되면서, 문제의 핵심을 파악한 것 같은 확신을 느끼는 것은 굉장한 기분이다"(1954, p. 120).

정신분열증 환자들은 이러한 연구들에 협력하며 호전과 함께 이해라는 보상을 제공하는 데 실패를 했으며 이는 프로이트를 매우 당황케 했다. 그의 치료적 노력을 좌절시키는 그들의 능력에 몹시 화가 나서 그는 한번 말하기를, "정신증 환자들은 정신분석에게 골칫거리이다"(Federn, 1952, p. 136).

그들의 무관심에 대한 프로이트의 한 가지 설명은 그들이 분석적 관계를 형성하기 위한 유동적인 리비도를 충분히 소유하지 않았다는 것이다(Nunberg & Federn, 1962, 7번째 meeting). 이 문제에 대한 프로이트의 견해는 그들의 접근 불가능성[1]이라는 난제를 풀기 위한 유일한 방법은 심리적 영향에 무반응이라는 병리적인 요인을 가정하는 것이었다.

정신분열증에 대한 가장 초기의 정신분석적 이론은 1908년 칼 아브라함Karl Abraham에 의해 첫 번째 국제정신분석학술대회의에서 발표되었다(1953, 2장). 임상 정신과 의사이자 부르그홀츨라이Burgholzli에서 블로일러Bleuler의 전 직원이었던 아브라함 박사는 프로이트와 대화한 내용을 토대로 논문을 준비했고, 이후 프로이트는 이 논문을 정신증적 질병에 대한 자신의 입장의 근거로 삼았다.

아브라함에 따르면, 현저한 증상이 없는 사람부터 심한 질병의 가장 후기 상태에 이르기까지, 병원에 입원한 정신분열증 환자의 정서적 삶의 차이는 정도의 문제이다. 질병의 모든 형태에 있어서 공통 요소는 "성적 전이 또는 대상 사랑에 대한 능력"이 파괴되었다는 것이다(p. 69). 사실 이러한 사람들은 "외부 세계에 자신의 리비도를 전이시킬 수 있는 적절한 능력을 가진 적이 없다"(p. 71). 오늘날 이 문제를 리비도의 관점이 아니라 외부 대상

---

[1] 마침내 발견된 해결책은 이런 환자들이 접근하기 어렵거나 분석이 불가능하다는 것이 아니라, 치료자가 그들을 접근이 가능한 상태로 만드는 관계를 형성하는 데에 실패했다는 것이다. 몇 개의 사례에서, 분석이 불가능하다는 것은 지금 다루고 있는 치료자가 분석할 수 없는 것을 의미한다(Zimmerman, 1982).

과 관계를 맺을 수 있는 능력의 유무라는 관점으로 접근 한다; 그들은 초기 자아 상태들의 일부인 마음의 대상들—코헛Kohut이 자기대상이라 부르는—에게 더 애착이 있는 것처럼 보인다.

질병의 심각성에 따라, 정신분열증 환자는 세상을 거부하며 비정상적으로 반응하거나 아니면 전혀 반응하지 않는다. 질병의 많은 증상들이 히스테리와 유사하지만, 정신분열증 환자는 히스테리 환자에게서 관찰되지 않는 감정의 차단이라는 병적 경향을 나타내는데, 이는 그들이 유아적 자체성애를 "완전히 극복하지" (p. 77) 못했다는 것을 제안한다. 아브라함은 이러한 병리를 이 초기 단계에서 발달이 억제된 결과로 보았다.

융Jung은 전부터 정신분열증에서 감정은 아마도 소멸되는 것이 아니라 "이상하게 치환되고 차단된다"라고 주장했다(1936, p. 66). 아브라함은 이에 동의했다; 1908년에 그는 "병의 차도는 언제든지 일어날 수 있고, 심지어 정신적 결함의 어떤 의혹도 남아있지 않을 정도로 호전되기도 한다." 그럼에도 불구하고, 치료적 과정으로써의 정신분석은 전이의 부재 때문에 "거의 배제 된다" (Abraham, 1953, pp. 76, 71). 아브라함은 대상 전이를 언급하고 있었다.

아브라함의 진술(1911) 중에는 그의 정신분열증에 대한 이론보다 더 중요한 것 이 있다. 심각한 강박신경증 환자와 마찬가지로 정신증적 우울증으로 고통 받는 사람은 세상을 향한 강한 적대적 태도 때문에 사랑을 전이하는 능력이 크게 약화된다. 증오를 억압하는 과정으로 인해 그들의 에너지는 약화되며 소모된다. 그는 멜랑콜릭성 우울증이 "환자의 사랑의 능력을 마비시키는 증오의 태도에서 기인하는"(1953, p. 143) 것을 일관적으로 관찰했다. 정신분열증에 대한 이러한 생각들의 정확성도 이후에 검증되었다.

대상에게서 철수된 리비도는 어떻게 되는가? 프로이트는 이것이 "다시 자아로 돌아온다"라는 가설을 세웠다(1917, p. 416). "대상-리비도가 자아-리비도로 변환될 수 있다는 가설은 자기애적 신경증으로 불리는—예를 들어, 조발성 치매— 수수께끼를 풀고, 자기애적 신경증과 히스테리 또는 강박증 사이의 유사점과 차이점을 설명할 수 있는 유일한 것으로 보였기" 때문에 자아-리비도의 존재는 고려되어야만 한다(1917, p. 420).

"자기애narcissism"라는 용어는 이러한 리비도의 회귀에 적용되었다. 일반적으로 신체-자아 형성 과정의 단계와 보다 발전한 대상 형성 단계들 사이에 있는 일차적 자기애 단계로 퇴행한다는 것을 추적할 수 있었다(Glover, 1949, p. 230).

정신분열증 환자에 대한 정신분석적 치료의 실망스러운 결과는 이해가 되었으며 외부 세계에 대한 자아의 관심이 철수되는 것이 발병의 기제라면 정신분석적 치료에서 제외하는 정책은 정당해 보였다. 이런 개념은 또한 입원한 환자의 자폐적 행동과 유아적 집착에 대한 블로일러의 관찰과도 일치했다 (1950).

그들은 자신을 사랑하는 과대적인 망상에 탐닉하기 위해 사회에 등을 돌리는 듯한 인상을 주며 수많은 설명적 해석을 위한 영감이 되었다. 그들의 내적 경험과 정신적 산물은 20세기 초반에 많은 추측을 유도했다. 그들의 말은 조심스럽게 평가되었고, 생각과 환상은 원시적 부족이나 아이의 것들에 비유되었다. 융의 주장이 각광을 받았다; "꿈꾸는 자가 걸어 다니며 깨어있는 것과 같은 행동을 하면 우리는 조발성 치매의 임상적 모습을 보게 되는 것이다"(1936, p. 79).

증상들은 연구되고 정교하게 분류되었다. 일부 특정 기제들은 정상 또는 신경증적 기능 수준에서 자기애적 상태로 퇴행하는 것과 연관이 되었다. 프로이트가 그의 자기애 논문에서 상정한

대로(1914a) 철수의 시작은 잔류 현상을 일으킨다. 병적인 과정에서 두 번째 그룹에 증상들이 나타난다. 이어서 마음 밖에 있는 외부 대상과의 접촉을 되찾으려는 자아의 시도를 반영하는, 이른바 보상 증상들이 나타난다.

대체로 이 세 단계들은 동시에 나타났으며, 이후에 더 상세하게 설명되었다. 일반적으로, 첫 단계는 환자가 도움을 요청할 때 이미 시작되었다. 심기증, 탈인격화, 망상, 과대망상, 그리고 공허감 등의 증상은 심각해질 수 있으며, 이는 외부 대상에서 철수된 리비도가 자아 안에서 재조직되고 있다는 것을 제안한다. 긴장형 환자의 이상한 소리와 버릇은 "유아 발달의 모방 단계…영구적인 대상 애착이 발달하기 전"과 관련지어졌다(Glover, 1949, p. 229). 심하게 퇴행한 환자의 방출-지향적인 행동과 낮은 좌절-내성은 유사한 비유들을 낳았다. 오토 페니켈Otto Fenichel은 보상 증상들이 반대 방향으로 갑자기 이동하는 것으로 보면서, 정신분열증 환자가 "자기애적 상태를 떠나 객관적인 세계와의 접촉을 회복하려고 시도하지만, 오직 갑작스럽게 그리고 짧은 기간 동안에만 성공한다"고 생각했다(1945, p. 418).

상태에 대한 현상학적 해석들은 독창적이면서 때론 심오하여 수많은 책들을 채웠지만, 이러한 연구들에서 그런 현상이 생성되는 힘에 대해서는 거의 논의되지 않았다. 이는 놀라운 일이 아니다. 분열 또는 궁극적으로 해체된 산물을 조사하는 것을 통해 자아를 재구성하는 것은, 폭발에 의해 흩어진 잔해물을 가지고 비행기를 재조립하는 것과 비슷하다. 그러나 그것이 손상을 입기 전 원래의 구조에 대한 과학적인 이해는 부족했다; 자아형성의 다양한 시기에 관한 세밀한 연구들은 아직도 진행되고 있지 않았다. 다음의 질문에 대해 특히 대답하기가 어려웠다: 정신분열증의 정신증적 상태에 있는 많은 사람들이 그들 자신에 완전히 몰두해 있는 것처럼 보이는데, 왜 그들은 애초에 환경으로부터 그들의 관심을 철수했을까?

대상들을 포기한 것에 대한 한 가지의 설명은 "정신적 질병의 보편적인 원인은 정신적 삶에 있는 리비도적인 요소"(1917, p. 429)를 발견하려는 프로이트의 초기 입장을 지지한다(1917, p. 429). 마우리츠 카탄Maurits Katan은 현실과의 관계를 끊는 것은 극도로 과도하고 만연된 불안과 함께 강렬한 양성애적 갈등의 결과라고 주장한다.

수년 동안 정신분열증을 리비도 요소와 연관 짓는 이론에 관한 논문들이 지배적이었지만 이후에는 더 이상 보이지 않게 되었다. 연구자들은 "리비도", "자기-사랑", 그리고 "불안"으로부터 공격성의 정서적 파생물로 관심을 옮기고, 처음에는 "공격 욕동"이라는 개념에 초점을 두었고, 점차 1970년대부터 현저하게 사용되었던 개념인 "정신증적 격노"와 "자기애적 격노"를 강조하게 되었다.

공격성에 대한 초기 관점들

정신분열증에 대한 정신분석적 이해는 1920년대의 리비도 이론의 수정에 상당한 영향을 받았다. 그 이론은 공격 욕동의 존재를 인정하고 에로스 욕동의 에너지와 공격적인 에너지의 융합을 통해 파괴적인 경향성들이 완화된다는 것을 포함했다. 실제로 공격성에 관한 우리의 최근의 생각들은 20세기 초에 제기되었다. 그것들 중에 하나는 1908년 비엔나 정신분석협회의 결성 이전에 프로이트의 아파트에서 열린 "심리학 수요 저녁 모임"의 기록에서 나타난다. 1907년에 비공식적인 논의들 중에서 프로이트는 "모든 증오의 행동은 성애적인 경향으로부터 나온다" (Nunberg & Federn, 1962, 19번째 meeting, p. 164)고 진술했다. 이 초기 기록들에서 알프레드 아들러Alfred Adler는 공격 욕동의 존재에 대해 여러 번 언급했다.

아들러는 증오 없이는 사랑도 있을 수 없다는 생각을 상정하며(12번째 meeting) 대상에게 사랑을 허락하지 않는다는 것은 자아의 증오로부터 보호하는 방식이라는 것을 암시했다. 아들러는 쾌락을 얻는 다양한 방법들이 좌절될 때 유아는 공격적으로 변한다고 주장했으며(53번째 meeting), 그 공격적 욕동이 주체를 향하는 경향성에 대해 주목했다. 그 회의록에는 흥미로운 기록이 있다. "프로이트는 아들러의 대부분의 관점에 동의하는 분명한 이유가 있다: 아들러가 공격 욕동이라고 부르는 것은 우리의 리비도이다"(53번째 meeting, p. 408). 아들러가 공격성에 대한 생각들을 체계적으로 발전시켰다면 그는 정신분열증의 개념화에 중요한 공헌을 했을 것이다. 그가 1907년과 1908년에 발표한 일부 생각들은 후에 프로이트에 의해 받아들여졌고 수정된 리비도 이론에 통합되었다.

이론적인 발전과 임상적인 관찰들의 복합적인 영향은 정신분열증적 환자들에 대한 정신분석학적 접근에 중요한 변화를 가져왔다. 그들의 철수, 부정주의, 적대적 폭발은 성애적 욕동에서 기인하는 것으로 여겼기 때문에 이런 환자들의 교육이 불가능하거나 그들의 치료는 막다른 골목에 다다를 것이라고 보아왔지만, 이제는 처음으로 공격적 욕동과 연결되었다(그리고 지금은 파괴적 공격성과 연관된다).

프로이트는 이렇게 연결을 하지 않았고 정신분열증에서 대상관계가 포기되는 것을 설명하기 위해 기본적 이론을 확대하지도 않았다. *자아와 이드*(1923)에서 강박 신경증의 병리적 기제에 대한 그의 이론은 추후에 출간된 정신분열증에 대한 견해들과 유사하다. 정신증은 "자아와 외부 세계 사이의 관계에서"(1924, p. 149) 장애가 발생한 결과라는 그의 주장은 적절하다. 그러나 프로이트는 정신분열증의 특수한 맥락으로 이러한 개념들을 탐구하지 않았다.

본능적인 욕동은 목적이 있어야만 한다. 성애적 욕동의 목적은 사람들을 하나로 모으고, 공통의 관심사로 그들을 통일시키고, 인간 종족의 보존을 위한 것이다. 초기에 유아의 마음 안에 대상을 들여오도록 작동하는 욕동이다. 반면에 공격적 욕동의 목적은 유아의 자아 형성에 기여하는 대상표상 또는 그들의 파생물의 파괴이다. 공격적 욕동이 통제에서 벗어나면, 파괴하고 분열시키고, 인격을 파편화하며 사람들 사이의 연결을 단절시킨다(Freud, 1940).

통제로부터 벗어난 이라는 한정적인 구절은 파괴적 공격성과 건설적 공격성 사이의 많은 차이점들이 있음을 암시한다. 스핏츠Spitz는 적대감으로 제한하기보다는, "공격적 욕동의 훨씬 중요하며 가장 큰 부분은 모든 크고 작은 활동과 궁극적으로 생명 자체의 움직임의 원동력"이라고 지적한다(1965, p. 106).

루돌프Rudolph(1981)는 공격적 욕동의 자아-에너지화 역할에 대해 논의하며 "가장 악성의 격노가… 건설적 공격성으로" 전환되는 임상적 사례를 발표했다(p. 578).

정신분열증에 대한 초기 이론들에서는 받아들이기 어려운 내용을 내포했는데, 그것은 자기에 대한 과도한 사랑이 동기가 되어 대상으로부터의 철수하며, 결과적으로 이것이 성애적 욕동을 만족시킨다는 것이다. 대상으로부터의 도피는 공격적 충동의 감정적 파생물—증오를 포함하여 이와 연합된 정서—들과 더욱 논리적으로 연결될 수 있다. 병리적인 수준의 자기-사랑에 빠지는 것은 증오스런 대상이나 상황에서 성애적 만족을 얻기 위한 시도로서 이해될 수 있다. 임상적 발견들은 우울증에 대해 아브라함Abraham(1911)이 기술한 것처럼, 정신분열증적 철수에 있어서 성애적 욕동이 일차적으로 방어적 역할을 수행한다는 의견을 지지한다.

이런 의견에 관한 인상적인 증거는 긴장형 정신증 상태의 젊은이에 관한 헤르만 넌버그Herman Nunberg의 두 편의 고전적 연구에서 나타났다. 1921년에 기록된 한 사례는 동성애적인 측면에 중점을 두면서 리비도적 갈등의 입장에서 접근했다. "우리 사이에 더 이상 '경계'가 없는" 자기애적 동일시의 상태에서 환자는 공격적인(식인적인) 충동과 희생의 환상을 경험했다.

> 그는 나와 싸우기를 원했다… 마침내 그는 나를 죽이기를 원했다. 그러나 이 충동들은 처음에는 영원한 삶에 대한 망상적 생각에 의해 회피되었다… 망상적인 생각은… 그러므로 나를 향한 공격적인 충동을 피하기 위한 방어적인 경향을 위해 사용되었다. 이것은 명백하게, 나를 죽임으로써 그에게 남아있는 외적 세계의 유일한 대상을 그가 잃을 것이라는 정확한 심리내적 지각에 근거하였다(1948, p. 27).

유사한 상황에서, "내가 누군가를 칠 것 같고 머리카락을 뜯어버릴 것 같다"고 환자는 말했다. 그러자 곧 그는 주먹으로 자신의 머리를 때리고 머리카락을 잡아 뜯기 시작하였다. "여기에서 본능이 자신에게로 방향을 돌리며 반대로 변하며 공격적인 충동들에 대한 방어가 재연되었다— 그럼에도 불구하고 공격적인 성향은 수동적인 성향과 함께 계속해서 존재했으며 심지어 폭력성이 증가하기도 하였다.

환언하면 넌버그가 이 사례의 리비도적 측면에 집중하고 그러한 개념으로 설명하였지만, 환자의 언어는 근본적인 문제에 대한 정반대의 실마리를 제공했으며 이는 분석적 관계에서 재연되었다. 그는 주요 대상을 향한 파괴적인 충동이 질병의 결정적인 요인이라는 이론에 대한 증거를 제공했다. 실제로 그는 말하기를: 당신을 지키려는 나의 소망은 당신을 보호하며, 당신을 파괴하고 싶은 나의 소망으로부터 나를 방어해준다.

테오도르 라이크Theodor Reik는 1927년에 공격 충동을 자신에게 돌리는 정신분열증적 성향에 관한 설명을 하였다(cf. Rosenfeld, 1947). 비인격화 상태에 있는 그의 환자들 중 한 사람이 그에게 말했다: "누군가를 죽이고 싶어한다는 것을 아는 대신에 나를 지워버린다"—바꾸어 말하면 자신의 자아를 제거하는 것이다.

허버트 로젠펠드Herbert Rosenfeld 박사는 동일한 기제에 대해 강조한다. 그는 정신분열증 여성의 치료에 대해 보고하면서(1947) 다음과 같이 관찰하였다: "분석가를 공격하고 파괴하는 대신에 파괴적인 충동이 그녀의 살고자 하는 욕망과 리비도를 향했고, 이로 인해 그녀는 반쯤 죽은 상태, 말 그대로 비인격화 상태가 되었다"(pp. 136-137).

어린 아동의 정신분석을 통해 멜라니 클라인Melanie Klein이 이끌어낸 추론은 성인 정신분열증의 정신병리학적 접근법에 영향을 미쳤고, 대상으로부터 철수하는 것을 설명하기 위한 최초의 시도를 아우른다. 그녀는 그것이 생후 처음 몇 개월에 시작되는 가학성에 대한 자아의 과도하고 조숙한 방어에 원인이 있다고 생각했다. 대상을 향해 파괴적인 충동을 돌리며 엄마의 젖가슴 그리고 이후에는 신체 전체에 대한 환상적인 구강-가학적 공격으로 표현되고, 이는 장애의 발병에 상당히 중요한 기제의 발달을 야기한다. 그녀의 관점에서 과도한 가학성은 유아가 감당하기에는 너무 심각하여 불안을 일으킨다. 두 가지 위험요소에 대항하기 위해 최초의 방어가 사용되기 시작한다: 그것은 가학성 그 자체와 대상이며, 대상으로부터 "비슷한 보복적 공격"을 받는 것에 대한 두려움이 있다(1930, p. 25).

또한 멜라니 클라인은 증오에 대해서도 논하였다. 그녀는 정신분열증 기제에 관한 논문에서 관찰하기를 정신증적 장애에서 자신의 증오하는 부분과 대상을 동일시하는 것은 타인에 대한 증오를 강화시킨다. 그녀는 "일종의 분리된 적개심"이 성인 정신분열증의 분석 관계에 만연한다는 것을 지적하면서, 환자에게 그가 그녀를 "파괴하기를 원한다"라고 말했을 때의 갑작스러운 분위기의 변화에 대해 기록하였다. 이러한 해석은 그에게 이 위험이 "매우 실재"하는 것으로 만들었고, 그 즉각적인 결과는 "나를 상실하는 것에 대한 두려움"이었다(pp. 313-314).

그녀는 계속 말하기를:

환자는 분석가에게 위험하고 적대적이라고 느끼는 자신의, 즉 자아의 부분들을 분열한다. 그는 대상을 향했던 파괴적인 충동들을 그의 자아를 향해 방향을 전환했으며, 그 결과 자아의 일부분은 일시적으로 사라져 버렸다. …만일 그가 그 자신 내부에 좋은 젖가슴을 다시 세울 수 있다면, 그는 그의 자아를 강화하고 통합할 것이며 파괴적인 충동에 대해 덜 두려워하게 될 것이다; 사실 그러한다면 그는 자신과 분석가를 보호할 수 있을 것이다(p. 314).

그레고리 지부르그 박사Dr. Gregory Zilboorg(1931)는 편집성 정신분열증으로 고통 받는 젊은 여성의 분석에 대한 기록에서(p. 508) "꽤 일반적으로 발견되는 초기 유아기 전환"이 그녀의 정신증의 핵심이라고 확인했다. 그녀는 부모를 향한 증오를 자신에게 전치시켰다. 다섯 살에 경험한 심각한 좌절이 "엄청난 정도의 본능적 에너지를 축적시키며 이는 극도의 적대적 충동들을 생산하거나 활성화시켰다"(p. 499). 이러한 충동의 "표출이" 허용되는 것은 그녀가 정신증의 상태에 있을 때뿐이라는 것이 지부르그의 생각이었다(p. 499).

아이브스 헨드릭Ives Hendrick 박사는 대상의 방어에 대한 추가적인 요소를 강조했다. 젊은 정신병분열증 여성의 정신분석에 대한 그의 보고는 "공격적인 충동에 의해 위험에 빠지는 미숙한 자아"에 관한 출중한 연구이다(p. 317). 헨드릭은 자아가 유아 성애적 충동을 억제하지 못하는 것은 사용가능한 모든 에너지가 "다른 기능, 즉 엄청난 공격적인 충동을 통제하는 데 동원되었다"는 사실 때문이라고 생각하였다(p. 299). 그에 대한 젊은 여성의 전이는 증오로 가득했으며, 이는 보복 불안을 자극하였다. 오로지 그녀가 이 증오에 대한 "튼튼한 방어"를 세울 때만이 정신분열증의 퇴행에서 나타나는 반응과 유사해졌다. 이 환자의 가장 "변함없고 결정적인" 문제는 그녀가 사랑받지 못했다는 평생의 확신이었다(p. 315). 그녀의 증오가 폭발하는 것은 이러한 확신에 대한 반응이었다. 헨드릭은 정신분열증 환자의 사회적 고립을 "단순하게 자기에 대한 사랑(자기애)이 아니라, 타인들과 잠재적인 적들, 그리고 그의 부모와 인류에 대한 원초적인 증오에 의해" 결정되는 것이라고 보았다(p. 318).

몇몇 분석가들은 본능적 에너지가 중화 과정을 겪으면서 수정되고(탈-공격화 또는 탈-성애화), 자아가 이를 본능적 욕동들에 대항하는 방어로 활용할 수 있다는 이론을 정신분열증 환자에게 적용하였다. 하인즈 하트만은(1953)은 증거로서 증상들을 인용하면서, 공격적 에너지를 중화하는 개인의 능력이 손상되었다고 제안했다. 이에 대해 상술한 로버트 박(1954)에 의하면, "공격성을 중화시키는 자아의 갑작스러운 무능력은 (본질적으로 다양한 수준에서 대상의 상실을 의미하는) 전체 공격적 욕동을 해제하며, 이는 점차 추진력을 발달시키고 그것의 대상이 되는 자기를 파괴시킨다"(p. 130). 어떤 경우에는 자아는 미분화된 단계로 퇴행하거나 "대상들의 파괴를 피하기 위하여" 투사 또는 철수와 같은 다른 방어기제를 사용한다(p. 133).

자아 형성과 좌절

빅토르 타우스크Victor Tausk는 1919년 논문에서 기계에 의해 조종당하고 있다는 정신분열증 여성의 망상에 대해 서술했다. 정신증에 대한 초기 문헌 중에서도 이 고전적인 연구는 자아 경계의 부재(또는 상실)라는 지금의 친숙한 개념을 소개한다. 타우스크는 이 복잡한 "영향을 끼치는 기계"가 환자 자신의 몸의 투사물이라는 것을 깨달았다. 유아의 전-구조적 경험에서, 타우스크는 심지어 사고들은 "처음에는 자아의 기능의 일부로 인식되기 전에 외부 세상으로부터 오는 것으로 간주되는" 것이라고 언급했다(Tausk, 1933, p. 546). 신체적 자기는 유아의 첫 번째 대상으로 인지된다(Grotstein, 1980).

20세기 초반에 정신분열증 환자들, 그 중 몇은 프로이트가 의뢰한 환자들을 치료하기 시작했던 폴 페데른Paul Federn은 자아 과정들에 대한 당시 프로이트의 이론, 특히 정신분열증에서 자아가 대상으로부터 철수된 리비도가 풍부하게 투자되었다는 프로이트의 견해에 반대했다. 실제로 페데른(1952)은 자아 에너지 집중의 결핍을 이 질병과 연관시켰다. 그는 근본적 문제를 자아 경계의 결함(타우스크와는 다른 관점으로 용어를 사용하면서)으로 보았다. 결론적으로 자아와 외부 세계 사이의 구분이 흐려지고 자아는 거짓 인상들과 현실사이를 구별하기가 어렵게 된다.

   자아 경계란 페데른이 자기에 대해 항상 존재하는 자각인 "자아 느낌"이라고 언급했던 것의 객관적인 측면이며, 정신분열증에서 결함이 생긴 부분이다. 약한 자아 경계와 자아 느낌의 상실이라는 연관된 개념들은 널리 통용되었으며, 핵심 문제로 그것들에 초점을 맞추는 이론가들에 의해 보다 더 명쾌하게 공식화되었다. 예를 들어 토마스 프리먼Tomas Freeman, 존 카메론John L. Cameron, 그리고 앤드류 맥기Andrew McGhie는 정신분열증 환자들은 "환경으로부터 자기를 구분하는" 능력이 없기 때문에 내적 그리고 외적 감각들을 연속선상에서 경험한다고 생각했다(1958, p. 51).

   정상적으로 태어나고 발달하는 인간은 생후 15개월경에 자신의 분리에 대한 확고한 자각을 발달시키는 것으로 보인다. 엄마로부터 정서적 분리에 대한 자각은 천천히 그 이후의 6개월—분리개별화 과정 중에서 재접근 단계(Mahler, Pine & Bergman, 1975)—동안에 증가한다. 자기-경계 형성의 기제들 중에서 말러Mahler와 맥데빗McDevitt은 "가장 이른 시기에 엄마의 접촉 지각적 돌봄을 통한 아기의 몸에 대한 리비도화의 중요성"을 강조했다. 이것이 주어지지 않을 때, "유아 정신증에서 처럼…경계 감각과 '살아있다는 느낌'의 감각은 부재하는 것으로 보인다"(1982, p. 833).

   어떻게 자아 경계는 손상을 입는 것일까? 발달과정에서의 실패, 퇴행, 혹은 격노와 같은 폭발적 정서들에 의해 엄청난 충격을 받아서일까? 오늘날의 추측들은 방금 언급된 것들이다. 그러나 페데른은 이러한 질문에 답을 하지 않았다. 아마도 그가 정신분열증은 심리적 방법으로는 되돌릴 수 없고, 정신분열증 환자는 인격의 강화를 통해 "그렇게 위태롭게 균형 잡힌 환자에게 추가적인 정서적인 압력"을 주는 것을 피하는 것이 고작이 될 수밖에 없는, 악성 요소가 있다고 본 프로이트의 견해를 공유했기 때문이다(1952, p. 174).

그러나 페데른은 그의 논문에서 이 질문을 대해 모색했던 것으로 보인다. 그의 유작으로 출간된 고통에 대한 자아의 반응을 다룬 논문(1952)에는 다음과 같은 글이 있다: "아동기에서의 반복된 좌절은 손상을 가져올 수 있거나, 심지어는 모든 대상 리비도의 상실이나 성욕의 구성요소 전체의 중단을 가져올 수 있다. 강렬한 본능적 좌절을 통해서 인격은 전반적으로 변하고 성적 발달은 중지된다. 동일시에 의해, 또는 보다 성숙한 성욕의 요소의 출현과 함께 이후에 발달은 재개될 수도 있다. 이러한 회복이 없을 때—자발적으로 도움을 주는 환경에 의해 또는 정신분석을 통해—모든 대상관계 안에서 냉담함과 둔함이 자리 잡고 평생 동안 지속된다"(p. 266).

에드워드 글로버Edward Glover(1949)에 따르면 개인이 비정상적인 태도로 반응하게 되는 어떤 종류의 좌절 외상도 정신분열증적 퇴행을 촉발할 수 있다. 그는 이 장애가 3가지의 방어기능을 수행한다고 본다: "현실 자극의 위험으로부터 벗어나기, 위험한 이드의 흥분을 방출하기, 그리고 초자아 통제의 억압을 회피하기" 등이다(p. 229). 외상은 자아가 형성되는 초기 단계 동안에 겪었으며, 가족 대상들에게 "실재 그리고 상상"의 심각한 좌절을 경험했다는 의미에서, 글로버는 이 질병을 "실제 외상적 정신증"이라고 간주했다"(p. 231).

다른 많은 연구자들은 정신분열증과 전쟁 시기에 가장 만연했던, 급성 외상 신경증 사이의 밀접한 관계에 대해 지적했다. 예를 들어, 아브람 카디너Abram Kardiner(1959)는 두 질환을 방어적인 억제로 보았으며, 정신역동이 유사할 뿐만 아니라 환경으로부터의 "궁극적인 철수"를 야기시킨다(p. 256).

리차드 젠킨스Richard L. Jenkins 박사(1950)는 이 질병을 "환자의 감당능력을 넘어선 좌절이 만들어낸 잠재적인 진행성 악성 적응"이라고 보았다(p. 252). 그는 정신분열증을 반응과 과정으로 구분하고, 단순한 정도의 차이라고 보았다. 좌절의 수용력이 한계에 도달하면 시작되는 과정은 "얼어붙은, 전형적인 '좌절 행동'이 적응 행동을 대체하게 되는" 특징이 있다(p. 261). 이것이 더 심한 좌절의 결과를 낳으면 인격이 해체되어 정신증의 한 형태로 재조직된다.

"상징적 현실화를 통한 좌절의 해소"는 정신분열증의 심리치료에 관한 마거리트 세셰이예Marguerite Sechehaye(1956)의 책의 부제이다. 그녀는 이제는 잘 알려진 그녀의 젊은 환자 르네Renee의 치료를 그녀의 좌절 이론의 "실험적인 증거"로 간주했다 (p. 58). 세셰이예는 접촉의 부재가 이 내인성 질병의 핵이라고 믿었으며, 정신분열증 환자는 "누군가에 의한 침투"와 "정동과 정서적 삶의 폭발"에 대하여 자신을 방어한다고 주장했다(p. 51). 충족되지 못한 구강적인 욕구로 인해 일차적 관계 내에서 방어들이 패턴화되며, 정신증은 "이를 극복하기 위해 초기의 외상을 재연하려는 노력"과 "견뎌야 할 좌절에 대한 유일한 보상으로 자신만의 주관적 세계로의 결연한 도피" 모두를 나타낸다(p. 4). 그녀는 정신분열증 환자 안에서 "높은 수준으로 보상된 좌절과 이를 완화하기 위해 전혀 수단을 찾지 못하는 총체적 무능력 사이의 모든 중간 단계를 발견했다; 후자의 경우 자아는 자기-파괴적인 공격 욕동에 의해 압도된다"고 보고했다(p. 59).

세셰이예에 의하면 유아기에 "욕구가 생명의 보호 본능에 더 필수적이고 연관이 될수록, 채워지지 않는 것에 대한 적대적 반응을 더 억제해야 한다. 유아가 완화 수단을 찾는다면, 그가 전적으로 의존하는 사람에 대한 공격성을 억누를 수밖에 없으며, 대개의 경우에는 엄마이다"라고 지적했다(p. 164). 공격성(오늘날의 견해대로라면 격노)은 처음에는 약함, 무관심, 멜랑콜리로 바뀌고 결국 유아는 공격성을 자신에게로 돌린다. 욕구를 달래주는 데 대한 엄마의 거절은 "이 단계에서 유아의 정동의 모든 원천은 엄마 안에 있기 때문에" 유아 자신의 거절이 된다(p. 66).

루이스 B. 힐Lewis B. Hill은 자아 희생의 주제를 강조하면서, 젖가슴은 "위태롭게 보존되며 너무 쉽게 상실되고, 과대평가 된다"고 지적했다(1955, p. 141). 엄마 안에서 불안정성을 감지하면서, 유아는 분노를 제지하며 "분노와 공격성을 밖으로 향하게 하는 과정들은 수립되지 않고, 기제들 역시 조직화되지 못한다"(p. 143). 결과적으로 정신분열증적 정신은 "자아의 통합에 아주 큰 위협이 되는 정도의 파괴성을 포함하게 되며… 엄청난 분노와 함께 두려움도 함유하게 된다. 이 결합의 결과 환자 자신은 전혀 인지하지 못하는 지속되는 증오가 발생한다"(p. 152). 힐은 현실과의 단절을 "환경에서 사람의 행동에 반응해야만 하는 것에 맞서는 철저한 방어"라고 보았다(p. 88). 그는 또한 엄마로부터 완전히 분리된 적 없는 정신분열증 환자가 "전-대상적이며 분명하게 전언어적인 엄마-아이 관계로 되돌아가고픈 끊임없는 갈망"을 경험한다는 것을 관찰했다(p. 116).

모두가 동의하지는 않지만, 특이하게도 외인적 요인을 강조하는 이론가들이 환자의 엄마에 대한 고발장을 작성했다. 정신분열증적 정신증의 심리적인 가역성을 계속해서 주장했던 존 로젠

John N. Rosen(1953)은 일관적으로 정신분열증의 심리적 가역성을 증명하며 그의 첫 번째 책에서 엄마를 "모성본능의 도착"이 있는 사람으로 묘사했다(p. 97). 이후(1953)에 그는 견해를 수정하여 엄마 자신이 "악의적이든, 호의적이든 양육과정"에 참여하는 다른 사람들, 스트레스 상황 그리고 유아에게 침범하는 그밖에 것들, 즉 로젠이 "초기 모성 환경"이라고 개념화한 환경의 전체성에 의해 영향을 받는다고 지적했다(pp. 7-8). "완수되지 못한 업무"의 끌어당기는 힘이 미성숙한 개인을 환경에 묶어 놓고 정신증 안에서 재-경험된다. 로젠에 따르면 정신증의 근본적인 기능은 "잠재적인 공포의 원천을 의식적으로 지각하는 것을 막는 것이며 … 이는 초기 모성 환경에서 경험한 것들이다"(p. 19). 여기서 언급되지는 않았지만 지금 강조하건데, 공포와 연결된 격노 또한 중요하다.

신경심리학 이론에서도 좌절 요인을 강조한다. 베노 슐레징어 Benno Schlesinger(1962)는 스트레스 상황에서만 발병하는 생화학적인 물질의 결핍이 있는 잠재된 정신분열증의 심인성 형태와 외부의 촉진 요인이 없이도 발달할 수 있는 생리적 형태를 구별했다. 그의 견해에 따르면, 어떤 형태도 경험적인 요인만으로는 완전히 설명될 수 없다. 그는 주장하기를 "심리적으로 스트레스가 많은 상황의 공통분모는 좌절이며, 특정한 유전적-체질적 요인을 지닌 경우에는 평균 이하의 좌절-충족 비율이 질병을 촉발한다"(p. 626). 즉 슐레징어는 엄청난 격노의 가능성에 대해 기술했다.

자기애적 격노

마가렛 말러(1981)에 따르면 성장을 위해 사용되는 공격성의 발현은 리비도의 발현보다 앞서서 태내에서 시작된다. 자궁 밖에서의 삶의 시작에는 공격적인 활동은 일차적으로 유기체 내의 항상성, 특히 생리적인 항상성을 유지하거나 회복하는 것을 목표로 한다. 신생아나 영아는 원초적인 방출 활동을 통해 이를 성취하며, "이는 의도치 않게 엄마에게 주는 메시지의 기능을 수행한다" (p. 626). 그러나 만약에 그녀가 유아의 항상성의 평형을 회복시키는 것을 도울 수 있는 기능을 수행하지 않으면, 유아가 할 수 있는 유일한 반응은 말러가 몇십 년 전에 "정동운동의 폭발적-격노 반응들affectomotor storm-rage reactions"(p. 626)이라 불렸던 것이다.

동일하거나 매우 밀접하게 관련된 현상으로는 자기애적인 격노가 있다. 코헛Kohut은 자기 또는 대상이 기능상의 기대에 부응하지 않을 때 발생하는 특정한 공격성의 표현이라고 규정했다 (1972). 정신분열증 환자들의 특성으로 오랫동안 인식된 자기애적인 격노는 오늘날 경계선 환자들의 임상적인 문제처로 자주 논의된다(e.g., Kernberg, 1975 p. 267). 컨버그Kernberg는 자기애적인 격노가 "명백히 쉽게 활성화"되는 것이 "무의식적 과거의 내재화된 원시적 관계들"과 연관이 있다고 하면서 (분석가) 전이 안에서 그것을 견디는 것이 장기적으로는 효과적이라고 말했다 (1982a, p. 517).

코헛(1977)은 이와 유사한 견해들을 서술했다. 자기애적인 격노가 폭발하는 것은 "분석적 상황에서 초기 삶의 유전적으로 중요한 특정 외상적 상황이 반복되면서… 아동의 불안정하게 형성된 자기를 [재연하게 된다]"(pp. 90-91). 자기애적인 격노의 동원은 "경직된 인격구조가 느슨해지면서 분석적 진전이 일어났다는 징표"로 간주된다(1972, p. 387). 격노는 점차 성숙한 공격성으로 대체되며 이는 "격노가 발생하는 자기애적인 모체의 점진적인 변형"(p. 392)을 통해서 일어난다.

데이빗 베레스David Beres(1981)는 환자가 자신에게 자기애적인 격노를 돌림으로써 부정적인 코멘트에 대응하는 상황을 묘사했다. 이것은 "칼 아브라함이 1924년에 언급했던 '부정적인 자기애'의 징후인 자존감의 상실과 우울증"을 야기했다.

정신분열증의 핵

앞서 살펴본 이론과 관찰들은 정신분열증에 대한 정신분석의 이해의 순차적 단계들을 포함하며 전체 임상적 상황에 대한 많은 측면들을 간단히 언급했다. 언급된 정신적 기제의 일부는 특정한 사례에서 다뤄져야 하거나 중요성에 있어서 이차적이다.

세 가지의 다른 요소들이 주요하다: 공격성, 대상보호, 그리고 자기의 희생 등이다. 이들이 결합하여 인격의 정신분열증의 핵을 이룬다. 작업 개념은 다음과 같다: 정신분열증은 조직화된 정신적 상태이며, 정교하게 구조화되었지만 파괴적인 행동에 대해 성공적이지 못한 심리적 방어이다. 공격적이고 리비도적인 충동들 모두는 이 조직화된 상태에 관여한다; 공격적인 충동들은 폭발적인 힘을 제공하는 동안에 리비도적 충동들은 억제하는 역할을 맡는다. 이 방어가 작동하면 폭발적인 공격성(자기애적인 격노)에 대한 분출로부터 대상을 보호하지만, 정신적 장치의 붕괴를 수반한다(또는 위협한다). 마음에서 대상영역의 제거와 자아의 파편화는 이 방어의 이차적인 결과들이다.

이러한 상황은 발달의 미분화 단계 동안에 조직화된 것처럼 보인다. 유아가 보호할 수 있는 대상은 오로지 그의 마음에 있는 대상이지만, 이 시기에 그는 정신적 현실과 물리적인 현실 사이를 구별할 수 없다. 더욱이 대상의 보호라고 개념화한 것은 자기의 보호일 수도 있으며, 이는 마음에서 자아 영역이 출현하기 이전의 초기 발달 시기에 이 둘의 표상이 겹치기 때문이다. 따라서 "대상 영역" 개념은 가장 초기의 자기-표상들을 포함한다. 다시 말해서, 대상과 자아 사이의 경계가 흐릿하고 변동을 거듭하기 때문에 자아는 대상으로 간주된다.

외상 수준에서

『꿈의 해석』에서(1900) 프로이트는 삶에서 가장 초기의 사고 활동을 원시적인 정신 기구의 기능과 연결시켰다(7장). 이 기구는 한 쪽에는 지각과 기억 체계가 위치한 감각적 수용체가 있고, 다른 편에는 운동성 체계를 통제하는 조직이 있는 반사호로 묘사되었다. 프로이트는 이 기관이 처음에 움직임을 통해 흥분들을 방출함으로써 가능한 자극을 최소화하려고 분투한다고 가정했다. 프로이트는 배고픈 아기의 행동을 묘사함으로써 이러한 기능을 설명했다.

영양분에 대한 필요에 의해서 형성된 흥분들은 움직임을 통해 방출을 추구하며 이를 "내적 변화" 또는 "정서의 표현"이라 부른다. 이 변화는 외부의 도움 없이 이루어질 수 없다; 아기는 "만족에 대한 경험"을 성취하기 위해서 반드시 수유를 받아야하며 이는 내적 자극을 없앤다. 경험에 대한 필수적인 요소는 "특정한 지각의…기억 이미지이며 이때부터는 욕구를 만들어낸 흥분의 기억 흔적과 연관된다. 결과적으로 아기가 배고플 때마다 정신적 충동 또는 소원이 발생한다. 긴장 상태에서 그는 "최초의 만족 상태를 복원하기 위해서… 기억 이미지에 에너지를 재집중한다." 소원이 가장 빠르게 성취되는 길은 흥분에서 바로 지각으로의 완전한 에너지 집중이다. 프로이트가 "지각적 정체성"이라 불렀던 것은 필요에 대한 만족과 연결된 영양분의 지각에 대한 반복이다. 심리적 활동의 첫 번째 목표는 지각적 정체성을 형성함으로써 긴장을 다소 감소시키려는 것이다(1900, pp. 565-566).

만일 이 필요가 좌절된다면 정신 기구 안에서 어떤 일이 발생하는가? 울부짖고 몸부림치는 것은 배고픈 유아에게 긴장을 약간 감소시키지만 그 필요는 지속된다. 그는 영양분이 제공되지 않는 한 만족의 경험을 성취할 수 없다. 극심한 배고픔에 의해 일어난 흥분들은 거꾸로—퇴행—정신기구의 감각수용 부분으로 흐른다. 아기는 기억을 통하여 외부대상이 제공하지 않고 있는 만족을 복원하려고 노력한다.

그러나 이전 수유에 대한 기억을 환기시키는 것은 욕망하는 지각적 정체성을 만들어내는 데 실패한다. 비록 긴장을 약간 감소시킬 수 있지만, 유아의 입 안으로 흘러들어오는 엄마의 모유에 대한 가장 생생한 환상들도 절대로 실제 경험만큼 만족스럽지 않다.

배고픈 상황이 아이에게서 분노를 유발시킨다고 가정하는 것은 타당하다. 수유에서 오는 만족감이 거절당했지만, 복수 또한 만족스럽다. 외부 세계에 있는 박탈하는 대상에 대해 분노를 신체적으로 표출하는 것은 유아의 능력 밖이지만, 그는 마음 안의 대상을 파괴할 수 있다—환언하면, 대상과 동일시된 정신의 부분을 파괴할 수 있다(Steiner, 1982). 유아는 분노에 사로잡힌 채 잠들어버림으로써 정신적으로 그것을 없애버린다. 수면은 대상이 없는 상태이기 때문에 만족스러울 뿐만 아니라; 또한 배고픈 고통을 마취시키고 대상에 대한 갈망을 소멸시킨다. 즉, 수면은 긴장을 사라지게 한다.

대상에 대한 욕망이 많이 남아있는 깨어있는 상태들에서는 정적인positive 대상 에너지 집중이 지속되고, 실제 대상의 부재 속에서 에너지는 심리적 대상에게 매달리는 데 사용될 수 있다. 프로이트(1900)는 지적하기를, "환각적인 정신증과 기아 환상들에서는 그들이 소원하는 대상에게 매달리는 데 모든 정신적 활동력을 소진시켜버리는"(p. 566) 경우가 발생한다.

정신분열증적 정신은 리비도 에너지 집중으로 대상에게 매달리고 공격적 에너지 집중으로 그것을 제거한다. 이것이 기본 패턴들이다. 이 패턴들이 형성된 이후에, 자아는 대상을 보호하기 위해 운동성의 통제를 조직하기 시작한다. 대상으로부터 긴장-감소의 만족감이 부재한 상태에서 제거 패턴에 공격적 에너지가 집중될 때에, 리비도적 에너지는 이러한 보호의 목적을 위해 사용된다.

운동성의 통제를 위해 투쟁하는 공격성의 대상 에너지 집중과 파괴적인 행동을 막기 위해 운동성을 억제하는 리비도 에너지 집중 사이의 전투의 결과에 따라 정신의 온전함과 외적 대상의 운명이 결정된다. 이런 높은 긴장 상태들에서 리비도 에너지는 적대적인 행동을 억제하기에는 충분하지만, 정신 기구를 조직하는 힘으로서는 압도당한다. 전투의 일선에서 더 강력한 쪽의 승리로 결론이 난다. 정신분열증적 반동의 패턴화는 대상을 보호하기에 충분할 정도의 긴장을 감소시키지만, 정신 기구를 해체하고 결국 정신증을 초래한다.

사랑과 증오의 상충되는 세력들을 이런 방식으로 조정하는 증거는 정신증적 상태들에서 관찰된다. 만약 정신의 분열이 대상에게 억제된 증오를 가라앉히지 못하면, 이 방어는 자해 또는 자살을 수반할 수도 있다(Menninger, 1938). 만약 이 방어가 실패하면 살인광의 행동이 나타난다. 만약 살인적인 행동이 병원 입원으로 저지된다면, 광적인 자살 시도가 나타날 것이다.

임상 상황

임상적으로 잠재적인 정신분열증의 사례들에서 방어는 여러 반응들로 표현될 수 있다. 공격적 충동들은 강박적으로 비활성화 된다; 리비도 충동들은 공격성 주위에 그물망을 치기 위해 무수한 방법들로 활용된다.

젊은 여성이 지인과의 만남에서 느꼈던 자신의 감정과 행동에 대한 진술은 이 유아적 패턴을 보여준다. 그녀는 말하기를,

> 베티와 있으면서 내가 마치 괴물처럼 느껴졌어요. 내가 그녀를 너무나 증오한다는 것이 겁이 났어요. 내가 그녀를 더 증오할수록, 나는 자신을 더 증오했어요. 나는 둔해지고 억제되었다고 느껴서 점점 더 많이 담배를 피웠어요. 그녀가 나와 똑같았기 때문에 나는 그녀가 증오스러웠어요. 글쎄, 정확히는 아니지만; 그녀는 나보다는 훨씬 용감했어요. 그녀는 나를 당황케 하고 단절감을 느끼게 했어요.

그녀는 다음의 무의식적인 메시지를 의사소통하고 있다: 베티는 나보다 훨씬 더 공격적이다. 그녀의 행동은 내 안의 적대적인 감정들을 불러일으킨다. 나는 그녀를 공격하고 싶다. 이것은 나를 괴물처럼 느끼도록 만들기 때문에 나는 두려워지고 철수한다. 둔해지고 "단절감"을 느끼면서 나는 끊임없이 담배피우는 것

으로 나 자신을 통제하려고 노력한다. 구강적 만족은 자아를 리비도 에너지 집중으로 충전한다. 그러면 나는 나의 적대감을 표현할 필요가 없다. 이것은 나에게 베티와 얘기하는 것을 "안전하게" 만들고 그녀에게도 "더 안전한" 상황을 만든다.

방출되지 않은 공격적인 반응이야 말로 우리가 다뤄야할 정동적 핵이다. 문제의 기원은 성숙의 초기 단계에서 특정한 종류의 손상으로 인한 실패로 거슬러 올라간다. 결과적으로 아동은 과도한 좌절, 과도한 만족, 혹은 양쪽 모두에게 특징적으로 반응했으며, 강렬한 부정적인 정서들을 대상에게 방출하는 대신에 자신의 정신 기구 안에 이들을 축적했다.

원시적 자아는 격노의 분출은 바람직하지 않다는 것을 매우 소중한 대상에게 배우고, 최대한 이를 억누르기 위해 작용했다. 이것이 불가능하다고 판명되었을 때, 너무도 필요한 실제 대상에게 해가되지 않을 방식으로 분노는 방출되었다; 그 대신에 마음의 대상과 자아화된 대상 표상들을 향하면서 강렬한 정동들이 방출되지 못하는, 특히 정체된 분노에 대한 문제를 초래했다. 방출되지 못한 공격성에 대한 병리적인 반응으로 인해 성장 과정들은 방해받거나 역전되었다. 침체된 정신 기구 내에 그것이 축적되면 정신분열증적 반동의 발달을 위한 최적의 상태가 제공된다.

무의식적 작용을 명료화하기 위해 나는 환자가 계속적으로 살인의 강한 충동의 압력을 경험하고 파괴적 행동이 발생할 가능성이 높기 때문에 자신의 정신 기구를 작동하지 못하게 함으로써 자신을 방어한다는 견해를 강조한다(Bloch, 1965, 1976, 1978). 타자에 대한 위험한 행동을 미리 방지하기 위해 잠재적으로 파괴적인 자기를 때려눕히는 것은 누군가가 방아쇠 당기는 것을 막기 위해 총을 산산조각 내는 것과 마찬가지이다. 대상의 심리적 살해와 심리적 자살이 실제 살해와 자살을 방지하는 방식이라는 개념은 환자의 행동과 장애 그 자체를 이해하는 데 도움이 된다.

추가 관찰

앞서 언급한 많은 정신분석가들의 과학적 발견들과 관찰들은 방금 소개된 작업가설을 세우는 데에 기여했으며 어느 정도 정신분열증에 대한 이해를 공유했다. 이런 개념적 틀 안에서 그들의 임상적 발견들을 설명하는 것과 이 질병에 대해 보고되었던 치료적 실패들을 설명하는 것이 가능하다.

프로이트의 개념들은 질병의 현상학에 대한 우리 지식의 토대이고, 그 필연적인 결과들에 대한 그의 이해는 심오했다. 그는 질병의 증상들이 의미가 있다는 것, 성적 충동들이 정신분열증적 방어와 관련 있다는 것, 회복에 대한 시도로 인해 퇴행이 일어난다는 것, 그리고 자아가 좌절의 충격을 못 이겨 이드에 의해 스스로 압도된다는 것을 알아냈다. 돌이켜 보건데, 우리는 사랑과 증오의 충동들을 분명히 구별하지 못하고 대상 파괴에 대한 방어로서 정신분열증을 인식하지 못한 그의 실패 때문에 치료적 개념의 발달이 지체됐다는 것을 알 수 있다. 프로이트의 자기애 이론에 영향을 받아 몇몇의 동시대 이론가들은 대인관계의 측면에서 각 사례를 연구하고 자신들의 관찰들을 이행하는 대신에, 자기-사랑과 성애에 대한 현상학과 추상적 공식들에 몰두하게 되었다.

페데른은 정신적 기능이 분화되지 않는 상태로 퇴행하는 것이 파괴적 충동의 압력에 의한 것이라는 점을, 또는 방출되지 않는 격노의 부식 효과에 의해 자아 경계가 사라질 수 있다는 것을 알아차리지 못했다. 그럼에도 불구하고 그의 서술적 이론은 정신분열증에 대한 주관적 경험을 이해하는 데 도움이 되었고 자기애적 전이와 작업할 수 있는 소중한 도구를 제공했다.

넌버그Nunberg, 헨드릭스Hendricks, 클라인Klein, 그리고 다른 이들은 정신분열증적 정신에서 대상을 향한 강력한 공격성의 집중을 관찰했다. 거의 모든 관심이 리비도 충동들에게 쏠려 있던 시대에 그들은 공격적 충동들에 관한 임상적 현상에 대해 보고했다.

공격성을 표현할 필요성에 대한 좌절은 세셰이예Sechehaye에 의해 강조되었고, 그녀의 훌륭한 사례 자료에서 충분히 실증되었다. 그녀는 공격성이 대상을 보호하기 위해 정신 기구로 되돌아온다는 생각을 충분히 발전시키지 않았고, 항상 존재하는 파괴 충동들이 환자들의 "위장 작업"에 동기를 부여해 왔을 수도 있다는 것을 깨닫지 못했다. 그녀의 이론은 인격 역동에 초점을 두지 않았기 때문에 적용하기 쉽지 않다. 그녀는 충동의 해소에 대한 필요성을 충족시키는 것으로 치료적 작업을 개념화했지만, 성적 충동과 공격적 충동을 구별하거나 충동 방출에 대한 저항들에 대해 다루지 않았다. 만약 그녀의 치료 도식이 전이와 저항으로 제시되었다면 정신분석적 치료의 기본 원리들을 숙달한 치료사들은 이를 보다 쉽게 이해했을 것이다.

나는 중화 이론 그 자체에 반대하지 않지만 정신분열증에 중화 이론을 적용하는 것은 치료에 해로울 것이다. 성적 충동은 정상적인 양의 공격성을 다루는 데에 적합하다. 정신분열증에서는 중화 과정에 문제가 생긴 것이 아니라 성공적으로 중화될 수 있는 것보다 많은 공격적인 에너지가 존재한다. 매우 특이하게도 그것이 그렇게 과도한 이유는 조사되어야만 한다; 그것은 회복의 속도와 추후의 인격 성숙과 관련이 있다.

　이 상황에 대한 정신 역동을 간략히 제안하면: 두 욕동들은 일차적 대상에 부착되었다; 환언하면, 대상은 증오와 사랑 모두를 받았다. 그리고 유아가 만약 자신이 증오를 나타낸다면 관계가 완전히 파괴될 것이라는 태도를 발달시켰을 때, 그의 사랑은 공격 충동을 억누름으로써 대상을 보호하기 위한 동기를 부여할 만큼 충분히 강했다. 유아는 정체된 격노로 인해 고통 받고 있다고 말할 수 있다. 공격적 충동의 방출을 위한 압박이 증가함에 따라, 리비도 충동들은 상대적으로 약해졌다. 결국 불어나는 증오의 힘이 대상의 물리적 파괴를 위협하고 이에 대응하기 위해 상징적 파괴가 사용되었다. 자신의 감정으로 인해 사랑의 잠재적 원천인 대상을 없애는 행동을 막기 위해서 아동은 스스로의 감정을 제거하는 데 전념했다.

　유아적 본성을 염두에 두지 않으면 이 강박적인 작용의 감정적 논리는 모호하다. 오이디푸스기 수준에서 기능하는 사람들은 부정적인 감정들을 느낀다고 해서 긍정적인 감정들이 취소되지는 않는다. 정신신경증 환자들은 둘 모두를 느끼고 표현할 수 있다. 그들은 증오를 중화시키고 대상을 향한 그들의 사랑의 감정들을 유지한다. 하지만 공격적 충동들이 더욱 강력한 정신분열증 환자에게는 방출되지 않은 공격성이 너무 많이 존재할 때에는 대상에 대한 어떤 감정도 갖지 않는 것이 더 "안전"할 수 있다. 그러나 자아가 두려워하는 행동을 막기 위해 감정을 파괴하는 정신분열증적 패턴은, 충동들을 중화시키는 능력이 부족하다는 가정을 정당화하지 않는다.

　사실 정신분열증 자체는 행동 충동들로부터 적절한 보호막이 부재한 상태에서 공격성을 중화시키는 병리적인 방식이라고 특징지어질 수 있다(Spotnitz, 1962). 옥덴Ogden(1982)은 정신분열증 환자는 "처리하기 힘든 고통과 해결할 수 없는 갈등의 끝없는 근원처럼 느껴지는 그의 사고, 감정, 그리고 지각들을 무의식적으로 공격한다… 나는 사람은 무의식적으로 자극들(내적 그리고 외적)에 대해 직접 주의를 기울이지 못하도록 스스로를 막을 수 있고, 그의 지각들을 조직화하는 것을 금지하며, 감각 처리에 대해 감정과 의미의 부여를 방지할 수 있다는 사실에 대해 말하고 있다"(pp. 166-167).

사람들은 대상과 자아에 대한 그들의 지각들을 파괴하는 극단으로 갈 수 있지만 이것은 불가피한 것이 아니다. 만약 그들이 이런 지각들을 손상시키지 않고 공격적 충동들을 성공적으로 방출한다면 외부 세상에 대한 그들의 흥미는 다시 효력을 발휘한다. 갑작스런 호전과 회복 증상들의 출현은 공격성의 양이 줄어들어서 대상과의 접촉을 다시 시작할 수 있을 정도로 중화될 수 있다는 것을 제안한다.

어쨌든 환자는 덜 공격적이어야 한다는 생각을 전달하는 것은 그들을 더 정신분열증적으로 만드는 지름길이다. 공격적 충동들은 표현되어야 한다. 어떤 의미에서 그들의 표현이 어느 정도 그들을 중화시키기도 한다; 그러나 분석적 임무는 동원된 분노-공격성 방출을 막는 방해물을 제거하는 것이며, 행동보다는 언어로 방출하도록 하는 것이 일차적 목표다. 글라우버 Glauber(1982)가 지적했듯이, "말speech은 모든 본능적 욕동의 표현의 수단이며, 무의식에서는 사고와 말이 다양한 형태로 표현되며, 이에 리비도와 공격적 에너지가 고도로 집중되기 때문에 사고와 말을 통해 소원을 표현하는 것은 실제 소원을 성취하는 것과 등치된다."

언어적 방출의 방해물들이 해결될 때, 정신증적 증상은 사라지고 환자는 부정적인 정서를 보다 건강한 방식으로 다룰 수 있게 된다.

정신분열증에 대한 현재 관점

정신분열증과 경계선 상태의 임상적 기능

코헛(1971)은 정신분열증에 대한 언급이 거의 없지만 이 질환을 "잠재적인 자기의 영구적 상실"(p. 5)과 동등시했다. "분석 가능"이라고 (p. 1) 묘사된 자기애적 인격의 문제들과 정신분열증, 우울증, 경계선 상태들은 대조된다. 경계선과 자기애적 장애에 대한 현대 문헌에서 "분석 가능한" 그리고 "가역적인"이란 단어는 정신분열증적 장애들에서 그것들을 구분하기 위해서 종종 사용된다.

컨버그(1975)는 정신증 환자 안에서 "자기와 대상이미지의 병리적인 융합"이 존재하지만 경계선 환자에서는 통합된 자아경계가 형성되기 위한 충분한 분화가 발생했다고 주장한다. 그는 원초적인 모든 좋은 자기-이미지과 대상-이미지의 방어적인 재융합을 "과도한 좌절과 분노에 대한 방어"라고 보았다. 이는 또한 "유아의 발달단계를 지나서 지속된다면, 정신증적 정체성을 구성하는 원형이다"(p. 163).

컨버그는 집중 치료를 받는 경계선과 정신증 환자의 기능상의 차이점에 주목했다. 전자는 원초적인 방어 작용에 대한 체계적인 조사에 대해 긍정적인 반응을 보이지만, 정신증 환자에게 이러한 조사는 더 깊은 "명확한 정신증적 징후들로의 퇴행"을 유발한다(1975, pp. 171-172).

컨버그는 이 두 집단의 환자들이 치료과정에서 발달시키는 전이 정신증의 공통점과 차이점을 주목한다. 특히 경계선 환자와는 달리 정신분열증 환자는 "치료사에 대한 강렬한 정서적 관계"를 (1975, p. 177) 발달시킨다. 이것은 "보다 원초적인 공생적 자기-대상 융합의 단계"(p. 177)로의 퇴행을 나타내는 특징이 있다. 정신분열증 환자는 환자의 "전이에서의 융합 경험"에 의해 촉발된 강렬한 역전이 반동들에 대한 "치료자의 인내심"을 요구한다(p. 174).

스트레스-특이체질 모델

최근에 소개된 스트레스-특이체질 또는 정신분열증의 상호작용 모델에서는(Zubin & Spring, 1977; Marsella & Snyder, 1981) "정신분열증 증후와 행동의 시작, 지속, 악화, 재발, 차도, 적응 등은 생물학적, 사회적, 환경적 사건들과 항상성의 균형을 이룬다고 추정된다"(p. 98). 더 나아가 이러한 증후와 행동이 비록 정신의학 서적과 진단서에서 질병 증후로 정의되지만, 그것들은 변동하는 중요하지 않는 지표로써 "기저의 생물학적 그리고 외부의 사회적 과정에서 유래된 상호작용하는 결정요인"(Liberman, 1982, p. 98)을 나타낸다.

스트레스-특이체질에서 긍정적으로든 부정적으로든 인지되고 평가되든 간에, 적응을 필요로 하는 모든 사건은 스트레스 요인으로 식별된다. 최근 연구에서 심리적인 취약성은 물론 지각적, 인지적 손상으로 인해 정신분열증 환자는 다른 사람들에게는 스트레스를 주지 않는 사건에 의해 스트레스를 받을 수 있다. 영국에서 진행된 중요한 연구에서(Birley & Brown, 1970) 병원에 입원이 필요했던 정신증적 삽화가 발생하기 3개월 이전 기간 동안 연구에 참가한 60%의 환자들은 사회적 환경에서 갑작스런 변화를 경험했으며, 이것은 정상 대조군에서 14%와 대조된다.

스트레스-특이체질 상황이나 특별한 취약성의 주요 촉발요인들은, 내 견해로는, 부적절한 돌봄의 요소들과 유아기에서 정신기구내의 좌절-공격성의 축적의 요인들이 결합된 것이다.

스트레스-특이체질 모델은 이 책의 초판에서 소개된 작업가설과 상당히 유사하며 개정판에서도 이번 장에 등장한다. 그러나 스트레스-특이체질 모델의 임상적 함의는 논의되지 않았다.

미국 및 몇 나라에서 수행된 연구에서 가족 요소는 이 질병의 진행에 중요한 영향을 미치는 것으로 나타났다. 리베르만 Liberman(1982)에 따르면 런던에서 수행된 연구에서 가족 내에서의 대인관계 과정은 "정신분열증 환자의 재발을 예측하는 가장 강력한 변수"(p. 103)라는 것이 확인되었다. 15년 이상 걸쳐서 밝혀진 것은, "비난과 정서적으로 과잉간섭이 높은 가족에게 돌아간 환자들은 이런 종류의 표현된 정서가(EE) 낮은 가족에게 돌아간 환자들보다 재발률이 4배 정도 높게 나타났다"(p. 103). 이러한 결과들은 미국에서 수행된 여러 연구들에서도 재차 검증되었다.

문화적 요소들이 표현된 정서(EE)가 높은 가족의 비율을 결정하는 것처럼 보일지라도, "일단 높은 EE가 관측되면 문화적 요소와 상관없이 정신분열증의 재발률은 높아지는 경향이 있다"(p. 104).

갈등과 결핍 모델들

정신분열증적 환자의 핵심 어려움에 대한 상반되는 견해들과 심리치료 모델들의 함의는 1970년대 초기부터 정신분석학적 문헌에서 광범위하게 논의되어 왔다.

소위 결핍 모델을 (정신분열증에 대한 특이 모델로도 불리는) 지지하는 이론가들은 고전적인 분석 기법의 중요한 요소들이 환자에게 반치료적이라고 본다(Wexler, 1971; London, 1973; Grotstein, 1977, 1980). 그들은 자아결핍이 중심 문제라고 지목하고 자아 결핍을 회복하고 내적 대상 표상들을 회복하는 데 초점을 둔 지지적인 심리사회적 치료를 선호한다.

다른 한편 갈등-방어 학파는(단일 이론으로도 알려진) 정신분석이 최상의 치료법이라고 주장한다. 그들은 잠재적인 자아 성장을 방해하고 심리적 갈등의 해결을 가로막는 전적으로 지지적인 치료를 해로운 것으로 간주한다. 자아왜곡과 정신적 표상들의 상실은 활동적인 방어 전략과 연관되며, 그것의 목적은 "참을 수 없는 정서들, 위협적인 충동들, 그리고 고통스런 현실을 피하는 것이다"(Gunderson, 1974, p. 185). 갈등 이론에는 정신분석적으로 정신분열증 환자들을 치료하는 대부분의 임상가들을 포함한다(e.g., Boyer, 1967).

나의 견해로는 공격적인 충동들의 방출에 대한 정신분열증 환자들의 갈등은 환자의 자아 결함이 만들어낸 결과물이다. 이러한 결함들은 환자들이 공격성에 대처할 수 없게 만들기 때문에 어떤 방법으로든 다루어져야 한다; 이것이 그를 잠재적으로 정신증적으로 만드는 것이다.

모던 정신분석학적 접근에서, 자아 결함은 정서적인 의사소통과 분석적 집단 치료로 다루어져야 한다. 분석적이기보다 전적으로 지지적인 접근은 나에게 환자의 공격성을 다루는 것에 대한 방어를 나타낸다는 인상을 준다.

요컨대 정신분열증 환자는 공격적인 충동성에 대한 과도한 잠재성을 가지고 있으며 자기보다 중요하게 여겨지는 대상을 위해 이를 특정한 방법으로 다룬다. 이와 같은 잠재력은 유전적이거나 기질적일 수 있으며, 혹은 삶의 경험과 결부될 수도 있다. 많은 사례들에서 이 질병은 중복결정 되는 것으로 보인다. 환경적인 요인과 연관시켜 보면 공격성은 좌절에 의해 동원된다. 그것을 다루기 위해 세워진 패턴으로 인해 임상적으로 좌절-공격성으로—잠재적으로 정신증적 격노, 좌절 그 자체는 사소할지라도—나타난다.

특정한 종류의 관계가 유아적인 패턴을 낳았다고 상정하기는 힘들다. 타고난 것일 수도 있지만 부분적으로 학습에 의한 것일 수도 있다. 엄마에게 배웠다고 하는 사례에서도 엄마의 태도가 병리적이 아니었을 수도 있다; 단지 엄마의 정서적 훈육과 아이의 충동성 사이에 부조화가 있었을 수도 있다. 엄마-아이 관계의 역동은 이러한 사례에서 획일하지 않다. 부모가 실제로 유아를 사랑했는지, 증오했는지, 또는 무관심했는지의 여부보다 더 중요한 것은 전체적인 아동의 환경이 아동의 특정한 성숙을 위한 필요들을 충족하는 데 실패하였다는 사실이다; 특히 스트레스에 대한 특수한 민감성 때문에 유아는 환경을 매우 좌절스러운 대상으로 경험했다. 몇몇의 경우에는 지나친 감각 박탈에 의해, 다른 경우에는 지나친 내적 혹은 흥분에 의해 공격성이 동원되었다(Calne, 1984). 어떤 경우든 간에 유아의 자아가 건강하게 대응할 수 있는 범위를 넘어선 공격성이 동원되었다.

마음의 구조에 의해 일어난 손상은 종종 임상적 관찰자에게 혼란스러운 그림처럼 느껴진다. 하지만 결국 이 그림은 이해될 수 있고, 만약 정신분열증에서 인격을 해체하는 일차적인 세력이 대상을 파괴하려는 충동이라는 것을 인식한다면, 치유의 기회가 생길 것이다.

3장
기법에 대한 기본 이론의 확장

인과 치료causal therapy 로서 정신분석은 정신신경증이 오이디푸스기 수준의 발달에서 리비도 충동들 사이의 갈등에 기인한다는 프로이트의 발견에 기초하고 있다. 사랑의 정동들은 정신분열증 환자에게는 크게 중요하지 않다. 전오이디푸스기에서 성숙에 불리한 요소들로 인해 생산된 강력하고 부정적인 정서적 힘이 핵심 문제로 규정되었다. 내가 알기로는 이것이 방법론에 대해 가지는 함의는 연구되지는 않았지만, 연구가 된다면 광범위하게 적용할 수 있을 것이다.

중대한 변화에 초점을 두면서 이 장에서는 먼저 정신신경증에서 정신분석적 치료의 기본 원칙들을 살펴보고자 한다. 이런 참조틀을 가지고 정신분열증 환자에 대한 정신분석적 접근에 대해 기술하며, 이러한 원칙들이 확장되고, 치료자가 핵심문제의 해결에 초점을 맞출 때에 치료를 위해 필요한 특수한 정서적 요구들에 대해 설명할 것이다. 주요 작업 개념들이 특수하게 적용되는 것에 대해 소개만 하고 이후 장들에서 보다 상세히 살펴볼 것이다. 정신분열증 사례의 진화를 반영하는 도식을 제시하겠다.

정신신경증에 대한 적용

"순수한" 정신신경증의 진단은 환자의 장애가 고통스러운 성적 생각들의 억압에 뿌리가 있다는 것을 의미한다. 자유로워져야 할 주요 충동들은 리비도적이기 때문에 환자는 기본적으로 분석가와 긍정적인 애착을 발달시킬 것이다. 이러한 충동들이 관계 안에서 재활성화 되면서 환자가 삶의 초기에 부모에게 발달시킨 사랑의 일차적 태도들이 분석가에게 전이된다.

환자가 협조하도록 "전이 사랑"이 동기를 부여하는 한은 이에 주의를 기울일 필요는 없다. 하지만 그것이 환자의 의사소통의 흐름이 방해할 때에는 분석가는 저항이라는 작업 개념을 적용하여 긍정적 감정들의 언어화를 막고 있는 장애물을 제거하는 데 초점을 맞춘다. 의사소통을 막는 적대적인 감정들도 비슷한 방식으로 다룬다. 정신신경증의 전이 저항은 분석가의 적절한 언어적 의사소통에 의해 해결된다. 이는 환자에게 자신이 이해 받고 사랑 받고 있다는 느낌을 주고, 언어적 발산, 변화, 그리고 정서적 성장을 자극한다. 결과적으로 그는 다른 형태의 의사소통을 필요로 하지 않는다.

환자의 태도는 분석가에게 영향을 미친다. 예를 들면 애정의 감정들은 비슷한 감정들을 유발하는 경향이 있다. 임상가들은 본래 이것들을 억제하도록 배웠다. 역전이 반동들은 환자의 갈등을 이해하는 것에 대한 장애물이며 저항에 대한 부적절한 해석의 원천으로 간주되었다. 언어적 의사소통에 적절하게 반응하는 환자의 경우에 분석가는 정서적 동일시보다는 지적인 동일시를 성취하려고 한다.

정신분석적 기법의 기본 이론은 이런 정신신경증 환자를 치료한 경험으로부터 발달해왔다. 주요 심리적 사건들은 물론 어느 정도 겹치지만 대체로 다음과 같은 순서로 일어난다.

1. 전이가 발생하고 전이 저항이 연구된다.
2. 역전이 저항이 인식되고 분석된다.
3. 전이 저항이 해석된다.
4. 저항 패턴들은 훈습된다.
5. 종결에 대한 저항이 해결된다.

정신분열증에서의 적용

같은 치료적 원칙들이 정신분열증 사례에 적용되었을 때, 환자의 행동은 그가 정신분석적 영향을 받지 않는 것처럼 보인다. 가장 어려운 장애물은 분석가와 관계하는 방식이 본질적으로 다르다는 것이다. 정신분열증 환자가 전이를 발달하도록 도움을 받으면 무자각, 무관심, 혹은 심지어 명백한 상냥함으로 덮을 수는 있지만, 적대감이 충만하다. 결국에 환자는 분석가에게 부정적이며 그의 영향력을 거부한다. 그것은 환자의 의식적 태도이다; 무의식적으로 환자는 분석가를 증오하게 된다.

이러한 전개는 첫 세대 분석가들을 난감하게 했다. 그들 중 일부는 이런 현상을 전이의 부재로 보았다; 실제로 1908년에 아브라함은 이 부정적인 태도를 "전이의 완벽한 정반대"라고 말했다(1953, p. 71). 만약 프로이트가 믿었던 것처럼(1912b) 적대적인 전이가 우세해지면 교정적인 영향이 사라진다는 것이 사실이라면, 자신의 치료도구인 분석가를 파괴하려는 갈망에 사로잡힌 사람을 재교육하는 것은 불가능한 과업이며 또한 소수의 임상가들만이 치료를 시도할 것이다.

환자가 파괴하기를 갈망하는 사람은 실재 사람으로서 분석가가 아닌 상징적 대상이라는 것을 분명히 해야 할 것이다. 두말할 필요도 없이, 프로이트는 이 사실을 인식하고 있었지만 그는 자신이나 다른 누군가의 증오의 감정에 과민했던 것으로 보인다. 특히 그는 자신을 향한 적대감을 잘 견디지 못했다(Sulloway, 1979; Schur, 1972).

정신분석적 방법의 효능에 대한 프로이트의 몇몇 의심들은 그런 인상을 지지하며, 더욱이 그가 4년간 분석 후 중단했던 사례에 대해 내린 그의 예후에서 더 강력한 증거가 있다. 프로이트의 환자였던 한 여성이 루트비히 빈스방거Ludwig Binswanger 박사의 클리닉에 입원신청을 했다. 빈스방거Binswanger 박사가 그녀에 대해 정보를 요청하자 프로이트는 1915년 다음의 구절이 담긴 편지로 답했다: "그녀는 여전히 내게 의존하는 척하지만, 내가 질병에 대한 실제 비밀(그녀의 남편에 대한 복수와 살인충동)을 그녀에게 말한 이후부터 사실 그녀는 내게서 계속 도망쳤습니다. 누구에게도 분석 받기에는 부적합합니다. ... 그녀는 물론 그의 죽음을 기다리고 있습니다만, 결코 그것을 인정하지 않을 것입니다"(Binswanger, 1957, p. 62).[1]

현재의 이해에 비추어 보면 우리는 프로이트가 묘사했던 행동에 대해 다른 해석을 내릴 수 있다. 그가 인식했던 것보다 이 여성의 치료에서 더 많은 진전이 있었다는 것을 알 수 있다. 그녀의 "도망치는" 패턴은 방출을 압박하는 파괴적 충동으로부터

---

[1] 빈스방거는 이후에 그녀를 자신의 클리닉에 받아들였고 성공적으로 치료하였다.

그녀의 전이 대상을 보호하려는 무의식적 필요에 의해 동기부여된 것일 수 있으며, 이것은 프로이트에 대한 애착—부정적인 것과 긍정적인 것 모두—이 강했다는 것을 말해준다. 그녀가 "누구에게도 분석 받기에는 부적합하다"는 인상은 최초에 잘못된 생각들이 적용되었고, 특히 긍정적 전이 상태에 있는 환자에게만 영향을 미칠 수 있다는 믿음에 의해 조성되었을 것이다. 그러나 이런 묘사를 통해 프로이트가 강렬한 부정적인 정동에 노출되는 것을 싫어했다는 것을 볼 수 있다.

이제는 증오가 치료적 세력이 될 수 있다는 것이 밝혀졌다. 많은 분석가들이 이런 발견을 보고해 왔다(예로 Pao, 1965). 심지어 증오는 사랑보다 더 견고하게 정신분열증 환자들을 그들의 전이 대상과 결속시킨다. 만약 공격충동이 파괴적인 행동으로 실행될 위험이 최소로 유지된다면 정신분열증 환자들은 그들의 공격 충동들을 숙달하기 위해 필요한 만큼 오랫동안 기꺼이 작업할 것이다. 실로 환자들은 종종 그들 자신이나 타인을 해칠 수 있는 위험으로부터 보호받고자 하는 강력한 필요를 경험한다.

분석가가 유념할 한 가지 위험은 융통성 없는 태도를 통해 치료에서 자기애적 퇴행을 자극하는 것이다; 정신분열증 환자에게서 발생할 수 있는 환각들과 망상들은 다루기가 매우 어렵다. 스톤Stone(1981b)은 말하기를 "신고전주의적" 태도—"로봇 같은 익명성"과 극단적인 기법의 관례화(pp. 650-651)—는 피해야할 태도들이다.

폭발적 행동에 대한 안전장치

부정적 전이의 발달과 함께 파괴적 충동의 언어적 방출에 대한 장애물을 제거하는 것이 치료의 주요 초점이 된다. "가장 악성의 자기애적 격노를… 건설적인 공격성으로 바꾸는 과정"(Rudolph, 1981, p. 578)에서, 폭발적인 행동에 대비해 필요한 안전장치는 세 가지 방식으로 생성된다:

1. 환자가 노출되는 긴장의 정도를 신중하게 조절한다.
2. 공격적인 충동들을 행동화할 압박으로부터 환자를 자유롭게 하기 위해, 환자가 그것들을 느끼고 언어화할 수 있는 치료적 환경을 유지한다.
3. 환자는 이런 충동들의 언어적 방출을 막는 즉각적인 방해물들을 해결하도록 도움을 받는다.[2]

분석적 팀이 언어적 의사소통에 대한 각각의 방해물을 해결하기 위해 상당한 시간이 요구되기 때문에 이러한 "안전 조치"의 적용은 전이가 발달하는 정도에 맞춰 속도를 줄인다. 따라서 적대적 징후도 보다 다룰만해진다.

부정적 전이가 생성되고 언어적 의사소통을 방해할 때, 분석가는 이 저항을 해결한다. 그는 회기에서 공격적인 충동들의 행동화에 대한 환자의 반대를 지지한다. 이러한 반대는 필요하며 충동적인 행동은 분석가의 태도에 의해 지속적으로 저지된다. 환언하면 환자가 계속 카우치에 누워서 이야기하도록 격려한다(Stern, 1978).

정신분열증 환자의 치료 초반에 나타나는 특징인 의사소통에 대한 전이 저항의 패턴들은 죠이닝joining하거나 심리적으로 반영된다. 분석가는 자신과 지적으로, 정서적으로 자아와 비슷한

---

[2] 이러한 보호장치가 만들어지는 특수한 기법들, 특히 접촉 기능과 대상-지향적 질문은 10장에서 논의한다.

대상으로 기능함으로써, 환자가 가장 초기의 병리적 대상 표상들을 다루도록 돕는다. 전이 저항이 효과적으로 죄이닝 될 때 환자는 위협, 모욕, 그리고 언어적 학대―잠재적으로 정신증적 분노를 방출하며 반응한다. 다시 말해 환자가 자기-공격으로 정체되었던 정서들이 이제는 분석가를 향해 자유롭게 언어화된다.

 이런 폭격 하에서 분석가의 태도는 다음의 의미를 전달한다: 말들은 나를 손상시키지 못한다; 그것들은 수용할만하다. 분석가가 지속적으로 언어적 적대감을 위한 자발적인 목표물이 될 때, 환자는 가장 불쾌한 감정과 단어의 폭발이 적절하다는 것을 깨닫게 된다. 분석가가 환자의 이런 방출을 수용할 때, 환자는 긴장-완화와 약간의 만족감을 경험한다. 환자는 가학적 만족을 위해서가 아니라 치료적 목적을 위해 적대감을 언어화하도록 도움받는다. 인정하건대, 이것은 미세하게만 구별 가능하기 때문에 환자에게는 반복적으로 명확히 할 필요가 있을 수 있다. 분석가는 학대되어서는 안 된다!

 이런 접근법은 환자의 적대적 충동들이 본래 정신의 자아와 대상영역간의 경계가 불분명하고 유동적이던 시기에―즉 코헛의 개념으로는 자기대상이 정신 활동들을 지배하던 시기―동원되었다는 가설과 일맥상통한다. 이러한 충동들이 분석 관계 안에서 재활성화되고 그것들을 말로 표현하는 것에 대한 저항이 반복적으로 반영될 때, 전이 대상은 순조롭게 자기와 동일시된다. 정신분열증 환자들은 분석가가 자신과 동일하다고 느끼는 경향이 있으며―이는 안심을 주는 생각이다. 자신과 같은 사람과 함께하면, 자신을 좋아하고, 이해한다고 느끼기 때문에 적대감과 격노를 자유롭게 선언할 수 있다. 지도와 예시를 통해서 그들은 정서적인 언어로 의사소통하는 방법을 배운다.

 부정적인-전이 저항이 해결되고 적대감이 언어화되면 긍정적인 전이의 자유로운 발달이 가능해진다. 환자는 관계 안에서 안전감이 증가함에 따라 분석가에 대한 애정의 감정들을 점차 깨닫게 된다. 이러한 느낌들을 인식하게 되는 기능으로써, 환자는 점점 부정적인 감정들을 언어화할 수 있게 된다. 따라서 긍정적인 감정들과 부정적인 감정들의 언어화 사이에 계속되는 변동이 있다—이는 정서적 성장과 자가면역 기제의 발달을 촉진한다(Wyatt 등, 1982).

마침내 환자의 감정들은 오이디푸스적인 성질을 띠게 되며 보다 친숙한 해석으로 개입할 수도 있다. 순서에 따라 긍정적 전이는 저항이 될 때까지는 다루지 않는다.

정신분열증 환자의 의사소통에 대한 특수한 저항들을 해결하기 위해 지적한 대로 전이와 저항의 개념적 도구들이 순차적으로 사용되면, 환자의 적대감으로 유발하는 불안, 공포, 그리고 증오에 노출된다. 분석가는 공감을 느낄 뿐만 아니라, 강렬한 부정적 역전이가 발생하며 이는 저항을 불러일으킨다. 그는 환자를 언어적으로 공격하고 싶어지고, 분석에 적합하지 않다고 환자를 퇴원시키려 하거나, 혹은 관계를 끝내기 위한 다른 방법을 찾을 수도 있다. 그러나 만약 임상가가 이렇게 유도된 감정들로 인해 행동화하는 것을 스스로 막고 그것들을 분석할 수 있다면, 이는 환자의 적대적 충동들이 어떻게 조직되었는지를 이해하는 데 도움이 될 것이다. 증오의 역전이와 그것의 파생물 안에는 많은 난관들이 있다; 그러나 그것들은 치료적 수단의 중요한 원천이다 (9장).

사건들의 순서

정신분열증 환자가 방금 설명한 치료적 원칙에 따라 적절하게 치료되었을 때, 회복 과정의 정신역동은 분석적 기법에 대한 기본이론 안에서 함축적으로 표현된 것과는 매우 다르다. 자기애적 전이가 발달되고 대상 전이가 확립되기 전까지는 일반적으로 분석의 중간단계라고 여겨지는 것은 발달되지 않는다. 비록 사례의 초기에 자주 사용했던 접근법이 때로 다시 필요하지만, 대상 전이가 안정화된 후에는 본질적으로 신경증적 환자의 치료와 유사하다. 사례가 진행되는 동안에 발생하는 사건들의 순서를 아래의 도식으로 나타낼 수 있다.

1. 자기애적[3] 전이가 발달하고 침묵 속에서 분석한다.
2. 분석가와 접촉하려는 환자의 시도는 그들의 기원과 역사를 판단하기 위해 연구되며, 저항의 강도를 조절하기 위해서 반응한다.
3. 자기애적 역전이 저항을 인식하고 분석한다.
4. 접촉을 수립하기 위한 환자의 저항적인 시도와 죠이닝을 통해 자기애적 전이 저항을 효과적으로 다룬다.
5. 자기애적 전이 저항을 훈습한다.
6. 대상(오이디푸스-타입) 전이가 발달하고 이를 연구한다.
7. 역전이 저항을 인식하고 침묵 속에서 분석한다.
8. 대상 전이 저항을 해석한다.

---

3) 여기서 "전오이디푸스기" 그리고 "자기대상"을 동의어로 사용하며 삶의 첫 2년과 연관되는 개념으로써, 대상과 자기 사이의 분리가 희미한 발달 단계를 지칭한다. 자아와 대상사이의 정서적 분화는 오이디푸스기 초기인 3세에 시작되고 대개 13세에 완성된다.

9. 대상 전이 저항을 훈습한다.
10. 종결에 대한 저항을 해결한다.[4]

분명히 이런 종류의 사례는 쉽지 않다. 자기애적 방어(Spotnitz, 1961b)는 서투르게 다루면 다이너마이트처럼 폭발할 수 있는 힘들을 억누르고 있으며, 이런 힘들은 어느 쪽에도 지나친 고통을 주지 않으면서 분석 관계에서 방출되어야한다. 이 과업은 환자의 인격이 조직화되는 과정에서 공격적인 충동들이 수행하는 역할에 대한 이해, 그것이 치료 회기들안에서 환자의 지금-여기 기능에 미치는 영향, 그리고 치료적 상황에서 분석가의 정서적 회복력에 달려 있다.

---

4) 도식 적용의 사례는 Spotnitz 1977과 1979b를 보라.

4장
의사소통에 대한 신경생물학적 접근

자연은 냉혹하게 사건에서 사건으로, 아마도 원인과 결과에 따라 움직이는 것으로 보인다. 사람들은 이 관계를 검증하려 조심스럽게 움직이며, 특히 간접적인 방법을 사용할 때에는 더욱 그렇다. 이런 방식의 정수가 레오나르도 다빈치의 노트에 명쾌하게 적혀있다:

> 자연이 원인으로부터 출발하여 경험으로 끝이 난다 하더라도, 우리는 반대의 방식으로 접근해야 한다—다시 말해… 경험에서 시작하여 그 도움으로 원인을 찾는 것이다. 경험은 절대 실수를 범하지 않는다; 오직 실수를 저지를 수도 있는 것은 우리의 판단이며, 그것은 우리의 실험에서 만들어질 수 없는 결과를 예측한다. 원인이 주어지면, 어떤 외적 장애물이 개입하지 않는 한, 뒤따르는 것은 필연적으로 그것의 진실한 결과이다.

마지막 문장의 요지는 과학적 연구에서 채용된 도식적 언어로 보다 간결하게 전달된다:

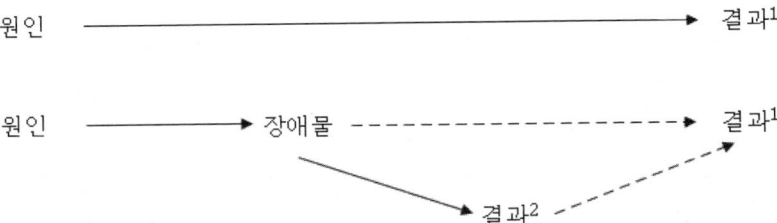

이 도표들은 연구자들이 알려지지 않은 장애물에 초점을 두고 마침내 그것을 무효화시키면서, 잘 알려진 그것의 "진실된" 결과(결과^1)를 회복하기 위해 노력했다는 것을 보여준다. 결과^2 대신에 결과^{1}을 얻기 위해 장애물의 속성을 연구하고 그것을 제거하는 것은 간접적인 연구방법이다.

자연과학자들에게 결과^{1}은 외부 개입이 부재한 상태에서 자극 파동의 방향이고 결과^{2}는 외부세력의 개입으로 인해 생긴 굴절을 뜻할 것이다. 직접적으로 결과^{2}를 변화시키려고 노력하기보다 에너지를 본래의 흐름으로 복원하기를 원한다면 그들은 알려지지 않은 장애물을 다루어야 할 것이다. 장애물이 무엇인지 그리고 이 경우에는 왜 작동하는지를 발견한 후에, 그들은 그것을 제거하려고 시도할 것이다. 만일 결과^{2}를 결과^{1}로 변형시키는 데 성공한다면 그들은 장애물에 대한 그들의 이해가 옳았고 그것을 중화시켰다고 가정할 것이다.

프로이트는 정신 과정들에 대한 임상연구에 이 간접적인 방법을 선택했다. 정신병리학 연구에 체계적으로 적용하면서 성격 발달에 대한 일반적인 지식을 습득하였고, 건강한 정신기능의 방해물이 발견되었으며, 그것들을 제거하기 위한 심리적 기법들이 발달되었다. 따라서 이 방법을 통해 습득된 지식은 치료적 힘으로 전환된다.

외부 세상의 현상에 대한 과학자의 접근과 마음 안에서 일어나는 사건에 대한 분석가의 접근 사이의 다른 유사점들은 임상적 개념들과 용어에 반영된다. 우리는 대부분의 관찰자들이 지각하는 감각적 자료의 세상을 객관적인 세상이라고 간주한다. 오직 자기성찰과 언어적 보고를 통해서만 접근 가능한 주관적 자료의 세계는 일반적으로 마음의 세계라고 부른다. 이 두 세계 안에서의 현상은 마음에 의해 관찰되고 기억되며 필연적으로 그들의 자료는 비슷한 방식으로 조직화된다—이는 마음의 방식이다.

일례로 자연과학자들은 자극 파동을 "에너지의 파동"이라 부르며, 그것들이 물리적 영역에서 부딪히는 장애물을 "저항"이라 명명한다; 분석가는 심리적 충동들과 그것들을 행동과 언어로 방출하는 데 대한 저항에 대해 이야기한다. 과학적으로 훈련받은 사람은 물리적 그리고 정신적 자료들에 동일한 구조를 적용하려는 경향이 있으며, 이런 다수의 유사점의 원인일 수 있다; 두 영역에서 비슷한 힘들이 작동하고 있으며 상이한 조직, 요소, 또는 이러한 세력들의 표현이 각 집단의 연구자들에 의해 관찰된다는 생각을 지지한다.

현상에 대해 완전히 이해하기 위해서는 상이한 기능의 측면에 대한 관찰연구와 이론을 통합해야 한다. 그럼에도 불구하고 임상적 연구에서 완전한 이해가 항상요구되는 것은 아니다. 종종 순수한 심리적인 설명만으로도 심리치료사들은 경미한 질병들을 만족스럽게 다룰 수 있다. 비록 프로이트가 반복적으로 신경증에 생리학적 요소가 관여된다는 가능성을 자주 제기했지만 그는 다음과 같이 설명했다: "만일 질병의 역사적 촉발 원인들과 우발적 부수 요소들이 다루어질 수 있다면, 분석적 경험을 통해 광범위하게 질병에게 영향을 행사할 수 있으므로, 우리의 임상에서 체질적 요소들을 무시할 수 있다"(1933, pp. 153-154).

체질적 요소는 정신분열증에서 보다 더 중요한 것 같다. 환자가 더 원시적인 수준에서 기능할수록, 환자에게 하는 분석가의 의사소통이 갖는 속성과 기능을 이해할 필요가 크다. 의사소통이 중추신경계의 기능이라는 것은 입증되었다. 생리화학적 과정의 용어로는 세포 대 세포의 의사소통이며, 의사소통은 화학작용에 영향을 미치고 화학작용은 의사소통에 영향을 미친다. 환언하면 정신분석은 중추신경계의 기능에 영향을 미치고, 중추신경계내의 변화는 언어적 의사소통에 영향을 미친다. 분석가의 말들은 고도로 특성화된 심리학적 약물이며 신경체계에 변화를 일으키는 도구이다.

현대 신경생물학, 분자생물학, 신경생리학, 그리고 다른 신경과학 분야에서 행해진 연구들은 정신분열증의 생물역학에 대한 몇몇 단서들을 제공했다. 이러한 영역에서의 발견들이 제안하는 것은 신경과학적 견지에서 볼 때, 치료적 과정들은 특정 가역적 신경 경로들의 비활성화와 새로운 경로들의 활성화를 수반한다. 오래된 경로들이 일정기간 비활성화된 후, 적절한 시기에 재활성화될 수 있도록 가역적 비활성화가 필요하다. 예를 들어 심각한 장애가 있는 환자가 스스로를 돌보는 패턴을 형성하게 되면, 유아기부터 작동했던 의존적 패턴을 사용하지 않을 수 있다; 그러나 신체적 질병에서처럼 의존적 패턴을 일시적으로 재활성화하고 독립적 패턴을 일시적으로 비활성화하는 상황이 발생할 수 있다. 향후 연구를 통해 비활성화 되어야 하는 구체적인 체계들과 일시적으로 재활성화 되어야 하는 체계들이 밝혀질 것이다.

이러한 비활성화와 활성화 과정들은 심리적 혹은 화학적 수단을 통해서, 또는 두 가지의 조합을 통해서 성취될 수 있다. 우리는 이제 심리적 과정을 통해 생리적 그리고 화학적 과정들이 어떻게 영향을 미치는지, 그리고 생리적 그리고 화학적 변화를 통해 심리적 과정들이 어떻게 영향을 미치는지를 정확하게 설명하는 방향으로 발전해 나가고 있다.

대뇌 신경생리학자들과 신경과학의 다른 연구자들은 정신분열증 환자의 치료와 실제로 정신분석치료 전반에 적용할 수 있는 가설과 관찰들을 보고하였다. 본 장에서는 치료자의 의사소통을 위한 특수한 함의들에 대해 신경과학적 공식의 체계 안에서 논의하였다.

인격 발달의 역동

연구의 간접적 방법은 레오나르도 다빈치가 말했듯이 "어떤 외부적 방해가 개입하지" 않는 한 원인과 결과 사이의 관계는 변하지 않는다는 가정에 토대를 둔다. 근대 신경과학에 의해서 확증된 가정은 어떤 방해 요소가 개입하지 않는 한 신경 체계에서 자극과 반응이 작동한다는 것이다.

생명 현상의 연구자에게 이러한 가정은 건강하게 수정된 난자가 건강한 성인으로 성장하고 발달의 정점에 이를 때까지 연속되는 좋은 환경에서 차츰 발달해나가는 것을 의미한다. 이러한 방해받지 않은 발달의 한 측면에 초점을 맞추자면, 상당히 불리한 외적 영향이 부재할 때에 인격은 정서적 성숙을 성취할 때까지 발달해 나간다고 가정할 수 있다.

```
                    성숙에 필요한 욕구의 충족
유아기의 인격 ─────────────────────────▶ 성숙한 인격
```

성숙에 필요한 욕구[1])들의 충족은 생명체의 임신부터 시작되는 환경적 세력들과의 상호교류를 통해서 좋은 결과를 얻는 것을 의미하며 생리화학적, 생물학적, 그리고 심리학적인 것들이 모두 포함된다. 태아의 성숙에 필수적인 태반과 양막 주머니 그리고 그 내용물들은 출생과 함께 사라진다. 유아의 생존을 위해서는 다른 형태의 성숙의 대리물들로 대체되어야 한다. 여러 종류의 협력으로 이루어진 교류들은 뒤따르며, 각각은 아동의 변화하는 정서적 욕구를 충족시키는 장기간의 힘으로 특별하게 기여한다.

유아와 최초로 협력하게 되는 환경적 대리인은 엄마 혹은 모성적 환경이다. 초기의 엄마와 영유아 사이의 감각지각적 교류는 유아의 "가장 초기의 독립체로서 신체 자기의 감각이며… 유아의 '살아 있다' 느낌의 필요조건이다"(Mahler & McDevitt, 1982, p. 833). 인격 유형화를 위해 그들의 협력적인 기능이 결정적으로 중요하다는 증거가 너무나도 풍부하다. 최초의 유아 정신의학 심포지움(Proceedings, 1981)에서 인용된 연구에서 기본적인 항상성 기제와 상호작용은 생의 첫 몇 달 동안 영유아와 엄마 사이의 조화로운 관계를 통해서 수립된다는 것을 보여 준다; 사랑을 위한 능력과 학습 능력의 기초는 첫 18개월 동안에 뿌리내리게 된다. 오이디푸스 시기 동안의 성숙적 경험은 가족과 보다 구체적으로 연관된다. 이후에 이 협력집단은 성인과 또래라는 확장된 범위를 아우르게 된다(Oakes, 1982).

성장하고 있는 아동들이 환경과 상호작용하면서 정신적 에너지가 유입되고 아동들은 그것을 건설적으로 사용할 수 있는 방법들을 배운다. 출생 시의 생명체는 신체와 신경의 에너지 덩어리이며, 신경체계에게 압력을 주는 다양한 자극들을 자동적으로

---

[1] 발달이나 성장에 필요한 욕구는 만족의 욕구와는 구분된다.

이완시키는 반사 신경을 갖추고 있다. 그러나 대체로 정신적 혹은 심리적 에너지는 이후에 발달되며 그것의 방출은 조직화되어야 한다. 신경체계는 "동일한 일반적인 원리들이 각 층마다 적용되는 다층의 계층적 조직이며… 모든 층들은 동시에 그리고 조화롭게 기능한다"고 묘사되었다(Cotman & McGaugh, 1980, p. 489). 계층적 체계로서의 정신 기능의 통제 원리들은 게도Gedo와 골드버그Goldberg가 공식화했다 (1973).

아이들이 노출되는 자극의 시기와 양은 정신에너지의 분배를 위해 정신이 조직화하는 패턴들의 종류를 결정하는 요소가 된다. 각각의 성숙 단계에 적절하며 유아의 충동성과 균형을 이루는 정도의 자극은 정서, 말, 그리고 행동을 통하여 이러한 에너지가 쾌락적으로 방출되며 흐르는 것을 용이하게 해준다. 잘 통합된 인격의 특성인 효율적 에너지 분배 체계이며, 이는 정신분열증 환자의 기능 향상을 위한 필수요소이다.

만약 인격이 그것의 성장 잠재력을 실현하는 데 실패한다면, 환경에서 필수적인 성장요소들이 부족했거나 성장 충동이 이끄는 대로 행동하는 것을 방해하는 세력들에 노출되었기 때문에, 자연스런 행로에서 벗어났다는 가정이 타당하다. 어떤 사례에서는 양측 모두 원인이 되는 것으로 보인다. 고통스럽거나 장애가 되는 증상을 일으킬 정도로 심각한 방해들이 존재한다는 것은 환경과의 초기 상호작용에서 당한 손상으로 인해 개인이 당면한 삶의 현실을 안정적으로 다룰 수 없다는 것을 나타낸다.

성숙의 실패에 대한 고도로 특수한 반응들은 분류되었다. 그것들은 경증의 정신신경증 형태부터 정신병적 상태와 기질적 질병의 범위까지 기능적 장애들의 연속체를 형성한다. 이러한 양극단 사이에는 충동 장애, 인격 장애, 그리고 일부 심리신체 장애들이 속해 있다. 연속체에서 각각의 질병이 위치는 성숙 과정이 틀어진 단계를 역순으로 암시한다. 이것이 일찍 발생했을수록, 생명체는 더 큰 손상을 입는다.

정신증은 생의 첫 2년 동안에 전개된 성숙 단계들의 붕괴와 연결되어 있다. 이런 전오이디프스 기간의 첫 15개월 동안에 일반적으로 영유아는 자기에 대한 감각을 형성한다. 그러나 유아 정신증에서처럼 엄마의 리비도적 보살핌이 지각되지 못하면, 경계 감각과 살아 있다는 느낌들은 상실된 것으로 보인다(Mahler & McDevitt, 1982). 연속체의 다른 구역에 속한 장애들은 가장 이른 단계들이 비교적 평온하게 지나갔다는 것을 암시한다. 이후의 성숙 단계에서 마주치는 문제들은 경계선 그리고 자기애적 인격 장애와 연관되어 있으며, 반대의 극으로 갈수록 "정상인"이 정서적 스트레스 상황에서 경험하는 정신신경증과 비교적 경증의 장애들이 있다.

대뇌 위축과 뇌종양 같은 기질적 문제로 중추신경계의 영구적인 손상을 일으키는 장애들과는 다르게, 기능적 장애가 불가역적이라는 증거는 없다. 정신분석가는 정신분열증 환자가 심리적으로 가역적이라는 가정 하에 간접적인 방법으로 그들을 다룬다. 치료적 대상의 역할 안에서 분석가는 성숙에 필요한 욕구가 대상들과의 교류에서 부적절하거나 부족하게 충족되었던 환자를 위해서 보충하는 교류—언어적 교류—를 제공한다. 치료 관계는 정서적으로 성숙한 개인의 특성인 발달의 높은 단계까지 환자가 가능한 빠르게 도달할 수 있도록 설계되었다.

이 표에서 상세하게 묘사하는 상황을 비행 청소년 치료의 개척자이며 회복 과정에서 자기애적 전이의 역할을 논의했던 아우구스트 아이크혼August Aichhorn(1936)이 정신분석의 초기 문헌에서 서술했다. 그의 부고에도 실렸던 안나 프로이트Anna Freud와의 대화에서 그는 초기 리비도 발달과정에서 왜곡을 수정하고 결핍을 보상하는 경험들로 인해, 비행 청소년이 "원시적 단계에서 고착되었던 그의 인격의 구조를 완성하는" 것이 가능해진다고 말

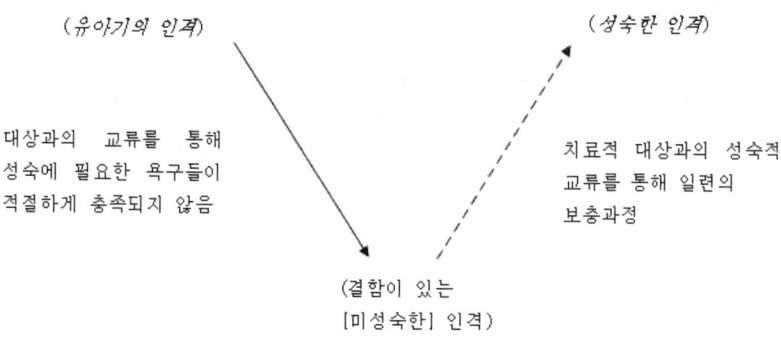

하였다(A. Freud, 1951, p. 54).

정신분석적 연구를 하는 사람은 일반적으로 인격 성장을 방해하는 뚜렷하게 다른 두 종류의 요소가 있다는 것을 인식한다: (1) 개인은 성숙에 필요한 욕구를 충족하는 것에 대한 실패 혹은 실패의 기억들 때문에 고통스러워하며 이는 정서적 성장과정에서의 일탈을 야기했다. (2) 이러한 일탈에 대처하기 위해서 개인은 순환 과정들 안에서 에너지를 소진시키는 특정 반복적인 행동 패턴들을 실패들과 조합했다. 이런 방어적 패턴들은 개인의 욕구를 감소시키는 데 기여할 수 있는 경험의 효율적인 동화를 방해하고, 이것이 지속되면 부적응이 된다. 그들의 작동은 차후의 성숙과정들의 발달을 방해한다(그림 1에서처럼).정신분열증과 특수하게 연관된 것은 초기의 성숙 단계들에서 최소한의 만족과 과도한 좌절이며, 이는 주관적으로 강렬하고 장기적인 것으로 경험되었다 (Liegner, 1980). 더욱이 이 상황에서 막대한 양의 공격적 에너지가 동원되며, 그것의 대상에 대한 표현이 극단적인 정도의 억압과 억제를 당했다. 젖가슴에서 유아는 억압된 좌절을 경험한 결과로서 공격적 욕동은 3개월에 전면화 된다(Almansi, 1960).

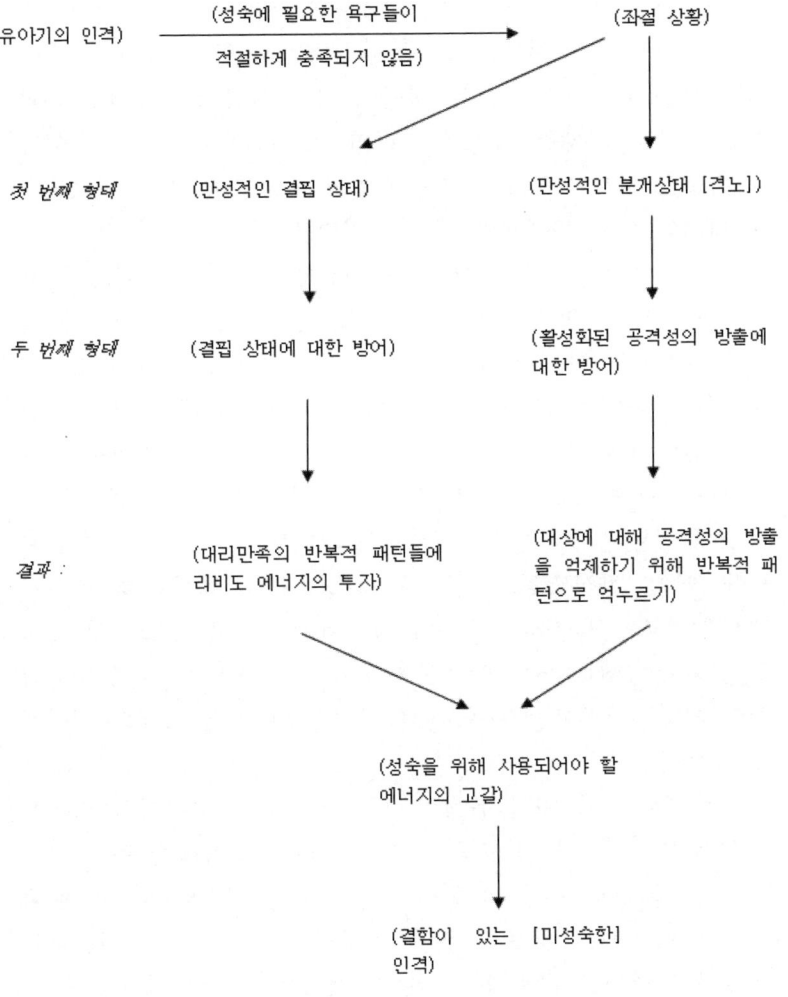

그림 1

그림 1에서 나타난 정신 역동적 상황의 다양한 측면은 문헌에서도 찾아볼 수 있다. 분노 반응들은 엄마가 강요한 한계에 대한 반응으로 발생할 뿐만 아니라; 또한 유아의 "구강 가학성과 공격적 자질"의 표현으로 볼 수 있다(Blum, 1982, p. 971). 스타이너Steiner는 제안하기를, 모든 개인 안에 자기의 원시적이고 파괴적인 부분의 존재를 가정한다면, 인격의 나머지 부분들과 어떻게 다룰 것인가가 주요한 결정 요인이다. 그는 "정신증 환자들에게 자기의 이런 파괴적인 부분은 인격을 지배하며, 건강한 요소들을 파괴하고 얼어붙게 한다"고 덧붙였다(Steiner, 1982, p. 242). 말러와 맥데빗(1982)은 정신증적 아동들이 견고한 자기의 감각을 발달시키는 데 실패하자 그에 대한 보상으로 "피부와 뼛속까지 공격성화aggressivization"(p. 833) 되는 것을 관찰했다. 자기의 감각이 엄마에 대한 유아의 의존이라는 맥락 안에서 발달하기 때문에 거기에는 "그녀의 돌봄의 흔적이 남을 것이다"(p. 837).

위에 언급된 인격발달과 함께 다양한 방해요소들의 상호관계들에 대한 정신역동적 공식은 그림1에서 제시된다. 몰리나Molina(1982)는 병리적인 행동에 내포된 정신내적, 생물학적, 그리고 사회학적 요인들에 대한 도표 혹은 도형들은 심리생물사회학적인 지도들이라고 부르며, 치료와 임상훈련에서 그것의 가치에 대해 논의한다.

치료관계는 두 가지 유형의 방해 요소들을 재활성화한다: 성숙에 필요한 욕구들의 충족 실패로 인한 결핍상태들 뿐만 아니라, 이런 상태에 대처하기 위해 생긴 부적응 패턴들이다. 첫 번째 종류의 패턴들은 치료를 통해 완화되더라도, 다양한 이유들로 인해 중점적으로 다루지는 않는다. 성숙에 필요한 욕구들을 달래는 데 집중을 하는 것은 초기 유아기에 허기에 대한 기억을 지우기 위해서 20살이 된 지금 시점에서 폭식하는 것만큼 무의미하다. 소위 지지적 심리치료를 통해 기억의 장기적 충격은 어느 정도 완화되지만, 초기의 좌절 또는 박탈 경험의 본래의 좌절은 삭제되지 않았다. 그러므로 분석가는 두 번째 형태의 방해물들에 전념한다. 인격의 성장을 위해 필요한 에너지를 가두는 부적응 패턴을 해결하는 것이 주된 관심이다.

환언하면 분석가는 간접적으로 성숙의 대리인으로서 기능하며 직접적으로 욕구들을 충족시키려하기보다는 주로 방해물들을 다룬다. 우연히도 애정에 대한 욕구처럼 삶의 초기에 충족되지 않았던 심리적 욕구들은 방해물들을 해결하는 과정에서 상징적으로 만족될 수도 있다. 그러나 치료의 궁극적인 목표는 환자가 이러한 욕구들을 감소시키는 것을 방해하는 행동적 경향성들을 해결하는 것이다. 고질적인 패턴의 해소와 함께 기능의 낮은 단계에 집중되었던 정신적 에너지는 보다 성숙한 기능과 정서적 성장을 위해 사용이 가능해진다. 충족되지 않은 성숙에 필요한 욕구들은 다른 사람들과의 관계에서 추가적으로 얻으며 욕구를 감소시킬 수 있다.

분석가가 관심을 갖는 마음 또는 정신 기구는 특정한 신경 조직의 생성물처럼 보인다. 정신분석적 이론과 함께 이 "장치"에 대한 현대 지식의 통합은 정신분열증적 개인에게 효과가 있는 정확한 종류의 심리치료적 영향, 그리고 그와 동시에 수정되는 신경 기능에 대한—이는 변화에 대한 객관적 검증요소이다—이해를 증진시킬 수 있다. 신경심리학적 접근법은 의사소통을 위한 부가적인 가이드라인을 제공하며, 이는 임상가의 필요들을 충족시키기 위해 정확하게 정량화될 수 있는 한 요인이다.

행동에 대한 신경학적 과정들의 중요성에 대한 설명들은 과정들을 묘사하는 것보다 훨씬 덜 복잡하다. 신경해부학, 신경화학, 또는 전기생리학을 복잡하게 파헤치지 않더라도, 신경계의 활동에 대한 신경생리학적 관찰과 생각들은 다학문 간 가설들과 조화를 이룰 수 없다.

　인격 성숙의 장애물로 작용하는 정신적 패턴들의 부수물들은 마음의 기구 안에서 초기 학습에 의해 만들어진 것이다. 정신적이고 신체적인 구조들의 상호의존에 대해 어느 정도의 이해를 가진 분석가들은 둘 모두에게 더 많은 영향을 미칠 수 있다. 정신적인 변화들과 연관된 중추신경의 기능에서 변화들에 대한 인식은 분석적 과정들에 대한 효과들을 구체적으로 설명하도록 돕는다.

　행동의 신경기제에 대한 최근 발견들을 설득력 있게 서술한 제라드R. W. Gerard(1960)는 내가 성숙을 촉진하는 교환이라고 개념화한 것에 대한 신체적 각인들을 제안한다:

>　유아의 날것의 경험은 그의 신경체계 안에서 패턴화의 연속적인 단계에 의해 점진적으로 분류되고 분화되면서 성인의 고도로 차별적인 인지와 개념들을 발달시킨다…. 일관되거나 규칙적으로 반복된 감각 유입의 군집은 우리의 보편적 경험의 실체를 발생시키며, 주로 물질적 대상이다. 경험에 의해서 남겨진 흔적들은 신경체계 내의 실재적이고 특수한 패턴이며, 형태학적인 중심과 생리학적인 특성들을 가진다(p. 1945).

　이 진술은 여전히 유효하며, 패턴들의 본질에 관한 지식은 지난 몇십 년간에 급성장해왔다. 이러한 패턴들은 신경세포들 또는 뉴런들 간의 의사소통의 결과이다—호르몬의 화학작용을 이용한 뉴런 간의 의사소통인 것이다. 뉴런 간의 의사소통은 명확하게 생리적 과정일 뿐만 아니라 중요한 화학적 과정이다.

활동전위의 형태로 신호들을 계산, 통합, 그리고 기록하는 것은 모든 뉴런의 기능이다. "단일 세포의 단계에서 통합은, 천천히-움직이는 유입들을 조정하는 배경에서 발생하는 자극과 억제의 아주 작은 투쟁인, 미세한 전투이다"(Croman & McGaugh, 1980, p. 248).

프로이트의 과학적 심리학

프로이트는『히스테리에 대한 연구Studies on Hysteria』를 출판했던 1895년에 신경심리학적 접근을 위한 기반을 만들었다. 뇌 생리학에 대한 그의 지식, 신경계의 질병들을 치료한 경험, 그리고 정상적, 비정상적인 정신적 과정들 모두를 푸는 데 대한 강한 관심에서, 신경생리학으로부터 심리학을 이끌어내기 위한 시도를 낳았다. 그가 신경과 전문의를 위한 심리학을 기획한 것에 착수하면서, 그들의 언어로, 뇌 기능에 관한 그 시대의 지식을 구체화했고, 설명되지 않았던 심리적 과정들을 성문화하기 위해 환자들과의 임상 경험과 그의 자기성찰적인 지식을 이용했다. 예를 들어, 그는 마음이 깨어있는 상태와 꿈꾸는 상태에서 다르게 기능한다는 것을 알고 있었지만, 이것이 중추신경계에서도 사실이라는 객관적인 증거가 없었다.

그러나 몇 달 지나지 않아, 프로이트는 신경생리학적 용어들로 모든 정신적 활동에 대해 설명하는 것이 불가능하다고 결론 내리면서 그 작업을 포기했다. 구제된 그의 완성되지 못한 원고는 『과학적 심리학을 위한 프로젝트Project for a Scientific Psychology』

라는 제목하에 1950년에 (영어판, 1954) 유작으로 출판되었다.

뇌의 개념들로 만족스럽게 정신적 활동을 묘사하는 데 실패하면서, 프로이트는 그 이후 심리적 발견들을 정신에 "국한"시키기로 마음을 먹고 미완성된 작업을 중단했으며—환언하면, 정신적 활동들을 내관적으로 보기로 한 것이다. 그럼에도 불구하고, 하나 또는 그 이상의 정신적 과정이 계속하여 1895년의 신경학적 공식들 중의 하나와 일치하는 것을 관찰했을 때, 그것을 다소 수정해서 정신분석 이론에 통합시켰다. 그의 신경생리학적 배경으로부터 나온 관점들은, 따라서 새로운 과학 안으로 접목되었지만, 이는 너무나도 미묘했기 때문에 『프로이트, 정신의 생물학자 Freud, Biologist of the Mind』라는 자서전에서 설로웨이 Sulloway(1979)는 프로이트를 "비밀스런, 또는 은밀한 생물학자"라고 묘사했으며, "프로이트 정신분석적 사고의 숨겨진 생물학적 뿌리"가 있다고 주장했다(p. 3). 결과적으로, 정신분석 이론은 내관으로 관찰된 것으로서의 *심리적 현실*과 객관적으로 관찰된 것으로서의 *생리학적 현실*에 연결되어 있다는 장점을 가지게 되었다.

『프로젝트 The Project』의 출판은 이론의 "순수한 정신(mind)" 측면들—완전한 심리학적 관찰들로부터 나온 아이디어들—을 신경생리학적 가정들로부터, 또는 설로웨이의 말로는, "생물학적인 영감 혹은 영향이 있었던 기본적인 개념들"로부터 분리하는 것이 가능해졌다(p. 5). 내가 프로이트의 상정들의 기반이 되는 가정들을 추적하려고 노력했던 1930년대에 발견했던 것처럼, 반세기 이상 동안 이 상정들의 정확한 사용에 대해 무지했기 때문에 프로이트의 작업가설들의 타당성을 확인하는 것이 사실상 불가능했다. 그것들의 기원에 대한 분명한 증거가 존재하므로 이 시대의 실험 기술과 도구로 심리-신체 관계에 대한 그의 추론들을 검증할 수 있다. 특히, 오늘날의 꿈 연구들에서의 주목할 만한 진전은 신체적 그리고 정신적 기능을 대조 검토하며, 심리학적 용어로 생리학적 현상에 대한 설명과, 역으로 심리학적 현상에 대한 생리학적 현상들이 가능해졌다.

프로이트 이론의 일부는 검증이 되었다; 다른 것들은 부정확하다. 그가 오류를 범했던 부분을 이해하기 위해서는 그 시대의 신경생리학을 공부하고 그것을 현대 신경생리학과 비교해야만 한다. 그러나 이 책에서는 다루지 않겠다(Cotman & McGaugh, 1980; Crick, 1979; Fincher, 1981; Hart, 1975; Jaynes, 1976; Kety, 1979, 1981; Lishman, 1983; Penfield & Perot, 1963).

『프로젝트 The Project』와 현대 신경과학의 공식들 사이에서 놀라운 유사점들이 관찰되었다. 선험적인 추론을 통해서만 이해될 수 있었던 신경 기능들과 심리학적으로 관찰된 과정들의 연관성의 일부는 중추신경계의 활동에 대한 현대의 지식과 본질적으로 일치한다. 그러나 현재 이 행동을 개념화하는 일반적인 접근과 전문 용어는 19세기 후반 신경학의 정신을 반영했던 정신적 사건과 신체적인 사건들을 연결하기 위한 프로이트의 일반적인 도식보다 훨씬 덜 기계론적이다. 그러므로 도식 전체를 검토하는 것은 임상가에게 별로 도움이 되지 않기 때문에, 나는 몇몇 관련된 공식들만 언급하려고 한다.

정신적 과정들은 『프로젝트 The Project』에서 신경계의 구조적 단위들의 "양적으로 결정된 상태들"로 개념화되었다—"명시할 수 있는 물질 입자들"로 추정되는 신경 세포들 또는 뉴런들이다 (1954, pp. 355-356). 프로이트는 "뉴런의 자극을 흐르는 상태에 있는 수량으로 보는"(p. 356) 가설은 히스테리와 강박신경증 환자들의 "지나치게 강렬한 아이디어들"(p. 356), 그리고 이 장애들과 연관된 전환, 방출 등의 다른 기제들을 묘사하기 위해 제안되었다.

뉴런들이 "양 자체를 없애버리는 경향이 있다"(p. 356)(자극의 총합)는 프로이트의 주장은 뉴런 관성에 대해 그 당시 우세하던 이론이 반영된 것이다. 그것들이 두 부류로 나뉜 것—감각(sensory)과 운동(motor) 뉴런들—은 "양을 받아들이는 것에 대응하기 위한 장치"로서 기능하기 때문이다(p. 357). 주요 뉴런 체계는 "근육 조직으로 연결된 경로를 통해서 제거하려는 목적으로" 사용되며, "자극들로부터 스스로를 자유롭게 유지한다. 이 *방출 과정은 뉴런 체계의 일차적 기능이다*"(p. 357). 이 과정의 중요성은 정신분석 치료의 기본적인 원칙에 반영된다. "모든 것을 말함"으로써 환자는 방출에 참여하며, 특정 신경계 패턴들의 비활성화와 새로운 방출 패턴들의 활성화와 방출을 위해 작업한다.

프로이트에 따르면, 신경체계는 긴장 수준을 무(無)에 가깝게 유지하려는 관성의 경향이 방해받을 때 두 번째 일반적인 기능을 수행한다. 선호되는 방출의 방법들은 자극으로부터의 도피를 수반하지만, 유기체는 때때로 철수할 수도 없는 자극에 노출된다. 특히, 신체 자체로부터 발생한 자극(내인성)은 외부의 세력으로 시작되는 "특정한 행동"(p. 357)에 의해 방출될 때까지 계속 작용한다; 예를 들면, 배고픔의 통증은 영양분에 대한 욕구가 충족될 때까지 지속된다. "삶의 급한 볼일들"이 이러한 행동을 가로막을 수 있으므로, 신경체계는 "특정한 행동에 대한 욕구를 충족시키기 위해 충분한… 양의 축적을 견뎌내는 것을 배워야만 한다." 그러나 그렇게 하더라도, 가능한 한 양을 적게 유지하며 어떠한 증가도 피하려는(즉 긴장 수준을 일정하게 유지하기 위해) 동일한 경향의 수정된 형태는 여전히 지속된다"(p. 358). 분석 상황 안에서, "모든 것을 말하라"는 명령은 때때로 이런 과정을 돕는다.

감각 입력을 수용하거나 방출하는 두 말초기관인 감각 뉴런과 운동 뉴런 이외에도, 프로이트는 "뉴런들의 세 번째 체계의… 존재를 가정하고… 자극에 상태에 따라 다른 성질들이 나타나며—말하자면 의식적 감각들이다…. 그 체계가 외부의 양을 성질로 변화하는 장치가 있다"(p. 370). 치료에서 수정되는 행동 패턴을 책임지는 체계에 대한 다른 문헌들에서, 프로이트는 다음과 같이 진술한다: "우리는 해부학을 통해 알기를… 직접 말초신경과의 접촉은 없지만 신경체계와 정신 기능의 발달을 담당하는 중첩된 체계(뇌의 회백질)가 있다"(p. 364).

프로이트는 『프로젝트The Project』를 통해 정신의 과정들을 "단순하고 모순이 없는" 것으로 개념화하기를 원했으며, 신경계의 "모델"로써 뉴런에 관한 그의 초점, 그리고 신경세포들의 주요 세 그룹들의 상호 연관된 기능에 관한 공식화는 현대의 지식의 흐름 안에 있다. 이 신경세포는 각각 활동 전위 패턴에서 계산하고, 통합하고, 기록하는 신경 체계의 통합된 단일체로서 인식된다(Cotman & McGaugh, 1980). 신경 체계의 기본적인 활동은 이러한 전위 또는 전기적 변화들과 연결되어 있으며, 신경을 연결하는 섬유질(시냅스)을 통해 충동을 수행하고 흥분 또는 억제를 전달하는 것으로 신경세포에 의해 생성된다. 따라서 고도로 복잡한 생리학적 과정들과 연관되는 것으로 보이는 메시지들을 전달한다. 『프로젝트The Project』는 신경세포와 신경세포 집단들의 수준에서 심리학과 신경 생리학 사이의 관계 회복을 예견했다.

현대 신경심리학 이론

구조

인격과 행동에 관한 정신분석적 개념에 포함되는 에너지의 과정들은 뇌 안에 있는 100억에서 1000억 개의 신경세포의 기능들과 그들 사이의 무한대에 이르는 연결과 관련되어 있다. 뇌 안에서 일어나는 활동의 복잡성과 그 규모를 묘사하자면, 매 초마다 감각 기관들로부터 정보를 운반하고 있는 1000억 개의 메시지를 퍼붇고 있다(Fincher, 1981).

지류들과 함께 상호 연결된 세 체계들의 신경세포 형태는 몸을 관통한다. 외부적 환경으로부터(외인성 입력)와 신체 과정들로부터(내인성 입력) 뿜어져 나오는 자극들은 수용 감각 체계 안에서 감각 신경세포들을 흥분시킨다. 그 자체의 "연결"을 따라, 구심성 충동들은 중간뉴런[2])에 대한 자극 순회에 의해 생산된다. 이 신경 세포들의 집단은 종종 뇌의 교환대라 불리며, 입력되는 감각들을 인식, 기록, 통합하고 내부 변화를 야기하거나 구심성 충동들에게 전달한다. 이 세 번째 체계—원심성 충동들—는 에너지를 근육, 분비선, 행동, 그리고 말로 방출시킨다.

뇌 활동의 새로운 연구 방법들이 소개되면서 수년 동안 광범위하게 받아들여졌던 일부 가설들은 상당한 수정이 요구된다. 예를 들면 신경세포들을 관장하는 유일한 요소가 신경체계 안에서 그것들의 위치라고 생각되어 왔다. 지금은 위치 이외에도, 뉴런들은 상이한 민감성들을 가지고 있고 다른 화학물질들을 분비한다고 밝혀졌다. 특별한 생리학과 행동학 기능들은 개별 뇌 체

---

2) 역자 주 — 운동뉴런과 감각뉴런 사이에서 자극을 전달하는 신경

계들에 의해 수행된다; 이런 체계들의 정상적 작용은 특정 유형의 행동의 적절한 실행과 관련되어 있다(Cotman & Mcgaugh, 1980).

뇌 기능에 있어서 화학적 요소의 출현은 주목할 만한 발전을 나타낸다. 다양한 화학적 신경전달물질과 시냅스 활동의 통제 물질들이 시냅스 전달을 중재한다는 발견은 이 세기에 있어서 정신적 상태들에 대한 지식과 신경 생물학에 대한 가장 중요한 공헌 중 하나로 간주된다(Kety, 1981).

신경전달물질

현재 확인된 신경전달물질은 오십 개가 넘는 화학 물질들 중에 최소한 일곱 개는 행동을 조절하는 데 있어서 역할을 하는 것으로 알려졌다. 특정 행동들의 적절한 수행은 그들의 정상적인 작용에 의지하고 있는 것으로 드러난다. 정신증과 정동적 상태들에 여러 가지 신경전달물질 체계들이 관여한다는 가설은 최근 많은 연구들의 주제였다; 현재는 도파민의 역할과 정신분열증과 연관에 초점이 맞춰져 있다.

중심적인 도파민 활동의 기능적 과잉이 있다는 가설과 또 다른 한 편에는, 도파민 수용인자들이 증가되었다는 가설이 있다(Wyatt et al., 1982; Greenberg, 1978). 이런 가설들이 조사되고 있다는 것을 아는 것은 중요하지만, 지금까지는 증명된 것은 없다. 원래는 정신분열증에 한해 특수하게 생각되던 도파민에 관한 발견들이 지금은 일반적으로 기능적인 정신증 증후군들과 더 많은 연관이 되고 있다(Strauss, 1983). "도파민의 비정상이 해당된다는 직접적인 증거는 없는 가운데, 우리는 정신분열증의 생화학적 기초를 지금은 알 수 없다는 것은 명백하게 인식해야만 한다"는 점이 지적되어 왔다(Davis 등, 1982, p. 197).

요약하면 뇌의 좀 더 복잡한 그림들은 진화하고 있고, 화학과 심리학의 완벽한 기능적 상관관계는 더 많은 개연성을 가지게 되었다.

작용

중간뉴런체계의 수렴과 방출 활동은 지각, 기억과정, 회상, 의사결정, 행동의 조직과 같은 복잡한 작용과 관련되어 있다. 원심성 뉴런의 방출은 피드백 과정을 거쳐서 구심성 뉴런의 방출을 자극한다. 이 체계에 외부 세계와 내적 신체과정의 감각적 과정뿐만 아니라 피드백 과정들로부터 생산된 구심성 충동들이 퍼부어진다. 결론적으로 다루어야 할 감각 유입은 어마어마해질 수 있다.

중간뉴런의 건강한 작용에는 이상적인 보통 정도의 감각 유입은 어린 아이들의 성숙과정을 가능케 한다. 다른 한편, 약하거나 강한 감각에 지속적으로 노출되는 것은 신경계에 부담이 된다. 이런 조건하에서는, 심리적 생존을 위협하는 상당한 자극들을 처리하는 데 다양한 방법들이 동원된다—이런 방법들은 자극에 접근하기, 또는 회피하기, 적절한 종류의 자극을 찾거나 창조하기, 자극에 대한 방어를 발달시키기 등이다.

초기 삶에서 적절한 감각적 자극에 노출되는 것은 신경 회로의 적절한 발달을 촉진한다. 중간뉴런은 구심성 뉴런이 에너지를 실행 뉴런에게로 완전히 방출함으로 활성화되고, 더 나아가 만족의 느낌을 만들어낸다. 부적절한 감각 자극—중간뉴런 체계가 조직화하지 못하고 완전히 방출하지 못하는 구심성 유입—은 유기체 내에 긴장을 만든다. 실행 뉴런으로의 방출이 특징적으로 방해될 때, 방출되지 못한 에너지들은 축적되고 중간뉴런 체계를 흥분시킨다. 이러한 과부하를 다루는 방식이 생겨난다. 요약하면 과도한 자극, 부족한 자극, 유해한 자극은 원심성 방출의 지연을 유발한다. 에너지는 반복적인 방식으로 방출된다(그림2에서 보듯이).

많은 설명되지 않는 미시적 사건들이 자극과 반응 사이에 개입한다. 그러나 이에 대해 보고된 관찰과 이론들이 행동에 대한 새로운 정보를 제공한다. 이와 관련된 몇 가지를 언급해보자:

1. 감각의 유입은 현 방출량을 넘어 천문학적인 정도가 될 수도 있다. 운동 방출

은 분명히 유기체의 즉각적인 심리적 상태와 이미 형성된 방식의 형태뿐만 아니라, 알려지지 않은 많은 요소들의 영향을 받는다. 몇몇의 충동들은 폐쇄회로 또는 뉴런들의 집합들 안에서 갇히면서, 최종 운동신경경로를 통한 외부를 향한 흐름은 경감된다. 이러한 방식으로 생산된 과도한 반향이나 동기 활동은 꿈의 무의식적 과정, 해결되지 않는 갈등, 불안 등을 설명하는 데 활용될 수 있다.

2. 유기체의 행동은 저부하 유입과 과부하 유입에 의해 악영향을 받을 수 있다 (둘 다 외인성인). 이것들은 심리학 용어로, 감각 박탈과 과도한 자극이다. 극단적인 자극의 양으로 인해 발생하는 부정적인 감각들은 공격적인 충동을 생성한다. 이제 중간뉴런은 내인성 자극에서 야기된 이러한 충동의 방출을 지연시키기 위해 활성화될 수 있다.

3. 건강한 평형 상태의 유지는 중간뉴런 체계의 부분적인 활성화만을 수반한다. 비활성화된 뉴런이 풍부하면 스트레스 상황

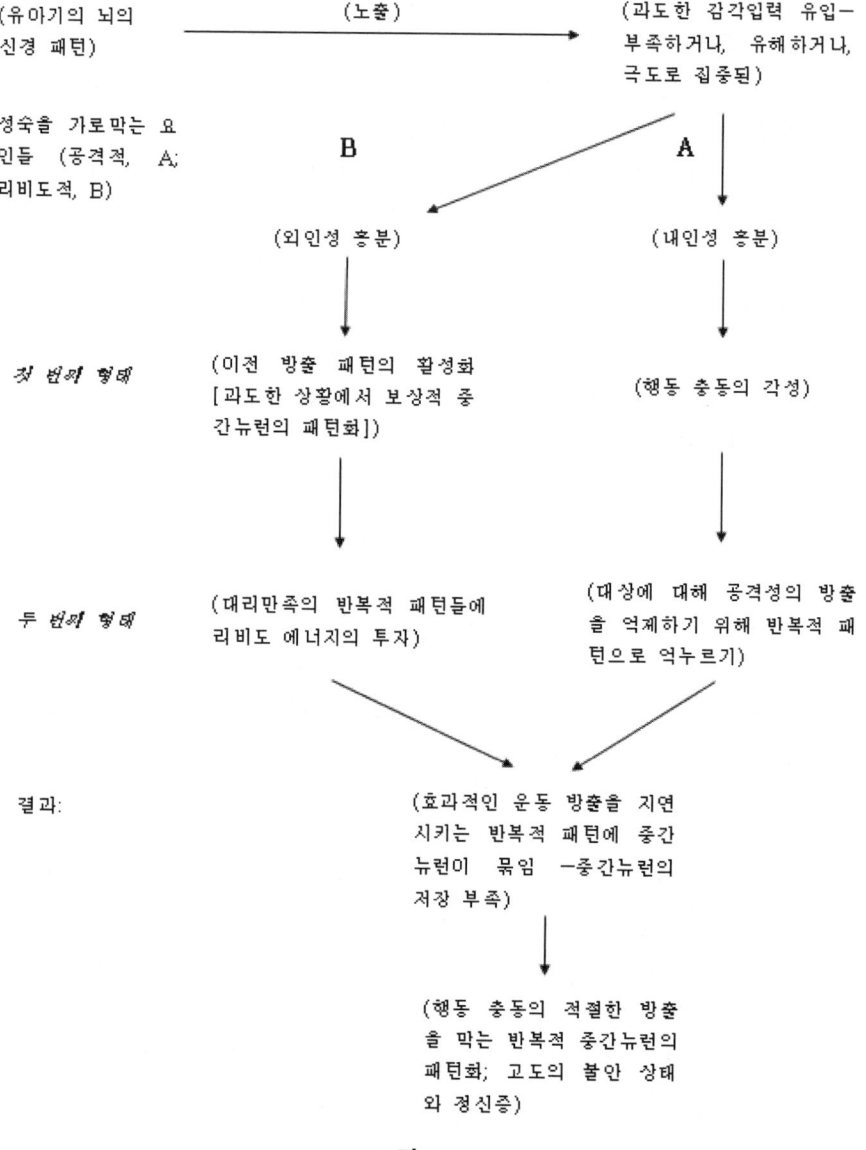

그림 2

에 대응하기가 수월하다. 결과적으로 최적의 뉴런 작용은 충분한 "뉴런 저장고"—투입되지 않았거나 묶여있지 않는 심리적 에너지와의 신경생리학적인 상관관계—와 관련이 있다. 뉴런 저장고의 부족은 정신증의 요소가 된다고 믿어진다. 뉴런들의 과도한 고정된 고착과 병리적 패턴들, 그리고 특정 뉴런 체계의 과활성화나 또는 저활성화는 일반적으로 정신 질환과 관련이 있다. 이런 식으로 가두어진 중간뉴런의 고착된 방식과 뉴런 저장고의 고갈된

정도에 의해 그 다양한 형태들이 특징지어질 수 있다. 이런 고갈이 각 장애의 형태에 따라 다른 방식을 따르며 증상이 고갈의 정도와 본질의 지표라고 할 수도 있다.

모든 심인성 질환에서, 중간뉴런이 불균형적으로 많은 양의 방출을 방해하는 과정에 기여하는 것으로 보인다. 일부 환자에서 나타나는 운동 방출의 방식이 너무나도 미발달되거나 산발적으로 작동한다는 점에서 봤을 때, 신경계의 기능에서 압도적인 감각 유입의 방출을 저해하거나 막고 있는 것이 부차적이지 않고 일차적이라는 인상을 준다. 이런 행동양식의 거의 자동적인 반복은 유독하거나 고통스런 자극을 극복하기 위해 수년간 발달한 조절 기제의 작동을 보여준다. 이러한 기제의 작동 실패는 정신증적 상태로 이어질 수 있다.

임상적인 함의

이 학문간의 탐험은 인격의 "설정^{set}"에서 초기 삶의 경험의 영향에 대한 정신분석적 증거를 보충하기 위한 것만은 아니다. 신경계의 연구를 통해 축적된 지식은 또한 분석가의 임상적 경

험의 많은 부분을, 특히 행동양식에서의 장기적 변화를 돕기 위해 수반되는 시간과 노력을 구체적으로 설명한다. 분석가가 변화에 함축된 신경학적 사건들을 인지할 때 변화에 대한 저항은 보다 잘 이해가 된다. 지적된 바와 같이, 이러한 사건들은 적어도 일곱 개의, 어쩌면 그보다 더 많은 체계에서 진행되는 심오한 생리화학적 과정들임이 판명되었다.

이러한 현상이 제시하는 변화에 대한 방해물은 환자의 노력이 때로는 매우 중요하게 보일지라도, 단순한 의지와 노력—다시 말해서 자발적 활동을 조절하는 체계— 으로 인해 크게 수정될 수 없다. 변화는 분석가에 의해 심리치료적 과정 안에서 일어나야만 한다. 우리에게 친숙한 분석적 개념인 전이치료는 특정 감각 유입이 중간 뉴런 체계를 자극하여 새로운 신경 경로를 작동시키는 것과 같다고 할 수 있다; 그러나 중간뉴런들이 오래된 순환경로들로부터 자유로워지지 않는 한(분석적 치료에서와 같이) 환자가 분석가의 영향력에서 벗어날 때 오래된 경로는 아주 쉽게 재활성화 된다. 뉴런을 자유롭게 하는 것은—새로운, 보다 바람직한 경로를 활성화 하도록 허용하는 것은—오래된 경로들의 방향 수정이다. 방향 수정은 이전에 사용되던 경로의 비활성화, 새로운 방식의 재활성화, 그리고 다른 경로의 활성화를 수반한다.

다양한 방법으로 진실성 있게 행동할 수 있는 자유는, 상당한 감각 유입의 변동에 대처하기 위한 충분한 공급의 중간뉴런이 있고, 계획적으로 결정을 할 수 있으며, 당면한 상황에서 적절하게 행동할 수 있다는 것을 의미한다. 신경역동적 측면에서 분석적 과제는 우회로에서 더 효율적인 중간뉴런 경로들로 이동하는 것, 인격 성장에 요구되는 중간뉴런을 고갈시키는 경로들을 없애는 것, 또는 중간뉴런 비축량을 증가시키는 것으로 개념화할 수 있다.

분명히 분석가들은 통합하고 조절하는 신경 기구들의 기능을 향상시키는 데 일차적으로 관심을 가진다; 하지만 신경계의 구조로 인해서 단지 간접적으로만 그들의 영향력을 적용할 수 있다는 것은 마찬가지로 명백하다. 중간뉴런은 직접적인 환경적 영향으로 접근가능하지 않다; 그것들은 오직 다른 두 뉴런 집단을 통해서만 접근할 수 있다. 행동의 변화는 감각과 운동 뉴런들의 특정한 결합 사이에 새로운 연결들이 형성될 때 시작된다. 그리고 이 감각과 운동 뉴런들은 과거에 병리적인 경험들의 산물이었던 해로운 패턴들로부터 해방되어야 한다.

중요한 삶의 경험과 연관된 감정들이 분석적 관계에서 다시 깨어나면서, "전이 행동"은 그 경험에 대한 반응으로 형성된 특정한 중간뉴런 조직이 활성화되었다는 것을 알려준다. 이는 본래 생겨난 경로를 비활성화하고 다른 경로를 여는 기회를 제공한다—즉 보다 성숙한 행동 패턴으로 표현될 수 있는 중간뉴런 조직과 함께 재창조된 정서적 상태를 연결시키는 것이다. 이 목표를 염두에 두면서, 적절한 조합의 원심성 충동들이 작동하며 바람직한 조합의 구심성 충동들로 안전하게 방출될 수 있도록, 분석가는 환자의 자극의 수용을 돕는 방식으로 치료에 임한다.

흥분성과 억제성 기제를 각성하기 위해 사용되는 유일한 도구는 언어적 그리고 비언어적인 의사소통뿐이다. 분석가와 환자는 서로 다른 방식으로 이 도구를 사용한다. 환자가 언어를 통해 충동들을 방출할 수 있도록 격려하는 상황을 구조화한다. 의도하지 않고 말하기는 강렬한 감정들을 방출하는 경로를 열기 때문에 가장 효과적이다. 더욱이 자발적으로 언어화할 때, 환자는 그 순간에 지배적인 신경 충동들의 특정한 조직을 드러낸다. 이 새로운 정보를 용이하게 얻고 환자의 뉴런 조직을 수정하기 위해, 분석가는 치료적인 의도를 가지고 말한다. 그리고 그는 그러한 목적을 위해 필요한 것 이상으로 의사소통하지 않는다(Zipf, 1949).

   방출의 우회적인 경로들을 비활성화하고 새로운 경로들을 활성화하는 것 이외에 언어 기구를 통한 정신적 에너지의 방출은 피드백을 통해 수용기 시스템에 영향을 준다. 심리치료 안에서 작동하는 다른 종류의 피드백도 있지만, 청각적인 피드백은 중요한 공헌을 한다. 단지 자신이 말하는 것을 듣는 것만으로도 환자의 감각들은 자극을 받고, 따라서 원심성 충동들을 흥분시키고, 중간뉴런 체계내의 감각들과 생각들을 환기시키고 구심성 충동들을 활성화한다.

   이 뉴런 활동의 순서는 계속하여 갱신되도록 환자 자신의 언어화로부터 오는 피드백과 분석가의 보충적 의사소통의 자극들에 의해 자극된다. 세 집단의 뉴런들을 연결하는 것에 의해, 언어는 치료적 영향에 접근 가능한 중간뉴런의 패턴들을 만든다. 더욱이 구어는 원심성 충동들이 발산되는 운동 활동의 형태이고, 이 발산은 중간뉴런의 계속되는 방출을 통해 조직화된 행동을 수정하는 데 결정적이다. 그런 이유로 분석가는 언어 기구를 통해 정신적 에너지의 방출을 조직화하기 위해 지속적으로 작업한다.

   최근에 분명해진 것은 이 방출이 신경 체계에서 일어나는 특정 생리화학적 과정들과 관련이 있다는 것이다. 구체적인 뇌의 경로들이 발견되었고 연구되었다. 이 경로들에 대해 우리가 더 알게 될수록, 정신 장애들을 해결하기 위한 생물학적이고 심리학적인 방법들을 조합하여 활용할 수 있는 더 큰 가능성이 생긴다.

   심리적 기능의 연구들은 특히, 뇌의 두 반구와 그들을 함께 결합시키는 밀집된 섬유질 뭉치인 뇌량이 수행하는 기능들에 대한 지식을 증가시켜왔다. 좌뇌가 우뇌보다 더 지능 것과 연관된다는 것이 최근에 분명해졌다; 왼쪽이 지배적인 반구라는(대개의 개인들에게서) 사실은 지적인 실행을 용이하게 한다. 이성에 의해 행동이 조절된다는 개념은 좌뇌가 그 지배력을 유지한다는 것을 의미할 것이다. 우뇌는 정서적 경험과 직관적인 과정들과 더 연관되는 것처럼 보인다.

정신분열증 환자들에게서 좌뇌의 기능장애에 대한 연구가 보고되었고(Wyatt 등, 1982) 인지적 문제나 사고의 장애와 같은 증상들과 연결될 수 있다. 그러나 다른 정신분열증 증후군들이 존재한다. 이 환자들의 일부는 주로 정동적인 증상들을 드러낸다; 다른 환자들에게는 통합에서의 결함들이 가장 두드러진다. 지적인 과정들에서 결손의 초점을 좌뇌에서 찾게 되는 반면, 정서적 결손의 초점들을 우뇌에서 찾을 수 있을 것이다; 통합에서 결손의 초점은 양쪽 뇌 모두와 뇌량에서도 찾을 수 있을 것이다.

이 맥락에서, 정신분석은 기능적으로 고립되고 특화된 뇌의 반구들을 언어적 의사소통을 통해 자신들을 표현하고 통합된 방식으로 함께 작업하는 것이 가능하도록 만드는 과정으로 볼 수 있다. 이런 개념은 최근의 신경생리학 연구들과 모던 정신분석의 원칙들과 일치되는 것으로 보인다(Wilson, 1981, pp. 104-112).

정신분열증적 정신증 근저에 있는 심리학적이고 생물학적인 과정들 사이의 관계에 대한 점증하는 이해는 정신증 환자들뿐만 아니라 전정신증과 후정신증 환자들의 회복을 가능하게 할 것이다. 그들은 개인이나 집단 심리치료를 적절히 조합하고 필요시에는 보조적인 화학요법을 통해 정서적인 성숙에 도달할 것이다. 그러나 가능한 한 빨리 화학요법을 줄이고 결국 중단하는 것이 바람직하다. 일단 실패했던 기본 신경전달물질 기제들이 수정되면(Flinn, Leon, & McKinley, 1981), 치료의 궁극적인 목적은 이러한 개인들이 자신의 신체의 화학적 그리고 물리적 자산을 활용하여 독립적으로 기능할 수 있도록 돕는 것이다.

이론의 적용

환자가 필수적인 성숙의 단계들을 완성하는 것을 방해한 방어적인 패턴이나 부적응을 해결하기 위한 장기간의 과업은 두 측면을 가지고 있다. 첫째로, 성숙의 장애물들을 식별하고 이해하기 위해 충분한 강도로 각성되어야만 한다. 말하도록 환자에게 지시하는 것은 탐구적이고 시험적인 과정으로 개시한다. 그것은 분석가가 병리적인 패턴들의 기원과 역사, 그리고 환자의 현재 기능에서 그것들의 중요성을 충분히 이해할 때까지 계속된다. 과제의 두 번째 측면은 분석가가 패턴들에 대한 충분한 지식을 습득하여 그것들에 영향을 행사할 수 있을 때에 시작된다; 그것은 치료가 종료될 때까지 지속된다. 성숙을 막은 패턴은 강박적인 힘이 무효화될 때까지 점차적으로 그것들로부터 자유롭게 되는 방식으로 "다루어진다". 그때야 비로소 더 나아가서 인격의 성장이 가능해진다.

분석가가 말하는 데 얼마나 많은 에너지를 쓰는가는 환자의 즉각적인 자극 필요에 달려있다. 충동 방출의 패턴에 대한 연구를 시작할 때, 환자가 불필요한 자극들로부터 가능한 한 보호를 받는 것이 바람직하다. 분석가는 말하도록 지시한 이후에, 환자가 이완하고 자유롭게 의사소통하도록 돕기 위해 필요한 만큼만의 언어적 수유(의사소통)를 제공한다—환언하면, 환자가 자동-방출 상태를 유지할 수 있도록 돕는다. 청각적 피드백은 이 실험적인 기간 동안에 자극의 주요 원천이 된다. 이후에는 환자의 기능 방식에 근본적인 변화를 만들어내는 에너지의 특정한 형태와 양의 입력과 출력은 주로 분석가의 의사소통에 의해 자극받는다. 언어 교환에서 소비된 에

너지의 양은 종종 치료가 진행되면서 증가한다.3)

　치료의 초기 단계에는 대체로 분석가의 침묵은 환자에게 만족을 준다. 그것은 주의와 관심이 있다는 것을 나타내며 환자들이 마음껏 충동들을 말하도록 초대한다. 그러나 회기마다 쉬지 않고 말하는 것은 많은 에너지를 소비하며, 화자는 청자에게 일종의 보충을―언어적 수유를 기대하게 된다. "독백하는 것은 대화의 욕구를 자극하고 그 역으로도 성립된다"고 한 젊은이가 말했다.

　정보에 관한 구체적인 요청은 그 요청이 관계를 방해하거나 파괴하는 것이 아니라 분석적 과정을 돕기 위한 동기에서 비롯되었다는 가정 하에서 대답을 제공한다. 요청들은 분석가의 반응이 만족스러울 때는 상황을 편하게 만든다. 그러나 정신분열증 환자가 이 잠재적인 욕구충족의 원천을 사용하든 안하든 간에 혹은 독백을 계속하든 간에, 조만간에 그는 긴장의 증가 상태를 경험한다. 이것들은 언어적 자발성을 방해한다. 이에 환자는 아마도 좌절에 대처하는 유아적인 방식으로 돌아간다.

　바꾸어 말하면, 생의 초기에 감각 박탈에 대한 노출로 생긴 중간뉴런의 패턴이 활성화된다. 앞서 지적했듯이 이 상황은 내성의 흥분을 야기하며, 이는 공격적인 충동을 자극한다. 만약 이런 충동들의 방출이 방해받으면, 효과적인 운동 방출을 지연하는 유아적인 패턴이 어떻게 만들어졌는지, 그리고 왜 환자가 그것들을 고집스럽게 사용하려고 하는지에 대한 탐구의 기회가 생긴다.

　　(미성숙한 패턴들) (전이로) 충전되며 ─────▶ (저항)

　저항이 존재한다는 것은 감각 유입이 효과적인 운동 방출로

---

3) 환자에 대해서 생각하고 발전적으로 이해하기 위해 투자되는 분석가의 상당한 정신적 에너지는 이 공식화에 포함하지 않았다. 침묵 속의 해석적 분석은 치료 초기부터 계속된다.

변형되는 것을 방해하는 데 중간뉴런 체계가 지나치게 관여하고 있다고 추론할 수 있다.

환자가 자발적으로 말하는 한에 있어서, 그는 변화하는 감각 유입과 다양한 중간뉴런 구조의 활성화에서 기인한 충동들을 표현한다. 한 가지 생각이나 경험에서 다른 것으로 나아가면서, 환자는 점진적인 언어 방출에 참여하고 있다.

다른 한편 저항하는 시기에 환자는 침묵에 빠지거나 또는 경직되고 반복된 언어적 방출을 사용한다. 신경 충동의 특정 기관의 우세는 반복적인 언어를 야기한다. 환자는 고장 난 축음기와 같은 반복된 소리를 낸다. 이미 제안하였지만, 이런 행동은 중간뉴런 순환로 안에서 충동들의 반향과 관계가 있다. 신경생리학적인 용어로는, 저항은 점진적인 언어 방출을 방해하는 신경구조 안에 있는 에너지의 "갇힘"으로 묘사될 수 있다.

저항을 해결하는 데 있어서 분석가는 환자가 자유롭게 모든 충동, 감정, 사고, 그리고 기억들을 언어화할 수 있도록 꾸준히 참여한다. 점진적인 언어 방출의 과정에서 방출을 제한하거나 지연시키는 반복적인 활성화로 인해 성숙을 방해받아왔던 중간뉴런 구조들은 점차적으로 방향이 바뀐다. 따라서 방해물을 해결하는 개입은 "성숙적 의사소통"으로 간주된다. 이 말은 저항으로부터 환자를 해방시키려고 고안된 모든 언어적 수유에 적용된다.

(저항이) (성숙적 의사소통을) 만남 ──────▶ (저항의 해결)

이렇게 일반적으로 적용되는 등식 안에 있는 변수는 의사소통의 양자quantum이다. 그 순간에 환자의 정서적 상태와 추가의 언어적 자극의 공급 없이도 자연스럽게 그것을 말할 수 있는 능력에 달려 있다. 분석가는 환자가 적절한 에너지를 동원하고 방출하는 것을 돕거나, 또는 반복적인 것에서 점진적 언어 방출로부터 나아가기 위해 요구되는 만큼의 에너지를 의사소통에 투자한다.

전이가 발달하면서, 적당한 저항을 각성하기 위해 필요한 분석가의 최적의 언어적 에너지의 출력에 대한 환자의 반응들을 연구한다. 명백하게 각성이 되면, 반복적인 언어적 방출이나 침묵에서 환자가 벗어나기 위한 의사소통의 최소한의 양이 결정된다. 이것은 분석가가 (1) 바람직한 강도의 저항을 각성하기 위해 환자를 최적의 좌절 상태 안에 유지하기 위해, 그리고 (2) 저항을 감소시키고 환자가 점진적인 언어 방출을 재개할 수 있도록 필요한 최소의 충족을 제공하기 위해, 자신의 의사소통에 얼마나 제한을 둘지 경험적으로 배운다는 것과 같다(Spotnitz, 1966).

의사소통의 치료적 범위는—성숙적 의사소통—사례에 맞게 점차 확립된다.

저항의 각성

(방출을 압박하는 충동들이)   부딪히다   (저항 또는 의사소통의 반대 세력) ⟶ 저항패턴—반복적 언어방출이나 침묵

저항의 해결

(방출을 압박하는 충동들이)   해방되다   (저항의 감소—분석가의 의사소통에 의해 반대세력이 해결됨) ⟶ 점진적인 언어적 방출

일반적으로 환자가 치료를 시작할 때 발달 수준이 더 높을수록, 그가 견뎌낼 수 있는 치료적 의사소통의 범위는 더 넓고, 그 범위 안에서 분석가가 엄격하게 기능해야 하는 긴급함은 더 감소한다. 오이디푸스적인 문제들을 가진 환자들은 정서적 에너지를 언어화하는 능력이 잘 발달되었기 때문에게 침묵은 그들에게 폭발적인 힘을 동원하지 않는다. 환자는 감각적 박탈과 연관된 고도의 흥분상태들을 비교적 순조롭게 언어로 방출할 수 있다. 여기에는 환자가 바람직하지 않은 운동 형태로 원심성 충동들을 배출할 위험은 비교적 적다. 의사소통의 폭넓은 범위는 견딜 수 있을 뿐만 아니라 치료적이다. 비교적으로 오랫동안 건강하게 발달해 왔기 때문에 저항의 해결을 돕는 상황들을 만드는 다양한 수준의 의사소통들이 존재한다.

원심성 충동들을 운동 활동 안으로 즉각적으로 방출해 버리는 것은―행동화―가장 원시적인 형태의 기능의 특징이다. 전오이디푸스기 문제들로 인해 치료를 시작하는 환자들은 정확한 언어적 방출을 사용할 수 있는 능력이 한정되었다; 그들은 언어보다는 무분별한 운동 활동으로 충동들을 방출하는 경향이 있다. 이 경향성과 그에 수반하는 위험들은 불안을 만들어내며 억제된 긴장들이 동원된다. 그러므로 더 원시적인 행동 패턴들의 작용이 자극되지 않도록, 분석가는 이런 환자들이 극도의 감각적 유입 또는 극도의 감각적 박탈로 경험되는 언어적인 접촉에 노출되지 않도록 한다. 환자의 공격적 충돌들의 동원과 그것들이 언어로 안전하게 방출될 수 있도록 분석가는 엄격히 한정된 의사소통의 범위를 고수한다. 이것은 의원성 iatrogenic (역자 주: 분석가의 부주의로 생기는) 퇴행의 위협을 막는다.

정신분열증 환자들은 종종 병리가 덜 깊은 사람들보다 훨씬 더 오랜 기간 동안 언어적 접촉의 부재를 견딜 수 있다. 그들은 경정신증 환자들처럼 쉽게 이런 박탈에 대한 공격적인 반응들을 언어화하지 않는다. 그들 중 일부는 분석가로부터 의사소통을 요구하지 않고 많은 회기동안 혼자서 말을 한다.

그러나 그러한 행동 속에는 부적절한 좌절-공격성 이용의 영향력이 내포되어 있다. 이런 환자들은 공격적인 반응들을 통제하지 못하고 오로지 그것들을 숨길 수밖에 없다—정신분열증적 반응이다. 공격 충동들을 묻어두는 경향에서 볼 수 있듯이 그들에게는 방출을 억제해야하는 극단적인 필요가 있다.

잠재적으로 폭발적인 상황이 생기는 것을 예방하고, 이 방어적인 반응들을 치료적으로 다루기 위해 분석가는 환자의 충족을 제한한다—즉 언어적 접촉의 측면에서이다. 신경증 환자가 반응하는 다양한 간격에 보통의 양보다는, 치료 초기의 정신분열증 환자를 위한 심리적으로 건강한 식단은 일반적으로 비교적 긴 시간의 간격에 최소한의 의사소통의 양이다. 특히, 원칙적으로 회기의 처음 20분 동안 상황이 허락하는 만큼 드물고 넓은 간격으로 제공한다. 회기의 끝을 향해서는, 환자가 치료실을 떠나는 것을 돕기 위해 치료사로부터의 더 많은 의사소통이 필요할 수도 있다.

의사소통의 투여량에 대한 "보통"과 "최소"의 실제 차이는 무엇인가? 일관적인 측정이 불가능하기 때문에 "의사소통의 단위"라는 용어를 제안하며 이를 통해 차이를 설명하도록 한다.

의사소통의 한 단위는 언어적 수유로 간주되며, 우유 한 모금과 같다고 할 수 있을 것이다. 이것은 하나의 질문이나 매우 짧은 진술과 같은 가장 간결한 개입이다. 이런 의사소통은 자아-동조적이거나 자아-이조적일 수 있다. 아래에서 명기된 단위는 장기적으로 분석가가 환자와 이야기하는 데 할애되는 시간의 양이다.

대략적으로 계량하면, 오이디푸스적인 문제를 다루는 환자에게서 분석가의 의사소통의 범위는 10에서 100단위이다; 정신분열증 환자의 특징적 방어를 다루기 위해 2에서 5단위 사이의 범주가 사용된다. 이 두 가지 상이한 형태의 언어적 수유의 차이점은 성인이 필요로 하는 정상적인 식단과 결식에 길들여진 아동의 식단과 비교할 수 있다.

일반적으로 관계 형성의 단계에서 정신분열증 환자와의 언어 접촉은 거의 적절하지 않다. 자기애적 전이가 해결될 때까지 분석가는 지정된 5단위 이하를 유지하는 것이 바람직하다. 비교적 긴 간격에 정기적인 짧은 수유 사이에, 요구된다면 때때로 2개의 추가적인 단위가 제공된다. 환자가 자신과 같은 존재로 또는 심지어 자신의 일부분으로 경험된 전이 대상에게 발달하는 저항은 일시적으로 몇 개의 적절한 단어들에 의해 해결되며, 의사소통이 요청되었을 때 주어지는 것이 좋다. 분석가가 위에서 제시하는 방식으로 의사소통을 제한하고 분배할 때에 저항의 강도에 보다 더 쉽게 영향을 미칠 수 있다.

짧은 간격의 보다 많은 의사소통 투여량을 통해 저항을 처리하는 사례의 진행—다른 사례의 일반적인 경우—과정은 다음 도표와 같다:

(저항이)　　(10에서 100단위의 의사소통을 만남)　⟶　(과도한 감각유입과 부적절한 운동 배출)

↓

(저항의 강화와 퇴행이 너무 심각하여 회기 안에서 해결될 수 없음—과도한 흥분은 의원성 퇴행을 야기할 수 있음)

위에 설명된 상황은 정신분열증 외래 환자의 치료에 특히 바람직하지 않다; 실제로 많이 보고된 치료의 실패에 기여한 요인일 것이다. "과도한 수유"에 노출될 때 외래 치료를 받는 환자들의 의원성 퇴행이 촉발될 위험이 증가한다. 너무 많은 의사소통은 환자가 적절하게 배출할 수 있는 것보다 더 많은, 주로 외인성의 각성을 만든다. 이 상황은 최소한의 충족에 의해 조절되는 경미한 좌절-긴장 상태에서 자기애적 전이를 발달시키고 훈습해야 하는 환자의 필요를 존중함으로써 방지할 수 있다. 사실 이것은 정신분열증 환자의 심리치료에 대한 내 처방전이다.

수동성과 전통적 접근을 동등시하고 이것이 정신분열증 환자에게 적합하지 않다는 생각을 교육받은 정신분석적 치료사들은 의사소통의 2~5단위 범위를 초과하는 경향이 있다. 그럼에도 불구하고 반대의 극단으로 향할 수도 있다; "언어적 굶주림"—정서적 가뭄에 기여하는 요소 중의 하나—과 관련된 것으로 보이는 실패가 종종 발생하고 있다:

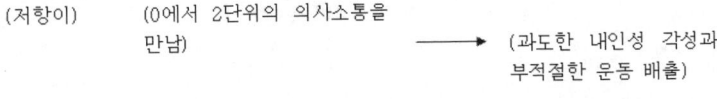

너무 적은 의사소통은 같은 이유로 해롭다: 비교적으로 운동 배출이 부적절하다.

분석가가 지속적으로 긴 간격의 적은 투여량의 의사소통으로 스스로를 제한할 때 자기애적 방어에서 발생하는 저항은 부당한 어려움 없이 해결될 수 있다. 자기애적 전이가 발달하고 환자가 분리된 대상으로서 분석가에게 좀 더 특징적으로 관계하기 시작한 후에, 환자는 보다 감정을 언어화할 수 있다. 과도기 단계 동안에는 의사소통의 양은 점차적으로 증가하고 간격은 짧아진다. 환자는 더 많은 의사소통에 대한 내성이 증가하고 그것이 즐겁다는 것을 발견한다.

대상 전이의 발달은 일반적으로 환자의 에너지 체계가 재조직과 재통합되어서 보다 많은 언어적 수유에 적절하게 반응할 수 있는 지점에 도달했다는 것을 의미한다. 의사소통의 10에서 100의 단위들에 노출되는 것이 오래된 저항 패턴들을 재활성화할 때, 환자는 가끔 자기애적 방어로 되돌아간다. 그런 상황에서는, 2에서 5단위의 초기의 범위로 의사소통을 제한하는 것이 바람직하다. 자기애적 전이가 완전히 발달된 이후에 보통 정도와 최소한의 의사소통의 양 사이의 변동이 고전적인 접근과 가장 큰 차이점이다.

A. 자기애적 전이 단계

(저항이)　　　(2에서 5단위의 의사소통을 만나고, 시기적절하게 점진적으로 범위를 확장함) ⟶ (전이의 해결)

B. 대상 전이 단계

(저항이)　　　(10에서 100단위의 의사소통을 만나고, 변동하는 전이 상태에 따라 2에서 5단위로 감소시킴) ⟶ (전이의 해결)

방금 논의된 원칙들은 심리치료 과정 동안에 환자의 신경체계 내에서 무슨 일이 일어나고 있는지에 대한 실마리를 제공해 준다. 그것들은 분석가의 의사소통이 환자가 적절한 언어적 방출에 참여하도록 도우며, 오래된 방출 패턴으로부터 환자를 해방시키고 새로운 패턴을 형성하도록 고안되었다는 것을 시사한다. 이 3중의 과제는 환자에 대한 엄청난 요구들을 만든다; 우리가 지금 알게 된 바와 같이 신경 체계의 재조직화와 재통합을 수반하며, 이 변형을 동반하는 수많은 생화학적 변화들이 있다. 아무리 잘한다 해도, 이것은 시간을 소요하는 과제이며, 병리적 패턴들이 더 원시적 수준일수록 시간은 더 요구된다.

이 힘든 일의 과정에서, 일시적으로 생화학적 조치들을 사용하는 것은 환자 신체의 "실험실"이 생리학적이고 화학적인 통합의 전체 과정을 책임질 수 있을 때까지 진전을 도울 수도 있다. 그러나 오직 심리치료를 통해 과제를 수행하든 또는 약물요법이 보조적으로 함께 사용되든 간에, 적절한 인간적인 의사소통을 시기적절하게, 그리고 정교하게 특정한 양으로 환자에게 반응함으로써 분석가는 이 거대한 과업의 성공에 중대한 공헌을 한다.

5장
기초적인 관계에서 협조적인 관계로

환자를 받기로 하는 결정과 사례에 착수하기 위한 정확한 방법은 가장 신속하게 원하는 결과를 이끌어 낼 치료동맹의 종류에 대한 우리의 선입견에 의해 영향을 받는다. 그러나 환자의 문제가 뿌리 깊을수록, 일반적으로 제시되는 관계 방식을 적용하기가 더욱 어렵다. 정신분열증 환자와의 관계를 구조화하는 일은 일방적인 방식으로 진행되는 경우는 드물다. 두 당사자가 함께 구조를 만든다. 환자가 무의식적으로 뿌리 깊은 행동을 포기하는 것에 반대하는 만큼, 그러한 반대를 이해하는 분석가는 환자가 변하고 안정되도록 기법을 채택하고 계약에 합의한다. 확고한 치료 동맹의 발달은 궁극적으로 환자의 자기애적 방어가 동반되는 "예민한 작업"을 통해서 촉진될 수 있다(Rothstein, 1982, p. 185).

그러나 치료를 검토해 볼 때, 병리적으로 자기애적인 개인은 변화에 거의 관심을 갖지 않는다. 그들이 일차적으로—그리고 즉각적으로—원하는 것은 정서적 고통을 제거하는 것이다. 그들은 그들이 마치 치료될 수 없다는 것을 증명하기 위해 시간과, 돈, 그리고 노력을 투자하는 것이라고 느끼는 것 같다. 그들이 진정한 변화를 위한 작업에 자신을 전적으로 전념하게 되려면 그들이 처음 약속을 요청하고 사례를 시작하기 위한 약속을 완료하기까지 걸리는 시간보다 훨씬 더 많은 시간을 필요로 한다. 분석적 상황에 그들 스스로가 참여하는 방향으로 최초의 움직임이 있을 때 분석가가 어떻게 반응하는지는 이러한 궁극적인 헌신을 확보하는 데 있어서 매우 큰 의미가 있다.

결론적으로 치료의 초기 단계는 치료 과정의 단순한 예비절차가 아니라 함께 정보를 교환하고, 결정을 만들어가는 과정으로서 치료의 전반적인 계획에 의해 수행된다. 다시 말해 치료 관계는 엄마-유아 관계처럼 분석가와 환자 사이의 최초의 접촉으로 시작된다; 그들의 최초의 상호교환은 나중에 이어지는 둘 사이의 모든 접촉들에 영향을 준다.

예비 환자가 "기분이 좋아지기" 위해 도움을 받을 수 있다는 가능성에 투자하는 데 스스로를 효율적으로 동원하자마자, 지시에 저항할 수 있는 지속적인 가능성이 환자에게 제공되는 원칙이 작동하기 시작한다. 보통 환자는 당연히 그래 왔다는 듯이, "원치 않는 아이"라는 무의식적 신념하에서 애를 쓰면서, 집요한 탐색과 고통스러운 조사를 예측하고 뻣뻣해진 채 치료실에 들어선다. 예를 들어 결점-찾아내기 부모의 자녀는 치료사도 같은 방식으로 결점을 찾아낼 것이라고 예상한다. 그러나 시간과 도움의 무가치함을 입증해야 한다는 압력을 받는 대신에, 예비 환자는 이 상황을 연구하기 위해 치료자가 기꺼이 함께해 줄 것이라는 것을 발견하게 된다. 탐색적 논의를 치료적 경험으로 바꾸기 위해 환자의 자아에서 대상으로 관심을 이동한다.

이러한 방식으로 "심사를 받아" 치료를 시작하게 된 환자는 정신분열증의 어떤 형태도 보일 수 있으며, 환청, 긴장성 삽화나 혼합된 증상을 보고할 수도 있다. 환자가 자신의 이름과 주변 지형, 그리고 약속된 시간에 치료실에 오고 집으로 다시 돌아가는 방법을 알 정도로 현실감이 충분히 있다면, 병리의 수준은 중요한 고려사항이 아니다. 이러한 조건이 충족될 수 없다 해도 외래 환자의 치료가 절대적으로 배제되는 것은 아니다; 예외적인 경우에는 친척이나 병원의 보조원이 몇 차례 환자를 치료실까지 동행하기도 한다. 그러나 환자가 통제할 수 없는 정신증적 행동에 더 가까워질수록, 비-기관 세팅에서 그를 치료하는 것은 더욱 어려워진다.

다른 중요한 요소로는 양호한 신체적 건강과 상대적으로 빠른 속도로 변화할 수 있는 능력이다. 우리는 관상동맥 질환과 같은 심각한 신체 질병을 앓고 있는 사람이 바람직한 것 이상으로 감정적 소모에 노출되는 것은 아닌지에 대해서 고려해봐야 한다. 인격의 유연성이 항상 실제의 나이와 동일한 것은 아니기 때문에, 그것은 개인적인 상황을 근거로 평가된다. 반면에, 치료는 일차적으로 정서적 과정으로서 수행되기 때문에 지능은 중요한 사안이 아니다. 게다가 지능은 치료를 촉진시키기보다는 다소 일관되게―특히 인지적으로 뛰어난 개인들에 의해서는―그 반대로 이용된다.

선택은 어느 정도는 개개 임상가의 선호도에 의해서 결정된다. 우리는 주로 가장 편안하게 작업할 수 있는 사람, 그리고 완치에 대한 영감을 줄 수 있는 사람과 함께 했을 때 최상의 결과를 얻는다. 우리가 무엇을 선호하든 간에, 사춘기 후반이나 20대 초에 치료를 시작하는 환자와의 작업에서 종종 특별한 도전이 발견된다. 해결을 기다리는 삶의 문제들과 장애를 촉발하는 요인들이 그렇게 멀리 있지 않은 이 시기에, 정신분열증적 반응의 가역화에 수반되는 장기간의 노력이 더더욱 타당한 것으로 보인다. 지능과 창조적, 사회적 성취를 위한 잠재력이 심각한 정신병리에 묶여있는 젊은 환자를 대면했을 때는 사례를 받아들이는 것에 대한 강력한 동기부여가 작용한다.

피분석자의 분석 작업에 필요한 적합성, 접근성, 준비성, 자아강도와 그 밖의 것들—애매모호하고 임의의 해석이 영향을 받기 쉬운 기준들—에 관한 초기의 관점들은 치료동맹에 관한 최근의 공식들과 그린슨(R. Greenson, 1965)의 작업 동맹 개념 안에서 가능한 한 객관적으로 포함되었다. 치료 관계의 상황적 측면에 대한 이러한 새로운 접근은 표준적인 정신분석 치료가 각각의 파트너에 대하여 요구하는 것들을 명확하게 하는 데 있어서 중요한 진보를 반영한다. 그린슨이 개념화한대로, 사례의 성공적인 결과를 위한 환자의 구체적인 기여는 "합리적인 자아"가 분석가의 "분석적인" 자아와 동맹을 맺으며, 목적의식을 가지고 자신의 문제를 작업할 수 있는 능력이다(1965, p. 157).

치료의 초기 단계에서 그 정도로 협조할 수 있는 정신분열증적 환자는 거의 만날 수 없다. 그럼에도 불구하고, 만약 분석가가 환자와 효과적인 동맹의 발달에 대한 책임을 받아들인다면, 환자는 그러한 기여를 할 수 있게 된다. 관계의 최종적인 형태 안에서 환자는 기억의 회상과 자기분석에 체계적으로 참여하게 되며, 이러한 과정들을 지속할 수 있는 능력은 사례의 진전에 대한 주요한 지표이다.

그린슨(1965)의 이야기를 이어서 하자면, 작업 동맹의 필수적인 구성 요소는 분석가에 대한 환자의 감정 중에서 "합리적이고 합목적적인 부분"으로부터 유래한 전이반응이다(p. 57). 그러한 반응들이 보다 퇴행적이고 부적절한 반응들과 서로 섞이기 때문에 전이 신경증과 작업 동맹 사이의 구별은 절대적이지 않다. 그러나 이론상으로 두 현상은 평행하며 "상반되는 성질"이 있으며 (p. 174) 모두 중요하다. "신뢰할 수 있는" 작업 동맹을 "형성하기 위한 환자의 잠재력"(p. 171)과 유지할 수 있는 능력은 정신분석적 치료에서 필수적이다.

그린슨 자신과 다른 분석가들의 사례 중에서 예비 단계를 넘어서지 못했거나 종결할 수 없는 것으로 보이는 일군의 사례에 대해 비평하면서, 그린슨(1965)은 치료의 교착상태를 "분석가와 신뢰할 만한 동맹관계를 발달시키는 데 있어서 환자의 실패"(p. 155)에 원인을 돌렸다. 고전적으로 정신분석 환자의 작업 동맹은 "거의 감지되지 않고, 상대적으로 조용하게, 그리고 겉으로 보기에는 어떤 특별한 활동에도 무관하게 발달한다"(p. 160)는 관찰은 좋은 작업 관계의 부재에 대한 책임이 전적으로 환자에게 있다는 인상을 강하게 준다. 동맹을 세우는 데 있어서 아주 중요한 것으로 증명된 분석 작업에 대한 그린슨의 임상적 설명은 "불규칙적인" 사례에서 온 것이며 "특별한" 활동은 명백히 치료 시작 후 첫 6개월로 제한했다.

반면에 병리적으로 자기애적인 환자와 좋은 작업 동맹을 만들어 내기 위해 요구되는 분석 작업은 "구조" 작업으로 국한되기보다 일반적인 과정으로 간주된다. 거의 언제나 이런 환자가 치료를 시작하면, 우리는 치료에 적절하게 참여하는 능력이 일반적인 기능이나 특정 영역의 기능에서 제한되어 있는 것을 볼 수 있다. 모던 정신분석 임상가들은 외래 환자와 작업을 할 수만 있다면, 환자가 할 수 있는 기여가 무엇이든지 받아들이고, 기본적으로 기초적인 관계에서 상호협조적인 관계로—완전한 작업 동맹—변형시키기 위해서 체계적으로 작업한다.

이러한 임무에 대한 철학적인 접근은 단순화되고 치료의 일반적인 원리와 통합된다. 초기 면접, 계약, 치료 일정이 수립되고, 보충치료와 이후에 도입되는 규칙들이 모두 저항을 다루는 관점으로 개념화된다. 정신분열증 사례에서 작업 동맹의 공식화와 일반적인 성질을 설명하기 위해 나는 다음 장들에서 이 문제에 대해 말하겠다.

초기 면접

분석가가 제공하는 서비스의 이용가능성에 대해 문의하려는 예비 환자의 노력은 종종 가족 구성원이나 친구들을 통해 전달되며 약속을 대신 잡기도 한다. 그때 분석가는 치료 후보자가 직접 약속을 잡을 것을 제안할 수도 있다. 최초의 방문 전에 직접적인 접촉을 하는 것이 바람직하다; 게다가 개인적으로 하는 약속은 깨질 가능성도 적다. 예비 환자는 언제 오고 싶은지에 대해 질문을 받고 그 시간이 가능하다면 약속을 잡는다. 만약 그 시간이 불가능하고 제안된 다른 시간에도 올 수 없다면 다시 전화할 것을 요청한다. 약속이 확실히 잡히고 지켜지기 전에, 그들은 고통을 덜고자 하는 강렬한 욕망과 분석 상황에서 예측되는 스트레스에 대해 방어하려는 무의식적 욕구 사이에서 한동안 갈팡질팡할 수도 있다.

어떤 이유로든 예비 환자가 직접 치료 약속을 잡지 못하더라도, 예비 환자만 동의한다면 친척이나 다른 사람이 약속을 잡고 치료사의 사무실까지 동행하는 것에 반대할 이유는 없다.[1]

그러나 환자가 아무도 동반하지 않고 자신의 자유의지에 따라서 치료를 받는 것에 동의할 때, 최적의 조건이 설정된다. 치료를 강요받는다는 느낌은 치료에 반대하는 단호한 의식적인 의지

---

[1] 계약이 세워지는 과정에서 제삼자의 참여에 대해서는 나중에 논의한다.

와 결합하여 위협적인 방해물을 만들어 낸다. 그리고 적어도 일정한 시간 동안 이러한 방해물들은 치료를 불가능하게 만들기도 한다.

아버지의 주장으로 분석에 오게 된, 급성으로 발병한 젊은 남자는 5회기 후에 철수하며 다음의 태도를 의사소통했다: 나의 아버지는 치료를 강요하고 있으며 나는 오고 싶지 않다. 분석가는 자신의 소망에 반대되는 치료는 하지 않는 것이 더 좋다는 정보를 알려주었다. 그는 강요받지 않았다는 것을 자신에게 납득시키기 위해 치료를 중단했다; 열흘 후에 그는 "자신의 의지로" 치료를 재개했다. 관계의 형성을 가능하게 만들어준 최초의 태도의 변형은 다음과 같은 효과였다: 나는 아버지의 강요에 따라 치료에 오는 것이 아니고 내가 원해서 온다(Spotnitz, 1962).

첫 방문에서 치료 후보자가 언어적으로 그리고 비언어적으로 전달하는 특유의 우유부단한 태도를 수용하는 것은 그가 자신에 대해 편안하게 표현하는 것을 도와준다. 그것은 또한 면접하는 사람으로 하여금 잠정적인 진단을 하고, 간단한 가족사를 모으고, 이 사례에서 발생할 변화에 대한 다양한 방해물들을 예상하고, 그가 그것들을 다루기 원하는지, 그리고 효율적으로 다룰 수 있는지에 대해 결정하는 것을 돕는다. 치료 결정이 어려운 경우에 분석가는 환자가 이야기하도록 약간의 압력을 가할 수도 있다. 그러나 치료 관계를 고려 중일 때면 원칙적으로 분석가는 순수하게 상담 기능을 할 때보다 더 적게 질문하며, 말하지 않는 어떤 것도 캐내려는 간절함이 없이 기꺼이 제공된 사실적 정보만을 받아들이는 것을 보여준다.

질병의 시작과 증상의 출현에 대한 자발적 이야기가 진단적 인상을 강화시키겠지만 필수적인 것은 아니다. 면접자는 기본적으로 일대일 대면 접촉에서 예비 환자의 기능에 일차적으로 관심을 두며, 특히 드러나는 스트레스와 일탈 행동에 관심을 갖는다. 면접 이후 치료가 진행될 예정이라면, 단지 진단 목적으로 수행되는 면접처럼 진단을 확정하기 위해 환자가 감정과 사고를 드러내도록 압력을 가할 필요는 없다. 치료자는 단지 환자와 함께 작업하길 원하고 효과적으로 치료할 수 있을지를 결정할 정도의 정보만을 모을 수 있으면 된다.

질병의 명확한 증상들을 찾을 필요가 없는 또 다른 이유가 있다: 치료 과정에서 환자의 일탈 행동이 회기 내의 협조적인 기능을 방해할 때 효과적으로 다루어진다면 임상적 장면에 일련의 변화가 생긴다.

내가 수년 전 뉴욕 주 정신의학연구소에서 다루었던 환자에게 일어난 이런 일들은 매우 극적이었다. 불안 히스테리로 진단받았던 젊은 여성의 급성 정신증적 삽화 사례를 보자. 직원들의 초기 진단은 두 번 바뀌었는데, 첫 번째는 조울증적 정신증이었고, 내가 그녀를 맡게 되었을 때는 긴장형 정신분열증이었다. 내가 다른 곳에서 보고했던 것처럼(Spotnitz, 1981a) 나는 그녀를 치료하려는 강한 소망으로 하루에 몇 시간을 이 사례에 할애했다. 그녀를 치료하는 과정에서 진단의 순서가 반대로 되었다. 다시 말해서 그녀는 직원에게 다시 조울증처럼 행동했고 이후에는 불안 히스테리처럼 행동했다. 내가 그녀를 치료한 지 6개월이 지난 후, 그녀는 정상으로 보여 정신의학연구소에서 퇴원했다.

일반적으로 임상적 관찰만으로도 치료를 시작하는 환자의 감정적 문제의 본질에 대해 충분한 정보를 습득하려는 숙련된 분석가의 당장의 필요를 만족시킬 수 있다. 추가적인 진단과정은 이런 목적에는 거의 필요치 않다. 심리검사는 정신분열증 환자에게 자기애적 상처를 유발할 수 있기 때문에 통상적인 방식으로 실시하지는 않는다. 이러한 검사의 잠재적인 부정적 효과는 연구 자료와 비슷하게 추후 진행과정에 대한 평가 가치 정도와 비교된다. 때때로 특별한 가족이나 법적인 요건이 심리검사를 요구하기도 하고 환자가 치료와는 관련 없는 이유로 심리검사를 하게 될 수도 있다. 그러나 분석가 자신은 검사가 필수적이지 않을 때 환자에게 적합하지 않는 진단 과정을 추천하는 것은 삼가야 한다.

정서적 문제가 신체적 기능 장애와 관련 있을지도 모르는 가능성이 보이면 면접자는 의사에게 진단서를 받도록 한다. 치료의 과정에서 이러한 방침은 모든 신체적 불편을 포함하도록 확장된다. 건강해 보이는 환자에게도 정기적인 의학 그리고 치과 건강검진을 추천한다. 명심해야 할 것은, 정신분열증 환자는 의식적, 무의식적으로 자신의 신체적 건강 문제가 치료자와 무관함을—예를 들어 치아 상태를 돌보지 않는 것처럼—증명하려고 할 것이란 점이다.

이력-수집을 통상적인 과정으로 실행하지 않는다. 그것이 대상-지향적인 방식으로 수행될 때, 과도하게 자기-몰두적인 개인에게 타인에 대한 그들의 인상을 의사소통하도록 도울 수 있는 특별한 가치가 있다. 조부모, 부모, 형제들에 관한 정보를 얻는 것은 바람직하다. 그들의 직업, 결혼유무, 연령, 그리고 사인(死因) 등은 질병의 가족력에 대한 실마리와 주체의 어린 시절 경험을 제공할 수 있다. 환자의 직계가족에 대해 질문한다; 만약 결혼했다면 배우자와 자녀에 대한 정보를 얻는다. 가족에 대해 아는 것이 많을수록 더 좋다.

환자를 분석가에게 의뢰한 사람의 신원과 의뢰 사유는 어느 정도 중요할 수 있다. 이 주제는 환자가 동의한다면 논의될 수 있다.

환자는 질병의 본질에 대한 정보를 요구할 수도 있다. 이러한 요구는 신중하게 다루어야 한다. 첫 만남에서 솔직한 정신병리학적인 설명은 심각한 자기애적 상처를 유발할 수 있다(Lucas, 1982); 정신분열증적인 개인은 그것을 다른 언어를 사용하며, 그를 좋아하지도 이해하지도 않는 누군가로부터 인격이 공격받는다고 경험하는 경향이 있다. 일반적으로 진단적이기보다는 보다 비전문적인 개념으로 질병을 설명하거나, 가능하다면 예비 환자가 자신의 문제에 대해 스스로 갖고 있는 인상을 제공하도록 환기할 만한 질문을 되묻는 것이 적절하다.

환자는 왜 치료를 원하는가? 그는 어떤 문제에 대해 도움을 필요로 하는가? 첫 면담에서 효과가 있다고 발견한 몇 안 되는 질문들이다. 지원자의 대답이 무엇이든 간에 이는 치료에 대한 그의 자세와 분석가와 상호 동의하는 조건으로 작업할 능력과 의지를 평가할 수 있게 한다. 전문가적인 또는 개인적인 노출은, 그것이 예비 환자를 안심시키는 것일지라도, 거의 대부분 환자에게 전문가로서 부적합하다는 증거로 해석되기 마련이다. 그 결과 치료 시작에 대한 거부감과 불안정감이 오히려 강화된다. 이러한 정보는 또한 전이를 희석시키는 효과와 치료-파괴적인 저항을 증가시키는 효과를 갖는다(7장).

치료의 기간, 정서적 효과, 어려움, 또는 치료의 기대되는 결과들 같은 정보를 자원하여 알려 주지 않는 편이 좋다. 명시적이거나 암시적으로 성공적 결과를 약속하는 것은 금지된다. 이런 종류의 확언은 다양한 효과를 가질 수 있으며 첫 만남에는 예측하기 어렵다. 예를 들어 부정적인 것에 영향을 받기 쉬운 사람은 스스로 어떤 대가를 치르더라도, 무의식적으로 분석가를 패배시키고 좌절시키려고 노력할 수 있다; 그러한 결정들은 회복의 암시에 의해서 강화될 것이다(Perri, 1982). 더욱이, 치료에 대한 약속은 치료자에게 법적인 문제들을 야기할 수 있다; 즉 그것은 치료가 성공적이지 못했을 때 환자에게 계약 위반의 고소를 정당화시킬 수 있다(Perri & Perri, 1978). 치료가 무엇을 수반하는지 또는 그것의 기대되는 결과가 무엇인지에 관한 특정 질문에 반응을 하기 전에 환자와 그 질문에 대해 충분히 탐색하는 것이 바람직하다. 질문의 무의식적인 의미가 완전히 이해될 때, 치료자는 응답에서 얼마만큼의 정보를 밝힐 것인지를 알 수 있다.

만약 면접자가 자신이 사용 가능한 자원으로 분석적 심리치료를 진행하고 환자가 기본적 정서적 문제를 해결하는 데 도움이 될 것이라고 결정하고, 또한 상호 만족할 만한 조건으로 작업이 가능하다면 치료 계약에 대한 논의를 한다. 이론적으로 초기 면접은 계약—언어적 동의—이 결론지어질 때 끝난다. 내가 맡은 어떤 한 면접은 7번 방문에 걸쳐서 진행된 적도 있지만, 두 번 이상의 방문은 거의 필요하지 않다. 내 환자들 대부분은 최초의 방문에서 계약을 성립하고 동의했다.

만약에 어떤 이유로든 치료자가 치료를 맡지 않기로 결정하게 되면, 환자의 문제를 다룰 수 없는 치료자 자신의 무능력 때문이라고 전달하며 이런 거절도 치료적으로 의사소통한다.

치료 계약

정신분열증 환자와의 계약도 근본적으로는 일반 정신분석적 계약과 다르지 않다(Menninger & Holtzman, 1973). 그러나 약간은 다르게 공식화하고 시행된다.

환자와 생산적으로 일할 수 있는 분석가의 능력을 시험하기 때문에 치료 관계를 잠정적으로 시작하며 계약은 일시적이다. 시험 기간은 대략 6주 정도 지속된다. 분석가가 지속하지 않기로 결정하지 않는 한 기간 종료에 대한 어떤 공식적인 선언도 하지 않는다. 그런 경우에는 분석가가 환자에게 도움이 될 수 있다는 확신이 없다는 설명을 해 줄 수 있다.

환자는 언제든지 치료를 중단할 수 있다. 환자는 중요한 변화가 일어나기 위해 필요한 최소한의 기간인 2년간은 지속할 수 있도록 극단적인 압박을 주지 않는 범위 내에서 치료가 지속되도록 도움을 받는다. 만일 환자가 그 후에 관계를 종결하기를 원한다면, 이후에 더 진전하기를 희망할 때 다시 되돌아 올 수 있는 선택권을 줄 수도 있다. 궁극적인 치료의 기간은 함께 작업하려는 상호간의 의지에 달려 있다. 정신분열증적 반응의 효과적인 가역은 최소 5년의 기간이 필요하지만, 치료는 더 오랜 기간 지속될 수 있다. 그러나 환자와 치료자 모두가 지속적으로 가치 있는 진전이 이루어졌다는 인식과 그것이 지속될 것이라는 기대가 없을 때에는 관계를 종결하는 것을 권한다. 그러나 만약 환자가 관계 유지에 대한 특별히 강한 욕망이 있다면 종결을 합의할 때까지 미룰 수 있다.

계약이란 환자가 치료 시작에 기능하는 정서적 수준을 감안해서 목적의식이 있는 참여의 차원에서 정의된다. 환자가 이에 입각하여 참여하는 데 구두로 동의한다면 분석가는 치료 과정에 대한 모든 책임을 맡는다. 분석가는 환자가 협조적으로 기능하고 호전의 실패에 대해 스스로를 책망할 때 그에 대해 이야기할 수 있다; 그러나 일반적으로 임상가는 그의 태도를 통해서 그 생각을 암묵적으로 전달한다. 물론 이것은 변한다; 환자가 전진하면서 환자는 더 많은 책임을 맡을 수 있게 된다. 결국 환자가 치료의 성공 또는 실패에 대한 전적인 책임을 맡게 된다. 치료자는 오직 치료 회기들 안에서 환자가 기능하는 것을 도와줄 수 있을 뿐이다. 환자의 삶의 상황에 적응하는 실질적인 작업은 반드시 환자가 수행해야만 한다.

가장 심각한 장애가 있는 환자는 개인 개업을 하는 임상가의 기본적인 요구를 받아들이는 데 동의한다: 약속된 시간에 치료실에 오고, 카우치에 눕고, 말하고, 치료비를 내는 것이다. 환자의 협조적 기능을 위한 이러한 기준들을 간결하게 설명함으로써, 계약의 핵심은 이러한 4가지 요구사항을 둘러싼 어려움을 상호 인식하고 조사하는 것이 기초적인 관계로 구성된다. 이러한 일탈들을 만족스럽게 다루지 못하면 치료의 성공을 위태롭게 할 수도 있다.

회기 내에서의 의무에 대한 세 개의 항목 중에서 말하기가 가장 필수적이다. 대체로 병리가 심할수록, 언어적 의사소통에 대한 저항도 더욱 강력하다. 환자는 그의 마음에 떠오르는 것을 모두 말하지 않아도 된다. 그는 단지 말하도록 교육 받고—실제로 지시한다—그리고 환자가 어떤 것에 대해서도 말할 수 있다는 생각은 의사소통된다.[2] 이것이 누군가에게 자유연상을 교육하는 첫걸음이다.

성실하게 출석하는 것과 카우치의 사용을 고수하는 것은 그것들 자체의 중요성보다 언어적 의사소통에 대해 기여하는 면이 더 크다. 확실히 환자가 시간에 늦게 오거나 빠지면 말하기에 사

---

[2] 최근 몇 년 사이에 나는 환자가 치료에 들어가기 전이나 또는 기초적인 단계에서 집에서 누워서 50분간 말하도록 훈련하는 데 환자의 책임 있는 가족 일원의 도움을 때때로 요청하고 있다. 친척에게 환자가 말하는 동안에 주의 깊게 들어주고 환자가 침묵할 때는 단지 간단한 질문이나 또는 외부 현실에 대한 두 가지 정도 질문을 하도록 가르쳐 준다. 부모가 그러한 훈련에 효과적으로 협조하게 될 때, 이런 보충적 과정은 심한 장애를 가진 일부 환자가 분석 카우치에서 성공적으로 치료받는 것을 가능하게 했다.

용할 수 있는 시간이 줄어든다. 카우치의 사용(Stern, 1978)은 환자가 환경적이나 육체적 자극으로부터 비교적 자유롭게 생각하고, 느끼고, 그리고 기억하는 것들을 소통할 수 있게 해준다. 예를 들어, 스타이너Steiner 박사(1982)가 논의했던 환자에게 카우치는 분명히 "그가 엄청난 불안으로부터 보호받는다고 느낄 수 있는 안식처를 나타냈다"(p. 244). 환자는 다리를 꼬지 않고 팔도 가지런히 옆으로 하고 편한 상태로 카우치에 누워 있을 때 자신의 직접적인 심리 내적 경험을 언어화하기에 가장 우호적인 신체적, 심리적 상태에 있다. 더욱이 좌절-공격성의 방출에 대한 장애물을 작업할 때에는 그 안전 요인을 무시할 수 없다. 임상가는 카우치에서 환자의 자세 변화가 관찰될 때 파괴적인 행동의 위험에 대한 낌새를 알아차릴 수 있다.

이러한 관점에서 협조적 기능하기를 정의하면, 정신분석가는 사실상 대부분의 꿈이 발생하는 수면의 급속-안구-운동(렘REM)과 연관된 내적 활성화 상태를 환자가 경험하도록 초대하고 있다. REM 수면 동안 "중추신경계의 혼란"에 대한 과학적 증거를 요약하면서, 윌리엄 디멘트William C. Dement(1965)는 수면 주기의 다른 단계와 깨어있는 상태와도 근본적으로 다르다고 특징짓는다. 꿈을 꾸는 동안에 뇌는 "여러 가지 측면에서… 깨어 있을 때보다… 훨씬 활성화된다"는 사실이 실험실 연구에서 나타난다(p. 190). 디멘트의 주장은 이러한 주기적인 대변동은 수세기 동안 인지되지 않고 유지되었다고 하는데 왜냐하면, "REM 수면 동안에, 어떤 특별한 기제가 운동 뉴런에 대한 중추적 방출의 영향을 억제하거나 금지하기 때문에 신체가 움직이지 않는다…. 우리는 꿈꾸는 동안 뇌가 눈뿐만이 아니라 신체에게도 지시하고 있다고 결론지을 수 있을 것이다. 우리에게 다행스러운 것은 근육이 이에 복종할 수 없다는 것이다"(pp. 190-192).

정신분열증 환자가 운동 활동성을 중지하고, 심리적 에너지를 언어적 활동으로 방출하도록 영향을 줄 수 있게 분석가가 할 수 있는 유일한 "특별한 기제"는 정기적으로 나타나고, 누운 상태를 취하고, 말하도록 지시하는 것이다. 이것은 어떤 사람에게 마치 유아가 요람에서 안락하게 재잘거리는 것처럼 행동하라고 요구하는 것에 견줄 수 있다. 치료를 시작할 때 어떠한 성인도 이와 같은 방법으로 지속적으로 참여하는 것은 어려운 일이다. 정신분열증 환자는 원시적인 감정을 경험하고 언어적 상징들로 방출하는 것에 대해 특별히 반대한다. 그가 자신의 병리적인 방어기제를 완화하도록 돕기 위해서 이러한 지시들은 필요에 의해 반복된다. 분석가는 절대적인 의미로 지시를 하지 않는다; 실제로 분석가는 전략적인 지시자이고 그가 효율적인 의사소통이라고 생각하는—환언하면 환자가 말하도록 돕기 위해 필요하다고 생각하는—어떠한 방법도 사용한다.

결론적으로 환자는—대개 놀랍게도—계약 조건을 어기는 것이 치료를 종결하는 근거가 아니라는 것을 배운다. 환자가 계약을 준수하기 위해 가능하도록 모든 의식적 노력을 하는 한, 그리고 분석가가 환자가 자기-패배적 행동을 포기하고 자신의 감정, 생각, 기억들을 보고하도록 환자를 돕는 게 허락되는 한 분석은 계속된다.

가끔씩 십분 이내로 분석시간에 늦게 오는 경우처럼, 비교적 사소한 위반은 초기의 관계 단계에서 비협조적인 행동으로 간주하고 대응하지는 않는다. 그의 행위에서 가장 먼저 다루어져야 하는 부적절한 부분들은 정상적인 범주를 상당히 초과하는 것들이다. 병리적인 계약 조건으로부터의 의례적인 이탈, 예로 매 시간마다 엄청나게 지각한다거나, 폭발적인 행동 패턴에 반복적으로 빠져있는 것은 환자와 함께 탐색한다. 패턴들이 경직될수록,

그것들을 포기하기 위해서 환자는 더 많은 도움을 필요로 한다.

자기-파괴적인 행동을 포기하도록 훈련받는 환자의 속도는 자신이 협조할 수 있는 즉각적인 능력에 의해 조절된다. 예를 들어, 환자가 늦게 도착하거나 일찍 떠날 수 있지만, 약속된 분석시간은 고수되고 지각한 만큼 더 해주지 않기 때문에 그는 그런 행동이 자기-박탈적이라는 것을 인지하게 된다. 분석시간의 사분의 일이 경과되도록 아무 연락 없이 출석하지 않을 때에는, 분석가는 환자에게 전화를 걸어서 그가 협조할 수 있도록 도와준다.

환자는 계약 조건을 준수하기보다는 오히려 공공연히 반항하거나 거부할 수 있다. 그렇게 할 때 그 환자는 언어로 반항하거나 거부하는 것이 바람직하지만, 반항적이거나 거부하는 행동은 바람직하지 않다는 사실을 배우게 된다.

환자가 자신이 이미 동의한 약속들의 특정 내용을 지키면서 편안하게 참여할 수 있도록 먼저 도와주는 원칙은 전반적인 훈련 과정의 기초가 된다. 계약은 이와 같이 환자가 참여하는 데 갖는 한계를 수용하고, 조사하고, 이해하는 데, 그리고 치료 과정에 보다 적절하게 참여 하는 것을 방해하는 주요 장애물을 줄이는 데 핵심적 요인을 제공한다.

미성년자의 치료에 있어서는, 친척이나 책임감 있는 성인이 치료사와 치료 계약을 준비하는 데에 공식적인 역할을 할 수 있다. 치료를 준비하는 단계에서 자아 결함이 너무 심해서 자신의 복리에 영향을 주는 결정을 할 수 없는 환자는 제삼자의 참여가 바람직하다. 예를 들어 활동성의 정신증적 상태는 아니지만 변덕스러운 행동, 약속을 지키는 못하는 총체적인 무능력 등을 보여주는 환자에게는 이러한 치료준비를 하는 데 있어서 도움을 주기 위해 제2의 자아alter ego를 제공하는 것이 필요할 수도 있다.

이런 경우에 제삼자는 환자가 스스로 협상을 하는 데 능숙해질 때까지 치료사와 상호 동의하에 연락을 유지해야만 한다. 최초의 계약은 이때 확정되거나 수정되어야 한다. 따라서 마침내 환자와 치료사 사이의 계약이 시작되는 것이다.

방금 기술한 규칙과 실행 절차는 관계의 초기 단계에서 적용되며, 치료가 진행되면서 변화하는 경향이 있다. 이러한 변화의 시기는 탄력적이고 환자와의 관계가 어떻게 발전하는지에 달려 있다. 치료 시작 단계에서 소개된 특정 절차의 적절성을 평가하는 두 가지 지도 요인은 환자의 자아 기능과 치료사에 대한 대상 애착의 강도이다. 일반적인 원칙은 이런 절차들이 환자가 이러한 도움을 원하고 필요로 할 때 환자가 치료를 지속하도록 돕는 데 적용된다.

회기의 빈도

특징적으로 정신분열증적 개인의 치료는 보통 일주일에 한 번, 비집중적인 기준으로 시작한다. 점점 줄여가는 과정이 진행되거나 혹은 다른 상이한 단계들에서 변화할 때까지는 같은 속도로 실시될 수 있다. 후자의 경우에 규칙적인 회기 사이의 간격의 변화들은 대부분 언제나 강도의 상승 곡선을 포함한다. 추가 회기에 대한 요청 시에는 그것들이 장기적 치료의 필요에 기여할 것이라고 임상가가 확신할 때에 수용될 수 있다. 그러나 치료적 변화는 환자의 삶의 상황이 어느 시점에서 아무리 힘들어지더라도 가능한 한 같은 빈도가 지속적으로 유지되는 것이 바람직하다.

치료 계약을 성립할 때 환자에게 얼마나 자주 분석실에 오기를 원하는지와 각 회기 당 어느 정도의 분석비를 지불하기 원하는지를 물어본다. 만약에 환자가 원하는 횟수와 치료자가 생각하는 횟수가 다르다면 그 차이는 논의된다. 또 만약 환자가 언급한 분석비가 임상가의 최소 분석비에 못 미친다면 환자의 경제적 상황이 논의될 수 있다. 어쨌든 원칙적으로 회기의 일정은 환자가 치료에 헌신하고 싶은 시간과 노력의 양, 그리고 최적의 접촉 강도에 대한 치료자의 의견에 의해서 결정된다. 환자의 소망과 치료자의 의견이 일치하지 않을 때, 회기 횟수, 분석비, 그리고 관련된 주제들에 대한 상호 동의가 이루어질 때까지 일정과 다른 세부 항목들에 대해 논의한다.

치료 일정에 대한 환자의 소망과 치료자의 의견은 종종 일치한다. 고통과 장애가 되는 증상의 완화 이상의 것을 바라지 않은 채 치료에 임하는 환자는 분석실에 일주일에 한두 번 이상 오는 것에 대해 관심이 없다. 다른 한편 치료자는 만약 치료가 너무 빠른 속도로 진행된다면 협조적인 관계 형성에 심각한 방해물이 발생할 수 있다는 것을 인지한다. 만약 환자 자신이 스스로를 무가치하거나 희망이 없다고 느끼고 있다면 빈번한 회기는 너무 부담스러울 수 있으며, 자신이 자격이 있다고 생각한 것보다 더 많은 시간을 할당 받은 것에 대해서 강한 죄책감이 발생할 수도 있다. 이런 여러 반응들은 치료를 포기하고 싶은 압도적인 소망을 자극할 수 있다. 작업 관계를 구성하는 데 있어서 우리는 어느 때든지 너무 많은 치료-파괴적 저항을 발생시킬 수 있는 위험을 염두에 둘 필요가 있다.

환자를 더 짧은 간격으로 봐야한다는 설득력 있는 어떤 이유도 없다면, 나는 주 1회의 일정으로 시작하고, 처음 몇 달 동안은 사례를 진행하기 위한 최적의 속도에 대해 조사한다. 만약 일주일에 한 번이 충분한 접촉을 제공하지 않는다는 것이 명백하게 되면 환자에게 의견을 묻는다. 만약 그가 보다 빈번한 만남의 심리적인 도움을 원하고 그렇게 하는 것이 유익하다고 느낀다면 일정은 알맞게 변경된다. 그러나 일반적으로 적어도 즉각적인 완화에 대한 필요가 분석적 상황 안에서 정서적으로 발전하고 성숙하고자 하는 진정한 소망에 의해 초월되기까지는 일주일에 두 번 이상 만나는 것을 제안하지 않는다.

환언하면 관계를 형성하는 단계에서 환자가 언어화할 수 있는 것보다 더 많은 좌절-공격성이 축적되는 것을 막기 위해서 분석가는 상대적으로 쾌적하고 편안한 치료적 경험을 제공하기 위해서 노력한다. 환자의 주된 관심이 현재 문제들의 완화에 있는 한, 그의 시간, 노력, 돈 등을 들이는 만큼 그가 "지금 당장 좋아지는 느낌"으로 나아지고 있다고 인상을 주는 것이 바람직하다. 그러나 만약 함께 작업하는 것이 힘이 드는 환자라면 높은 빈도의 회기는 분석가에게 과도하게 부담될 수 있다. 초기 면접에서 협조적으로 기능하게 그를 훈련하도록 드는 시간의 길이와 노력의 양에 대한 판단이 부정확했다는 것이 드러날 수도 있다.

수년 전에 나는 후-정신증 상태의 병리적으로 자기애적인 남성 환자를 치료했다. 초기면접에서 그는 그의 정서적 문제에 대해 다루고자 하는 거대한 열망을 표현했다. 그는 언어적인 합의에 대한 다른 조건들에 대해 충실하게 이행했다. 그러나 그가 예전에 받았던 몇 번의 전기충격 치료로 인해서 첫 해의 심리치료 동안 자신을 거의 논리적으로 표현할 수 없을 정도로 정신적 장애를 유발시켰다. 그는 그날의 점심식사 혹은 분석실로 오는 것과 같은 일상적인 행동들에 대한 말을 하는 데에 도움을 받았다; 그리고 오랜 침묵에 대한 그의 필요성이 존중되었다. 심지어 2년째조차 그의 뒤범벅이 된 생각들에 의해 그가 너무 많이 혼란스럽고 힘들어서 한 문장도 완성할 수 없는 경우도 있었다. 나는 현 시대의 사건, 책, 그리고 영화에 대해서 그와 이야기했다. 2년이 지나서 그는 이야기의 대부분을 하기 시작했고 그의 근본적인 정서적 문제들에 대해서 효과적으로 언급하기 시작했다.

신체적 장애 때문에 예기치 않게 발생하는 어려움들은 거의 나타나지 않는다; 그러나 협조적 관계 형성에 대한 정신적 방해물들은 특징적으로 엄청난 인내, 좌절-내성, 그리고 목표지향적인 임상가들에게 "아기 돌보기baby-sitting"를 수반한다. 만약 가능한 한 빠르게 진전하려는 열망으로 임상가가 높은 강도로 치료를 시작한다면, 임상가는 대개 정신분열증 환자가 비건설적으로 시간을 사용하거나 한 가지 생각 혹은 감정에 매달리거나, "할 말이 없기 때문에" 침묵에 빠지는 경향들을 관찰하게 된다. 신경증 환자는 그가 말하려는 충동이 없을 때조차 말하기 위한 시도를 할 수 있다. 잠재적으로 정신증적인 환자에게 동일한 시도는 분석적 상황에서 그의 즉각적인 반응들을 언어화할 수 있기 전에 그에게 필요 이상의 긴장을 야기시킬 수 있다.

말을 하지 않으려는 압력과 다르게―의사소통에 대한 반대 세력을 감소시키는 것은 분석적 과정의 본질이다―말을 하려는 압력은 회기의 빈도에 의해 영향을 받는다. 환자가 그가 얻는 것보다 좀 더 많은 것을 원하는 상황에 있을 때 합의된 시간은 낭비하기에 너무나 소중한 시간이 된다; 그리고 그가 말을 하려는 압력을 더 경험함에 따라서 그가 다루는 주제의 영역이 확대된다.

시간을 건설적으로 사용하는 관점에서, 한 회기로부터 다음 회기까지 그가 조금 초조해하면서 치료실로 되돌아오는 것이 바람직하다. 최적의 긴장의 강도는 환자가 분석가와 대화를 재개하는 것에 대한 약간의 "배고픔"을 느끼는 상태이다.

관계의 어떤 단계에서든 간에 배고픔이 집요해지면서 환자는 추가 회기를 요청할 수도 있다. 초기 단계에서의 비교적 강렬한 갈망은 불안과 긴장을 감소시키려는 소망과 연관될 수 있다. 만약 환자에게 그런 목적만으로 시간이 "보상"된다면더 큰 불안이 발작할 가능성이 크다. (그를 심각하게 무능력하게 하는 급성 또는 만성화된 불안 상태들은 치료가 적절하게 되고 있지 않다는 신호이거나, 환자가 특정 환경적인 압박으로 인해 장애가 너무 심각하여 약물 없이 외래 치료가 어렵다는 것이다.) 분석적 심리치료가 언제나 효과적인 정신 안정제가 아니기 때문에, 추가 회기는 그의 불안을 충분히 줄이는 데 실패할 수도 있다. 이런 경우 중요한 변화를 위해 작업하는 것에 대한 환자의 저항들은 한층 격렬해지고 환자는 치료 포기를 결심할 수도 있다. 추가 회기가 아마도 실망스러울 것이라는 것을 환자에게 말함으로써 이런 만일의 사태를 피해갈 수 있다.

반대로 만약 환자가 특별한 문제를 해결하기 위해 더 많은 시간을 원하고 그것에 대해 더 이해하려고 한다면 추가 시간의 요청은 대개 받아들여질 수 있다. 그는 그 문제에 대한 인상과 어떻게 그 문제를 해결할 수 있는지에 대한 자신의 생각들을 언어화하도록 도움을 받는다. 예를 들면, 더 만족스러운 삶을 살기 위해 노력하는 어떤 환자가 친구들과의 단절이 그에게 고통을 많이 준다는 것을 발견하게 되었다. 그리고 그는 사교적으로 참여하기 위해 더 많은 노력을 했다. 일반적으로 환자가 관계 안에 자리를 편하게 잡으면, 추가 회기나 더 집중적인 치료를 위한 요청은 환경적인 상황에 대한 불만을 언어화하려는, 혹은 그의 현재 기능을 개선하려는 강한 욕구를 나타낸다.

병리적으로 자기애적인 사람이 자신의 심리적인 욕구들을 충족하기 위해 돕는 정보와 정서적인 경험들을 습득하게 되면서, 분석 경험에 더 열중하게 되고 더 가치 있는 것으로 느껴진다.

그가 그의 기본적인 문제들에 대해 힘들이지 않고 집중하는 능력을 생기면, 즉각적인 고통의 중단보다 치료가 인생을 충만하게 하고 그가 잘 살게 만들 수도 있다는 잠재적인 공헌이 더 중요하게 보인다. 회기 안에서 충동, 감정, 사고, 그리고 기억들을 언어화하는 과정에서 환자의 심리적 고통은 덜 급성이 된다; 또한 환자는 분석적인 독백과 대화의 성숙적 효과를 경험할 것이다. 그런 경우에 환자는 그런 것들에 더 많은 시간을 헌신하기를 원하게 될 수 있다.

치료의 주관적인 유익한 효과는 정기적으로 논의되어야만 한다(Perri, 1982). 환자가 단계적으로 정서적인 발달이 이루어지고 있다는 것을 느끼는 것은 중요하며, 만약 그렇지 않다고 하더라도, 왜 그 감정이 결핍되는지를 탐구하는 것은 중요하다. 회기에서 유익한 효과를 경험하는 데 실패하는 것은 환자와 치료사가 너무 빈번히 만나고 있거나 치료사의 교체가 필요하다는 것을 의미한다. 어떻게 진행할지에 대한 합의가 이루어질 때까지 이런 가능성들은 탐색되어야 한다.

회기의 간격이 치료의 지속에 큰 영향을 주지 않는다는 것은 짚고 넘어가야 한다. 그것이 적은 횟수 혹은 많은 횟수 체제로 운영되든 간에, 정신분열적 인격의 성숙은 이미 지적한대로, 적어도 5년간의 분석적 심리치료가 요구된다. 바꾸어 말하면, 그것의 지속적인 도움—치료적 효과—은 주로 회기의 횟수에 영향을 받지 않는다. 다른 변수가 같다면, 회기의 간격이 매주 4회나 또 그 이상의 회기를 통해 얻어진 것과 비슷한 결과를 갖는다는 것을 관찰했다. 치료가 환자와 치료자 둘 모두에게 편안한빈도로 진행되었을 때 최상의 결과가 성취된다는 인상을 받았다.

치료의 중간이나 마지막 단계에서 최적의 빈도는 치료자와의 강렬한 접촉과 연관성이 있을 수 있다. 그 시기에 치료에 대한 환자의 초기 불안과 공포들이 진정되는 경향이 있다. 그는 이제 친숙한 분석적 상황에서 안전과 보호를 얻는다. 그는 종종 일반적으로 향상된 그의 기능에 놀라며, 만약 그에 따라 경제 사정이 좋아졌다면 그는 횟수를 늘리는 것이 합리적이고 가치가 있다고 간주할 것이다. 환자가 보다 집중적인 치료로부터 일차적으로 얻는 것은 그의 생활의 문제들을 관리하는 것이 수월해지며, 한 남자가 표현했던 것과 같이 "항상 모든 것의 꼭대기 위에 있는 것"과 같은 감정이다. 그런 감정을 유지할 수 있다는 것은 가치 있는 예후의 자산이다.

금전적 거래

환자의 자본 원천을 보존하고 그의 수익력을 점진적으로 늘리는 것은 사례의 성과와 직접적인 관계가 있을 수 있다. 환자가 치료를 시작했을 때보다 치료의 말미에 경제적으로 형편이 나아지는 것이 바람직하다.

즉각적인 경제적인 압박이 전이와 역전이의 풍토를 오염시키는 것을 막는 하나의 방법은 서로 간에 동의할 수 있는 금액을 타협하는 것이다—환자에게는 지나친 부담, 또는 임상가에게도 커다란 희생을 부과하지 않는 것이다. 합의된 금액이 환자의 재산을 고갈시키거나 환자의 현재의 수입으로는 감당할 수 없는 지출일 경우에는 치료에서 극복할 수 없는 방해물이 생길 수 있다. (이와 비슷한 상황이 친척이나 다른 제삼자가 치료비를 낼 때도 적용된다.) 환자의 관점에서 이상적인 금액은 환자가 현재의 수입 안에서 규칙적으로 지불할 수 있는 금액이다. 분석가에게 금액은 약간의 인센티브가 되어야하며, 너무 금액이 적어서 서비스를 거저 주는 것으로 느끼거나 너무 금액이 높아서 분석가가 환자를 "출혈"시킨다고 느껴져서는 안 된다.

만일 분석가의 통상적인 비용이 환자가 고려한 금액보다 훨씬 높은 경우, 환자가 감당할 수 있는 비용으로 치료할 수 있는 임상가에게 보낼 수 있다. 임상을 막 시작하는 치료사들 중에 정신분열증 환자나 전오이디푸스기 환자와 함께 작업에 하는 것에 관심이 있는 이들이 많다. 이러한 관심 때문에, 이 치료사들은 어려운 환자와 함께 작업하는 것에 관심이 없는 경험 많은 임상가보다 더 나은 결과를 얻을 수 있다.

어떤 환자들은 가족 구성원들이 그들의 치료에 대한 재정적인 부담을 지는 것에서 상당한 만족감을 얻는다; 다른 이들은 자신들의 의존성에 대해 불쾌하게 여긴다. 환자의 문제가 의존에 대한 갈망에서 벗어나는 것 혹은 도움의 필요성을 수용하는 것이든 간에, 이러한 정신분열증 환자들은 독립을 위한 욕구가 커지는 것을 인식하게 된다. 일반적으로 치료비를 스스로 지불할 수 있을 때 큰 성취감을 경험한다.

일방적으로 치료비를 바꾸는 것은 바람직하지 않다(Perri & Perri, 1978). 현실적 상황을 고려하여 장기적인 치료에서는 이러한 변경이 정당화될지라도, 많은 환자들은 그들이 치료를 시작할 때 동의한 금액이 인상되는 것에 강하게 반대하며 치료사들은 이러한 주제들을 다루는 데 어려움을 겪곤 한다. 높은 치료비를 부과하려는 임상가는 바로 동의하지 않는 환자에게 화를 내거나 배은망덕하다고 규정하는 경향이 있다. 치료비의 제안된 변화에 대한 환자의 부정적 반응은 거절로 간주되기 보다는 더 추가적인 논의 대상이 되어야 한다. 바꾸어 말하면, 반대 의견은 분석되고 해결될 필요가 있는 저항으로 다루어져야 한다.

　사전에 예상된 치료비의 변화에 대한 이야기를 꺼내는 것이 좋으며, 환자가 자신의 반응을 언어화할 수 있도록 도와준다. 치료가 지속되는 것에 대한 압도하는 저항이 제안된 계약상의 변화에 의해 동원되지 않을 것이라는 사실이 명확해진 이후에 환자의 동의를 얻어 치료비는 인상된다.

　계약이 성립되면 환자에게 치료비 지불은 전적으로 본인의 책임이라는 것을 알려준다. 분석가는 계산서를 주지 않고 특별히 요청할 때만 구두 계산 자료만 제공한다고 설명한다. 환자는 회기의 수를 계산하여 그 달의 마지막 회기에 알맞은 금액을 지불하도록 한다. 이런 책임의 방출은 관계에서 협조적으로 기능하도록 환자를 훈련시키는 한편, 그의 저항 기능의 방식에 대해 연구할 수 있는 풍부한 기회들을 제공한다. 자아 결함들은 수용되지만 환자가 이들에서 벗어나도록 돕는 과정에서, 그들의 비협조적인 행동에 주의를 환기한다. 환자는 비협조적인 행동을 협조적인 행동 패턴으로 변형시키는 데 도움을 받는다.

　치료를 시작하는 정신분열증적 개인들은 종종 돈 관리에 대한 어려움을 나타낸다. 치료의 첫 2년 동안, 그들은 보통 치료사에게 정확한 금액과 날짜에 지불하지 못하는 문제를 가지고 있다. 일부는 미리 지불하거나 초과해서 지불하기를 원한다; 다른 이들은 적게 지불하거나, 회기의 수를 잘못 계산하거나, 날짜를 잘못 기입하거나 사용 불가능한 수표를 제시한다. 이런 사항에 대해 정상적 범위 내에서는 허용한다. 그러나 환자가 동일한 유형의 실수 혹은 다달이 날짜를 무시하는 것처럼 지속적으로 일탈할 때, 이러한 징후는 저항으로 다루어야 한다. 예를 들어, 일관적으로 초과하거나 미달해서 지불하는 환자에게는 그 달에 진행된 회기수를 함께 검토하는 것이 바람직하며, 그는 의식적이거나 무의식적으로 분석가가 잘못을 찾아내거나 간과하는지를 알려고 하는 것일 수 있기 때문이다. 환자는 분석가의 신뢰성에 대한 그의 태도를 언어화하도록 도움을 받는다.

때때로 환자는 자신이 돈을 취급하는 데 완전히 무능력하다는 것을 보여준다. 그는 분석가에게 은행가의 역할을 부과하려고 할 수 있다. 그러한 역할을 수행하는 것에 대해 분노가 일어나며 치료에 영향을 미치는 경우, 사례의 지속에 대한 현실적인 장애물이 될 수 있다. 하지만 분석가는 환자가 예상하는 것보다 환자가 일으키는 금전적인 문제에 대해 관용적인 태도를 보여주는 경향이 있다. 치료 계약을 보다 엄격하게 고수하도록 압력을 가하기보다는 환자가 왜 계약을 이행하지 못했는지를 탐색하고 그가 이행하도록 도와주기 위해 노력한다.

치료는 환자가 치료비를 지불하지 못한다고 자동적으로 종결되지는 않는다. 이 만일의 사태에 유연하게 접근한다면 종종 현실 상황에 바탕을 둔 상호 동의할 수 있는 조건에 합의할 수 있다. 각각의 상황을 어떻게 처리할지는 환자의 태도에 달려있다. 만일 환자가 잔고 부족으로 치료를 중단하기를 원한다면, 그가 다시 지불할 수 있을 때까지 재정적으로 빚지는 것에 대한 그의 저항을 작업할 수 있다. 반면에 그가 빚지는 것에 대해 특권이 있다고 느끼면 당분간 치료를 중단하는 것을 고려해볼 필요가 있다.

최근 몇 년 동안, 매월 말에 치료비를 지불하는 일반적인 관행 대신, 어떤 환자는 각 회기마다 지불하기를 선호한다. 그들은 이런 절차가 더 쉽다고 생각한다; 회기의 수를 매달 계산하지 않아도 되고, 사전 통보 없이 빠진 회기의 책임에 대해 치료자와의 불화도 피할 수 있다. 회기별로 지불하는 것은 재정적 합의에 대한 고전적인 전통에서는 벗어나지만, 이것이 환자에게 더 편하다면 반대할 이유는 없다. 나는 환자가 표준 계약에 대해 요구하는 수정 사항들이 합리적이라면 동의할 마음이 있다. 양 당사자가 제안하는 어떤 특별한 조치라도 상호 유익해야 한다는 것이 일반적인 원칙이다.

지불 일정을 준수하는 데 실패할 경우에는 일반적으로 신속하게 다룬다. 최근 몇 년 동안, 나는 예전에 실행했던 것보다 더 엄격하게 그런 종류의 반복적인 위반을 처리하고 있는데, 내 경험으로는 치료를 위해 환자가 체납하는 것을 허용하는 것은 치료를 중단하거나 현재 관계를 포기하고 다른 분석가와 새로운 시작을 하려는 동기를 환자에게 제공할 수 있기 때문이다. 일부 정신분열증 환자들은 연체를 반복적으로 해서, 부채의 발자취만을 남기고 떠난다. 치료 동안 연체되는 것이 허락된 다른 정신분열증 환자들은 치료의 진전을 이루는 데 그것을 활용할 수도 있다. 그러므로 환자에게 치료비 지불의 연기를 허락할지, 혹은 심각한 체납이 있는 경우에 중단할지는 임상적인 문제이다.

그러나 부채가 쌓이도록 허락하면서 이 상황의 잠재적인 부정적 치료 함의들을 *지적하지 않는 것*은 누락의 오류이다. 이러한 개입의 목적은 지불의 실패에 대해 처벌하는 것이나 상처를 입히는 것이 아니라, 환자가 치료 계약을 이행하는 것을 돕기 위함이다. 환자가 자신이 잘못했다는 이유로 처벌을 받게 되었다는 인상을 받았다면 그것을 바로잡아야 한다.

친척들과 친구들에게 수많은 골칫거리를 만들었던, 돈을 관리하는 데 심각한 문제를 가진 여성 환자는, 제때 지불하지 못하는 실패에 대한 치료사와의 토론에 대해 매 회기마다 지불할 것을 주장했다. 몇 주 후에 그녀는 치료사에게 말하기를, "내가 마지막 회기에 대해 지불할 때까지 다음 약속을 잡지 않는 것은 나에게 매우 도움이 되었어요. 이제는 내가 당신과 돈 문제로 싸울 수 없고, 빚질 수 없고, 그리고 내가 당신에게 돈을 빚지고 있기 때문에 치료를 떠나야 한다고 걱정하지 않아도 돼요." 이런 환자의 경우에, 그녀가 최근의 회기에 대해 지불하기 전에 그녀에게 또 다른 회기 약속을 제공하는 것은 치료사에게 기법적인 실수가 되었을 것이다.

신체적인 질병들 때문에 취소되는 회기들은 보통 청구되지 않는다. 화씨 100도 또는 그 이상의 열이 있다고 하루 전에 전화를 한 사람은 침대에 누워있으라는 지시를 받는다. 종종 관계가 잘 성립된 이후에는, 환자는 오는 것의 중요성을 주장하며, 어쩌면 택시를 타고 와서라도 회기를 하고 난 뒤에 침대로 되돌아간다고 할 수 있다. 심각한 질병에 대한 의사의 소견을 반박하는 것은 제지해야 한다. 분석가는 그가 치료 일정을 지키는 것보다는 환자의 장기간의 건강에 더 관심이 있다는 생각을 의사소통한다.

그러나 의학적이지 않은 이유들로 회기 시작 24시간 이내에 통지되지 않고 취소된 회기들은 다른 환자에 의해 시간이 채워지지 않으면 청구된다. 이 정책은 특히 환자가 그가 오지 못한다고 23시 59분을 남기고 전화를 걸은 때에도 단호하게 시행된다. 급한 개인적인 비상사태나 불가항력적인 상황도 예외가 아니지만, 환자가 결석한 회기에 대해 지불해야 하는 분노를 충분히 언어화한 이후에, 추가 회기가 무료로 제공될 수 있다. 결석 시간이 다른 분석으로 채워진 경우, 환자가 만일 미안해하는 태도를 보인다면 다음 회기에 이 사실을 알려줄 수 있다; 만일 환자가 악담을 한다면, 그가 적개심을 뿜어내도록 돕기 위하여 월말까지 치료비를 청구하지 않을 것이라는 즐거운 서프라이즈를 알리는 것을 연기한다. 몇몇의 분석가들은 환자가 얼마나 화가 났는지 계속적으로 말하는 것을 원하지 않지만, 환자가 단지 재미삼아

학대하고 있다고 분석가가 판단되는 경우 외에는 분노의 언어적인 방출을 방해하지 않는 것이 중요하다.

치료가 진행되면서 취소의 규칙은 수정될 수 있다. 특권을 남용하는 경향을 저지하기 위해 환자에게 모든 의료적이지 않은 취소들에 지불해야 한다고 말할 수 있다. 그러나 만약 그의 시간이 다른 환자에 의해 이용된다면, 그것이 청구되어지지 않는다는 것을 나중에 깨닫는다. 환자는 이런 식으로 분석가가 독단적으로 보일지라도 그가 합리적으로 행동한다는 것을 알게 된다.

위에서 논의된 작동 원칙들은 치료의 초기 단계에 적용된다. 이후에는 각각의 반복적인 패턴의 처리 방식은 관계 안에서 무슨 일이 벌어지는지에 의해 결정된다.

다른 관행들

치료 계약에서 언급하지 않는 치료적 관계에 대한 관행과 정책들은 통상적으로 치료가 시작될 때 환자에게 설명하지 않는다. 이런 문제에 대해 환자가 특정 질문을 하거나 또는 관행에 대한 반응을 탐색하는 것이 치료적 목적에 기여할 수 있을 때까지 기다린다.

예를 들어, 치료를 시작할 때 환자에게 삶의 상황에 돌이킬 수 없는 변화를 가져오는 결정들을 자제해야 한다고 알리면, 환자가 스스로 행동 방침에 대해 책임질 필요에 직면하기도 전에 잠재적으로 곤란한 생각들을 불러일으킬 수 있다. 그러나 치료 과정에서 이런 종류의 중대한 결정을 하기 전에, 환자에게 분석가와 함께 상황을 철저히 탐색하기 전까지는 결정을 미루는 것이 좋다고 말한다. 고려 중인 행동의 찬반양론에 대해 균형 있게 살펴본 후에, 환자는 어떻게 진행할지에 대해 스스로 결정을 하게 된다(Greenwald, 1973).

환자가 치료실 밖에서 무엇을 하는지보다는, 그것이 회기 안에서 환자가 기능하는 것에 어떻게 영향을 미치는지에 대해 분석가는 관심이 있다. 분석의 진행을 방해하지 않는 한, 그가 사무실 밖에서 정말로 하고픈 것이면 어떤 것이든 해도 된다는 생각을 환자에게 의사소통한다.

분석가는 치료적 전략으로 회기에서 담배를 피거나 카우치를 벗어나는 것과 같은 행동을 금지할 수도 있다. 이와 비슷하게 치료실 밖에서의 환자의 행동에 제한을 두는 것은 인격의 변화를 돕기 위해 고안된 의사소통이다.

일반적으로 규칙들은 단지 환자가 관계에서 협조적인 행동을 하도록 돕기 위해 공식화되고 적용된다. 명령을 따르는 데 실패를 했기 때문에 처벌을 받고 있다는 인상을 전달하는 것은 기법적인 실패이다. 환자가 자기-조절의 감각을 기르기 위해 단호한 태도를 보여주는 것은 도움이 될 수 있지만, 합의와 규칙에 대한 의례적인 접근은 피한다. 환자가 알지 못하더라도, 그가 최소한의 노력으로 적절하게 기능하도록 돕기 위해, 각각의 관행은 즉각적인 상황에서 환자에게 무의식적인 의미가 있다는 관점으로 분석된다.

전화 통화

심각한 장애가 있는 개인은 회기와 회기 사이에 그가 치료자와 연락할 수 있다는 것을 알 필요가 있다. 환자가 최초로 그가 전화를 할 수 있는지 질문할 때, "왜 안 되겠어요?"라고 대답할 수 있다. 이것이 가능하다고 아는 것은 자아-강화를 촉진하며 나아가 부정적으로 영향 받기 쉬운 사람에게 전화하고픈 충동을 감소시킨다. 치료사가 그들의 전화를 받을 것이라는 생각이 전달되었을 때 이 특권을 남용하는 환자들은 드물다. 그렇게 하는 사람들은 보다 합리적으로 특권을 사용하도록 교육받아야 한다. 일례로 매일 밤낮으로 몇 시간씩 전화를 하는 여성 환자는 어떤 일이 있더라도 전화해서는 안 된다고 지도받았다. 그녀는 분노를 표현한 후에, 전화에 대한 금지가 그녀의 충동을 조절하는 데 도움이 되었다고 말했다.

편지

치료사에게 편지 쓰는 관행은 내가 환자들에게 추천하는 것 중의 하나이다. 편지는 한두 장의 분량으로 치료 회기 후에 마음에 떠오르는 생각과 느낌들을 자발적으로 적는 것이다. 환자에게 받은 편지는 다음 회기 전에 간단한 코멘트와 질문들로 답변할 수 있다.

글쓰기의 도구는 연상의 고리를 추적할 수 있는 기회를 제공하며 일부 정신분열증 환자들에게 상당한 이익을 가져다준다. "나의 생각들을 적는 것은 내가 카우치에 있을 때에는 일어나지 않은 생각들과 기억들을 열어준다"라고 한 여성 환자가 말했다.

심리적으로 중요한 뜻밖의 새로운 분야들도 드러날 수 있다. "글쓰기 치료"는 최근 회기 동안에 언어화되었던 생각들에 대한 생산적인 연상을 도울 수 있다(Spunt, 1979).

글쓰기는 어떤 환자들에게는 말하기의 유용한 보충제였다; 그들이 더 많이 쓸수록, 의사소통하는 경향이 좋아진다. "나는 분석이 가로막힐 때마다, 당신에게 편지를 쓰고 그것은 나를 자유롭게 해줘요"라고 회복기 끝에 있던 한 젊은 남성이 말했다. 환자가 전화를 하거나 편지를 쓰지 않는다는 사실이 때때로 회기에서 언급될 수도 있다; 가끔 이렇게 언급하는 것이 환자가 전화하거나 쓰도록 돕는다.

휴가 기간과 다른 장애물들

치료사의 휴가는 특히 치료 관계의 첫 2년 동안에 심각한 병리가 있는 사람에게는 견디기 힘들다. 이 중단 상태가 길어질수록, 정신증이거나 정신증에 가까운 환자에게는 그 부정적인 결과도 커진다. 이런 이유로 나는 일반적으로 휴가 기간을 한번에 2주 내로 제한한다. 일반적으로 나는 장애가 심한 환자와 작업하는 임상가들에게 그들의 휴가 계획을 세울 때 너무 긴 기간 동안 사무실에서 비우지 않도록 권한다.

적어도 분석가가 휴가를 떠나기 한 달 전에 정규적인 치료 일정이 중단되는 동안 메일이나 전화로 분석가와 접촉을 유지하는 것에 대한 환자의 생각이 어떤지를 물어보는 것이 바람직하다 (최근의 전화치료의 발달로 휴가 기간 동안에도 장거리로 전화로 50분 치료 회기를 진행하는 것이 가능하고 비용을 감당할 수 있는 경우에는, 심각한 장애가 있는 환자와의 접촉을 유지할 수 있게 되었다.) 또한 환자에게 그 기간 동안에 그가 이야기를 나눌 수 있는 다른 임상가를 소개시켜줄 것을 원하는지 물어봐야 한다.

일반적으로 환자가 같은 기간에 휴가를 잡도록 하면 영향을 미치지 않는다(또한 치료자와 일치하지 않았을 때 놓친 회기에 대해 지불하지 않는다). 그러나 휴가기간에 대해 선택할 수 있는 사람들은 왜 그들이 동일한 기간에 휴가를 잡지 않는 이유에 대해 초기 관계에서 물어볼 수도 있다. 이후에 강박적으로 불평하거나 반항하는 개인에게는 그가 왜 다른 시간에 휴가를 잡지 않았는지 물어볼 수도 있다.

분석적 집단 치료

최소한 2년의 효과적인 개인 치료 후에, 질병으로부터 회복이 잘 진행되고 있다면, 특정 문제들을 다루기 위해 일부 정신분열증 환자들에게 분석적 집단 경험을 권한다. 일대일 관계에서의 독백과 대화와 결합하여 "집단 대화"는 변화를 위한 강력한 세력을 만든다. 그것의 정서적 영향하에서, 많은 저항이 해결된다 (Spotniz, 1957, 1961a, 1974; Ormont, 1981; Rosenthal, 1985).

집단 세팅에서 분석적 심리치료의 특별한 가치 중 하나는 개인 치료에서 얼마만큼의 성취를 이루었든 간에, 공유된 치료 경험이 정서적 스트레스에 대한 환자의 지속되는 취약성을 시험한다는 것이다. 집단 경험이 정신분열증 환자를 언어적 취약성에 처음에는 노출시키지만 마침내 감소시킨다.

또 다른 가치는 환자들이 집단 상황 안에서 상징적, 그리고 다른 비언어적 의사소통을 더 사용한다는 것이다. 집단 세팅 안에서 이러한 의사소통을 개인 관계에서보다 인식하고 활용하기가 쉽다.

가족과 접촉하기

환자는 최대한 분석적 과정을 방해하는 치료실 밖의 장애물들을 해결하도록 도움을 받는다. 그의 가정 또는 직장이 지속적인 병리적 자극의 원천이라면 환경을 바꾸어 보는 것에 대한 조언을 받을 수 있다; 그러나 가족의 태도와 관련된 변화는 우선 덜 극단적인 방법을 통해 시도된다. 아동, 청소년들뿐만 아니라 성인들의 치료에서도 환자의 회복을 돕기 위해 대개 가족을 요령 있게 지도해야 한다.

치료가 시작될 때, 만약 가족들이 다른 모습을 보여주지 않는다면 그들의 태도는 협조적이라고 추정한다. 환자가 허락한다면 직계가족들은 그들이 원할 때에 분석가와 상의할 수 있다. 그러나 분석가는 환자의 행동 변화에 대해 사례의 진전을 방해하는 방식으로 반응하는 부모와 배우자에게 특별히 관심을 가진다. (정신분열증 환자들은 종종 가까운 부모나 배우자에게 그러한 반응들을 불러일으키는 데 성공한다.) 하나 또는 그 이상의 "반발" 반응들은 가족 구성원에게 회의를 요구하도록 자극할 수도 있고, 환자가 분석가의 개입이 도움이 될 것이라고 믿을 때에는 가족들을 사무실로 오도록 초대할 수도 있다. 회기 안에서 환자가 제공하는 정보는 환자의 동의가 없으면 그의 가족들과 의사소통되어서는 안 된다. 이러한 윤리적인 원칙에서 예외가 되는 것은, 예를 들면 자살 경향성을 다루는 과정에서 완전히 자기-파괴적인 환자의 가족의 협조를 확보하기 위해, 또는 잠재적으로 폭력적인 환자의 살해 위협을 가족들에게 경고하기 위한 경우이다(Spotnitz, 1981b).

특히 청소년의 경우처럼, 치료사가 치료적인 진전에 불리하게 작용할 수 있는 정서적인 대립으로부터 환자를 보호할 수 있다면, 가족 문제들에 대한 토론에 환자가 참여하는 것은 도움이 된다(Spotnitz, 1975). 또한 환자의 참여는 임상가가 즉각적인 갈등의 중심점을 식별하는 것과 가족 각 구성원의 심리적인 요구들에 대한 인식을 촉진하도록 돕는다.

치료사가 질문에 대답만 하는 경우는 드물다. 그는 주로 왜 그들이 물어보는지를 규명하고 가족 태도를 탐색하는 것에 관심을 갖는다. 그러나 환자의 친척들에게 정보를 위해 "짜내는" 것이 아니라, 치료사는 그들이 대부분의 말을 할 수 있도록 허용하는 것이 중요하다. 만일 치료사가 가족들의 부적절한 태도를 비난하지 않고 가족들이 환자의 병에 대해 가질 수도 있는 죄책감의 감정들을 가중시키지 않도록 주의한다면, 환자에게 가해지던 해로운 압박이 종종 무효화될 수 있다.

상호간에 동의하에 환자의 문제들을 정기적으로 만나는 것은 좋은 방침이다. 그러나 만일 환자와 밀접하게 접촉하는 가족 구성원이 심각한 정서적 장애를 겪고 있다면, 그들은 불안정을 충분히 감소시킬 수 없을 것이다.

후자는 동일한 임상가와 함께 치료를 시작하기를 원할 수도 있다. 가족의 둘 또는 더 많은 구성원들과 함께 동시에 작업하는 것에 대한 의견은 분분하며, 일부 미숙한 치료사들은 그것을 어렵게 인식한다. 그러한 경우에 다른 치료사와의 치료가 제안될 수도 있다. 그러나 능숙하게 그리고 편안하게 연관된 사례를 시작할 수 있는 임상가는 그렇게 하도록 권장하는데, 대개는 각각 환자들에게 더 좋은 결과를 가져오기 때문이다.

    가족 회의들은 사례 내내 지속된다. 이것들은 주로 환자의 동의를 구하고 이루어진다. 그러나 그러한 회의들이 환자의 인식과 동의 없이 치료사에 의해서 주최되어야 하는 상황이 발생할 수도 있다.

협조적 행동(Cooperative Behavior): 최종 개념

    동맹 작업에서 환자의 참여를 주관하는 원리들이 환자가 변화에 대한 즉각적인 장애물들을 이해하고 극복하는 것을 도와주는 전반적인 계획들과 통합될 때, 적절한 기능의 개념은 중요한 변화를 겪는다. 계약, 일상적 합의, 그리고 규칙들에 대한 접근은 저항의 강도와 환자에게 요구되는 협조의 정도 사이의 역관계를 반영한다.

    병리적으로 자기애적인 개인이 치료를 시작할 때, 분석적으로 작업할 수 있는 그의 능력은 극도로 제한되었다고 가정된다. 그는 자신의 무력감과 부적절함을 느끼도록 강요하는 요구들에 대해 의식적으로, 그리고 무의식적으로 부정적인 반응을 한다. 말로 표현하기 어려운 원시적 생각들과 폭발적인 감정들은 그의 불규칙한 행동을 지배한다. 그러므로 치료 계약하에서 과업을 이행하기를 기대하기보다는, 환자는 그렇게 하도록 서서히 훈련받는다. 그가 전오이디푸스기 저항의 최고 상태에 머물러 있는 한 추가적인 요구들은 거의 부과되지 않는다.

언어로 감정과 사고를 묶어내는 과정은 환자의 행동을 감소시키는 효과가 있다. 자신의 말들을 객관적으로 검토할 수 있는 그의 능력은 분석가의 태도와 의사소통과의 동일시에 의해 강화된다. 환자가 그가 말해온 것에 대한 중요성을 더욱 이해할수록, 자신의 기능에 영향을 미치고 삶의 목표들을 성취할 수 있는 그의 능력은 더욱 발달할 것이다.

계약 이행에 대한 초기 장애물들이 사라짐에 따라, 더욱 통합된 기능, 식별, 그리고 판단을 필요로 하는 과제들이 도입된다. 마침내 협조적 행동의 개념이 재정의 되며, 치료 마지막 단계에서 나타나는 인격 성숙의 장애물에 대한 인식, 탐색, 그리고 해석 등의 체계적인 공동 작업을 포함하게 된다. 분석가는 결국 완전히 협조적인 환자, 그 자신의 저항을 인식하고 분석하며, 성숙한 인격으로서 기능하기 위한 분석가의 도움을 활용하는 과제에 헌신하는 사람과 작업한다.

이런 방식으로 훈련된 환자는 치료에 참여하려는 갈망이 커지는 것을 경험한다. 그는 치료에서의 합의와 규칙의 목적을 인지하고, 그에 따라 자신의 기능을 조절할 필요성을 인식한다. 치료의 각 단계에서 가능한 한 최대한 분석가와 협조하는 데서 파생되는 장기적인 혜택을 넘어서, 환자는 분석적 상황을 주관하는 원칙들을 이해하며 더 광범위한 인간관계의 영역에서 적용시킬 수 있는 능력을 습득한다. 그는 더 이상 자신의 충동, 생각, 감정들의 노예가 아니라, 이제 그것들이 그가 자유롭게 행동하고 삶에서 쾌락과 만족을 얻는 것을 가능케 하는 자신의 성격 요소들임을 인식한다.

6장
저항의 인식과 이해

저항을 다루는 데 있어서 이론의 효과적인 적용은 자연스럽게 저항의 존재에 대해 인식하는 것에 기초해 있다. 그러나 정신분열증에서 저항 그 자체를 다루는 것보다, 저항의 특이한 형태를 발견하고 인지하며, 그것이 환자의 당면한 존재 상태에 대해 의사소통하는 것을 이해하는 것은 실제로 더 어렵다. 이번 장은 이러한 과제에 대한 것이다.

저항에 대한 공식화는 치료를 통해서 이루고자 하는 것이 무엇인가를 반영한다. 기억에 대한 회복이 정신분석적 치료의 목표로서 간주된다면, 기억 작업을 방해하는 힘들은 저항과 동등시 된다. 이런 맥락에서 페니켈Fenichel은 저항을 "환자의 무의식으로부터 파생되는 자료의 생성을 막는 모든 것"이라고 포괄적으로 정의했다 (1945, p. 27).

이후 정신분석적 기법에 대한 이론의 발달에서는 저항에 포함되는 현상들의 폭이 상당히 넓어졌다(Marshall, 1982). 단지 정신분석적 상황의 유물에 불과하지 않는다는 인식이 자리 잡았다; 즉 개인이 자유연상에 대한 압력을 받을 때만 일어나는 골칫거리라고 생각되었던 고전적 관점이다. 이와 관련하여 저항을

"단지 아동의 성격일 뿐이다"라고 본 프로이트의 1897년의 소논문은 흥미롭다—프로이트는 저항이 그에게 "객관적으로 실재하는" 어떤 것이라는 생각을 계속했다(1954, p. 226). 환자의 습관적인 행동과 삶의 태도로부터 독립된 현상으로 보는 관점보다는 이제 저항은 환경을 숙달하고 심리적으로 생존하려는 자아의 목적에 의해 활성화되는 방어와 연관된다. 전이에 의해 분석적 상황에서 활성화되는 이러한 보호적인 장치들은 살아있는 인격의 특징적인 표현들로 인식된다.

또한 한때는 저항이 의사소통을 단절하는 것으로만 간주되었지만, 의사소통의 기능을 실제 수행하는 것으로 인식된다. 그 의미를 해독할 수 있는 관찰자에게, 저항은 환자의 인생 이야기에 대해 다른 곳에서는 획득할 수 없는 정보를 전달한다.

저항이 어떤 방식으로 드러나든 간에, 그것은 항상 정신분석적 과정에 대한 의식적 또는 무의식적 반대가 있다는 것을 나타낸다. 메닝거Menninger(1958)는 저항을 *"치료적인 변화 과정에 반대하는 환자 안의 세력들의 경향"*이라고 정의했다(p. 104).

내적 세력뿐만 아니라 외적 세력 또한 삶에서 당면한 현실에 적절하게 대처할 수 없는 자아 기능을 가진 환자 안에서 이러한 변화를 방해할 수 있다. 이것이 모든 정신분열증적 개인들에게 해당되는 것은 아니지만, 외적 방해물이 진전을 가로막을 때, 이들은 일반적으로 전반적인 혹은 특정 기능의 영역에서 자아의 유약함을 경험한다. 치료의 목표는 인격의 성숙으로 간주되기 때문에, 환자가 분석가와 정서적으로 성숙한 방식으로 기능하는 것을 막는 모든 세력들은 저항으로 인식되어야 한다. 이러한 세력들은 회기에서 의사소통을 방해하는 개념보다 훨씬 폭넓다; 그러나 결국에는 그것들이 의사소통을 방해하거나 관계의 지속을 위협한다. 어떤 경우든 간에 외적인 장애물은 기법적인 의미에서 저항으로 인지된다.

외적 저항

프로이트는 "분석 작업의 진행을 방해하는 모든 것은 저항"이라는 금언을 남겼고, 25년 후 "꿈의 해석"The Interpretation of Dreams (1900, p. 517)에서 이 과장되어 보이는 진술 뒤에는 "진실되면서 새로운 무엇"이 있다고 지적했다. 환자가 그의 삶의 환경이나 사건이 치료를 방해하는 것에 대한 책임이 없다 할지라도, 얼마나 커다란 방해가 되는가는 환자에게 "종종 달려 있다." 저항은 "환자가 기꺼이 이런 방해의 발생을 수용하거나 또는 그것을 과장되게 사용하는 방식"에서 스스로를 명확하게 드러낸다. 즉 외부 방해물을 저항으로 인식하는 것이 새로운 시각이 아니다.

프로이트는 종종 "저항"과 "내적 저항"을 동의어로 사용했는데, 기법에 대한 그의 권고의 대부분은 후자에 관한 것을 의미한다. 치료 실패에 대한 연구(1917)에서, 프로이트는 정신분석 초기 몇 년 안에 발생하는 실패의 대부분을 불리한 치료 환경 탓으로 돌렸다. 이러한 저항은,

> 이론적 차원에서는 중요하지 않지만 실용적 차원에서는 매우 중요하다. … 정신분석적 치료에서 친척들의 개입은 확실한 위험이고 어떻게 대처해야 할지 모르는 위험이다. 환자의 내적 저항에 대항해서 대비하고 있지만…어떻게 이러한 외적 저항을 물리칠 수 있을까? 환자의 친척들에게 어떠한 설명을 하더라도 영향을 미치지 않는다. … 사

실 우리는 이런 지배적인 환경에서는 실현할 수 없는 치료를 떠맡았다(p. 456).

내 생각에 프로이트는 두 가지 이유로 가능한 한 오랫동안 외적 저항을 다루기를 피하거나 늦추려고 했다. 분명히 그는 임상의 초기시절에는 환자의 친척들의 적대적인 태도, 사회적 편견, 그리고 다른 불리한 환경의 영향들에 성공적으로 대처하지 못했다. 더욱이 그가 환자들이 내적 저항들을 효과적으로 다루도록 도와준 후에, 그는 그들이 외적 장애물들을 다루는 데 도움을 필요로 하지 않는다는 것을 발견했을지도 모른다. 어쩌면 그런 발견 때문에 이러한 외적 저항들에 대해 "이론적 차원에서는 중요하지 않다"라고 설명했을 것이다. 이 진술을 바탕으로 그것들을 다루기 위한 그가 사용할 수 있었던 유일한 무기는, 무엇이 진행되고 있는지 친지에게 설명하는 것이었고, 그런 설명들은 도움이 되지 않았다.

비록 정신분석적 기법 이론이 간섭하는 현실을 치료적 과정에서 감소시킬 수 있는 저항으로 보지는 않지만, 오늘날 많은 임상가들은 그런 맥락에서 그것들을 본다. 그러나 상대적으로 유능한 자아를 갖고 있는 사람들은 그들의 환경적인 문제들을 다루는 데 분석가의 도움이 필요하지 않을 수도 있다. 보통 그들은 내적 저항들이 해결된 후에 자신에게 가장 이익이라고 여겨지는 것에 따라서 처신할 수 있다. 한편, 환자가 결정하는 것이 적절하다고 느낄 때까지 개인적이고 공적인 문제들에 대해 철저하게 논의하며, 중요한 결정은 미루도록 설명함으로써 어느 정도의 보호는 제공된다. 임박한 결정들은 보통 철저한 분석을 받는다.

그러나 현실에 발 디딜 곳이 불안정한 개인은 회피나 연기가 용납하지 않을 일상적인 어려움들과 종종 직면한다. 그의 병리와 무관한 인격 성숙에 대한 장애물들은 종종 치료에서의 그의 진전을 방해하거나 지속을 위협한다. 그가 그의 심리내적 문제들을 숙달하는 것을 돕기 위하여, 치료사는 부정적인 환경적 상황이 분석 과정에 대한 저항으로서 치료의 요인이 되는 것을 인식한다. 원칙적으로는 이런 외적 저항들을 무시하기보다 치료사는 환자가 그것들을 다루는 것을 돕는 책임을 맡는다.

이런 접근은 분리된 판단들을 수반한다. 무엇보다 환자가 보고한 현재의 부정적인 현실 상황이 회기들에서 그의 기능을 방해하는가? 만약 아니라면 그것은 분석가에게 거의 의미가 없는 것이다. 그러나 만약 그것이 방해한다면 그것을 탐색한다. 요컨대 분석적 상황과 치료를 계속하기 위한 환자의 능력을 방해하는 것은 무엇이든 간에 외적 저항으로 간주된다. 그것이 지도 원리이다.

예를 들어 환자가 두통이 있다고 해서 그가 그의 치료 시간을 생산적으로 사용하는 것을 막지 않을 것이다. 그러나 만약 그가 그것에 대한 불평으로 회기를 써버린다면 그의 신체적 상태에 대한 주의를 기울이는 것이 마땅하다. 환자의 말을 통해서 그의 두통이 기본적인 무지 또는 신체적 필요들에 대한 방치에 의해 자극되었다는 것이 분명해질 수 있다. 극심한 배고픔 또는 수면 부족이 건강하지 못한 정신의 틀을 만든다는 간단한 설명으로 끼니를 거르거나 다른 해로운 습관을 추구하는 경향을 대항하는데 충분할 수도 있다. 만약 아니라면 의학적 검사가 제안하거나 중요한 심리적 요인들이 신체적 통증과 연관됐을 가능성이 탐색될 수 있다.

치료의 첫 해 겨울에 아주 총명한 대학생은 발작적인 기침에 때문에 의사소통이중단되었다. 그는 계속해서 사과했다. 자신은 신체적으로 건강하다고 그는 주장했다. 그의 기관지 상태는 곧 회복될 것이라고 그는 자신했다. 그러나 기침은 계속되었고 이에 대해 탐색했다. 기관지 감염의 가능성에 대해 좁혀 나가는 과정 중에 그 젊은이는 일 년 내내 여름 속옷을 입고 다닌다는 것이 드러났다. 만약 그가 추운 날씨에 더 따뜻하게 옷을 입었더라면 그가 감기에 걸리지 않았을 것이라는 생각은 그를 놀라게 했다. 그는 항상 비슷한 방식으로 옷을 입어 왔으며 기침은 단지 몇 달 전부터 시작되었다고 말했다. 그러나 논의 이후에 그 제안을 수용했다. 그가 더 따뜻한 속옷을 입기 시작하자 기침이 멈췄다.

환자 가족 구성원의 방해하는 태도들은 외부 저항의 흔한 원천이다. 협조적으로 기능해왔던 젊은 여성이 그녀의 진전에 대해 불만족스럽다는 모호한 표현에 빠지기시작했다. 그녀는 치료를 포기하기를 원하지만 그 이유에 대해 설명할 수 없었다. 이것이 탐색되었을 때 분석을 종결하기 원하는 것은 환자 자신이 아니라 그녀의 아버지라는 것이 분명해졌다. 그의 태도와 그녀의 현재 저항 상태 간의 연결을 인식한 이후에 그녀는 치료자에게 그녀를 대신해서 그녀의 아버지를 설득해달라고 요청했다. 이것은 불필요해졌다; 그녀는 스스로 그 문제를 해결할 수 있었다. 그러나 그녀가 감추고 있었던 외적 저항을 인식하고 분석하는 데 실패했다면 궁극적으로 추구하는 결과들을 만들 수 있었던 관계가 중단되었을 것이다.

반면에 처음에 외적 저항으로 보이던 것이 내적 저항이라는 것이 입증될 수도 있다. 부모 또는 배우자가 치료를 계속하는 것에 반대하거나 치료자에게 적대적이라는 보고는 분석적 관계를 단절하려는 환자의 무의식적 책략을 나타낼 수도 있다. 한 학생 분석가가 격분한 환자의 남편이 신체적 폭력으로 그를 위협하는 것이 정말로 염려된다고 표현했을 때 그 가능성을 탐색해보도록 제안 받았다. 이에 대해 탐색해본 결과 환자가 자신이 남편을 선동가 역할을 하도록 만들었다는 것을 인식할 수 있었다. 그의 위협은 그녀가 완전히 모르고 있었던 치료에 대한 자신의 반대를 나타낸 것이었다. 이러한 술책들은 흔히 관찰된다.

치료자가 외부 저항을 자신의 책임 영역 안으로 들인다고 해도, 그가 환자가 그것을 다루도록 도울 수 있다는 것을 의미하지는 않는다. 분명히 심리적 영향을 줄 수 없는 지금-여기의 현실들이 존재한다. 저항에 대해 인식을 한다면, 치료자는 방해하는 요인의 본질과 강도를 탐색할 수 있고, 그것이 분석적 이해와 의사소통에 반응할 것인지를 알아내며, 직접적으로 또는 다른 사람들의 협조를 통해서 그것을 다루려고 시도할 것인지를 결정할 수 있다. 이 접근법은 분석가의 책임의 범위를 넓히지만 실패의 위험을 상당히 감소시킨다.

내적 저항들

기억들을 회복하는 것에 대한 저항이 환자들에 의해 사용되는 유일한 저항이 아니라는 것을 발견한 이후에, 프로이트는 그것들이 자유연상을 방해하는 방식들에 대해 연구했다. 이후에 그는 다섯 가지 형태의 저항에 대해 주의를 환기하며, 각각과 관련된 역동적 과정들과 그것들의 기원인 정신적 구조의 관점에서 설명하였다(1926). 이 모든 형태들은 정신분열증 사례에서 관찰된다.

첫 번째 집단—정서적으로 중요한 삶의 경험들을 기억하는 데에 대한 반대—은 억압 저항이다. 이것은 자아에 의해 시행된다. 정신분열증 환자는 고도의 공격적 충동들로 채워진 상황의 기억들을 언어화하는 동안 주로 이 저항을 사용한다. 증오의 전-감정들과 그것을 대상들에게 방출한다는 생각들은 억압된다.

구체적으로 말하자면: 치료를 시작하면서, 정신분열증 환자는 그가 다른 사람들에 대해 경험한 증오의 감정들을 기억하지 않으려고 전념한다; 그러므로 그 단계에서 회상되는 어떠한 기억들도 정동 없이 의사소통된다. 나중에 환자가 적대적 감정들을 편안하게 표현할 수 있는 정도까지 진전했을 때, 그는 감정들이 동반된 기억들을 회상하는 것에 대한 새로운 저항을 발달시킨다.

이차적 이득 저항을 통해, 질병 때문에 얻게 된 특별한 이익 또는 배려들을 유지하기 위한 자아의 조종이 사용된다. 질병이 상당한 유아적 만족을, 주로 의존 갈망을, 제공해주는 사례들에서는 특히 정신분열증의 강력한 저항 유형이다.

초자아 저항은 죄책감과 자기-처벌에 대한 필요로 특징지어진다. 때로는 깊이 자기애적인 개인은 치유될 수 없음, 가망 없음, 또는 무가치함의 느낌들에 잠기게 된다. 양심은 그에게 파괴하려는 그의 충동들뿐만 아니라 자신이 동성애자, 위험한 성도착자, 또는 잠재적 범죄자일수도 있다는 생각들을 누설하기에는 너무 "수치스럽다"고 말한다. 충동들이 드러내기에는 너무 자아-이조적이고 이 생각들이 부인될 때, 그것들은 환각들을 불러일으킨다. 그러나 분석 과정에서 충동들과 생각들이 자아에 의해 수용할만해지고 인간의 조건의 부분으로서 인식될 때, 공격하는 목소리들은 사라진다. 치료 후반기에 증상들 또는 고통의 악화—부정적인 치료 반응으로 불리는(Freud, 1937; Perri; 1982)—는 초자아 저항의 표현일 수 있다. 자아와 초자아 저항의 요소들—주로 전자—은, 환자가 개선되고 엄마의 사랑에 대한 그의 깊은 갈망들이 절대로 충족될 수 없다는 것을 인식하기 시작할 때 자주 동원되는 우울한 느낌들과 자살하고 싶은 소망들과 혼합된다. 사실상 자살 충동들은 자아 저항―가망 없고 헛되다는 느낌을 수용하고 싶지 않음―에 의해 증가된다.

저항의 또 다른 유형은 이드로부터 유래된다. 이드 또는 반복-강박 저항은 신체적 접촉과 행동을 고집하는 데에 대한 강한 갈망들에서 나타난다. 분석가와 함께 있을 때에, 너무나 깊이 억압되었기 때문에 혼자서는 상기할 수 없는 기억과 연결된 살인 충동들이 떠오른다. 초기 대상에 대한 용서할 수 없는 증오로부터 파생되는 이러한 충동들은 애정과 성적 접촉에 대한 갈망과 번갈아가며 나타나고 종종 가려지기도 한다.

위에 묘사된 저항의 4가지 유형들은 주로 원론적인 관심사이다. 이것들은 환자가 좌절스러운 상황들 안에서 어떻게 낯선 사람들과 관계를 맺는지를 보여준다. 이런 점에서 정보를 준다고 하더라도, 그것들이 정동들로 완전히 채워질 때까지는 기법적으로는 중요하지 않다. 이것은 환자가 개인으로서 분석가에게 정서적인 관심을 발달시키고 난 후 발생하며, 이것은 한동안 점진적인 의사소통을 촉진시키다가 결국에는 그것을 방해한다. 변화를 반대하는 이 다섯 번째 유형―전이 저항―은 그린슨의 말대로(1967, p. 183) 임상가의 "일용할 양식"(daily bread)이며 일차적으로 중요하다. 정신분열증 환자에게서 전이 저항의 특징적인 패턴들은 이후에 서술하겠다.

특별한 징후들

사전 작업부터 치료 계약의 완료되기까지의 사이에, 병리적으로 자기애적인 개인은 종종 일련의 탈피 술책들을 사용한다. 그는 분석의 평범한 지원자 이상으로 집중적이고 광범위하게 변덕을 부리며 특수한 방법으로 깊은 반항심을 드러낸다. 일반적인 환자는 그가 "올바른" 분석가를 선택했는지에 대해 불확실해 하며 앞으로의 고난에 대한 몇 가지 염려들이 있는 반면에, 정신분열증적 개인은 종종 그가 분석가를 "잘못" 선택했다고 확신하며 그의 상태가 가망 없다고 느낀다. 그는 생각하며—그리고 마침내 말하기를—만일 이미 미친 게 아니라면 그는 "미쳐가고" 있는지도 모른다고 한다. 비록 차선책은 없다 할지라도, 치료를 받을 이유가 없다고 본다.

 초기 면접 시에 집요하고 지나치게 요구하는 태도는 전-분석적 저항의 특징적인 표현이다. 심각한 정신적 장애가 있는 사람은 그의 문제들에 대해서 혼란스럽게 말하고 심각한 불안, 또는 바로 그 순간에 경험된 참담한 감정들을 불평하기 일쑤다. 반면에 그를 돕고자 하는 의지가 전달될 때, 임상가가 제공하는 어떤 시간에도 올 수 없다고 한다. 이와 유사한 전-분석적 저항의 패턴들은 이미 설명했다(5장).

 계약에 동의되었을 때, 환자는 관습적으로 교묘히 자신에 대해서 중요한 정보를 전달하는 것을 회피하거나 연기한다. 감정들이 갑작스런 긴장을 일으킨다는 느낌을 자각하게 될 때 말하는 것은 무엇이라도 고통스러운 경험이 될 수 있다. 게다가 환자는 분석가가 "적합"하든 적합하지 않든 간에, 명백히 자신보다 우월한 사람인 분석가에게 자신에 대해서 형편없다고 생각하는 것을 드러낼 마음은 없다. 어쩌면 환자는 할 말이 전혀 생각이 안 날 수도 있다; 또는 그는 심리치료사가 무엇을 듣기를 원하는지를 모르겠다고 말할 수도 있다. 정신분열증을 앓는 한 젊은이는 "음, 난 태어났고 여기에 있어요"라고 말하는 것으로 초기의 지시에 응답했다.

치료의 초기 단계에서는, 심지어 전-분석 단계에서도, 아주 이른 도착, 지각, 그리고 결석 등은 저항의 흔한 패턴들이다. 어떤 환자들은 예정되어 있는 회기 시간이 끝나기 1분 전에 도착하는 것과 같은 극단적인 패턴들을 보이기도 한다. 또 어떤 환자들은 엉뚱한 날에 나타나기도 하고, 분석가가 기다리고 있지 않았다는 것에 놀라거나 불쾌해 한다. 앞서 말한 대로 치료비 지불에 있어서의 어려움도 자아 결손이 관찰되는 또 다른 영역이다.

카우치에 눕는 것은 다른 문제를 낳는다. 그렇지만 카우치를 거절하거나, 회기 내내 거기에 눕는 것만으로 항상 환자의 비협조적인 태도의 결과로만 볼 수는 없다. 카우치 사용에 대한 저항은 빈번하게 치료사가 자신의 존재를 불편해 한다는 환자의 인식에 의해 강화된다. 그러한 저항의 수많은 형태가 스턴에 의해 연구되었다(1978, 1977).

정신분열증은 아주 특정한 형태의 자아 저항들을 야기하며 이들은 결국 전이 저항으로 작용하게 된다. 바꾸어 말하면, 관념화의 왜곡, 부적절한 정동, 그리고 결국에는 질병의 다른 증상들도 저항하기 위해서 동원된다.

환자는 사고하기 어렵다거나 생각들이 자신을 혼동시킨다고 말할 수 있다. 그의 생각들 중의 하나가 다른 하나를 차단할 수 있다. 그는 목소리를 듣거나 그의 마음속에 이상한 인상들을 느껴진다고 보고할 수 있다; 그것들을 이해하고자 하는 시도들은 혼동을 가중시키는 것 같다.

한 젊은 정신분열증 환자는 그의 이전 치료사가 적대감을 느끼게 했기 때문에 자신을 힘들게 하는 목소리들을 만들어 냈다고 주장했다. 그는 치료사가 "마음을 폭파시켰다"고 말했다; 바꾸어 말하면, 그가 경험한 적대감은 그의 자아 경계들을 와해시켰다. 환자는 목소리들이 절대로 사라지지 않을 것이라고 반복적으로 주장했으며, 이는 자기-실현적 예언으로 작동했고, 이 저항은 수개월 동안 지속되었다.

또 다른 환자는 역시 불쾌한 감각과 정동, 그 중에서도, 분개와 위험의 감정에 대해 말했다. 그는 성적인 느낌에 반대했고 그에 대해 보고하기를 원치 않았다. 자신이 아닌 것 같거나 죽은 것 같은 괴상한 느낌들 또한 달갑지 않다고 말하며 치료사가 그런 느낌들을 일으켰다고 비난받을 수도 있었다. 한 남성 환자가 "내가 시체처럼 느껴져요"라고 말했다. "무슨 일이 일어났죠?"

정신분열증 환자는 그가 하는 어떤 것도 유쾌하지 않다고 불평할 수 있다. 그는 현실감의 상실에 대해 탄식할 수 있다. 공허감이나 감정의 완전한 부재에 대해 불평하는 방식으로 보고할 것이다.

언어적 소통을 합선시키는 충동적 행동들도 동일한 특정한 형태의 저항의 또 다른 징후이다. 이와 관련하여, 나는 카우치에서 벌떡 일어나서 치료실의 문을 쾅 치곤하던 한 여성 환자가 기억난다. 이런 행동을 반복적으로 마음껏 한 뒤에, 그녀는 "당신은 내가 당신 대신에 문을 친 것에 대해 고마운 줄 알아요"라고 말했다. 사고, 감정, 그리고 행동의 영역에서 주로 기능의 저하가 관찰되지만, 환자의 환상들과 꿈들도 침해당한다. 그가 상상으로 경험한 것이 종종 그가 생각하고 느끼는 것만큼이나 고통스럽기 때문에 환자는 그것들을 보고하지 않으려 한다.

여기서 기술된 저항의 형태는 질병에 의해 야기되는 파편화 또는 혼란을 반영한다. 분석 상황에서 협조적 기능은 감정과 언어로 좌절-공격성의 즉각적인 방출을 수반하지만, 그러한 방출이 발생하는 통로들은 부적절하거나 봉쇄되었다. 분석가는 공격적 충동을 억누르는 전오이디푸스기 패턴의 부식 효과와 그 패턴의 반복적 활성화 모두를 관찰한다. 병리적 패턴을 활성화하는 무의식적인 목적은, 지적한 것처럼, 대상을 보호해야하는 필요 때문이다. 인격에 입는 손상에 대한 막대한 임상적 증거는 좌절-공격성의 억제라는 핵심적 문제를 대두시킨다.

자기애적 방어와 연결된 심각한 증상들이 작동하는 데에는 두 가지 이유가 있다. 그것들은 과거 정보의 자료들에 대해 접촉하면서, 그 자연스러운 결과가 나타날 수 있다. 정신적 기능의 악화의 일부분은 단지 환자가 기억을 거슬러 오르고 있기 때문에 발생할 수 있다. 퇴행하는 과정은 자아 경계들이 거의 존재하지 않는 영역까지 발달적 사다리의 아랫부분으로 끌어내릴 수도 있다. 퇴행에 의해서 간접적으로 발생하는 왜곡된 인지와 사고 장애들과, 견딜 수 없는 양의 좌절-공격성에 의한 성격의 갑작스런 파편화와 연관된 임상적 징후들을 구별하는 것은 어렵다. 후자 종류의 패턴은 LSD에 의해서 유도되는 것처럼 기질적 정신증, 대뇌중독, 그리고 이차적 정신증과 비슷한 상태이다. 나는 이러한 패턴들을 "성격-파편화" 저항이라고 말한다.

정신분열증 환자가 당면한 상황에서 그가 적절하게 방출할 수 있는 것보다도 더 많은 좌절-긴장을 경험하고 있는가? 이와 같은 패턴들이 관찰되어질 때에는 가능한 한 빨리 이런 가능성을 탐색하는 것이 매우 중요하다. 적정한 감정과 언어로 격노를 방출하기 위해서는 정신기구가 어느 정도의 성숙을 필요로 한다는 것을 명심해야 한다. 치료가 진행되고 더 많은 긍정적 느낌들을 경험하면서 환자는 부정적 감정들을 보다 "안전하게"—즉, 증오와 분노의 강렬한 감정들을 동원하고 이로 인해 정서적 범람이나 환각을 경험하지 않으면서—표현할 수 있게 된다. 그래서 한편으로는 정신분열증 환자를 다루는 데에 있어서, 지나친 좌절로 인해 환자가 부정적 감정들에 압도되지 않게 하면서, 다른 한편으로는 너무 긍정적인 분위기를 조성하여 환자가 부정적 감정들을 억누르게 되는 것을 삼가야한다.

또 다른 저항의 특별한 종류는 퇴행의 부수물이다. 정신분열증 환자는 종종 그가 말하려고 하는 것을 정확하게 말하는 데 문제를 갖고 있다. 그리고 원시적인 의사소통의 방식들을 사용하는 경향이 있다.

자신의 나이에 어울리는 방식으로 생각과 감정들을 표현하기 보다는, 그는 독특한 상징이나 신체 언어body language를 사용할 수 있다. 그는 다리를 꼬았다 풀었다가, 옆으로 누웠다가, 카우치를 발로 차다가, 산만해지면 벌떡 일어날 뿐만 아니라, 얼굴 표정, 버릇, 몸짓, 그리고 심지어 그가 입은 옷으로 자신도 의식하지 못하는 많은 의사소통을 한다. 집단 치료에서 신체 언어를 통해 정서적 의사소통을 하는 것은 언어화에 대한 전오이디푸스기 저항의 흔한 형태이다.

정신분열증 환자가 무의식적으로 사용하는 비언어적 의사소통뿐만 아니라, 시대착오적인 언어적 의사소통도 충동, 감정, 생각, 기억 등을 언어와 연결시키는 필수적인 과정을 방어하기 때문에 저항으로 인식된다. 그럼에도 불구하고 상징적 의사소통과 어린 아이들의 언어에 대한 전반적인 이해를 습득한 임상가에게, "언어 저항"의 존재를 인식 또는 해독하는 것은 어렵지 않다. 환자가 의사소통을 언어화 하도록 돕는 것이 핵심이다.

전이 저항 Transference Resistance

부정적 전이의 발달을 돕기 위해서 분석가는 주로 좌절하는 대상으로 기능한다. 이것은 그가 마중 혹은 배웅할 때 무례하거나 불친절한 태도로 환자를 대한다는 것을 의미하지는 않는다. 환자가 카우치에 누워 있을 때에 분석가가 기능하는 일반적인 태도를 말하는 것이다. 더욱이 이미 언급한 것처럼, 환자가 그의 공격적인 반응을 언어화하는 것을 돕기 위해서 좌절과 충분한 만족감을 균형 있게 조절해야 한다. 환자에게서 전달되는 함축적인 메시지에 대한 분석가의 역할은 그의 모든 즉각적인 사고, 감정, 그리고 기억을 언어화하도록 그를 돕는다는 것이다.

정신증적 퇴행을 촉발시키는 위험을 피하기 위해 회기에서 환자에게 몇몇 대상-지향적인 질문들을 한다—침묵하는 동안에 환자가 지나치게 높은 수준의 좌절-긴장을 경험하지 않게끔 설계된 자발적인 의사소통들이다. 덧붙이면, 분석가는 환자의 접촉 기능에 반응한다—이것은 분석가의 말에 대한 환자의 즉각적인 필요를 만족시키기 위한 환자의 언어적 시도들이다. 이것은 "유아가 멀리에 있는, 다른 것에 몰두하는 엄마에게 접촉하기 위해 애쓰는 시도이며, 우리 모두가 때때로 경험하는 상실이다" (Oremland, 1980, p. 311). 환자 안에 있는 접촉 기능은(Margolis, 1983a) 흔히 조언이나 정보에 대한 요구나 절차에 대한 질문을 제기하는 형태를 취한다. 환자가 협조적으로 기능하기를 진지하게 시도할 때 가끔씩 치료사는 사실에 기반을 둔 정보를 제공한다.

그러나 환자가 의사소통을 계속하기 위해 도움을 요청하는 개입의 신호로서 환자의 접촉기능에 반응하여, 분석가는 정보나 조언을 제공하지 않는다. 오히려 분석가는 간단한 의사소통을 통해 접촉에 대한 언어적 시도를 심리적으로 반영하려고 한다. 그런 의사소통들의 효과는—본질적으로, 자기-필요에 따른 간단한 언어적 수유이며—환자가 카우치에 누워서 말하는 동안 노출되는 좌절-긴장의 양을 최소화하기 위한 것이다. 분석가의 개입의 목적은 회기에서 비교적 긴장-없는 분위기를 조성하여 환자가 편안함과 안락함 속에서 말을 계속 하도록 하는 것이다.

비록 환자를 과도한 정도의 좌절-긴장에 노출시키는 것은 피하지만, 모든 관계에는 그것이 충분히 존재하기 때문에 환자는 그것을 다루는 방법을 배워야만 한다. 대체로 접촉 기능에 반응하는 것은 치료사가 상징적으로 좋은 가슴을 제공할 수 있게끔 한다; 아주 섬세하게 반응하는 엄마라 할지라도 아기가 그것을 원하는 그 순간에 항상 그것을 제공하거나, 아기가 안아주기를 원하는 순간마다 그를 안아줄 수는 없다. 이런 이유로 조만간 좌절스러운 대상을 다루는 환자의 습관적인 패턴은 활성화된다; 분석가가 정서적으로 더 중요해질수록 이런 패턴은 더 활발하게 나타난다. 전이 대상으로서의 분석가에게 이 병리적인 방어는 정서를 집중시킨다.

이런 패턴들을 다루기 위한 시도를 하기 전에 신중한 연구가 요구되며, 각각 상이한 절차들이 필요하기 때문이다. 전이 대상이 분리되고 구분된 대상으로서 그 순간에 관계되어지는지를 먼저 파악한다: 다른 말로 하면, 본질적으로 전이가 대상(오이디푸스) 전이인지 아니면 완전히 자기애적 전이인지를 파악한다. 환자가 확실히 대상-지향적일 때에는 미숙한 패턴이 대상-전이 저항으로 식별된다. 그가 대체로 분석가를 "나"로서 또는 실재하지 않는 존재로서 관계하거나, 분석가의 참여나 영향을 느끼지 못할 때 (비록 분석가가 자신의 존재가 환자에게 확실한 영향을 주었다고 느낄 수 있을지라도) 그 패턴은 자기애적-전이 저항으로 분류된다.

대상-전이 저항

대상-전이 상태에 있는 저항적인 정신분열증 환자는 반복적으

로 이런 말을 한다: "당신은 거기에 앉아서 나를 돕기 위해 아무 것도 하지 않아요": "나는 당신에게 말하고 싶지 않아요": 그리고 "나는 당신의 사무실에 있는 것을 좋아하지 않아요." 치료사에게 반복적으로 "나를 돕기 위해 무언가를 해 주세요"라고 간청하는 남성에게 그가 말을 해야 한다고 상기시켜 주었다. "나는 너무 정신이 나가버려서 당신에게 말할 수 없어요,"라고 그가 주장하며, "그래서 당신은 나를 도울 수 없겠네요." 같은 상기하는 말에 대한 반응으로, 혹자는 말하기를, "경고하건대 나는 와해되고 있어요." 또 다른 환자가 말하기를, "만약 당신이 나를 도울 수 없다면, 나는 구제불능이에요." 환자의 접촉 기능에 대해 반영하는 것은 분석가에 대한 불쾌한 생각들을 자극한다: 그는 기분 나쁜 특징이 있다; 그는 잔인하다; 그는 중요한 것을 놓치고 있다; 그를 신뢰하지 못하겠다 등등. 이런 저항의 표현은 환자가 자기와 구분된 세력으로서 좌절스러운 대상을 지각할 수 있을 정도로 현실감이 충분하다는 것이다.

일시적으로, 자신의 패턴이 접촉 기능으로 반영될 때, 정신분열증 환자는 질문과 다른 "언어 수유"에 대해 애정의 감정으로 반응한다. 그러나 그는 그것들을 언어로 말하는 것이 어려울 수 있다—예를 들어, 분석가를 좋아하거나 분석가가 어떤 식으로든 그를 만족시켰다고 말하기가 힘들다. 이런 대상 전이의 상태에서 환자는 감정을 숨긴다. 그는 "내가 당신에 대해 무엇을 생각하는지 (느끼는지) 말하는 것이 너무 창피하다"라고 말할 수 있다. 대상 전이가 긍정적일 때 점진적인 언어화—협조적인 방식으로 분석 자료를 제공하는 것—대신에 환자는 그 같은 진술을 반복한다.

자기애적-전이 저항

자기애적 전이 상태에서 이와 동등한 반복적인 패턴은 환자가 그 자신에게 혹은 그의 정신의 일부로서의 분석가에게 말하고 있다는 잘못된 인상을 준다. 분석가의 동조적인 의사소통에 대한 기분 좋은 반응은 보고되지 않는다. 접촉의 시도에 대한 환자가 자기애적 전이 저항의 상태에 있을 때는 치료사의 접촉에 대한 반응들은 반복적인 패턴에 대한 즉각적인 영향을 주지 않는 것처럼 보인다.

그러나 이러한 패턴은 환자가 강렬한 심리적 불편 상태에서 사용하는 반복적인 자기 공격 책략보다 덜 중요하며, 이 책략을 통해 "당신은 나를 좌절시켰고, 난 당신을 증오한다"라는 말을 하지 못하게 막는다. 진실을 인식하고 보고하기보다는, 정신분열증 환자는 무의식적으로 그것을 지워 없애고, 은폐하고, 가리고, 감춘다. 즉, 분석가에게 "당신이 날 좌절시켜서 당신이 싫다", 혹은 "당신이 날 즐겁게 해서 난 당신이 좋다"라고 말하는 것 대신에, 환자는 좌절스러운 분석가에 대한 증오를 경험할 "나는 나 자신이 싫다"라고 말하고, 분석가가 만족스럽게 느껴질 때는 "나는 지금 내가 만족스럽다"라고 말할 것이다.

전이가 동시에 자기애적이며 부정적일 때, 환자가 "내가 좌절감을 느낄 때에는 나 자신을 혐오한다"라고 보고한다면 그는 협조적으로 기능하고 있는 것이다. 저항 상태에서 그는 반복적으로 자기혐오를 은폐하거나 그의 심리적인 불편함을 치료사에게 기인하지 않는다. 관계의 현실과는 전혀 상관이 없는, 자신에게 어떤 문제가 있다고 환자는 반복적으로 의사소통한다(Freeman, 1982). 그는 말하고 싶지 않거나, 멀리 달아나고 싶거나, 혹은 "펄쩍 뛰어 나가고 싶다"라고 말할 수 있다. 그가 그의 공격적 충동을 억누르면서 자신이 "산산조각 나고 있다"라고 말할 수 있다. 참을 수 없는 감정과 감각이 언급된다. 환자는 눈이 아프거나, 휴식을 취할 수 없는 등 신체의 일부분에서 무감각함과 또는 긴장을 보고할 수 있다. 그는 분석가가 이미 다 알고 있는데 자신의 생각과 감정을 말하는 것이 무슨 소용이 있겠냐고 주장할 수 있다. 그의 마음을 읽을 수 있는 누군가에게 말하는 것이 무슨 필요가 있겠는가?

만약 비록 치료사가 "모든 것을 안다"고 하더라도 말하는 것이 필수적이라는 생각을 받아들인다면, 깊이 자기애적인 개인은 분노나 격노를 경험하는 경향으로 인해 두려워하거나 혼란을 경험한다. 그러면 그는 자살 또는 자해하는 것에 대해서 말할 수 있다; 그러한 생각들을 말로 하는 것이 너무 위협적일 때에는 그는 종종 보고할 만한 새롭거나 중요한 것이 없다고 스스로를 탓할 수 있다. 또는 애정을 담아서 분석가가 등장하는 성적 환상을 언급하며, 아마도 성적 만족에 대한 강한 욕구에 대해 넌지시 말할 것이다.

결국에 환자가 도움을 요청했던 사람은 사악한 갈망을 자극하며 자신을 조종하고 통제하려고 시도한다는 것을 반복적으로 보고할 수 있다. 그리고 그는 종종 치료사에 대한 악랄한 인상과 자신의 인상을 혼동하며 치료사에 대한 생각의 방향을 바꾼다. 예를 들어, 그가 임상가를 믿지 않기 때문에 정보를 제공하지 않는 것을 말하는 대신에, 환자는 반복적으로 스스로를 믿을 수 없다고 불평할 것이다. 반면에, 스스로의 생각 때문에 괴로울 때에, 그는 몇 번이고 "당신은 내가 끔찍하다고 생각하죠"라고 말할 수 있다.

대상 영역과 자아 영역

자기애적 전이 저항과 관련되는 정신역동의 과정들을 이해하는 것은 진단적인 목적과 분석적인 진전을 위해 절대적으로 필요하다.

자아-대상 인상의 혼합물은 투사와 내사에서 기인하는 순간적인 혼란스러움의 개념을 뛰어넘는다. 저항하는 환자의 정체성과 기억에 대한 심각한 왜곡들은, 방출되지 않은 좌절-공격성에 의해 유도된 정신의 인식의 두 영역—대상 영역과 자아 영역— 사이의 경계가 느슨해지는 인격 파편화와 퇴행 과정의 관점에서 보다 쉽게 이해된다. 이때 관찰되는 정신 기능은 초기 자아 형성 단계들의 특징을 나타낸다. 환자의 비-자기와 자기에 관한 혼란스러운 상태들은 원시적 대상관계와 연관된 분화되지 않은 감정들의 잔여물이 있다는 것을 반영한다(Freeman, 1982).

우리가 아는 한에서는, 유아의 정신은 뇌가 수용할 수 있는 한 어떤 인상들도 기록될 수 있는 빈 스크린과 같다—태어난 이후부터, 그리고 심지어 태어나기 전에도 말이다(태아가 인상들을 수용한다는 증거가 늘어나고 있다; 엄마의 목소리를 포함한 소리와 다른 감각들에 민감하게 반응한다). 유아 자신의 신체의 감각들과 삶의 첫 몇 달 동안의 엄마의 돌봄에 대한 인상들은 최초의 대상 영역에 기록된다; 유아는 외부의 세계와 분리되었다는 감각이 없다. 우주와의 하나 됨, 그리고 완전한함입에 대한 경험은 프로이트의 "무한한, 한정되지 않은 [그리고 로맹 롤랑 Romain Rolland을 인용한] '대양적' 느낌"의 감정과 연결되었다 (1930, p. 64). 이것은 최초의 대상 영역과 연결된 정서적 상태[1] 로 보인다.

---

[1] 이것은 아동의 인지적 상태와는 구분되어야 한다. 나는 여기서 일차적으로 감정들에 대해 말하고 있다. 초기 삶에서, 대상들은 그것들이 다르게 느껴지기 전에도 인지적으로 구분될 수 있다.

자기의 인상들을 양적으로 분류한 결과, 대상 영역의 일부는 자아 영역이 된다. 그들의 미분화가 천천히 일어나는 과정일지라도, 일반적으로 두 살 아동 안에서는 자아가 존재한다고 말할 수 있을 정도로 그들 사이에 경계가 발달된다. 경계의 구분은 13살에 완성되며, 성숙한 인격 안에서는 완전히 뚜렷해진다.

사람이 깨어서 상당한 양의 외부 자극을 수용할 때, 마음의 대상 영역과 외부 세계 사이를 구분하기가 어렵다. 그러나 잠이 들고 꿈을 꾸고 있을 때, 대상 영역은 주로 내적 자극에 의해 활성화된다. 따라서 꿈은 외부 자극으로부터 비교적 자유로울 때 대상 영역의 기능에 대한 훌륭한 예시를 제공한다. 꿈은 외부 현실들이 영화 촬영기에 의해 재생되는 것과 같은 동일한 방식으로, 그러나 훨씬 덜 정확하게, 과거의 경험들을 재생산한다. 꿈에서의 대상 영역은 과거 현실에 대해 왜곡되게 그려낸다. 또한 일반적으로 자아 영역이 부수적인 수준으로 표상화된다; 꿈 상태에서 자아는 대체로 참여하지 않는 관찰자이다. 일반적으로 꿈에서는 다른 사람들이 자기보다 중요하게 등장한다.

꿈꾸는 상태처럼 정신분석적 상황에서, 그리고 어느 정도까지는 백일몽과 환상들에서는 이전의 대상-자아 영역의 경험들이 되살아난다. 따라서 피분석자는 자신이 과거에 노출되었던 내적 자극들의 유독한 결과들을 보고할 기회를 얻는다. 이러한 과거의 사건들에 대한 환자의 인상들은 환자가 성실하게 보고할 때조차도 반드시 정확한 것은 아니다. 그러나 초기 자아 패턴들이 좌절-공격성의 방출에 대항하는 방어로 활성화될 때, 정신분열증 환자의 의사소통은 비정상적인 수준으로 왜곡된다. 환자는 대상 영역 안에 이미 확립된 대상이 마치 자아의 일부분인 것처럼 말한다; 삶의 초기에 자아 영역 안으로 이동한 대상 패턴들(동일시들)을 그 순간에 대상 영역 안에 있는 것처럼 간주한다. 자아 영역이 모호해지며, 어떤 방식으로든 그것을 밝히려는 시도를 한다. 두 영역간의 경계는 자주 위치가 변화하고 그 뚜렷함 또한 변동된다. 정신증의 일시적인 상태에서 환자가 경험할 수 있는 자각과 기억의 심각한 손실은 경계가 사실상 완전히 파괴되었음을 말해준다.

한 환자는 다음과 같이 말하기를, "나는 갑자기 내가 삼켜지는 것처럼 느껴졌어요. 나는 나의 마음과 기억을 잃어버렸어요." 또 다른 환자는 꿈을 보고하였는데, 그녀는 "무거운 수면상태에 빠졌는데, 무겁다는 것은 거기에는 어떤 무거운 것이 느껴졌고, 마치 봉인된 액체 주머니 안에 있을 때 받는 압력처럼, 내가 눈을 뜨거나 세상에 존재하려는 시도를 압박해왔어요"라고 말했다. 이 주머니에 싸여진 채로, 자궁 안에 있는 상태처럼, 그녀는 외적 대상과 의사소통하려고 노력하는 동안 경험했던 일련의 어려움들을 회상했다. 병리적으로 자기애적인 개인들과 작업하는 분석가들은 이와 유사한 환자들의 의사소통을 보고한다―예를 들면, "유리 방울" 안에 에워싸이거나 "고치"에 갇히는 환상들이 있다.

이런 왜곡된 의사소통들은 두 개의 일반적인 패턴을 따른다. 대상 영역에 만들어진 인상들, 즉 대상 표상들은 자아화되었다. 이것들은 자아 영역의 경험으로 잘못 인식되었다는 것이다. 환자는 원래 중요한 초기 대상으로부터 경험된 감정들을 자기 고유의 느낌으로서 언급할 수 있다. 반대로, 자아 영역에서 발생한 감정들은 대상화된다.

흔히 내사와 투사라고 일컬어지는 것을 나는 "대상의 자아화" 그리고 "자아의 대상화"라고 재정의 했다. (페데른Federn과 에도아르도 바이스Edoardo Weiss도 "자아화"[Federn, 1952, p. 7]라는 말을 선호했지만 그 과정을 다르게 개념화했다.2)) 내사와 투사

---

2) 바이스Weiss의 "자아 통로ego passage"라는 흥미로운 개념에서 대상은 자아의 일부분이 되고 다시 대상 영역 안으로 투사된다―"내재화" 뒤에 "외재화"가 발생했다.

를 자아의 활동적 기제로 묘사하는 한, 현재의 문맥에서는 재정의 된 내용이 보다 정확하다. 정신분열증적 개인이 카우치에 누워서 말하는 것을 관찰하면 자아 경계가 요동치면서 자아와 대상 영역이 비자발적으로 융합과 탈융합하는 것을 볼 수 있다.

환자는 그의 초기 대상들에 대해 경험한 감정과 충동들 이외에도, 그가 대상으로부터 경험한 것을 동시에 전이할 수 있다. 환자가 자기애적 전이 상태에 있을 때는 반대 방향으로 흐르는 적대적 충동의 전체 연결고리들이 잘못 명명될 수도 있다.

이런 성질의 패턴들은 무의식적이고 비자발적이다. 환자는 자신이 좌절을 경험하고 있거나 공격적 충동을 억누름으로써 스스로를 방어하고 있다는 것을 깨닫지 못한다. 그는 단지 자신이 계속해서 말을 해야 한다는 것만을 인식하고 있다. 이 과정에서 그는 방어들이 충동을 막으면서 만들어지는 불쾌한 감각들에 대해 보고할 수 있다. 그러나 일반적으로 그는 분석가가 그의 본래 대상처럼 그의 방어체계가 완화되는 것을 진정으로 원하지는 않는다는 믿음을 끊임없이 단조롭게 의사소통한다.

이러한 상태의 환자는 그의 적대적 반응을 언어화할 능력이 거의 없기 때문에, 정신분열증적 반응의 형태화와 관련된 감정의 잔재에 대한 그의 보고는 부정확하고 빈약하다. 전오이디푸스기 상태에 대한 완전한 언어화는 치료사의 도움 없이는 일반적으로는 불가능하다. 환자에 의해서 유도된 감정들은 환자 고유의 감정들과 초기 대상들로부터 유래된 감정들을 분류하는 데 활용된다. 환자는 대상 전이가 안정화될 때까지는 재구조화 작업에 참여할 수 없다(Zimmerman, 1982, p. 196).

요약하면, 분석가에 대한 좌절-공격성의 발산을 막는 자기애적 전이 상태에 있는 환자의 다양한 정신 작용들을 인식하는 것이 효과적인 치료의 핵심이다. 이러한 작용들은 극도로 좌절스러웠던 대상을 자아화하는 고도로 특수한 초기 패턴들의 사용을 포함한다. 분석 과정에서 공격성이 축적될 때, 환자는 그것을 언어화하기보다는 전이 대상을 보호하기 위해 자아 영역("나"로 경험되는) 내의 내적 대상을 공격하는 원시적인 패턴들을 무의식적으로 활성화시킨다.

    때때로 똑같은 형태의 저항이 오이디푸스 수준에서 기능하는 환자에게도 일시적으로 관찰된다. 이것은 정신증을 발생시킬 만큼 강하지는 않기 때문에 일반적으로는 다루지 않는다. 그럼에도 불구하고, 그것의 존재는 인격의 성숙을 방해한다. 오이디푸스 문제의 치료에서 불만족스런 결과의 일부는 그것을 다루고 인지하는 데 실패한 것에서 기인할 수 있다.

    가장 초기의 정신 발달에서의 발달적 실패를 경험한 환자와 작업하는 분석가들의 수가 늘어나면서, 최근 십 년간 자기애적 전이 저항과 자기애적 역전이 저항에 대한 더욱 많은 전문 문헌들이 쏟아져 나오고 있다. 이러한 현상의 인식, 이해, 그리고 해결은 전오이디푸스기 환자와 심리적으로 가역적인 정신생물학적 질병으로 고통 받는 이들을 효과적으로 치료하기 위해서 필수적이다.

7장
저항의 관리와 숙달

　분석적 치료에서 치료사의 능동적 참여의 핵심은 저항을 다루는 것이라 불리는 임상적 약칭에 사실상 포함된다. 이 다면적인 과정이 분석적 기법의 본질로 수용되기까지의 과정을 추적해 보면, 프로이트(1923a)가 지적하기를 정신분석은 "첫 번째 수단으로… 해석의 기술"이며(p. 239), 환자의 연상의 숨겨진 의미들을 발견하는 것이다. 해석의 기법에 대한 상술이 "분석가의 호기심"을 충족시킨 다음에는, "환자에게 영향을 줄 수 있는 가장 효과적인 방법을 발견하는 문제"와 그가 영구적인 정신적 변화를 성취할 수 있게 도와주는 것이 더 많은 관심을 받았다(p. 249). 분석가가 환자에게 저항을 일깨워주고 "환자가 그것들을 극복하는 임무"(p. 251)를 건설적으로 도와주는 것이 가능하다는 것이 밝혀졌다.

　실로, 심하게 손상 입은 정서와 자멸적인 행동 패턴에서 벗어나는 데에 도움이 거의 필요하지 않는 피분석자들이 있다. 그러나 대개 정신분열증 환자는 프로이트(1917)가 말한 "교육적인 의미에서 작용하는 암시의 도움"(p. 451)과 같은 얼마 안 되는 도움보다 훨씬 더 많은 것을 필요로 한다. 이런 환자들에서 분석가가 주요 공헌을 하는 것처럼 보일 때가 있다. 그러나 그가 어려운 사례에서 기초 작업의 많은 부분을 행한다면, 상대편이 반대 방향으로 균형을 기울일 것이라는 이성적인 예상을 할 수 있다. 이상적으로는, 치료 과정 동안 환자는 점차 자신의 저항을 극복하는 기법을 숙달하고 관계의 마지막 단계에서 이 임무에 대한 주요 공헌을 한다.

이 필수적인 작업에 대한 다양한 측면들은 이 장과 이후 부분에서도 논의된다. 먼저 전반적인 사례의 발달과 관련된 일반적인 원칙들이 제시된다. 8장과 9장은 정신내적 경험에 집중을 하고—먼저 환자의 경험, 그리고 분석가의 경험—이 원칙들에 대해 상술한다. 그 언어적 시행에 대해서는 10장에서 더욱 자세하게 다룬다.

일반적 전략

사례가 시작되면, 치료사는 환자가 저항할 권리가 있다는 것을 보여준다. 자기애적 방어의 생존 기능은 존중된다. 비록 원시적으로 조직되었지만, 대인 관계에서 그의 정신 조직을 안정시켰으며 원치 않는 감정 상태로부터 그를 격리한다. 분석 관계에서 보다 건강한 방어들이 만들어질 때까지는, 자기애적 방어는 공격당하지 않는다. 그것을 극복해야 하는 압박에서 자유로워지면, 그것을 활성화시킬 필요가 상대적으로 감소한다(Spotnitz, 1961b).

보다 적절한 방어의 발달은 환자가 공격적 충동들을 억누르는 예전 패턴들로 되돌아가는 것을 막지는 못하지만, 강박적으로 혹은 비자발적으로 행동하는 것으로부터 자유롭게 해준다. 그는 반항, 순응, 협조를 선택할 수 있는 위치에 놓인다. 저항을 해결한다는 것은 그가 그것을 숙달하고, 분석하고, 스스로 포기할 수 있는 능력을 갖추도록 도와주는 것이다. 환자는 결국 자신의 저항을 깨닫고 해결할 수 있으며, 분석가 혹은 다른 누군가의 도움 없이, 자기-분석을 통해서 한다.

저항을 해결하기 위해 분석가는 자신이 사용할 수 있는 가장 효과적인 도구를 이용하여 환자의 정서적 성장을 방해하는 세력의 즉각적인 효과를 무효화하고, 성장을 촉진시킨다.

표준 절차의 세분화

그린슨Greenson(1967)이 공식화한 대로 저항을 다루는 표준 절차는 직면, 설명, 해석, 그리고 훈습이다. 정신분석적 환자가 자신의 기본적 문제를 생산적으로, 그리고 안전하게 작업하기 위해서는 이 과정들의 세분화가 필요하다. 정신신경증 환자의 분석에서는 심사숙고할 필요가 비교적 없었지만, 정신증 치료 계획에 추가되는 측면은 저항의 양적 관리이다.

말을 하라는 지시는 반대의 경향을 자극한다. 성장 충동은 활성화되고 환자가 순응하는 것을 돕는다; 그러나 그 지시는 또한 방해하는 충동들을 활성화하며, 이들은 연합하여 환자 안에서 의사소통에 대한 대항 세력을 만든다. 병리가 깊은 개인에게 대항 세력이 너무 커지는 것을 허락한다면 (환자가 말을 해야 하는 압박이 너무 크거나 혹은 치료사의 의사소통이 너무 적어서 환자에게 과도한 좌절이 되기 때문에), 과도한 퇴행적 경향과 정신증적 증상이 관찰될 수 있다. 이 대항 세력은 수많은 종류의 저항을 통해 표현된다; 저항을 관리하기 위해 개입함으로써, 치료사는 실제로 이 대항 세력을 다루고 있는 것이다. 그러므로 치료 동안에 그는 조심스럽게 진전에 대한 압박을 조절한다.

이 목적을 위해 사용되는 다양한 수단 중에, 치료사는 환자가 접촉을 성립하려는 직접적인 시도들을 반영한다(Lowenstein, 1956). 만약 회기 동안 환자가 접촉을 요청하지 않는다면, 치료사는 억눌린 정서들을 언어화할 수 있는 기회들을 제공한다. 환자는 발현되는 모든 종류의 적대감을 언어화하도록 도움을 받으며, 특히 치료-파괴적인 패턴의 저항들이 나타날 때 더더욱 그렇다. 이 패턴들은 좌절감을 낮추기 위해 치료사가 무엇인가를 의사소통해야 한다는 것을 가리킨다.

이런 종류의 저항이 증가하는 것을 저지하기 위해서, 치료사는 즉시 자기애적 망상과 같은, 환자가 회기 동안에 불평하는 새로운 증상이나 이전 것들이 악화되었는지를 탐구한다. 탐구의 목적은 정보를 제공하거나 얻는 것이 아니라, 자아를 압박감으로부터 벗어나게 해주는 것이다. 정신증적 내용의 생산에 영향을 주려는 어떠한 시도도 없다. 환자는 그것을 표현하는 데에 어떠한 방식으로도 제지를 받지 않고 그 중요성을 그에게 주지시키거나 설명하지도 않는다. 그에게 그것을 이해시키려는 노력은 전혀 없다.

경험이 가르쳐주기를, 그리고 병리가 깊은 사람이 단지 말하도록 지시받고 어떠한 주제나 속도도 허락된다면, 저항은 최소화된다. 최소의 압박은 "모든 것을 말하세요."가 아니라 점진적인 의사소통을 위해 사용된다. 분석가의 태도는 환자가 느끼고, 생각하고, 기억하고, 말할 수는 있지만, 분석적 카우치에 있을 때에는 행동은 금지된다는 것을 의사소통한다.

언어화에 초점 맞추기

해석적 과정에 주로 의지하는 것은 전통적 방법의 두드러지는 특징이다. "이상적인 분석적 기법은 분석가가 오로지 해석만을 하는 것이다"라고 페니켈은 관찰했다(1941, p. 87). 메닝거(1958)는 "엄밀한 의미의 해석의 전조"로 사용되지 않는 이상, 다른 종류의 개입을 부적절하게 여겼다. 그린슨(1967)에 의하면, 해석은 "궁극적이고 결정적 도구"이며(p. 39), 분석가의 목적은 통찰력을 제공하는 것이다.

정신신경증 환자에게 통찰력의 치료적 가치는 다양한 방식으로 설명된다. 하나의 설명을 인용하자면: 그가 자신의 충동, 감정, 생각, 기억을 단어와 연결시키는 작업에 실패했을 때, 분석가가 말하는 생각들은 그 연결을 성립하는 것을 도와준다. 그가 기능하는 것을 방해하던 특정 기억의 무리가 인식되고 언어화되었을 때, 환자는 그의 즉각적인 충동, 감정, 생각들을 자유롭고 편안하게 표현할 수 있게 된다.

그러나 말만을 통한 통찰력은 정신분열증 환자의 기능을 방해하는 기억-이미지들을 불러일으키는 데에 실패한다. 왜냐하면 원시적 자기와 초기의 대상들 간의 상호작용 안에 자기애적 방어가 자리 잡게 되었고, 이는 주로 충동과 전감정들로 이루어졌기 때문이다. 환자는 또한 이 상호작용을 상징적으로 재경험하는 것을 도움 받아야 한다. 자기애적 전이와 역전이의 발달에 대해 연구하는 것은 치료사가 전언어 시기의 대상관계를 재구성하는 데에 도움이 된다.

환자의 자기-해부적 경향들은 그의 병리적 기능에 대한 통찰이 주어지면 종종 강렬해진다. 더욱이 그는 불필요한 해석의 상처로부터 스스로를 지켜내는 여러 소모적인 방법들을 사용한다.

치료 초기에, 강렬한 혹은 광범위한 무의식적 기제에 대한 설명은, 환자에게 자기-공격을 위한 새로운 무기로 사용되며, 종종 진전에 대한 견딜 수 없는 압박으로 경험된다. 즉 환자가 그것을 정말 원하고 상처로 경험하지 않거나 그에게 "독"이 되지 않을 것(Zimmerman, 1982, p. 194; Lichtenberg, 1963)이라고 분석가가 확신할 때만이 환자에게 해석하는 것이 바람직하다.

다중인격의 사례에서 해석의 자아-손상적 효과들은 스티븐 마머Stephen Marmer(1980)의 예시에서 생생하게 묘사되었는데, 한 여성의 언어화되지 않는 부정적 정서들이 그녀를 정신증 목전까지 떠밀었다. 꿈을 보고하며 그녀는 분석가에게 말하기를, "당신은 저에게 주사바늘들을 꽂았어요. … 아픈 곳들을 찔렀어요"(p. 444). 그는 차츰 해석에서 자아-동조적인 대상으로 기능하는 것으로 옮겨갔고, 그녀가 고통스러운 정서들을 언어화할 수 있게 도우며, 이는 그녀의 회복에 필수적인 요소였다.

그럼에도 불구하고 침묵의 해석—분석가가 관계 안에 일어나고 있는 것을 스스로에게 해석하는 것—은 성공적인 분석의 필수 요소이다. 이것은 치료 동안 계속 진행되어야 한다.

저항은 분석되고—말없이 드러나지 않게—인지, 지각, 확신을 장려하기보다는 치료사는 언어화를 연결적, 통합적 과정으로서 돕기 위해 개입을 한다. 환자는 스스로 자신의 저항적 행동의 유전적 선행 사건들을 발견할 수 있도록 도움을 받으며, 그것을 분석 관계의 개념 안에서 탐구하며, 자신이 이해한 대로 말하도록 한다.

환자가 편안해지고 내면의 대화의 요소들을 말로 표현하는 데에 "진정으로 협조적"이 되면(Wilson, 1981, p. 126), 그의 충동, 감정, 생각, 기억, 그리고 말들 간에 성립되는 연결들의 부산물로 통찰은 출현한다. 언어적 의사소통을 만들어내도록 작업하는 원리는 무의식을 의식화하는 첫 단계이다. 어떤 의미에서 표준 접근 방식은 환자가 오이디푸스기에 이르고 해석을 원할 때까지 지연된다.

부정적 전이

치료가 시작하자마자 저항적 행동에 대한 통찰력을 제공하고 그것을 통제하도록 돕는 방침은 우선 전이 대상에 대한 긍정적 감정들의 발달을 촉진시킨다. 프로이트는 환자에게 자유연상을 지시하고, 출현하는 모든 종류의 저항에 주의를 환기시키고, 자유로이 이를 보여주며 해석했다. 이런 풍부한 주의, 의사소통, 이해 등이 비교적 고통 없이 주어지면, 긍정적 전이를 일으키는 효과가 있다; 당분간 부정적 감정들은 "옆으로 치워진다." 이것과 연결하여 흥미로운 것은 프로이트(1917)가 관찰하기를, "원칙적으로 적대적 감정들은 다정한 감정들 이후에 발생한다"(p. 443). 이는 환자와 분석가가 부정적 전이의 출현을 무시하며, 다른 종류의 저항들을 이해하고 해결하도록 함께 작업할 때에 일반적으로 그러하다.

강력한 긍정적 바탕의 전이의 발달이 정신분열증의 핵심적 문제를 분석하고 다루는 작업을 연장시키고 악화시키므로, 정신분열증 환자에서는 사실상 반대의 접근방식이 추구된다. 부정적 자기애적 전이의 상태는 정신분열증적 반응을 불러일으키는 데에 필수적이며, 그것을 이해하고 치료하기 위해 충분히 강렬해야 한다. 부정적 전이를 좌절시키거나 지연시키는 것이 아니라, 그것을 신속히 발달시키면서 환자가 언어화할 수 없는 공격적 충동과 감정들을 행동화하려는 불필요한 압박에 노출시키지 않는 것이 전략이다.

치료 초기에 보통의 실용적 저항들, 예를 들어 반복되는 지각 혹은 카우치 사용 거부와 같은 것에 대한 설명은 환자에게 변해야 하는 압박을 가하고 비현실감을 조장하기 때문에 하지 않는다. 그는 자신을 이해하기 위해 노력하며, 이는 그의 정신적 에너지 모두가 그가 생각하고, 느끼고, 기억하는 것을 말하는 데에 사용되어야 하기 때문에 바람직하지 않다. 이해만으로 행동과 감정들의 변화를 성취하는 환자는 실로 드물다; 정신분열증 환자에게 변화는 언어화 능력이 증가함에 따라 일어나며 이는 경험된 것을 자유롭게 의사소통할 수 있는 능력의 부산물이다. 반면에 환자는 이해하려 하면 할수록 더욱 혼란스러워지며 정서적으로 철수하게 된다. 이해를 추구하기 위해 몰입하는 것은 의사소통에 대한 장벽을 세우고, 점진적인 언어화를 방해하고 반복을 도모한다. 이런 의미에서 이해를 위한 노력은 언어적 의사소통에 대한 저항의 형태가 된다.

더욱이 실용적 저항들을 이해하는 것은 필요치 않다. 그들 대다수는 부정적 전이를 효과적으로 다루고 나면(부정적 전이 반응의 언어화에 대한 저항을 해결하면) 사라진다.

그러므로 치료 초기의 개입들은 엄격히 제한되며, 일차적으로 좌절 정도를 조절해야하는 필요에 의해 주관된다(4장). 만약 치료사의 의사소통이 너무 적어서 환자를 과도하게 좌절시키고, 치료-파괴적 패턴들을 야기한다면, 치료사는 그들의 즉각적인 영향을 무효화시키는 데에 필요한 정도로 개입을 한다. 만성적, 그리고 비교적 안정적인 방어들은 때로 잠시 탐구될 수 있으나, 다른 의사소통에 대한 장벽들에 대한 코멘트는 거의 하지 않는다. 그것들은 어떻게 과도한 좌절감이 자아, 초자아, 그리고 이드의 기능을 방해하는지 판단하기 위해 침묵 속에서 분석된다. 그 동안에 부정적 감정들의 언어화를 보장하기 위해서 치료사는 관계의 스트레스에 의해 활성화된 전이 저항을 다루는 데에만 개입을 제한한다.

퇴행의 제어

좌절시키는 대상으로부터 정신적으로나 육체적으로나 도피하려는 정신분열증 환자의 경향에 비추어 보았을 때에, 치료 목적을 위해 자발적으로 참여하는 그의 능력은, 심리학적으로 역행하는 과정 안에서 극도로 한정되었다는 것이 추정된다. 심지어 그가 확고한 자기-통제력을 가지고 참여한다 해도, 기억을 거슬러 올라가는 것은 심각한 방어적 퇴행을 야기할 수 있으며, 궁극의 도피처인 정신증의 유혹을 받을 수 있다(Rothstein, 1982). 역행적 과정을 사용하여 의식을 없애거나 감정을 닫아버리려는 성향에 대응하기 위해, (10장에 예시하듯이) 방어적 퇴행은 신중하게 감시된다.

어떤 주제이든 말하라는 초기의 지시와 환자의 접촉 기능에 반응하는 연습으로 소위 정신분열증적 연상들이 이어지는 것을 막는다. 반응을 얻기 위한 환자의 각각의 언어적 시도에 반영하여 치료사는 간단하게 의사소통한다; 환언하면, 환자에게는 자기-수요에 기초하여 최소의 언어적 영양분이 주어진다. 현실을 바탕으로 대답해야 하는 질문을 하는 것을 포함한 즉각적 불평에 대한 토론은, 또한 회기 동안 다루기에 지나치게 심각한 퇴행적 경향들을 방지한다. 개입들은 비-정보적이며, 단순히 환자의 커져가는 좌절-긴장의 언어적 해소를 돕기 위해 고안된다.

그가 그 기원을 이해하고 적대감을 편안하게, 그리고 상처를 주지 않는 방법으로 언어화할 수 있을 때가지는, 인격 전체를 위협하는 역행적 압박은 바람직하지 않다. 기억들에 대한 짧고 선택적인 언어화는 환자가 현재의 발판을 잃지 않고 과거에 대해 숙고할 수 있도록 도와준다. 그러므로 한 문제씩 관련된 사건을 회상하도록 가벼운 압박을 가한다. 이런 압박은 환자가 과거의 기억을 돕기 위해서 필요할 수 있다; 그는 그것을 행동으로 반복하는 경향이 있다. 그가 더 잘 기억할수록, 외상적 상황이 재발할 위험이 줄어든다.

우선순위의 개념

돌연히 나타나는 어떠한 저항이든지 다루는 관례적인 방식에서 벗어나서, 치료사는 환자가 좌절감-긴장을 언어화하는 것을 막고 있는 세력들을 속히 다루는 중요성을 깨닫는다. 환자가 문제를 해결하도록 돕는 등, 치료적이기 위한 어떠한 시도는 없고, 그가 당시에 생각하고 느끼는 것을 자유롭게 언어화하도록 돕는 것 이외에는 어떠한 것도 하지 않는다. 치료사는 좌절감-긴장의 해소에 대해 방어하는 환자의 변치 않는 경향들을 표현하는 반복적인 패턴들을 주시한다. 즉, 첫 번째 우선순위에 해당되는 것은 성격-파편화 패턴들(6장)과 다른 치료-파괴적 저항들 (즉, 지나치게 되면 치료를 중단시킬 수 있는 어떠한 종류의 행동들), 그리고 그만큼 위협적인 외적 저항들이다.

다시 말해, 치료 초기에 치료사의 일차적 목표는 분석적 관계를 보존하고 치료 작업이 펼쳐지는 것을 위협하는 요소들을 다루는 것이다. 이에 덧붙여, 치료사는 특히 언어화되지 않는 좌절감-긴장의 잠재적 손상의 효과를 무효화시키는 것에 관심이 있다.

그 사이에, 내가 지적했듯이, 다른 방해물들은 전이 저항이 될 때까지 우회한다. 이 패턴들은 분석 관계에서 앞으로 나아갈 수 있게 도울 수 있는 순서대로 다루게 된다. 그 대응 순서는 현상유지 저항, 분석적 진전에 대한 저항, 협조에 대한 저항, 그리고 종결에 대한 저항이다.

이 다섯 종류의 저항과 다루는 다양한 원칙들은 이후에 제안된다.

꿈에 대한 접근

정신분열증 환자는 분석가를 기쁘게 하려고 할 때에는 꿈을 홍수처럼 쏟아내고, 반항하려 할 때에는 보고하지 않는다. 만약 분석가가 꿈에 대해 특별한 관심을 보이지 않고 적극적으로 연상을 요구하지 않는다면 이런 경향들은 막을 수 있다.

관계 초기에는, 보고되는 어떠한 꿈도 환자가 의식적으로 보고하고 있지 않는 문제들에 대한 정보의 원천으로서 일차적으로 연구된다. 꿈들은 독립적인 연구의 자료이기보다는, 회기의 의사소통 전체의 일부로서 취급된다.

가끔은 보고된 꿈에 대해 몇 가지 질문을 한다; 이들은 주로 내용의 세부사항을 명확하게 하기 위한 목적을 가지고 있다. 그러나 보고된 것 모두는 회기에서 드러난 무의식의 문제들에 대한 치료사의 개요에 포함된다. 이 접근 방식은, 프로이트의 꿈에 대한 후기 논문(1923b)과 일치하며, 환자가 치료사의 태도의 영향으로 인해 이런 혹은 저런 종류의 내용을 제공할 위험을 최소화시킨다.

정신분열증 환자가 보고하는 꿈을 분석가가 스스로에게 꾸준히 해석하는 것은 중요하다; 왜냐하면 꿈은 환자가 말로 의사소통할 수 없는 중요한 전오이디푸스기 경험들에 대한 주요한 원천이다. 꿈을 의사소통의 형태로 이해하는 것은 분석가가 이 사건들을 재구성하는 과정을 도와준다. 때가 되면, 꿈들에 대한 그의 인상은 이후의 꿈에 의해 확인되거나 수정된다. 꿈에 대한 침묵 속의 분석은 또한 무엇이 환자의 나쁜 행동을 야기하고 있고, 이 병리적 패턴들을 포기하기 위해 그를 어떻게 도와야 하는지에 대한 도움을 줄 수도 있다.

그러나 분석 관계의 초기 단계들에서는, 일반적으로 정신분열증 환자에게 꿈을 직접 해석하는 것은 도움이 되지 않으며, 자주 저항의 원천이 된다. 예를 들어 분석가에게 도전하고 누구의 해석이 옳은지에 대한 언쟁을 선동하기 위해 꿈에 대한 해석을 요청할 수 있다. 결국 환자와 분석가는 환자에게 외상을 입힌 전오이디푸스기 경험들에 대한 이해를 성취하기 위해 함께 작업해야 한다.

꿈에 대한 공식적인 해석은 치료 후반에 시작되며, 자아와 대상이 명확히 구분되고 환자가 이해에 대한 욕망을 표현할 때이다. 비록 단지 호기심을 충족시키기 위한 이해는 제지하지만, 새로운 기억과 의사소통에 대한 길을 열어주기 위해 꿈에 대한 이해를 제공하는 것은 적절하다—이는 변화를 용이하게 하는 치료적인 방법이다.

긍정적 그리고 부정적 소원들

저항의 강도를 통제하기 위해 내가 발견한 유용한 공식은 저항이 환자가 말로 자기-표현을 하는 데에서 오는 그 순간의 충족감보다 더 많은 충족감을 얻으려는 무의식적 시도의 산물이라는 깨달음을 반영한다.

말을 하라는 지시에 따르자, 환자는 특정 내적 욕구들에 의해 영향을 받는다. 어떤 것들은 그의 초기 대상들이 욕구에 반응하여 행동을 했던 상황들에 대한 기억-이미지를 환기시킨다. 만약 그 반응이 만족스러운 경험이었다면, 고통스러웠던 반응의 경험보다는 그 기억을 언어화하기가 용이하다. 즉, 자신이 인식하고 있는 욕구에 대해 쾌락적인 방식으로 반응을 얻었던 기억들을 떠올리며 자발적으로 흐르듯 말한다. 그는 또한 치료사가 같은 방식으로 반응하도록 유도하기 위해 무의식적으로 노력한다. 반면에 고통스러운 경험의 기억을 환기시키는 욕구들의 영향하에 놓일 때에 환자는 무의식적으로 말하는 것에 대해 방어를 한다. 정신적 기제들은 이 경험들이 반복되는 것을 막고, 전이 대상이 욕구에 대해 동일한 고통스러운 방식으로 반응하는 것을 방지하도록 작용한다.

과학적 심리학을 위한 프로젝트(1954)에서 프로이트는 만족과 고통의 경험의 잔여물인 이 기제들에 대해, "일차적 소원적 끌림"과 "일차적 방어"라고 부른다. 그는 지적하기를: "소원적 상태는 소원의 대상, 혹은 그 기억-이미지에 대한 긍정적 끌림에 이르는 상태를 만든다; 고통의 경험은 적대적인 기억-이미지에 에너지 집중을 유지하기 위해 혐오감과 싫증을 야기한다"(p. 383). 이 두 원동 세력 간의 대조를 강조하기 위해서, 나는 "소원적 끌림" 대신에 "긍정적 소원"이라는 개념을 사용하고, 방어가 대응해서 작용하는 고통스러운 기억-이미지를 "부정적 소원"이라고 한다.

환자는 소원이 강해지는 속도에 맞춰 행동을 제어하지 못할 것이라고 느끼지 않는 이상, 긍정적 소원에 대한 인식은 저항하지 않는다. 그가 단련된 속도보다 소원이 더 천천히 혹은 빨리 실현될 때 그의 안전은 위협을 받는다. 그리고 환자는 자신을 반복하는 경향을 보인다. 이런 상황에서는, 행동으로 이어질 수 있는 위험 때문에 쾌락적인 소원은 고통스러운 것으로 바뀔 수 있다.

또 하나의 저항의 종류는 부정적 소원이 강렬해질 것이라는 예상과 함께 발달한다. 다시 한 번, 강렬해지는 것 그 자체가 문제를 만드는 것이 아니라 그것이 행동으로 이어질 수 있다는 가능성 때문이다. 환자는 분석적 카우치에 누워있을 때에는 긍정적과 부정적 소원을 행동으로 옮겨서는 안 된다. 즉, 그는 소원의 각성에 맞서 싸우며—환자에게 종종 소원처럼 보이는 충동들이며—행동으로 이어질 수 있는 것들이다.

어떤 의미에서, 다가오는 소원이 긍정적인지 부정적인지에 따라 동원되는 저항의 양과 종류가 결정된다. 환자에게 긍정적 소원 성취의 기회가 주어지면 비교적 적은 저항이 일어난다. 치료사는 대상을 가까이 하거나 멀리해야 되는 환자의 순간의 필요를 인식하면, (환자의 긍정적과 부정적 소원을 이해하고 그 이해를 언어화하는 차원에서) 그러한 기대를 장려한다. 그런 의미에서 최적의 거리는, 관계의 각 단계마다 다르다. 그것이 성취되면, 환자는 종종 즉각적 욕구를 묘사하고 과거에는 어떻게 대응되었는지를 말한다. 바꾸어 말하면, 치료사가 즉각적인 욕구에 대해 환자가 사용하는 방어를 언어화하는 데에 성공한다면, 환자는 종종 욕구를 묘사하고 과거에 주요 인물들이 어떻게 그에 대해 반응했는지를 말한다.

치료 초기에 정신분열증 환자의 부정적 소원들은 적대적 충동들을 행동화하면 안 된다는 것을 배웠던 상황들을 재경험하는 것에 대한 강력한 반대와 주로 연결된다. 증오스러운 충동들을 해소하는 과정에서 통제에 대한 상실의 두려움은 그것들을 언어화하는 것에 대한 강력한 제재이다. 예를 들어 환자는 침묵하여 손을 경직되게 움켜잡으며 그 상황을 노출시킬 수 있다.

긍정적, 그리고 부정적 소원들에 대한 개념은 정신분열증 환자에게 치료를 위태롭게 하는 패턴들이 최대한 각성될 때 관찰되는 특정한 형태의 저항들을 다루는 데에 유용한 도구로 쓰인다. 비록 전이 상황이 절정에 달할 때까지는 치료-파괴적 저항들에 대해 효과적으로 영향을 미칠 수는 없지만, 만약 치료사가 회기에 동원되는 소원들의 성질을 인식한다면 그 강도는 조절할 수 있다. 그의 의사소통을 통해서 그는 긍정적 소원의 강도를 증가시키거나 부정적 소원의 강도를 감소시킬 수 있다—환자가 언어화하는 데에 도움이 방향으로 말이다. 이와는 반대로, 적절하고 시기에 맞는 개입을 통해 부정적 소원들을 강조하거나 긍정적 소원들을 약화시킬 수 있다.

본질적으로, 우리는 환자가 긍정적 혹은 부정적 소원들의 행동화에 대한 압력을 느낀다는 사실을 논의하고 있다. (긍정적 소원들은 분석가와 더 가까워지기를 원하는 것이고 부정적 소원들은 멀어지기를 원하는 것이다.) 이 압박은 분석가의 개입에 의해 통제될 수 있다.

치료 초기에 말을 삼가는 태도는 부정적 소원들의 영향으로 동원된 저항들의 관리를 용이하게 해준다. 한편으로, 환자가 적대감을 언어화하는 것에 대한 저항을 강조하여 나타날 만큼 충분히 좌절감을 느끼게 한다. 다른 한편으로는, 너무 많은 적대감을 한 순간에 동원하지 않기 위해, 치료사는 대상-지향적 질문들을 함으로써 몇 개의 긍정적 소원들을 상징적으로 충족시킨다. 이 접근 방식은 치료사의 존재를 환자에게 인식시키는 효과를 가지고, 마찬가지로 치료사가 자신에게 관심이 있고 그의 의사소통을 환영한다는 것을 인식시킨다.

치료-파괴적 패턴들

 치료 초기에 먼저 주의를 요하는 저항의 종류에는 정동의 왜곡, 망상적 사고, 그리고 다른 파편화의 반영물들이 포함된다. 이런 패턴들은 회기 동안에 점진적인 의사소통을 방해하지 않는 한 그에 대해 코멘트를 하지 않는다. 비교적 안정적인 패턴들은 침묵 속에서 연구되지만, 분석가는 이런 패턴들이 갑자기 강화되는 것이 관찰되면 좌절 정도를 낮추고 환자가 좌절감-긴장을 언어화하는 것을 돕기 위해 말을 한다. 침묵은 환자에게 달래는 효과가 있거나 압박을 가할 수 있으므로, 환자의 언어화에 대한 압박을 증가시키거나 감소시키느냐에 따라 분석가는 그가 행하는 언어적 의사소통을 조절해야 한다.
 분석 환경이나 치료사의 특질에 대한 불쾌한 반응을 전달하는 다양한 진술들은 치료를 위협할 수 있는 기능의 잠재적 출현에 대한 단서가 된다. 예를 들어, 환자는 카우치가 끈적거리거나, 사무실 벽 색깔이 마음에 들지 않거나, 치료사의 목소리가 거슬리거나 등의 불평으로 할 수 있다—그리고 말하는 것을 멈춘다. 이런 인상들에 대해 짧게 터뜨리는 것은 환자가 곧 치료 중단에 대한 말을 꺼낼 것이라는 것을 암시한다. 환자가 침묵할 때에, 분석가는 자신의 존재에 대한 인상을 질문할 수 있으며, 그 상황에서 자신이 하나의 요소라는 사실에 주의를 끌 수 있다. 치료-파괴적 저항의 동원은 종종 환자가 무엇에 대해 말하는지를 통해 인식할 수 있고 분석가가 사용하는 개입의 종류에 따라 영향을 줄 수 있다.
 무심한 방식으로 한동안 말을 하고, 환자는 망상적 사고를 보고할 수 있다; 그의 마음은 "혼란스러우며" 혹은 그는 지금 "붕괴된다"라고 느낄 수 있다. 망상의 내용에 대해 관심을 표현하기 보다는, 그 느낌, 혹은 전달된 감정들, 그리고 그 상황을 만든 하나의 요소로서 분석가 자신에 대해 주의를 환기시킨다. 그 혼란을 야기한 것과 자신이 관련되었는가? 너무 침묵하거나 너무 말을 많이 했는가? 이 시점에서 분석가에 대한 질문들은 환자가 협조적으로 기능하는 것을 돕는다. 분석가는 환자를 반영함으로써, 과도하게 자기-중심적인 인간처럼 들리게 된다; 그는 또한 자신에 대해 너무 말을 많이 한다는 느낌을 받을 수도 있다.

환자가 치료를 그만둘 생각을 하고 있다고 보고하고 그 진술에 대해 관심을 보이지 않는다면, 그는 그 의도에 대해 다시 언급하지 않고, 몇 회기 후에 나타나지 않을 수도 있다. 반면에 만약 분석가가 자신의 치료 성과에 대해 간단히 질문을 한다면, 이것은 환자가 자신의 불만을 언어화하는 데에 도움이 된다. 분석가는 이런 불만을 야기한 것에 대해 자신이 무엇을 했거나 혹은 무엇을 하는 데에 실패를 했는지를 물을 수 있다. 이런 개입들은 일시적인 효과가 있다; 그것들은 환자가 철수 패턴에 대해 행동하는 것을 미루게끔 영향을 줄 수 있다. 그러나 이탈의 위협은 남아있다. 그것이 최고조의 전이 저항이 될 때까지는 철수 패턴을 해결하는 것은 불가능하다. 그렇다면 철수 패턴과 분석가의 성과에 대한 관계는 연구되어야 한다.

정신분열증 환자의 치료에서 최근에 대두된 저항이며 다루기 힘든 것 중에 하나를, 나는 "부정적 심판" 패턴이라 부른다. 반복적으로 분석가의 치료 진행에 대해 부정적으로 평가하며, 환자는 되풀이하기를, 예를 들어, 분석은 전혀 진전되지 않고, 분석가가 하는 이야기들은 말이 되지 않으며, 분석가는 전혀 도움이 되지 않았고, "근본적으로" 도움이 되지 않았다는 것이다.

부정적 심판 저항은 환자의 상태가 악화되는 것과 연관된 부정적 치료 반응과 구분되어야 한다(Freud, 1937; Perri, 1982). 반면에, 부정적 심판 저항을 사용하는 환자는 사실 진전을 하고 있다. (대개 이 저항 패턴은 환자의 초기 아동기에 극도로 비판적이었던 부모에 대한 "복수" 소망을 나타낸다.) 그러나 그것은 관계에 파괴적인 저항으로 즉시 다루어야 하며, 환자가 그의 부정적 평가가 옳다고 확신을 하게 되면, 그는 치료를 떠날 수 있다.

이 저항 패턴을 다룰 때에, 임상가는 환자가 부정적 심판 저항을 사용하고 있고, 그것이 그가 해야 하는 일을 방해하고 있다는 사실에 주의를 환기시킨다―모든 감정, 생각, 기억을 의사소통하는 일 말이다. 환자는 모호한 비판을 되풀이하기 보다는, 특정 문제 해결에 대한 도움을 요청함으로써 분석가와 협조해야 한다는 생각을 교육시켜야 한다. 분석가는 제안하기를 환자는 당분간 부정적 판단들을 접고, 대신에 기억을 회상하는 작업을 해야 한다. 기억과 연결된 본래의 감정들을 회상하는 것은 분석적 관계에 대한 환자의 감정들이 변하는 것을 가능케 한다. 뒤이어 일어나는 언어의 전쟁에서, 분석가가 해결하는 데에 도움을 주었으면 하는 특정 문제들에 대해 환자가 의사소통하는 데에 용이하도록 분석가는 질문을 한다.

침묵이 저항으로 다루어지느냐의 문제는 당시의 불안 정도에 달려있다. 환자가 침묵의 기간 동안에 편안하고 이완하고 있으면, 특히 관계의 초기 형성 단계에서는, 그것을 중단시킬 이유가 없다. 그가 원한다면 침묵하도록 격려한다. 그러나 긴장하고, 고통스러워하고, 갈등의 상태에 있는 병리가 심각한 사람에게는 오래 지속되는 침묵은 바람직하지 않다. 그가 왜 말을 하고 있지 않는가를 알아내는 것은 중요하고, 그가 말하기를 원한다면 그를 도와라. 그가 말하는 것은 당장 어떤 결과를 초래하지 않는다; 벙어리가 되기보다는 어떠한 주제에 대해서든 의사소통하는 것이 낫다(Liegner, 1974).

생각을 말로 표현해보라고 지시하거나, 질문을 하거나, 설명을 하거나, 환자의 침묵을 죠이닝 하거나, 혹은 그에게 해석하는 것 등을 통해 말하는 것을 도울 수 있다; 다른 한편으로, 분석가는 주로 사적이지 않는 이야기를 한동안 할 수 있다. 이것은 종종 환자도 따라서 말하도록 자극한다; 더욱이, 분석가가 말하는 것을 강요하지 않는 것을 관찰할 때에, 그의 말하는 것에 대한 저항은 일시적으로 약해진다. 즉, 언어적 의사소통에 대한 대항 세력은 열망을 드러내는 것을 통제하는 것으로 작업하게 된다. 적절한 개입을 통해(되도록 제10장에서 묘사하는 순서에 따라) 서서히 대항 세력의 힘을 약화시키는 것은 중요하다.

치료 계약에 대한 심각한 위반은 지체하지 않고 환자에게 주의를 환기시킨다. 환자가 회기에 참석하지 않거나 15분 이상 지각을 예상하면 치료사에게 전화를 해야 한다는 것을 환자에게 교육하기 때문에, 이런 통지들은 협조에 대한 노력의 증거이다; 만약 하지 않는다면, 그 과실은 문제로 제기된다. 만약 환자가 습관적으로 늦는다면, 그가 오기를 원하지 않거나 그의 기능이 표준 이하라는 암시가 담긴 질문을 하지 않는 편이 좋다. 치료사가 회기 시간을 분명히 전달하는 데에 실패를 했는가? 교통 체증 때문에 지각했는가? 적절한 질문은 대상에게 집중함으로써 자아를 압박으로부터 보호한다(Margolis, 1983b).

비록 몇십 년 전에 아주 다루기 힘든 저항을 전화 세션을 통해 숙달한 것이 보고되었지만(Ries, 1958), 일반적인 실습으로의 전화에 의한 분석적 심리치료는 비교적 새로운 것이다. 그것의 사용은 치료를 계속하는 것에 대한 환자의 저항을 크게 줄일 수 있다. 분석가의 사무실에 오는 것에 대한 대항 세력은 여전히 강하지만, 그것을 피해 간다. 그러나 저항을 숙달하기 위한 전화 세션의 사용은 신중한 판단이 필요하다.

　제시간에 오지 못하는 환자는 회기가 끝날 때에 나가는 것에 대해 미적거릴 수 있다. 이런 저항은 강력하고 지속될 때에는, 환자가 습관적으로 초과하는 시간만큼 일찍 카우치에서 일어나는 것을 허락하는 것으로 대응할 수 있다. 이 짧은 시간 동안 환자가 일어서서 말하는 것을 돕는 것은 또한 퇴행한 상태에서 벗어나서 현실로 복귀시키는 효과를 가질 수 있다.

　떠나는 과정에서, 환자는 신체적 접촉에 대한 욕망의 충족을 추구할 수 있다. 예를 들어, 그는 치료사가 코트를 입는 것을 도와주거나 문까지 동행하는 것을 원할 수 있다. 이런 경험들은 더 친밀한 충족에 대한 기대를 자극하기 때문에, 환자는 더욱 정서적으로 폭발적일 수 있으며, 혹은 적대감을 언어화하는 어려움들이 강렬해 질 수 있다. 그가 의존 갈망에 대해 지배를 받는 한은, 어떠한 종류의 신체적 접촉도 피해야 된다.

　어떤 의미에서 방금 묘사된 접근 방식들은, 환자를 보호하고 관계를 보존하기 위한 응급처치들이다. 그는 저항 패턴을 보유하는 것이 허락되지만, 그것들을 강화시키거나 행동화하는 것은 제지당한다. 분석가는 왜에 대한 설명을 하지 않고 그 행동에 대해 주의를 환기시킨다. 의사소통을 가능케 하는 방식으로 그 행동과 그것이 치료에 대해 가지는 함의를 묘사한다. 환자를 충분히 관찰하여 무엇이 그 패턴을 작동시키는지에 대해 이해를 하게 되면, 임상가는 이런 예비 조치들을 보충할 수 있는 위치에 놓인다.

기타 분류

현상 유지 패턴들

정신분열증 환자가 분석 상황에 익숙해지자, 그는 치료를 시작한 이래로 이룩한 진전에 완전히 만족하고 현 상태를 유지하는 것에 주로 관심이 있는 태도를 보일 때가 있다. 샤코우 Shakow는 (1971) 정신분열증의 심리적 특징에 대한 보고에서, 새 것에 대한 공포증(neophobia)—즉 이전의 것에 과장되게 매달리면서 새롭고 낯선 것에 대한 강렬한 공포에 대해 말했다.

훈련생들이 이 패턴을 이해하는 데에 어려움을 겪을 때에, 나는 어린 아이가 낡아서 더 이상 맞지 않는 신발이나 올이 드러난 옷에 매달리는 비유를 한다. 의사소통되는 메시지는, "나는 옛 것을 간직하고 싶다"이며, 또한 현상 유지(무력감) 저항에 의해 전달된다.

현상 유지 저항은 치료-파괴적 저항들이 작용하지 않을 때에 주의를 요하며, 치료 첫 육 개월 이후에 주요한 요소가 될 수도 있다. 환자는 그의 "나쁜" 감정과 생각을 숨기며, 개선적인 변화에 대한 그의 필요를 경미한 것으로 나타내며, "좋은" 환자가 되는 것에 대한 생각을 만들어낸다. 이런 태도들이 전이 반응이 될 때에, 예를 들어, 그는 분석가가 정지 상태를 환영하기 때문에 그가 시간을 끌고 있다는 생각을 의사소통할 수도 있다. 그렇다면 질문을 통해서 목표 없이 떠다니고픈 분석가의 욕망에 대해 환자가 설명을 해보기를 초대할 수 있다. 환자의 즉각적 정서적 상태에 따라 다른 과정들이 결정된다.

분석적 진전에 대한 저항

예전 상황에 매달리는 것에서부터, 새로운 경험을 모험하는 것에 대한 잠재적으로 바람직하지 않은 효과들에게 초점이 점차 옮겨간다. 환자가 이제 의사소통하는 메시지는, "나는 어떠한 새로운 것도 원하지 않는다"이다.

앞으로 나아가는 것에 대한 망설임은 다양한 방법으로 표현된다. 환자는 규칙이나 안내를 요구하며 자신의 생각과 감정들에 대해 말하는 것을 피하려고 할 수 있다. 지나치게 오랫동안, 치료 중반에, 정신분열증 환자들은 앞으로 나아가려고 하지 않는 것처럼 보이며, 그들이 정말 생각하고 느끼는 것을 말하려고 하지 않으며 그 결과에도 관심이 없다. 미지의 영역으로 언어적으로 나아가는 것은 그들에게 아주 위험한 모험처럼 느껴진다.

특히 초보 분석가에게는 치료 시작에 이 소위 분석적 진전에 대한 저항들을 다루려는 유혹이 강하다. 최대한 빨리 눈에 보이는 성과를 이룩하기 위해, 그는 앞으로 나아가는 것을 막는 요소들을 다루고 부정적 감정들을 작업하는 것을 미룬다.

내가 제안한 것처럼, 이런 방향은 정신분열증 환자에게 바람직하지 않다. 그가 관계에서 오는 혜택에 감명을 받으면 받을수록, 후원자에게 적대감을 언어화하는 것에 대한 그의 망설임은 커진다. 사례 초반에 이런 저항에 대한 해석을 제공하며 도움이 되려는 노력들은 긍정적 전이의 발달을 장려하기 때문에, 좌절감-긴장을 억누르는 환자의 경향들을 강화시킨다. 더욱이, 만약 그가 자신이 앞으로 "떠밀린다"라고 느끼면 치료-파괴적 저항이 동원된다.

이런 이유로, 분석적 진전에 대한 저항들은 삼 순위를 차지한다. 그것들은 전이 대상과 상당한 정도의 정서적 관련을 수반할 때에 다루어진다. 예를 들어, 분석가가 더 이상 새로운 문제를 제기하는 것을 환자가 원치 않거나 새로운 활동이나 생각을 탐구하는 것을 반대한다는 생각을 의사소통한다면, 분석가는 왜 자신이 진전을 반대하는지에 대해 환자에게 설명해보라고 한다.

협조에 대한 저항

협조적 기능을 방해하는 패턴들이 관계를 지배하게 될 때쯤이면, 첫 세 분류의 저항들은 어느 정도 해결된다. 환자는 치료 계약의 조건들을 준수하는 것에 대한 정상 범위 안으로 들어왔다. 그는 자유롭게 말하도록 교육을 받았으며, 과도한 노력 없이도 부정적 카타르시스를 사용한다. 그는 현재의 현실에서 통제할 수 없는 과거로 도망치는 경향들에서 벗어나게 되었으며, 방향을 상실하지 않고 신뢰감 있게 기억을 거슬러 갔다가 올 수 있다. 그는 또한 스스로에게 손상을 주지 않고 적대감의 표현을 참을 수 있다. 대체로 그는 자신의 문제를 해결하는 데에 목적의식을 가지고 참여가 가능하다는 것을 보여준다.

그러나 때로는, 그는 과거의 자기애적 태도들을 보인다. 그는 그의 모든 감정들을 언어화해야 하는 중요성을 알지 못하는 것처럼 보일 수 있으며, 정보 제공을 거절하거나, 분석가의 말을 들으려 하지 않는 것처럼 보일 수 있다. 그들의 상호작용에서 그가 경험하는 것을 토론하지 않고, 환자는 오로지 자신에게만 집중할 수 있다. 자신에게 요구되는 것이 오직 말하는 것뿐이라는 태도를 의사소통할 수 있다. 분석가는 그의 협조를 즐기겠지만 왜 그를 만족시켜야 할까? 왜 그의 일을 도와줄까? 이런 태도들은 질문 혹은 해석으로 반응할 수 있다.

환자가 정말 협조적일 때에는, 그는 자발적으로 언어화하는 것을 도와주고, 이에 대한 즉각적인 방해물을 찾는 데에 보탬이 되는 의사소통들을 요청한다. 그렇다면 분석 과정에 대한 환자의 이해를 돕기 위한 관점에서 분석가가 해석하고 질문에 답하는 것이 바람직하다. 비교적 협조적인 환자의 자발적 진술들은 대개 회기에서 다섯 개의 주제를 포함한다: 현재 활동; 과거의 사건; 성생활; 꿈과 환상; 그리고 치료 관계에서 일어나는 것이다. 그는 실제 사람으로서 임상가에 대한 지각과 그가 무엇을 의사소통하려 하는지에 대한 어느 정도의 인식이 있다.

종결에 대한 저항

종결에 대한 환자의 저항을 해결하는 데에 중요한 요소는, 적응을 잘하는 사람이 되었다고 해서 분석 관계가 종결되어야 한다는 것을 의미하지 않는다는 생각을 교육시키는 것이다. 비록 그가 병리의 패턴들을 버렸다고 하더라도—치료가 되었더라도—그는 대개 더 나아가 인격의 성숙에 대한 잠재력과 그것을 성취하려는 욕망이 있다. 환자와 치료사가 그 목표를 향해 작업하기로 동의한다는 가정하에, 분석은 그들이 종결하기로 결정할 때까지 계속될 수 있다.

관계를 해산할 시기가 가까워지면, 정신분열증 환자는 대개 그런 전망에 대한 강력한 반대를 나타낸다. (이 분류의 저항은 또한 이에 앞서 치료에서의 일시적 중단들에서 관찰된다.) 종결에 대한 저항을 훈습하는 것은 오랜 기간이 걸리기 때문에 종결에 대한 기반이 있으면 즉시 그것을 제안한다.

종종 종반부에서는 훨씬 이전에 완전히 해결된 것으로 보였던 과거의 문제들이 다시 사례에서 발생한다. 초기의 어려움의 재출현에 더해서, 환자는 이전에 보고되지 않았던 새로운 것들을 지적한다. 분석가와 수년 동안 작업했음에도 불구하고, 환자는 자신이 전혀 도움을 받지 못했다고 불평할 수 있다—비록 그가 반복적으로 받았다고 말했다 하더라도 말이다.

행동적 변화와 심한 스트레스에 대한 환자의 내성을 실험하기 위해 정서적 의사소통이 사용된다. 환자의 행동으로 치료사 안에서 유도된 감정들을 "되돌려 줄" 때에, 대면의 정서적 충격은 과거의 패턴들을 다시 일깨우거나, 환자가 한 때에 자신에게 유독한 영향을 미쳤던 상황에 대해 면역성이 생겼다는 것을 보여준다 (Spotnitz, 1963; Hayden, 1983).

저항을 해결하는 단계

인식. 이는 나타난 저항의 종류를 식별하는 것을 말한다. 그 패턴에 이름을 붙이는 것은 즉각적인 상황에서 왜, 그리고 어떻게 저항 행동이 발생했는지에 대해 치료사가 침묵 속에서 연구하는 요소 중 하나이다. 그는 환자의 인생 역사에 비추어 그 의미를 탐구하기 시작한다. 그 분석을 토대로 임상가는 그 패턴을 용인하는지, 당시에 도움이 되기 때문에 심리적으로 반영(죠이닝)하는지, 혹은 단념하게 하여 결국 해결하는지를 결정한다. 종류가 한 가지 이상 감지 될 때에는, 그는 또한 그것들을 다루어야 하는 순서를 결정한다.

강도의 제어. 제어는 (의사소통에 대한 대항 세력의) 특히 성격-파편화 패턴을 포함한 치료-파괴적으로 분류된 저항의 관리에 적용된다. 이 저항들의 원동력이 되는 대항 세력의 강도는, 분석가의 의사소통에 의해 제어되며, 관계에 즉각적인 위협을 무효화하기 위해 긴급 상황에서 일관되게 다룬다. 그러나 환자가 그것들을 수정할 수 있을 때까지는, 이런 패턴들은 해석되지 않는다.

언어적 묘사. 저항이 충분히 자극되어 입증할 수 있을 때가 되면, 저항에 대해 환자의 주의를 환기시킨다. 각성은, 비록 주로 전이의 강도의 기능이지만, 어느 정도는 기법의 문제이다; 치료사는 패턴을 분명히 하기 위해 언어적 굶주림을 증가시킬 것인지 혹은 특정한 개입을 할 것인지를 결정해야 한다. 상황에 적절한 방식으로 충동을 방출하는 것을 돕기 위해 환자에게 간단한 설명을 할 수 있으며, 저항을 사용해야 하는 압박을 줄여준다. 치료사는 환자 자신이 비협조적이라는 사실을 인정시켜주려고 시도하지 않는다. 만약 그가 부정한다면, 그의 견해는 수용된다. 어떠한 방식으로 회기에서 반복하는 경향이 있다는 것을 알아차렸는지에 대해 그에게 질문할 수 있다.

전이 저항에 대한 언어적 묘사는 주로 간단하며 환자의 접촉 기능에 따라 시기가 정해진다. 그의 저항적 행동에 대해 말을 하도록 돕기 위해서 그의 질문이나 코멘트를 반영하거나 죠이닝한다. 환자가 적대감을 편안하게 언어화하는 데에 충분한 진전을 하기 전까지는 치료사는 왜 저항에 주의를 환기시키는지에 대한 설명을 하지 않는다.

일시적 해결. 환자는 반복적 패턴의 기원, 역사, 그리고 현재 의미를 이해하고, 그의 정신 경제에 손상을 입히지 않고 포기할 수 있도록 도움을 받는다. 그것의 선행 사건들에 대한 치료사의 언어적 개념화들은, 환자가 그 방어적 요소들을 "느끼며" 그에 대한 감정들을 말할 수 있도록 돕는다. 환자는 무슨 일이 일어나는지에 대한 이해는 할 필요가 없다.

조이닝 기법과 정서적 의사소통들은 전오이디푸스기 형태의 저항들을 해결하기 위해 활용된다. 해석적 기법들은 환자의 점진적인 언어화를 가능하게 하는 효과를 가지는 한에서 활용된다.

치료의 첫 해 이후에, 환자가 요청 시에는 이해를 위해서가 아니라, 좌절 수준을 제어하기 위해 무의식적 기제에 대한 설명이 제공된다. 환자가 대상 전이의 상태에 있는 관계의 후기에서 오이디푸스 문제들에 대한 공식적인 해석들이 주어진다. 그 시기에 그가 다시 나타내는 전오이디푸스기 패턴들은 치료 이전에 그것들을 제거했던 과정들을 통해 해결된다.

영구적인 해결 (훈습). 일시적으로 저항 패턴들을 제거하는 과정에서, 치료사는 기원, 역사, 그리고 즉각적인 의미에 대한 다양한 가설들을 세우고, 그 타당성을 검증한다. 이 가설들은 반복해서 의사소통되며, 지능적으로나 정서적으로나, 여러 다른 문맥에서, 그리고 그것들이 되풀이해서 환자가 저항적 행동을 포기하도록 영향을 미친다면, 옳은 해석으로 간주된다. 바꾸어 말하면, 해석을 훈습하기보다는—말 앞에 수레를 놓기—치료사는 훈습을 통해 해석에 이른다. 차후에 치료사의 추정들의 타당성은 환자와 논의된다.

병리적 방어들의 긴장을 늦추고 정서적 성장을 가능하게 하도록 설계된 의사소통들은 관계 초기에 한다. 그러나 환자가 일관되게 성인의 언어로 의사소통하고, 자신의 저항에 대해 분석하고픈 진실한 관심을 보이고, 분리된 사람으로서의 분석가와 관계를 할 때에, 체계적인 방식으로 훈습하는 것을 시작한다.

모든 차원에서 전이 저항의 모든 요소들은 탐구되며 다루어진다. 이 임무에는 특정 기간이 주어지지 않는다; 분석 전체에 걸쳐 계속된다. 마침내 환자는 의미 있는 의사소통을 방해했던 충동 패턴들의 무의식적 지배에서 스스로를 해방시키도록 도움을 받는다. 그는 또한 만약 그러한 도움을 받기를 원한다고 나타내면, 분석 상황에서 새로운 적응 패턴들을 형성하도록 도움을 받는다.

좌절감-공격성을 적절하게 방출하기 위한 언어적, 그리고 다른 행동 패턴들(치료실 밖의)의 발달은, 성격-파편화 패턴들을 포함해 치료-파괴적 저항을 사라지게 한다. 정서적 의사소통과 반영적 과정들은 다른 종류의 충족감을 소모시키며, 건강한 새로운 동일시들을 가능케 한다.

환자는 과거의 자기애적 패턴들을 마음대로 사용할 수 있고, 현재 삶의 상황에 견고하게 건강한 적응을 성취할 때까지는 다시 사용하는 경향이 있다. 그러나 이 패턴들은, 본래의 강박적 세력에서 해방되었고, 치료 초기에 반복해서 그것들을 해결했던 과정들에 비교적 빠르게 반응한다. 환자가 관계에서 만들어진 새로운 행동의 방식들이 더 즐겁고 바람직한 경험을 가져오고, 성격을 위한 일관된 안전함을 제공한다는 것을 인지하면, 그는 초기의 부적절한 패턴들보다는 인간관계적인 성인의 패턴들이 더 사용하기 용이하다는 것을 깨닫는다. 따라서 그는 현실 세계의 삶에 닻을 내리게 된다.

8장
자기애적 전이

    앞선 장들에서 정신분열증 사례의 복잡한 전이 상황에 대해 언급하였다. 이미 지적했듯이, 오이디푸스 수준의 발달 단계에서 기능하는 환자와는 달리, 병리적으로 자기애적인 개인은 언제나 분리되고 구별된 사람으로서 분석가에게 관계를 맺는 것은 아니다. 그들의 관계들에서 정신분열증 환자는 삶의 첫 2년간 자신 혹은 다른 이들에게 발달했던 감정들을 전이한다. 그는 또한 분석가의 감정을 자신의 감정과 혼동할 수 있다. 즉, 쌍방향의 정서적 과정은 재연되며 마치 한 장소에서—환자의 마음에서—유래된 것처럼 의사소통된다. 이 과정은 형성 중인 자아를 재경험하는 것을 연상시키며, 자기애적 전이로 확인된다.

    본 장에서는 먼저 전이의 일반적인 체제 안에서 이 개념적 도구를 살펴본다. 저항을 다루는 분석가의 임무는 자기애적 전이의 치료적 관리라는 개념으로 재정립된다—그 유도, 해결, 그리고 대상 전이로의 변형 등이다. 분석적 관계의 다양한 단계들에서 정신분열증 환자가 경험하는 정동과 감각들이 묘사된다.

역사적 관점에서

전이에 대한 프로이트의 견해

프로이트는 전이에 대한 발견과 심오한 이해를 명백히 묘사한다. 처음에는 카타르시스 방법으로 히스테리 환자를 치료하며 예기치 못한 사건으로 보고되었고, 그는 마침내 모든 인간관계에서 작용하고 있는 무의식 현상이라고 묘사했다.

히스테리아 연구에서(Breuer & Freud, 1893-1895), 전이는 환자의 내용과 임상가라는 사람 간의 "거짓된 연결"로 언급된다— "신분이 낮은 자와의 결혼(mésalliance)"으로 비유되었으며, 어떤 사례에서는 정기적으로 발생하여 그것을 해결하는 데에는 시간과 노력이 수반되었으므로 프로이트를 "매우 짜증나게" 했다. 그러나 그는 "그 전체 과정이 어떤 법칙을 따른다는 것을 알았고; 나는 또한, 이런 종류의 전이는 내가 해야 할 일을 크게 증가시키지 않는다는 것을 알았다… 환자 또한, 점차 배우기를… 분석의 결과, 녹아서 없어지는 강박이자 환상의 문제였다"(pp. 302-304).

"새로운 판 혹은 복사판"이라는 전이에 대한 은유는 도라의 사례의 후기에 다시 나타났고, 이 사례는 전이가 숙달되지 않았기 때문에 실패했다:

과거에 속하지 않는, 완전히 새로운 심리적 경험들이 부활되며, 이는 현재 순간의 의사에게 적용된다. 어떤 전이들은 그 대상이 대체되었다는 것 이외에는 내용상 달라진 것이 전혀 없는 것들도 있다. 그러면 이것들은 단지 새로운 인

상이나 복사판이다. 다른 것들은 더 이상 새로운 인상이 아니라 개정된 판이다. (p. 116)

이 전이에 대한 그의 첫 체계적인 논의에서, 프로이트는 또한 치료사에 대한 부정적 전이의 완전한 발달과 언어화에 대해 반대를 표하며 설명한다: "만약에 치료사가 그것들과 자신을 분리하고 그 원천까지 추적하기 전에 잔인한 충동과 복수심에 찬 동기들이 치료사에게 전이된다면, 치료사의 치료 노력에 의해 환자의 상태가 영향을 받지 않아도 놀랄 일이 아니다"(p. 120). 프로이트는 남성에 대한 도라의 근본적인 적개심을 분명히 인지하지 못한 것 같다(Krohn & Krohn, 1982).

반복에 대한 강박으로의 전이에 대한 설명은 이후에 발달되었다. 『쾌락원리를 넘어서』(1920)에서는 죽음 본능의 표현으로서의 반복 강박에 대한 프로이트의 첫 언급이 있다. 『끝이 있는 분석과 끝이 없는 분석』(1937)의 오래 계속된 부정적 전이에 대한 논의에서 같은 가설이 적용된다.

이 현상에 대한 최종적인 설명인 『자서전적 연구』(1925)는 부정적 전이에 대한 프로이트의 의혹이 가장 극명하게 나타난다. 이 관찰들은 또한 역전이에 대한 그의 관점들과도 연관이 있기 때문에, 아래에서 광범위하게 인용한다:

전이는 분석에 의해 단지 밝혀지고 고립된다. 그것은 인간 마음의 보편적인 현상이며, 모든 의학적 영향의 성공을 좌우하며, 실로 환경에 대한 개인의 관계를 지배한다…. 이런 정서의 전이에 대한 경향이 전혀 보이지 않을 때에는, 혹은 그것이 전적으로 부정적일 때에는, 가령 정신분열증이나 편집증에서처럼, 심리적인 수단으로 환자에게 영향을

줄 수 있는 가능성은 전무하다. (p. 42)

여기서 프로이트는 또 한 번 부정적 전이는 치료적 영향의 가능성을 무효화시킨다는 그의 믿음을 드러낸다(cf. 1912a). 자신의 잠재적으로 파괴적인 공격성을 관리하는 데 있어서 그가 경험한 커다란 어려움 때문에 프로이트가 부정적 전이의 발달과 표현을 말리려는 노력을 했다는 설명이 도움이 될 것이다(e.g., Kavka, 1980: Roazen, 1969, 1975; Wilson, 1981). 그의 분석 작업에서 부정적 전이를 자신에게서 떼어내려고 노력했다. 그러나 그런 자세로 작업한다는 것은, 정신분열증 환자의 효과적인 치료를 불가능하게 만든다. 그것은 부정적 전이의 완전한 발달을 방해하며, 이는 공격적 충동과 감정의 언어적 방출을 막는 장애물들을 해결하는 데에 필수적이다(부정적 전이 저항).

이어서 인용하자면:

> 다른 심리치료적 방법들처럼, 정신분석이 암시(혹은 전이)의 도구를 이용한다는 것은 완전한 사실이다. 그러나… 분석에서는 그것이 치료적 결과를 결정짓는 역할을 맡도록 허락되지 않는다. 대신에 그것은 환자가 정신적 작업의 일부를 수행하도록 유도하는 데에 사용되며—그의 전이-저항들을 극복하는 것이며—이는 그의 정신 경제의 영구적인 수정을 포함한다. 분석가에 의해 전이는 환자에게 의식화되며, 전이-태도들의 기원이 가장 초기 대상-애착들에 있었던 정서적 관계들을 재-경험하는 것이라고 환자를 설득하는 것으로 전이는 해결된다. (1925, pp. 42-43)

이런 추정을 바탕으로 작업하면 실패하게 된다. 정신분열증적 반응을 반전시키기 위한 열쇠는 그 부정적 감정들의 유전적 선조들이 치료사에게 전이된다는 것을 환자에게 "설득"시키는 것이 아니라, 그 표현에 대한 저항을 해결하는 것이다.

프로이트는 전이를 취급하는 것에 대해 계속 말하기를, "분석 기법의 가장 난해하면서도 중요한 부분이다"(p. 43). 이는 1925년도에 사실이었던 것처럼 오늘날도 사실이다. 그러나 정신분열증에서 이 임무의 필수적인 요소는, 앞서 지적했듯이(7장), 부정적 자기애적 전이의 치료적 관리이다.

다른 글에서도 중요한 수정사항들이 있지만, 정신증 환자들의 불만족스러운 분석 결과에 대한 프로이트의 설명들이 있다. 문제의 핵심은, 1925년도에 재진술한 것처럼, "원칙적으로 그들은 긍정적 전이를 형성하는 능력이 없다는 것이다"(p. 60). 긍정적 전이 요소의 부재는 가장 큰 골칫거리였으며, 치료적 동맹의 개념에 내포된 라포 혹은 "이성적", 그리고 목적이 있는 협조가 없다는 것이다. 그럼에도 불구하고 프로이트는 계속 쓰기를,

> 여러 접근 방식이 발견된다. 종종 전이는 완전히 부재한 것이 아니라 어느 수준까지는 사용이 가능하다; 그리고 분석은 주기적인 우울증, 경미한 편집증적 수정, 그리고 부분적 정신분열증에서는 의심할 여지가 없는 성공을 거두었다. 많은 사례에서 장기간 동안 진단은 정신신경증과 정신분열증의 모습을 번갈아 띤다는 발견은 과학에 보탬이 되었다; 왜냐하면 이런 사례들에서 치료적 노력들을 통해 그것들을 포기하기 전까지는 소중한 결과들을 얻어냈다 (1925, p. 60).

이는 치료 가능성이 진단보다는 개별 환자를 효과적으로 다룰 수 있는 분석가의 능력에 달려 있다는 것을 인정하는 것이다. 짐머맨Zimmerman은 "분석가의 해결되지 않는 유아적 갈등"(1982, p. 198)과 환자의 병리가 일치하기 때문에, 분석 불가 판정을 받을 수 있다고 지적한다.

또한 이 문제와 관련하여 프로이트는 말하기를 자기애적 신경증을 앓는 환자들은 치료사를 "적대감으로가 아니라 무관심"(1917, p. 447)으로 거절한다. 그는 그 무관심을 부정적 감정이 긍정적 감정을 없애버린 것과 연결시키지는 못했다.

페데른Federn은 스스로를 "정신증에 '전이가 없다' 라는 학설에 처음으로 반대한 사람 중 하나"(1952, p. 142)라고 여겼으며, 프로이트의 전이에 대한 견해의 발달에 대해 코멘트했다. 생애 마지막 몇 년간 그와 나누었던 대화를 토대로 쓰기를:

> 전이는 무의식으로부터 분석가에게 대상 애착을 옮기기 위해 필요하다…. 신경증에서 전이의 부족에 대해 프로이트는 무지했으므로 그는 그러한 부족이 발견될 때에 근저의 정신증을 의심했다. … 프로이트는 이후에 자기애적 부류의 리비도 배분은 공격성과 독립의 기초가 되고, 이런 부류는 놀라운 자부심과 경멸로 인해 어떠한 종류의 전이도 거부할 수 있다는 것을 알아챘다. 어떤 분석가들은 프로이트보다 훨씬 더 이런 저항을 유발한다. 라이히W. Reich는 이를 "자기애적 갑옷"이라 불렀으며, 긍정적 전이를 성립하기 위해서는 벗겨져야 한다. (1952, pp. 136-137)

기법에 관한 프로이트의 논문들에서 정신분열증 환자의 치료와 관련된 전이의 관리에 대한 특정 권장 사항들이 있다. 그는 제안하기를 (1913) "환자의 의사소통과 생각들이 방해를 받지 않고 계속되는 한은, 전이의 주제는 건드려서는 안 된다"(p. 139). 그는 또한 "강한"(p. 144) 전이가 자리 잡기 전까지는 분석가는 설명하는 것을 자제해야 한다고 제안했다. 프로이트의 관찰에 의하면 분석가의 "친밀한" 태도는 전이 해결을 어렵게 만든다 (1912b, p. 118).

다른 견해들

암시, 반복-강박, 전치 등의 전이에 대한 관례적인 설명보다 깊이 파고든 많은 이론가들은 이 현상을 이성적인 토대로 설명하려고 했다. 그것이 어떤 필요를 충족시키거나 보상적인 기능을 수행한다는 개념들은 다양한 방식으로 서술되었다.

마이클 발린트 Michael Balint(1952)는 전이를 "새로운 시작"이라고 개념화했다. 그가 쓰기를 어떤 환자들은,

새로운 적응의 과정을 시작하기 위해 발달의 원시적 단계들로 퇴행한다. … 원시적이고 구분되지 않는 상태들은 탄성이 있으며, 다양한 방향으로 새로운 적응이 가능하다. … 만약 근본적인 새로운 적응이 요구된다면, 고도로 분화된 조직체는 구분되지 않는 원시적 형태로 돌아가야 하며, 그곳에서부터 새로운 시작이 가능해진다. (p. 216)

다니엘 라가슈 Daniel Lagache(1953)는 실험 심리학자인 자이가르닉 B. Zeigarnik의 발견을 토대로 자신의 공식을 만들었으며, 이는 업무의 원동력이 되는 긴장은 그 실패 후에도 계속 유지된다는

것이다. 라가슈에 의하면, 전이는 "보상에 대한 해결되지 않는 무의식적 요구의 활성화이다; 자기애적 욕동에 대한 상처는 … 방어의 이유일 뿐만 아니라, 보상에 대한 무의식적 요구를 환기시킨다. … 이는 전이의 주요 기능이다"(p. 9).

다양한 전이 상태의 필요-충족 기능에 대해 상술하자면, 주스트 미얼루Joost A. M. Meerloo와 마리 콜맨 넬슨Marie Coleman Nelson(1965)은 부정적 전이에 대해 "적대적 감정을 다루려는 수단을 찾기 위한 환자의 탐색"(p. 59)이라고 말한다. 자기애적 전이에서 유아기의 관계를 반복할 필요가 암시되어 있다. 이 저자들이 이것과 연결시키는 여러 패턴들 중에 통제의 상실에 대한 두려움이 있다. 그들은 제안하기를 유아적 심리 상태로의 퇴행은 "평생 동안 축적된 분노의 방출에 대해 자진해서 하는 통제로 이해될 수 있다"(p. 34).

부정적 전이 상태에 있는 환자들이 분석적 영향에 반응을 했다는 보고들은 효과적인 치료를 위해 긍정적 전이 관계의 형성과 보고가 필수적이라는 추정에 도전이 되었다. 정신분열증 환자들에게 전이의 양 측면에 대한 가장 초기의 설명 중에 하나로, 멜라니 클라인(1952)은 전이는 생애 첫 해의 대상관계에 기원을 가진다는 견해를 밝혔고, 이는 사랑뿐만 아니라 증오의 존재를 나타낸다—"그 기제, 불안, 그리고 가장 초기의 유아기에 작용하는 방어들이다"(p. 436).

덱스터 불라드Dexter M. Bullard(1960)는 따뜻하고 복잡하지 않는 대인 관계를 거의 경험해 보지 않았던 환자의 치료 초기에 긍정적 전이를 성립하려는 시도들에 대해 반대 의견을 제시한다. 불라드에 의하면 "그가 이런 경험을 했다는 추측을 하는 접근 방식들은 반드시 실패하게 되어 있다"(p. 139).

이와 비슷한 견해들을 표명한 다른 분석가들 중에 브라이스 보이어L. Bryce Boyer(1967)는 정신분열증 환자는 "자신의 충동들의 잠재적 파괴성에 대해 두려워하며 예전의 사랑 대상에 대한 증오의 출현을 막으면, 치료사가 환자의 혹은 자신의 적대감을 두려워한다고 해석한다"(p. 166).

자기애적 전이의 개념화

정신분열증 환자와의 전이 관계의 진화적 발달은 넌버그(1948)와 헨드릭(1931)의 보고에서 묘사되며 2장에서 논의되었다. 자기애적 전이(비록 그렇게 불리지는 않았지만)와 대상, 그리고 오이디푸스-종류의 전이는 두 보고 모두에서 묘사된다.

페데른은 1936년도에 혼합된 전이 상태에 대해 다음과 같이 코멘트했다:

> 종종 몇몇의 유아적 자아 상태들이 임의적으로 동시에 존재한다; 이들과 접촉하기 위해서는, 마치 아동과 접촉하듯이 그 순서를 알아야 한다….대상 리비도와 자기애적 리비도의 에너지 집중은 (연속적으로) 변화하는 비율로 전이된다; 후자는 대개의 경우 초기 동일시의 부활을 통해서이다. (1952, p. 327n)

개념의 초기 사용

로버트 밸더Robert Waelder(1925)는 기법의 개념으로 "자기애적 전이"을 소개했다. 그는 자기애의 승화를 지향하는 치료 방법을 제안했고, 관계를 유지하기에 충분했던 그런 종류의 전이를 사례에서 묘사했다.

밸더의 이론을 언급하면서, 피어스 클라크 Pierce Clark(1926)는 자기애적 신경증을 분석할 수 있는 "환상 방법"을 묘사했다. 관례적인 전이의 영향력이 부재한 상태에서, "의식적 의지와 자기애적 전이"를 가지고 치료를 행할 수 있다(p. 226). 클라크는 이런 전이를 "엄마 부류"라고 구분했으며, 신경증 전이에서 진화하는 "애인" 부류와 그것을 대조했다(p. 227). 환자가 실제 기억이라고 처음에 여길 수 있는 "유아적 삶의 정서적 감정들에" 엮여 있는 것은, 사실상 "유아적 기억의 정동적 가치를 모두 지닌 자기동형 퇴행투사(automorphic retroprojection)들"이다(pp. 227-228).

1936년도에 출판된 어거스트 에이크혼August Aichorn의 "'청소년 사기꾼'의 자기애적 전이"는 『고집스런 젊음』Wayward Youth의 작가에 대한 안나 프로이트(1951)의 헌사에서 요약되었다. 그 비행 청소년은 "자기애적 리비도의 홍수"를 통해서만 의미 있는 대상관계를 형성할 수 있었으며, 에이크혼의 보도에 의하면, 환자의 "비행적 자아와 자아-이상"의 "미화된 복제품"으로서 자신을 소개할 때 치료적으로 영향을 미치는 것이 가능했다(p. 55). 그런 전이 관계에서 초기 리비도 발달에서의 변칙들을 풀고 결핍을 채우는 경험들을 겪는 것은, 에이크혼이 주장했듯이, "원시적 수준에 고착되어 있던 비행 청소년이 자신의 성격의 구조를 완성시키는 것"을 가능케 한다(A. Freud, 1951, p. 54).

블룸Blum(1982)은 에이크혼의 주장에 대해서 말하기를 "전이 사용에 대한 이론 전체가 발달적 결핍과 결점을 채우고 구조적 형성을 완성시킨다는 것은 … 매우 낙관적인 공식이다"(p. 964). 코헛(1971)은 반면에, 에이크혼의 "선구적 이론적 기법적 단계"들의 중요성을 강조했다 (p. 161). 마샬Marshall (1982)은 에이크혼이 "의도적이며 근거를 바탕으로" 반영적 기법들을 사용했다고 지적했다(p. 74).

에이크혼은 자아-동조적 전이 대상을 처음으로 묘사한 것으로 보인다. 로버트 박Robert Bak(1952)은 이런 기능을 초기에 주장했던 또 한 사람이다. 그는 치료사가 "환자의 일부로 보이는 자기애적 대상을 나타내야 한다"라고 추천했다(p. 203).

구스타프 비쵸스키Gustav Bychowski(1925)는 말하기를, 한 정신분열증 환자가 자신을 맞이하면서 선포하기를, "당신은 나이다. 우리는 같은 사람이다. 당신은 여성이며, 딸이며, 남자이며, 말이며, 곰이며, 나 또한 그 모든 것들이다. 모든 것이 하나이다"(p. 41).

하버트 로젠펠드(1952b)는 그의 모든 정신분열증 사례에서 발달했던 특정 종류의 대상관계에 대해서 보고했다: "정신분열증 환자가 사랑이던 증오이던 어떠한 대상에 접근할 때에, 그는 이 대상과 자신을 혼동하는 것 같다"(p. 458). 그는 또한 진술하기를 (1952a) "신경증 환자에서 전이 신경증이 발달하는 것과 마찬가지로, 정신증 환자의 분석에서는 '전이 정신증'이라 부를 수 있는 것이 발달한다"(p. 112). 이후의 보고에서 로젠펠드(1964)는 정신증의 증상이 전혀 없는 환자에서 "현저한 자기애적 전이"를 묘사했다(p. 333).

자신의 경험과 다른 탐구자들의 관찰을 일반화시켜, 리오 스톤Leo Stone은 1954년 뉴욕정신분석학회에서 자기애와 전이에 대한 주제를 상술했다:

자기애는 전이를 형성하지 못한다는 개념화는 어느 정도 용어-역사적 바탕에 기인한다. 히스테리 환자의 본래 전이 사랑이나 근친상간 콤플렉스의 전이 두려움과 공격성은 자기애적 전이의 원시적 현상과는 다르다. 비록 그 사이에 단계적 차이는 발생할 수 있지만 … 전이가 돌파구를 찾는 많은 경우에서는, 만족할 줄 모르는 요구들이 나타날 수 있다; 혹은 치료사를 통제하거나 압제해야 하는 필요가 나타날 수 있다; 혹은 그것이 실패하면, 그 반대의 대안이—완전히 순종적, 수동적, 복종적, 시키는 대로, 혹은 무엇을 해야 하는지, 증상이 나타나거나 사라질지 등—나타날 수 있다; 혹은 그 전이는 문자 그대로 "자기애적"일 수 있다. 즉 치료사는 자기와 혼동되어, 혹은 모든 면에서 자기와 비슷하다. … 혹은 치료사와 환자는—번갈아 가며—사실상 서로의 일부이다. 분석가의 전능감에 대한 환상에서 … 원시적 파괴적 공격성에 대한 죄책감이 중요한 역할을 한다는 인상을 받았다. … 전이 정신증이라는 것이 타당하며, 이는 전이 신경증의 가능한 변종 중에 극단적 형태이다. (pp. 583-585)

토마스 프리먼(1963)은 정신분열증적 상태의 병리적 자기애에 대한 논의에서, "강렬한 긍정적" 자기애적 전이가 아주 다루기 힘든 "이상화의 저항"을 가져온 흥미로운 사례를 발표했다(p. 296). 환자는 젊은 여성이었는데, 그녀의 엄마에 대한 증오를 자유롭게 의논했지만, 그 유아적 분리 외상의 "새로운 버전"(p. 297)에서 그녀는 "치료사와 그를 향한 가학적 환상들을 안정적으로 내면화했다"(p. 296). 그녀의 청각 환각에서, 분석가는 그녀에게 안심시키는 말들을 했다. 그녀는 자신이 그를 짜증나게 해서 그가 건물주에게 자신을 괴롭히도록 했다고 믿었다. 그녀의 박해적 생각들을 표명하는 것은 치료적이었지만 그녀는 결국 "본격적인 망상 콤플렉스"를 발달시켰다(p. 297). 그녀는 자신이 경험하는 성적 감정들이 치료사의 것이라고 느꼈으며, 자신이 속상할 때에 치료사도 속상해서 함께 운다고 느꼈다. 이것들은 종종 나타나는 자기애적-전이 현상들이다.

본래 논문으로 출판되었던 『정신분열증의 자기애적 방어』(1961b)라는 강의에서 나는 정신분열증 환자의 자기애적 전이의 성질과 그것의 발달을 촉진하는 분석가의 역할에 대해 논의했다.

환자는 자신의 형상대로 전이 대상을 만들도록 허락된다. 그는 자신과 같은 모습으로 치료사의 그림을 그린다—이는 결국 자신이 자유롭게 사랑하고 증오할 수 있는 종류의 사람이다.

치료 시작에 나의 즉각적 목표는 환자가 자기애적 전이를 형성하도록 돕는 것이다. 표면상으로는 긍정적인 것으로 보인다. 그는 이런 태도를 형성한다: "당신은 나와 비슷하기 때문에 나는 당신을 좋아한다. 당신은 나와 시간을 보내며 나를 이해하려고 노력하기 때문에, 나는 당신을 사랑한다." 그러나 그 달콤한 껍질 밑에는 그와 상반되는 태도를 일시적으로 언뜻 볼 수 있다: "나를 증오하는 것처럼, 당신을 증오한다. 그러나 당신에게 증오를 느낄 때에는, 대신에 나를 증오하려고 한다"(Spotnitz, 1961b, p. 33).

관련 개념들

"자기애적 전이"와 대략 비슷한 다양한 개념들을 문헌에서 발견할 수 있다. 예를 들어, 유아적 혹은 유아-수준의 전이, 특히 원시적 전이에 대한 언급들이 있다. 컨버그(1976)는 특히 "부분-대상 관계—초기 자아와 대상—이미지들, 그리고 그것들을 연결하고 있는 원시적 정동들"의 재활성화를 지칭하기 위해 "원시적 전이"라는 개념을 사용한다(p. 163).

스톤(1967, 1981a)은 세 가지 단계의 전이를 묘사했다. 가장 낮은 단계는 원시적인 전이, 중간 단계는 중간 대상 전이, 그리고 가장 높은 단계는 성숙한 전이이다. 스톤은 원시적 전이 상태에서는 "신체 재결합을 향한 통합적 욕구"가 있다는 것을 알아차렸다(1981, p. 97); 환자는 "중립 공생적" 필요에 의해 움직이며 엄마와의 공생적 관계를 재창조하려고 시도하는 것 같다.

모튼 버그Morton Berg(1977)는 경계선 장애 종류의 병리가 있는 환자들은, 한 대상에서 다른 대상으로 정동을 전치하는 대신에, "내적 구조들"이 치료사에게 할당되는 "외재화" 전이를 발달한다고 지적했다. 이 본질적으로 자기애적인 과정에서, "대상-리비도적, 오이디푸스적, 성기기적, 그리고 구조적인 것보다는, 자기애적, 전오이디푸스적, 전성기기적, 그리고 전구조적 요소들이 부활하게 된다"(p. 235).

해럴드 설즈Harold Searles(1963)는 만성 정신분열증 환자들의 치료에서 전이는 "매우 원시적 자아 구조를 표현하며, 이는 부분-대상의 세계에 사는 유아와 비교할 수 있다"고 했다(p. 252). 치료사에 대한 환자의 전이는 기본적으로 "심오하게 구별된" 적이 없는 환자와 엄마 대상과의 관계이다(p. 253).

설즈는 일반적으로 이 현상을 "전이 정신증"이라고 부르며

"환자와 치료사 간의 분리된, 살아있는, 인간적인, 정신이 온전한 관계를 왜곡시키거나 방해하는 모든 종류의 전이"라고 정의했다 (1963, p. 257). 입원한 정신분열증 환자들과의 작업에서 얻은 임상 데이터를 기반으로, 설즈는 전이 정신증을 다음과 같이 식별했다; (1) "치료사가 환자와 관계가 없는 것처럼 느껴지는 전이 상황"(p. 257); (2) 명백한 관계가 있지만 치료사가 "깊은 양가감정"을 느끼는 상황(p. 260); (3) 환자가 치료사의 성격을 보완하려고 노력하거나 "분리된 완전한 사람"으로 성립되도록 그를 도와주는 것이 두드러지는 전이 상황(p. 263); (4) 환자는 양가적으로 "공생적인 관계를 영속시키려고" 노력하고, 치료사의 노력을 가학적 혹은 거세적으로 무효화시키는 것을 통해, "개별적으로-사고하고, 개별적으로-기능하는 개인이 되려는 의지"를 표현하는 상황들이다(p. 266).

마가렛 리틀Margaret Little은 망상적 전이라는 유사한 개념을 소개했다. 그녀는 분석가가 "절대적인 방식으로 이상화된 부모와 그 반대들, 혹은, 신격화되고 악마화된 부모들, 그리고 신격화되고 악마화된 자신(환자)"(1958, p. 135)이 있는 전이 상태를 논의한다.

이후의 공헌

토마스 맥글래션Thomas McGlashan(1983)은 경계선 장애 환자들의 경험에서, "우리-자기(we-self)"라고 부르는 원시적이고 공생적인 자기-대상을 토대로 자기감을 조직한다는 것을 관찰했다. 내적 관계의 원시적인 이 단위체에서, 개인 심리치료처럼 가까운 관계의 문맥들에서 자기와 대상간의 융합은 전이적으로 재연되고 실현된다.

하인즈 코헛Heinz Kohut(1968)은 자기애적 전이에 대한 여러 언급 중에 초기에서는 두 가지 종류를 묘사했다—이상화와 거울 전이들이다. 자기에 대한 정신분석적 심리학의 후기 개념과 이론들에서 코헛과 울프Wolf(1978)는 이런 장애가 있는 환자들이 "정신분석 상황에서 특정 자기애적 욕구들을 재활성화한다는 사실, 즉 '자기애적 전이'를 형성한다는 사실을 발견했는데, 이 발견은 효과적인 정신분석적 치료를 가능케 했다"(p. 413).

『자기의 분석』(1971)에서 코헛은 세 가지 종류의 거울 전이를 구분한다. 가장 원시적인 형태에서, "분석가는 과대적 자기의 연장선으로 경험된다"(p. 144). 덜 원시적 형태에서 분석가는 "과대적 자기와 같거나 매우 유사한 것"(p. 115)으로 경험된다. 이 종류의 거울 전이는 제2-자아 전이 혹은 쌍둥이 전이라고 한다. 세 번째, 그리고 가장 성숙한 종류에서는, 좁은 의미에서의 거울 전이이며, 분석가는 "가장 명확하게 분리된 사람으로서" 경험된다(pp. 115-116).

코헛(1971)이 말하기를, "치료적 성공을 위한 결정적인 요소는 자기애적 전이가 펼쳐질 때 방해하지 않을 수 있는" 분석가의 능력이다(p. 208).

"자기애적 전이"에서 "자기-대상 전이"로 개념을 변경하면서 코헛(1977)은 이를 개념적 개선이라고 했다(p. 14).

컨버그(1975)는 경계선 그리고 자기애적 성격에 대한 이론적 임상적 접근에 대해 보고하면서, 그 전이의 본성에 대해 상술하며 종종 직접적으로 "자기애적 전이"를 언급한다. 예를 들어 그는 이 환자들이 분석가를 "자신의 연장선 혹은 그 정반대"로 취급한다고 진술했다(p. 247). 코헛이 거울 혹은 이상화 전이라고 지칭한 전이 상태들은, 컨버그의 견해로는 "본질적으로 압축된, 병리적 자기의 요소들의 대체 활성화"(p. 279)이다. 그는 자기애적 전이의 특징을 나타내는 짧은 사례들을 예시로 든다. "매우 초기의 갈등-가득한 대상관계"의 때 이른 활성화—컨버그(1982a)는 이를 경계선 장애 환자의 가장 두드러지는 임상적 특징이라고 보았으며—이는 "그 본질이 고도로 환상적이며 왜곡된, 해리되거나 분열된 대상 표상을 지닌 해리되거나 분열된 자기의 다수의 내적 대상관계"(p. 472)를 반영한다.

컨버그(1976)는 경계선 환자들이 리비도적, 그리고 공격적 이미지들을 (자기와 대상의) 통합하는 데에 실패하는 원인을 공격적 이미지들이 "병리적으로 우위를 차지"하고 "좋은 자기—그리고 대상—이미지들을 둘러싸는 충분히 강한 자아 핵심을 성립하는 데에 실패한 것과 관련이 있다"고 본다(p. 163). 컨버그는 오로지 "현시점here and now"(p. 161)에서 이런 환자들의 지배적으로 부정적인 전이를 체계적으로 다루어야 한다고 추천한다.

바믹 볼칸Vamik Volkan(1976)은 자아-개념이 부풀려진 한 젊은 남성의 치료에서 자기애적 전이가 지배하고 있다고 언급했다. 이 환자는 "자신을 미화하고 나를 이 미화의 연장선으로 보았다—혹은 그는 자신보다 훨씬 아래에 있는 것으로 나를 평가절하하고 무시했다"(p. 256). 다른 자기애적 성격 환자에서의 유사한 자기애적 전이의 출현의 징후들을 강조하면서 볼칸은 쓰기를, "나는 그의 왕관에 박힌 보석이거나, 혹은 극단적인 반대로, 그의 분개를 쏟아 버릴 수 있는 하수구였다"(p. 281). 볼칸이 지적하듯이 정신증 환자와의 전이 상황은 훨씬 더 복잡하고, 이는 환자의 "자기-이미지들이 그의 대상 이미지들과 분화가 되지 않았고, 그가 대상에 외재화하는 것과 융합하기 때문이다"(p. 320).

볼칸이 말했듯이, "하나가 다른 하나를 덮고 있으면서"(p. 270) 비록 자기애적 전이와 전이 신경증이 동시에 나타날 수는 있지만, 자기애적 전이를 적절하게 분석하지 않고 후자를 분석하는 것은 소용없는 일이다. 그것은 "완전히 훈습되기 전까지는 다시 돌아오고 또 돌아온다"(p. 270). 이후의 출판에서(1979) 그는 자기애적 전이를 견디며 그 발달을 방해하지 않을 필요를 지적했다.

모델Modell(1976)은 자기애적 성격장애 환자들의 정신분석 과정의 첫 단계를 "고치" 단계라고 개념화했고, 볼칸(1979)은 이를 따라 환자는 "고치 전이"가 해결되면 "훨씬 더 살아있다"(p. 407)라고 느끼게 된다고 언급했다.

벤자민 마골리스Benjamin Margolis(1981)는 자기애적 전이가 "자기애적 환자가 치료를 시작하고 자동적으로 주어지는 것이 아니다"라고 했다. 몇몇의 예외를 제외하고는, 그는 그것을 가져오지 않는다―그는 그 잠재성을 지닌 채 오고 점차 그것을 발달시킨다. … 누군가가 자기애적 전이 상태에 있다고 올바르게 말하기 위해서는, 우리는 그의 행동을 통해 증거를 관찰할 수 있어야 한다"(p. 173). 분리된 존재로서의 분석가에 대해 정서적으로 무지해 보이나, 분석가에게서 오는 자극에 많은 중요성을 부여하는 환자는, 자기애적 전이에 대한 중요한 증거를 제공한다.

기법에 대해 미치는 주요 영향

전이 갈등

자기애적 전이에 접근할 때에는 환상illusion이나 시대착오가 아니라, 자신의 발달과정에서 충족되지 않았던 대상에 대한 기본적인 성숙 욕구들을 드러내려는 환자의 무의식적 시도로 보는 것이 바람직하다. 이 욕구들은 충동, 감정, 생각, 그리고 기억들을 자극한다. 현재의 전이 대상에 그것들이 애착을 형성하면서 환자는 그것들의 병리적 영향권에서 해방될 수 있게 된다. 정신분열증적 반응이 패턴화된 초기 상황의 외상이 클수록, 그 상황을 반복하고 숙달하는 데에 필요한 전이의 강도는 강렬하다. 예를 들어, 초기 삶에 상당한 정서적 박탈감에 노출되었던 사람은 돌봄을 받고 싶은 강렬한 갈망을 경험한다; 종종 분석가가 이 갈망의 초점이 된다.

자기애적 전이라는 수단을 통해서, 정신분열증 환자는 생애 첫 2년간 자아화된 손상 입히는 대상 인상들을 없애려고 한다. 환자는 이 자기애적 대상 이마고들을 필요에 의해 과대평가하지만, 이들을 매우 좌절되는 것으로 경험하므로 강렬한 정신적 고통의 원인이 된다(Day & Semrad, 1978). 옥덴Ogden에 의하면 환자는 "처리할 수 없는 고통과 해결할 수 없는 갈등의 멈추지 않는 원천처럼 느껴지는 자신의 생각, 감정, 지각을 무의식적으로 공격한다"(1982, p. 166). 손상을 입히는 대상 이마고들을 붙잡아 두려는 충동들과 그것들을 마음에서 없애버리려는 충동들은 전쟁을 벌인다. 이것이 내가 전이 갈등을 이해하는 방식이다.

연속체

관찰되는 전이현상은 전이 정신증에서 대상 전이까지 걸치는 본질적으로 유사한 반응들의 연속체로 일반적으로 고찰되며, 정신분열증 환자에서 동원되는 방출되지 못한 좌절-공격성의 양을 나타낸다. 연관된 대상관계의 시기가 이를수록, 방출이 막혀 동원된 좌절-공격성에 의해 자아가 깨질 위험이 크다.

임상에서는 이를 전이 정신증이라 부르며, 자기애적 대상 이마고들은—자아의 핵심—그 위험에 굴복한 것처럼 보인다. 자아가 전적으로 파편화되지 않은 병리가 덜 깊은 환자에서의 완전히 발달한 자기애적 전이에서는, 전이 대상은 존재하지 않거나 마음의 일부로서 경험된다. 덜 심각한 전오이디푸스기 상태에서는, 분석가는 자기 외부에 있지만 자기와 유사한 것으로 경험된다. 오이디푸스 발달의 문제와 관련해서는, 분석가는 분리되고 뚜렷한 대상으로 경험된다. 전이 상태의 연속체에 대한 인식은 사례가 치료적 방향으로 가고 있는지를 판단할 수 있는 임상적 도구이다.

설즈(1963)가 정의했듯이 전이 정신증은 외래 정신분열증 환자들에게서 관찰 가능하다; 설즈의 단서들은 그들의 치료에서 발달하는 전이 상황에도 똑같이 적용할 수 있다. 그러나 치료실에서 치료받는 환자의 전이에 정신증적 징후들이 새롭게 부착되었다는 것은 퇴행적 움직임을 나타낸다. 외래 환자가 도움을 받아서 해당하는 발달 시기에 성숙의 실패를 점진적으로 재-경험하면서, 그는 앞으로뿐만 아니라 뒤로도 이동한다; 그럼에도 불구하고 그가 꾸준한 진전을 보일 때에는, 그는 눈에 띄게 점점 현실을 지향하게 된다. 자기애적 전이는 천천히 대상 전이에 의해 대체된다.

일반적 특징

고전적 기법은 결함이 있는 초자아 혹은 자아 이마고들을 강조하였고, 이들은 본래 마음의 대상 영역에서 인지된 것들이다. 이런 패턴들을 다루는 것은 비교적 쉽다; 그들은 대상 전이의 요소로 나타난다. 생애 첫 2년간 자아 영역에서 경험되었던 결함이 있는 대상 인상들은—정신분열증에 핵심적인 이마고들이다—동일한 방식으로 숙달될 수 없다. 그것들은 초기에는 환자가 자기애적 전이 상태에 있을 때에는 저항으로 작용한다. 즉 자기애적 전이의 해결에 포함되는 것은 그것들이 자아화된 과정들을 반전시키는 것이다(Bychowski, 1956). 그것들이 마음의 대상 영역으로 "회귀"하면서, 대상 전이의 요소가 된다.

개념적 도구로서 자기애적 전이의 인식뿐만 아니라 그 행동적 요소들에 대한 이해는, 그 주요 특징에 의해 모호해졌다. 종종 이 상태에 있는 정신분열증 환자는, 정서가 없는 것처럼 보이다가, 갑자기 엄청난 불안을 경험한다. 이 현혹적인 성질 이외에도, 자기애적 전이는 불안을 유발할 수도 있다. (치료사 안에서 그것들이 유발하는 감정들은 9장에서 다룬다.)

치료사에게 감정을 전이할 수 있는 환자의 능력은 사례마다 다르며, 장애의 심각성을 역상관관계로 나타낸다. 전이는 절대로 "순수하게" 자기애적이지 않다. 그러나 핵심적 문제를 해결하기 위해서 치료가 시작하면 최대한 자기애적 전이의 점진적 발달에 집중하게 된다. 외래 환자는 당장 기능하는 것에 심각한 장애를 주지 않으면서 가장 초기 대상관계들의 정서적 흥분을 재-경험하도록 도움을 받는다. 자기애적 전이가 절정에 이르기까지는 대개 6개월에서 2년이 걸린다.

이 기간 동안, 대상관계 패턴들을 다루어야 하는 상황들이 발생할 수 있으며, 특히 적대감의 언어화에 대한 저항이 있다. 그러나 원칙적으로는, 자기애적-전이 저항이 보다 긴급히 다루어진다. 어떠한 대상전이가 존재하건 간에 그것은 필요한 한에서 보유되며, 분석가가 결정적으로 영향을 미칠 수 있는 원천이기 때문이다.

환자가 행동을 억제하는 데에 성공적으로 훈련을 받고 치료-파괴적 저항들이(7장) 일시적으로 무효화되면, 관계 형성 시기의 분석적 진전의 주요 방해물은 침묵들이며, 이들은 분명 자기-숙달의 과정이 아니다. 일례로 흡연, 낮잠, 반추하는 독백등과 같은 자기애적 활동들이 있다. 환자가 상호대인적 관계의 현실을 부정하는 한, 때로는 초기 의사소통에서 어떠한 진전의 기미도 찾기 힘든 경우도 있다. 이런 점에서 자기애적 전이 상태는 일관적으로 저항의 기능을 한다. 환자가 완전히 막히거나 단지 동일한 생각이나 감정을 계속해서 반복하지 않는 한은 개입할 이유가 없다.

흥미롭게도 자기애적 패턴에 초점을 두면서 환자가 좌절-긴장을 언어화할 수 있도록 환자를 꾸준히 도우면, 대상 전이 현상은 점점 두드러진다. 그러나 이것은 정신신경증의 사례에서 나타나는 것보다는 유동적이다. 정신분열증 환자는 종종 자신의 극심한 자기애적 패턴의 저항으로 되돌아간다. 그렇다면 치료사는 사례의 이전 단계에서 효과가 있었던 기법들을 다시 사용해야 한다. 결국 환자의 전이들은 부모 전이 대상으로서의 치료사에 대한 정서적 인식에 자극을 받는다.

일반적으로 전이 관계에서는 정신분열증 환자의 자기 몰두 혹은 분석가에 대한 몰두가 점차 의사소통되는 시기들이 나타난다. 때로 막간에는 공격성-카타르시스가 (적대감의 언어화에 대한 즉각적 저항이 일시적으로 해결될 때) 있다.

이어서 관계의 연이은 단계에서 환자의 전이 반응과 전이의 관리의 근저에 있는 구체적 원칙들을 묘사한다.

자기애적 전이 (초기 단계)

환자의 자기-몰두

정신분열증 환자가 말하기 시작할 때에 그는 다소 불안해할 수 있다. 그러나 보통은 감정을 거의 혹은 전혀 인식하지 못한다. 그는 자신의 신체의 기능에 매우 몰두하게 되며, 호흡, 시각, 청각 등과 관련된 불편한 감각들을 보고할 수 있다. 그의 제시된 문제들에 대해 자유롭게 말을 할 때면, 그는 불안해하며 가만히 있지 못하는 경향이 있다. 그가 치료에 머무르는 것은 오로지 그것 없이는 더 불행하기 때문이라고 어느 날 말할 수 있다.

초기에 환자가 가졌던 불안들은 곧 혼란, 낯섦, 공허함, 생기 없음, 그리고 좋아지는 것에 대해 가망 없음의 감정들로 흡수된다. 그는 또한 그가 "실제로" 존재하는 것이 의심스럽다고 말할 수 있다. 출생 환상 속은 성적 몰두는 정서 없이 보고될 수 있다.

환자가 더 퇴행을 할수록, 가장 초기의 전이 반응들을 식별하기가 어렵다. 잘 알려진 환자의 평평한 정동 때문에 분석가는 전혀 영향을 미치지 않는 것처럼 보인다. 심각한 질병이 있는 개인은 분석가가 존재하지 않는다는 기분을 언어화할 수도 있다. 이런 인상을 논의한 환자들 중의 일부는 분석가가 방에 없는 것처럼 느껴졌지만 그래도 그가 몇 마디 말이라도 했으면 하는 갈망을 느꼈던 일을 회고했다. 심각한 우울증을 앓고 있는 환자들도 동일한 인상을 보고했다.

치료사가 존재하지 않은 것 같은 태도는 여러 전-자아pre-ego 감정 중 하나이며 병리적인 자기애적 환자 안에서 불러일으켜질 수 있다(Margolis, 1981). 그것은 대상이 없는 삶의 단계를 연상시킨다. 전이 대상은 또한 자기의 일부로서, 자기 밖에 있지만 심리적 쌍둥이 이미지, 혹은 자기의 일부이지만 상이한 것으로 관계를 맺을 수 있다. 이 원시적인 정서적 태도들은 자기애적 전이의 진화를 위해서 그 중요도에 따라 순서대로 언급했다. 심각한 병리가 있는 개인은 분석가를 분리되고 구별되는 사람으로서 관계를 맺기까지 이 모든 단계들을 통과할 수도 있다.

자세한 임상 사례에서, 토마스 옥덴Thomas Ogden(1982)은 정신분열적 갈등의 해결을 위한 순차적 단계들을 개념화했다. (1) 비경험non-experience의 단계; (2) 투사적 동일시 단계; (3) 정신증적 경험의 단계; (4) 상징적 사고의 단계 등이다.

자기애적 전이는 처음에는 자궁 내의 성질을 가질 수도 있다. 그러나 구강적, 항문적 요소들이 지배적이다. 남근적 성질들의 출현은 대상 전이가 발달했음을 나타낸다.

자아-동조적(Ego-syntonic) 대상

자기애적 전이가 발달함에 따라 정신분열증 환자는 자신의 성격의 근본적인 대상 허기를 드러낸다. 마이클 발린트Michael Balint(1959)는 환자의 취약한 자아에 무리를 주지 않고 고통스러운 감정에 대해 말할 수 있도록 도와주는 경청의 종류의 대해 서술했다: "분석가는 자신만의 독립체가 되어서는 안 된다 … 실로 명확하게 윤곽이 구분된 대상이 되어서도 안 된다; 그는 환자를 둘러싼 '친절한 지역'에 최대한 융합해야 한다"(p. 97). 환자는 자아-동조적 대상을 원하고 필요로 한다.

분석가는 내가 저항을 다루는 앞선 장에서 강조한 원칙들을 적용할 때에 이런 대상 역할을 한다. 간단하게 요점을 되풀이 하자면: 자기애적 전이의 발달을 용이하게 하기 위해서는, 분석가는 관계를 보존하는 데에 필요한 만큼만 저항을 다루기 위해 개입한다. 환자의 접촉 기능은 어떠한 방식으로든 반영되며 방어적 퇴행을 막기 위해 몇 개의 대상-지향적 질문들을 한다. 환자는—간접적으로—도움을 받아서 즉각적으로 좌절-긴장을 언어화하고 행동을 금지하도록 교육을 받는다.

접촉 기능의 반복적 반영은 다음의 메시지를 환자에게 전달한다: 당신의 적대적인 감정을 가지고 자신을 공격하는 것을 중지하라; 그 감정들을 나에게 언어적으로 부착하라.

자아의 대상화

자기애적 전이의 초기 단계에는 정신분석 과정을 통해, 환자의 초기 대상과 본래 경험한 충격적인 감정들을—유아 자신의 감정과 구분이 불가능한 내사된 감정들을—구분하기 시작한다. 비쵸스키Bychowski(1956)는 자아 안으로 본래 내재화된 것의 반대인 내적 이미지들의 방출을 언급하며 관찰하기를 자아는 "대상이 자아의 영역 밖에 있는 것을 재경험할 필요를 느낀다"(p. 335). 마리 콜맨 넬슨Marie Coleman Nelson은 "독이 든 내재화의 외재화"(1956)에 대해 논의했다. 초기의 대상 인상들을 환자의 자아에서 전이 대상으로 전위하는 심리적 과정에 대한 나의 개념을 "자아의 대상화"라고 한다.

이는 멜라니 클라인Melanie Klein(1946; Ogden, 1982)이 처음 논의한 투사적 동일시라고 잘 알려진 기제와 어느 정도 유사하다. 그러나 정신분열증 환자는 투사적 동일시를 자연스럽게 사용하는 반면—즉 자신의 감정들을 분석가에게 투사하지만—자아를 대상화하는 과정은 분석가가 치료적 전술의 일부로 사용된다.

삶의 초기에 대상들과 경험한 충격적인 감정들의 잔여물은 치료사가 다음의 목적들을 염두에 두고 개입할 때에 손상을 주지 않는 방법으로 최대한 신속하게 전이된다:
1. 환자가 표현하는 어떠한 태도도 정정하지 않는다.
2. 환자의 태도를 활용하여 대상을 탐구하는 근본으로 삼는다. 환자는 자신이 치료사에 대해 가지는 인상들을 언어화 하도록 격려를 받지만 그의 호기심은 충족되지 않는다.
3. 환자가 자신과 자아에 대해서 느끼고 생각하는 것에 대해 집중하기보다는 외부 현실에 대한 지각들을 언어화하도록 격려한다.
4. 환자 특유의 집착들, 특히 환자가 원할 때에 자신에 대한 걱정들을 탐구한다. 환자가 정보를 요청할 때에 그대로 알려주기보다는 치료사가 왜 알려주었으면 하는지에 대해 질문한다.
5. 최대한 자아에 대한 압박을 줄이며 그것을 대상에게 옮긴다. 환자가 제대로 훈련을 받지 못한 것 이외에는 환자에게 심각하게 잘못된 부분이 없다는 인상을 전달한다. 그는 확실히 재훈련을 받을 수 있다; 문제는 그의 현재 대상이 그 과제에 적합하냐는 것이다. 분석가의 능력에 대한 환자의 견해에 대해 탐구한다.

즉, 대상의 자아화 과정은 분석가가 환자의 자아와 비슷하기 때문에, 환자가 자신을 증오하고 사랑하듯이 분석가를 사랑하고 증오할 수 있도록 분석가와 언어적으로 관계할 수 있도록 돕는다. 이렇게 구조화 된다면, 정신분열증 환자의 "가장 심각한 문제"(Day & Semrad, 1978, p. 220)인 엄청난 분노가 명료화되며, 그것을 다루는 것이 가능해진다. 결함이 있는 자아는 외재화되며(Berg, 1977)

그것이 전이 대상 안에 존재하는 것처럼 나타나며 분석된다.

자기애적 전이 (완전한 발달)

환자

환자는 종종 자가성애적 감정에 몰두한다. 그는 신체 곳곳의 고통스러운 감각에 대해 말할 수 있다. 신체화 망상들은 강렬해지거나 확산될 수 있다. 환자는 자신의 신체가 급진적으로 변하며, 마비되고, 해체되고, 혹은 자신의 심리와 분리된다고 느낄 수 있다.

그는 자신이 꿈속에서 살고 있다고 느낄 수 있다.

그는 어디를 가든 사람들이 자신을 응시하며, 생각들을 읽어내고, 자신에 대해 말하고, 비난한다고 느낄 수 있다.

환자의 정신증적 불편은 그를 두렵게 만들 수도 있다. 그는 문을 쾅 닫으며 회기 중간에 뛰쳐나갈 수도 있다. 가끔은 몇 분 후에 돌아온다.

그는 매우 의심스러운 태도를 가지며, 잠재적으로 위협하는 환경에 대해 경계 태세를 유지한다.

환자는 자신 외부에 사랑 혹은 충족의 원천이 없기 때문에 "항상 나, 나, 나"에 대해 말해야 한다고 느낄 수 있다.

그는 이해할 수 없는 말 속에 뒹굴고 있다고 느낄 수 있다.

그는 때로 자신이 우월하고 강한 인간이라고 느낀다; 때로는 자신이 "최하"라고 느낀다.

그는 종종 자신이 하는 말이 "잘못되었거나" 해야 할 말이 아니라고 느낀다.

자신의 "썩은 자기"가 정신적 고문에 대해 전적으로 책임이 있다는 정서적 확신에 대해 반복적으로 말할 수 있다. 그는 무력감을 느끼며 자신을 위해 할 수 있는 것이 없다고 느낀다.

자신의 파괴적 충동에 대해 말하면 환자는 그것들을 강제적으로 행동에 옮길 것이라고 느낀다.

그는 불안, 긴장, 분노를 경험하면 자신에게 무엇인가 잘못되었다고 확신한다. 그는 자신이 "발끈"할까봐 두려워한다.

환자는 그것들이 혼란스럽고 두렵기 때문에 타살 또는 자살에 대한 생각들을 숨기려 한다.

대상의 탈-자아화

완전히 발달한 자기애적 전이에서 환자의 자아 형성 과정에서 경험되었던 충격적인 감정들의 잔여물이 분석관계 안에서 환기된다. 그는 삶의 첫 2년간 경험했던 감정들을 치료사에게 전이한다. 환자가 전이하는 감정들 중에는 충동의 과도한 금지와 연결된 아마도 독이 든 감정들이 있다; 또한 완전한-충족적 상태의 유아적 환상과 연관된 과대적인 감정들도 있다. 매혹(Fenichel, 1945, p. 37), 내사, 모방 등과 같은 초기의 동일시 과정을 통해 자아 영역 안으로 이동된 대상 인상들 또한 전이된다.

대상화된 구분되지 않는 감정들을 분류하는 것은 초기 대상 표상들을 탈-자아화 하는 데에 환자에게 도움이 된다. 그것들이 대상 영역으로 다시 옮겨지면서, 그는 전이 대상을 자신 외부에 있고 자기와 구분된 대상으로서 관계를 맺는다. 바꾸어 말하면, 대상화된 감정들은 대상 전이의 요소가 된다.

결함이 있는 대상 이마고들이 자아 영역으로 옮겨올 당시, 유아는 엄청난 불편을 경험했다. 이 감정들은 대상에 투사된다면 비교적 다루기 쉽다; 치료사에게 감정들이 순조롭게 투사되는 경우를 말한다. 이 과정은 죠이닝joining 기법을 통해 용이해진다.

변동하는 전이 상태들

자기애적 전이와 대상 전이 상태 사이를 변동하는(오가는) 환자의 특징은 강렬하고 대립하는 정서에 사로잡혀 있다는 것이다. 이 시기 동안 경험되는 몇 개의 태도와 정동들이 아래에서 묘사된다.

환자

환자는 자신이 분석가를 지겹게 하거나 속상하게 만든다고 걱정할 수 있다.

분석가가 자신을 좋아하지 않거나 존경하지 않는다는 생각들은 환자 안에서 완전한 거절의 감정들을 자극한다.

환자가 "죄책감이 드는" 비밀과 성도착적 환상들에 대해 말할 때, 그는 자신을 배신하고 다른 이들을 연루시킨다고 느낄 수 있다.

환자는 고문을 당하고 있거나 음울한 기분이 들며, 분석가 자신을 위해 할 수 있는 것이 없고 치료를 중단해야 한다는 확신이 점점 든다.

환자는 희망이 없고 치료가 될 수 없다고 느낀 후에는, 자신이 좋아지기 위해 도움을 받을 수 있다고 느끼기 시작한다.

비록 환자는 분석가처럼 되고 싶어 하지만, 환자는 그를 매우 싫어할 수 있으며 분석가가 이런 감정들에 무관심하다고 느낄 수 있다—마치 인간의 형상을 한 "두뇌" 혹은 "이성적인 기계"인 것처럼 말이다.

감정이 없는 상태에서 갑자기 깨어나며, 환자는 분석가의 질문 혹은 한 마디에 폭발적으로 반응할 수 있다.

환자가 분석가에 대한 증오를 느끼면, 환자는 분석가를 대신해 자신을 증오하려고 한다.

때로 환자는 깨닫기를 분석과정은 자신이 말로 하고 싶어하지 않는 자신의 생각, 감정, 기억들을 경험하는 요소이다.

환자는 이 참을 수 없는 상황에 분석가를 개인적으로 연루시키고 싶지 않기 때문에 분석가를 공격하고 싶은 욕망들을 은폐하려 한다.

환자는 자신의 적대감을 드러내면, 관계가 종결될 것을 두려워한다.

환자는 자신이 모든 사람을 증오한다고 느낀다.

때로 환자는 자신이 옳고 분석가가 틀렸다는 것을 증명하기 위해 치료를 떠나고 싶어한다.

분석가가 자신에게 말을 하게끔 유도하기 위해 그에게 분노를 터뜨릴 때에는, 이런 적대감의 언어적 표현들이 자신을 더 편안하게 만든다는 발견에 놀라워한다.

환자는 자신의 동성애적 감정을 경험할 때에 자신이 비정상이라고 두려워할 수 있다.

환자가 이성애적 혹은 성도착적 환상에 몰두하면, 그는 이런 이야기를 하니까 자신이 도둑 고양이처럼 행동하는 것처럼 느껴진다고 말할 수 있다.

환자는 분석가가 때로는 자신을 조종하거나 통제한다고 의심한다. 환자는 이런 악의적인 인상들을 은폐할 수는 있지만, 그는 종종 상담실의 물건들을 부수거나 치료사에게 집어 던지고 싶어 한다.

재구성 Reconstruction

환자는 삶의 시초의 사건들에 대한 실제적인 기억이 없다. 기억할 수 있는 범위를 벗어난 사건들에 대한 인상들은 회고적 환상이나 꿈, 혹은 성도착적 행동을 통해 나타날 수 있다. 그러나 자기애적 전이를 통해 재연되는 대상관계는 본래 그렇게 인식되지 않았으며, 그것들을 파악하기 매우 어렵다. 어떤 기억의 흔적들은 전이 저항이 심리적으로 반영될 때에 보강된다. 꿈, 언어적 이미지, 환상, 상담실 내외에서의 행동화acting-in and acting-out는 정보의 원천이 된다. 그럼에도 불구하고, 대부분의 경우 유아기의 정신적 사건들에 대한 환자의 그림은 불분명하다. 부분-대상, 자기대상, 그리고 자기에게 부착되었던 고도로 집중된 분노 충동들은 의식적 기억의 범위를 넘어서서 억압되었다. 결과적으로, 정신분열적 반응 패턴이 생긴 정서적 상황을 재구성하는 것은 자기애적 전이 해결의 주요 요소이다.

전오이디푸스기 경험의 전체 집합체를 재구성한다는 것은 그 부분의 요소 한두 개를 해석하는 것보다 훨씬 어마어마한 작업이다; 그것을 시도하는 타당성 (심지어 그 가능성)에 대해 지금도 많은 치료사들은 의문을 품는다. 그러나 그것을 성취하는 데에 필요한 긴 시간을 투자한다면 전오이디푸스기 재구성은 가능하다.

이 재구성들은 "철저한 분석"을 위해 작업되는 것이 아니며 실제 사건들에 대한 기억 흔적들을 이끌어내려는 잘못된 희망에서 환자에게 의사소통되는 것도 아니다. 치료의 관점에서는, 사건 그 자체를 기억하는 것은 중요하지 않다. 성격 성숙을 방해했던 유아기의 감각운동 영역 인상들을 환자가 말하도록 돕기 위해 재구성을 시행한다[1]. 성인의 마음이 새로 지각한 이 인상들을 성인의 언어로 말하는 것은 성격 통합에 필수적이다—그것은 과거에 대한 전언어적 인상과 언어적 인상들을 연결시켜 준다. 언어는 정신에서 그것들을 연결시켜 주는 역할을 한다(Glauber, 1982). 인상들이 전부 연결이 되면, 환상과 성도착적 행동들은 사라지며, 이는 의식에서 사용 불가능했던 전언어적 삶의 인상들이 성공적으로 자아 안으로 통합되었다는 것을 암시한다.

재구성은 주로 전이의 이론적 틀 안에서 추구되며, 분석가에 의해 재구성된 것들은 질문, 가설, 혹은 해석으로 의사소통된다. 그러나 구분되지 않는 시기의 내적 현실을 재구성하는 데에, 환자의 전이 감정과 행동에 의해 유도된 치료사의 감정들은 초기 정서적 역사에 대한 추가적—때로는 필수적—단서들을 제공한다.

유도된 감정들이(객관적 자기애적 역전이) 재구성 과정의 중요한 도구라는 견해는 현재 널리 받아들여졌다. 더욱이, 정신분열증 환자의 분석에서, 재구성물의 개발과 의사소통에 있어서 해석보다는 질문을 하는 것이 더 중요한 역할을 한다. 분석가의 제안에서 독자적으로 비롯되기보다는 합동 분석적 활동의 부산물이다. 분석가는 질문을 하고 환자도 질문을 한다; 이 쌍-방향의

---

[1] 이 생각의 기원은 히스테리 연구의 첫 장에서 발견할 수 있다: "본래 일어났던 정신적 과정들은 최대한 생생하게 반복되어야 한다; 그것을 초기의 상태로 되돌려 놓아야 하며 언어적으로 표현되어야한다"(Breuer & Freud, 1893-1895, p. 6). 나는 브로이어와 프로이트Breuer & Freud는 성숙한 수준의 지각과 언어를 시사했다고 믿는다.

심문 과정에서 재구성물은 간접적으로 어느 한쪽에 의해서 제안된다. 종종 그것들은 협동적으로 탐구된다.

이런 방식으로 개발된 구성물은 환자가 확신을 가지고 본래의 정서적 상황을 언어화하는 것을 돕는다. 감정의 변화와 새로운 행동 패턴들은 차후에 재구성물의 가치를 증명한다. 예를 들어, 반사적인 불평의 패턴은 환자가 원하는 것을 묻는 자발적인 패턴으로 변형될 수 있다; 새로운 패턴이 지속적으로 사용되면, 치료사는 아기처럼 불평하도록 만든 본래의 정서적 집합체를 벗어났다는 것을 알 수 있다.

내 생각에는 유아기의 실제 사건을 입증하려는 시도들은 옆길로 새는 것이다. 그럼에도 불구하고, 임상가가 실제 사건을 재구성하는 데에 성공하는 경우도 있다. 그러나 만약 그렇다면, 그는 그것을 즉시 의사소통하지 않는다; 현실을 직설적으로 제시하는 것은 정신분열증 환자에게 상처를 줄 수 있다. 대신에, 비록 왜곡되었다 하더라도, 초기 경험에 대한 환자 자신의 인상들을 철저하게 조사한다. 환자가 심각하게 왜곡한 것에 대해 질문을 한다. 왜곡의 원인이 되었던 요소들의 인상을 언어화하도록 질문하는 것은 최고로 중요하다.

예컨대, 환자가 "나의 머릿속에서 엄마는 나를 공격하고 비난했다"라고 말한다면, 치료사는 환자에게 이것이 자신이 아기였을 당시 엄마가 그에게 말했던 어떠한 것의 기억의 흔적이라고 말하지 않는다. 그 대신 환자에게 이런 질문들을 할 수 있다: 왜 엄마는 당신을 공격했나요? 지금 그녀의 목소리가 들리나요? 무슨 말을 했나요? 조사가 계속되면서 환자는 자신의 인상들을 언어화한다. 결국 환자가 수용할 준비가 되었을 때, 그 재구성은 그에게 의사소통 된다.

환자가 아동기 인상들과 연결된 감정들을 자유롭게 말하게 될수록, 그는 완전히 분리된 사람으로서 치료사를 묘사할 수 있게 된다. (이것이 자기애적 전이에서 대상 전이로 전환하는 시점이다.) 이 전오이디푸스기 정서 상황을 재구성하는 것은 마음의 대상 영역으로 자아화되었던 대상에 대한 감정들, 그리고 자아 영역으로 대상화되었던 초기 자아 감정들을 "복귀"시키는 효과가 있다.

대상 전이

환자

구별되고 상이한 성격을 가진 분석가에 대해 주로 지적 관심에서 정서적 관심으로 옮겨가는 것이 점차 명확해지면서, 대상 전이는 관찰되며 안정된다. 엄마와의 접촉으로 발달했던 자아의 요소들은 분석가에게 부착되는 경향이 있다. 이 경향은 어느 정도 환자의 접촉 기능을 심리적으로 반영함으로써 자극된다; 그러나 저항-반영 혹은 죠이닝 접근을 사용하지 않는 분석가들에서도, 전이 대상은 부모가 된다.

오이디푸스 수준에서 기능하는 정신분열증 환자의 전이 반응은 정신신경증 환자들의 그것과 유사하다. 그는 관계 안에 완전한 "안전함"이 있다고 느끼며, 어떠한 정보도 공유할 정도로 치료사를 신뢰한다. 성기기적Genital 추구들은 점점 편하게 의사소통된다. 환자는 자신의 사랑이 너무나도 크기 때문에 분석가가 무슨 말을 해도 줄어들지 않을 것이라는 생각을 표현할 수 있다. 분석가는 강직하며, 그의 이해에는 경계가 없다고 환자는 느낀다. 당신과 여생을 "함께하며 모든 것을 같이 하는 것"은 낙원일 것이다.

긍정적인 경향의 증가에도 불구하고, 이 전이 관계의 가장 두드러진 특징은 공격적 감정이다. 이것은 다른 사례의 부정적-전이 반응보다 훨씬 강력하다. 가장 원시적 학대, 위협, 욕설로도 분노-철수에서 분노-전투 패턴으로 변화하는 정신분열증 환자의 감정들을 전달하기에 부족하다.

환자는 다른 인간과 함께 경험되어서는 안 되는 감정들을 분석가가 느끼게 "만들고 있다"라고 불평할 수 있다.

다음은 예전의 논문에서 인용한 것이다:

일 년 넘게 정서적 의사소통이 가로막혔던 남성이 어느 회기에서 자신이 할 수 있는 최악의 욕설과 위협들을 하기 시작했다. 그는 우선 나의 사무실을 갈기갈기 찢을 것이다. 그리고 나의 아내와 자녀들을 죽일 것이다. 내 차례가 돌아왔을 때, 신속한 죽음은 너무 쉽기 때문에 더 끔찍한 것을 생각해내겠다고 했다. 나는 어떤 형태의 고문을 당하며 죽을 것이다. 그는 "일 인치 일 인치" 끌며 최대한 나의 괴로움을 즐길 것이다. 그리고 그는 사무실 밖으로 도망쳤다.

다음 날, 그는 자신이 통제를 잃었을 때 엄마에게 거절당한 것처럼 나도 그를 쫓아낼 것이라고 기대했다. 그러나 몇 주 후에는 그 폭발을 기억하지 못했다. 이런 에피소드에 대해 일종의 기억상실증이 생긴다(Spotnitz, 1961b, p. 37).

성숙한 태도들의 안정화

높은 수준의 협조와 자아의 다양한 측면들 간의 갈등을 이해하고픈 욕구가 강한 환자와는 완고한 유아적 방어들을 영구적으로 해결한다. 자아-동조적 대상의 도움으로 그는 언어적 방출의 일차적 방해물들을 숙달했다. 두 살의 정서적 나이를 넘어선 환자는, 다른 대상과 의사소통할 준비가 되었으며, 실제로, 더 활기 있는 대상에 대한 갈망을 발견한다.

이제 환자는 남성과 여성 대상들 간에 구별하는 것이 가능하기 때문에, 오이디푸스적 추구들을 통해 핵심적 갈등이 보다 현저히 표현된다. 분석가와의 관계에서 초자아에서 비롯되는 저항들이 보다 많이 작용한다. 환자는 자신의 성적 충동에 대해 두려워하며 동시에 흥분한다. 조만간 이런 충동들이 관계에서 영구적으로 좌절되어야 한다는 것을 말해야 할 수도 있다; 그렇다면 이것은 환자가 계속해서 이 충동들을 자유롭게 표현하는 데에 방해가 되지 않는 방식으로 의사소통 된다. 이 진술은 부모가 자녀에게 아빠와 딸(혹은 엄마와 아들)은 결혼 하지 않으며 자녀가 시간이 되면 보다 적합한 짝을 만날 것이라고 말해주는 것과 비슷하다.

전이 대상에 대한 환자의 감정들은 실제 감정들처럼 취급한다. 환자가 성인의 언어로 행동화하지 않고 의사소통을 하는 한은, 이 감정들이 부모와의 관계에서 발달했다고 상기시키는 것은 삼간다. 환자가 자신의 자아를 공격하거나 파괴시키기보다는 전이 대상에 대한 증오를 표현하고 싶다는 태도가 안정화되기 전까지는 대상 전이를 조작하지 않는다.

특정 전이 문제들

어떤 환자들은 전이 대상으로서의 치료사에 대한 증오의 감정들을 전혀 인식하지 못한다. 이 문제를 다루는 한 가지 방법은 환자에게 왜 증오를 느끼지 않는가에 대한 일련의 질문들을 하는 것이다. 적대감을 도발하는2) 것은 바람직하지 않지만, 환자가 적대감의 존재를 인식하게끔 만들거나 그가 왜 그것을 느끼지 않는지를 탐구하는 것과 도발하는 것 간의 차이를 깨닫는 것은 중요하다. 이러한 인식이 부족한 어떤 사례들에서는, 결국 치료사가 자신의 부정적 감정들을 억압하고 환자가 이런 태도와 동일시하고 있다는 것이 밝혀졌다; 즉, 상호 무감정의 상태가 조장되었다.

그러나 이러한 문제를 철저하게 탐구하면, 환자의 가장 초기 대상관계에서 그가 실제로 자극된 분노 충동들을 인식하지 못했다는 것이 명확해질 수 있다. 전이 저항의 역사적 원형을 탐구하기 위해 유아적 경험에 대해 환자에게 반복적으로 질문을 하면, 환자는 종내 자신의 증오와 그 기원에 대해 인식하게 될 수도 있다.

초기 대상들과 엄청난 증오를 경험한 환자들에게서 정반대의 문제와 직면할 수 있다. 이런 환자는 자기애적-전이 상태에서 강렬한 자살 충동을 언어화하며, 이후에 외부 대상으로서 분석가와 관계를 맺으며, 용서할 수 없는 증오의 태도를 나타낼 수 있

---

2) 어떤 치료사들은 정신분열증 환자의 치료에서 환자가 언어 혹은 행동으로 표현하는 것이 주요한 문제라고 여긴다. 이 견해는 잘못되었다; 카타르시스 접근법은 치료적이 아니다. 반면에, 환자가 언어로 분노를 표현하는 것을 막는 세력들을 연구하고 해결하는 것이 과제이다.

다. 환자는 분석가에게 사례의 성공적인 결과를 얻는 만족감을 부정하는 것을 통해 이러한 태도를 행동화할 수 있다. 보복에 대한 욕구로 인해 환자는 전이 대상을 심리적으로 "죽이도록" 무의식적으로 동기가 부여된다. 자신의 회복보다 분석가를 패배시키는 것이 더 중요해 질 수 있다. 이런 사례에서는 동해(同害) 복수법이—눈에는 눈, 이에는 이—작용하는 것 같다; 환자는 치료에서 의식적 목표 달성을 목전에 두고 첫 번째 분석가를 떠나서 다른 치료사를 찾는다. 용서할 수 없음의 태도를 해결하는 데에 여러 명을 패배시키는 것이 수반될 수 있다.

전이의 해결

치료가 종결되기 전에 전이 인물의 환상적 요소들은 해결이 된다. 언제나 환자는 실제 사람으로서의 분석가에 대한 어느 정도의 인식이 있다. 그러나 전이 현상은 그것이 저항으로 작용하는 범위까지만 다룬다. 그러므로 환자의 태도가 완전히 중립적일 것이라는 가정은 비현실적이다.

그는 치료에서 경험한 좌절에 대한 책임 있는 자에게 적대적 감정들을 느낀다고 인식할 수 있다. 관계의 마지막 단계에서는, 환자는 적절하게 부정적 정동들을 언어화하는 도움을 받아서, 이후에 대인관계 상황에서 이것들이 동원되더라도, 그가 기능하는 것을 방해하지 않게 된다.

또한 대게 환자는 정서적 질병과 싸워서 기념비적 승리를 성취하는 데에 도움을 준 치료 파트너의 기술과 헌신에 대한 강렬한 감사의 감정들에 대해 생각해본다. 분석가와 어느 정도의 동일시는 일반적으로 정서적 성숙을 반영하는 새로운 대상 영역의 성립에 기여하는 강력한 요소이다.

9장
역전이: 저항과 치료적 영향력

정신분석 치료를 받는 환자는 조용하고 어둑한 방에 들어와 카우치에 누워 말을 한다. 회기에서 말을 하며, 볼 수도 만질 수도 없으며 실제 사람으로서 비교적 인식되지 않는 듣는 이에게, 그는 자신의 삶의 중요한 사람들에게 발달했던 감정들을 전이한다. 어떻게든 분석가는 이런 감정들을 인식하게 되고 이것들은 자신 안에서도 감정들을 유발하며, 그가 전문가로서 기능하는 것에 어떻게 영향을 주는지에 따라 불행일 수도 다행일 수도 있다.

그 결과가 불행인 경우가 먼저 발견되었다. 프로이트의(1910) 관찰 정신에 입각하여 훈련 기관들에서 비밀리에 면밀히 검토된다:

> 우리는 무의식적 감정에 환자가 영향을 끼친 결과로 [분석가에게서] 발생하는 "역전이"에 대해 알게 되었으며, 우리는 그가 자신 안의 역전이를 깨닫고 극복할 것을 주장한다 … [우리는] 어떤 분석가도 자신의 콤플렉스나 내적 저항이 허락하는 것보다 더 나아갈 수 없다는 것을 알아차렸다(pp. 144-145).

기법에 관한 논문에서(1915b) 프로이트는 다시 한번 역전이의 경향에 대해 경고한다. 이 두 경고가 담긴 논문들 사이에, 그는 1913년에 쓴 편지에서 이 현상을 간략히 논의하면서, 역전이가 정신분석에서 "가장 기법적으로 어려운 문제"라고 분류했지만, "이론적 차원에서 보다 쉽게 해결할 수 있다"라고 했다 (Binswanger, 1957, p. 50).

이 주제에 대한 프로이트의 표명들은 피분석자에 대해 정서들을 경험하거나, 표출하거나, 행동하는 것에 대한 경고로 이해되었다. "거울 같은 분석가"가 주도면밀하게 임상가 자신의 정서들이 전이 정황에 침투하지 않도록 보호해야 한다는 것이 당시 지배적인 생각이었다. 많은 교육 정신분석가들이 지시한 것처럼 일관적이고 약간 자애로운 태도를 넘어서는 것에 대한 불안과 죄책감으로 인해 모든 감정을 억압하려는 경향을 강화했다. 듣자 하니 환자들 또한 정서적 냉담함과 대면할 것을 예상했다; 페니켈Fenichel(1941)은 쓰기를, 자신의 환자 중 몇은, 자신의 자연스러움과 자유로움에 놀라워했다. 그는 지적하기를, "분석가마다 다르게 행동하며, 이 차이점들은 환자의 행동에 영향을 미친다" (p. 72).

정신분석의 역사 초기에는 치료적 가치가 있을지도 모른다는 깨달음을 포함한 "환자의 영향"에 대해 덜 엄격한 태도들이 있었다. 클레어 언스버거Claire Ernsberger(1979)는 이 생각의 발달을 추적한다.

초기의 주창자 몇을 인용하자면, 헬렌 도이치Helen Deutsch(1926)는 분석가의 가장 중요한 임무 중 하나는 역전이의 "사용과 목표 지향적 숙달"(p. 137)이라고 주장했다. 도이치는 또한 환자의 충족되지 못한 유아적 소망들이 분석가를 향하면서, 분석가가 이 소망의 본래 대상들과 정서적으로 동일시하려는 경향에 대해 논의했다. 그녀는 이 무의식적 과정을 상보적 태도라고 불렀으며 이는 래커Racker의 "상보적 동일시"(1957, p. 323) 개념의 영감이 되었다.

패니 한-켄드Fanny Hann-Kende(1933)는 역전이에 대해서 말하기를 "그것이 전이와 적절한 균형을 이루게 되면 … 분석작업을 방해하는 것이 아니라 그 반대로 도움을 준다"(p. 167). 1930년대에 역전이 문헌에 공헌한 다른 저자들 중에 융Jung(1935)은 분석 과정이 "두 정신 체계의 상호 반동"(p. 4)이라고 했고, 발린트 Balint 부부는(1938) "상호작용"(p. 228)을 지목했다. 쉴더 Schilder(1938)는 "우리가 접촉한 사람의 정서가 그 상황에 있는 다른 사람의 정서를 반드시 유발한다는 것은 사회 심리학의 일반적 원칙이다"(p. 169)라고 서술했다.

1947년 영국 정신분석학회에서 발표한 중요한 논문에서 도널드 위니캇Donald Winnicott은 역전이 현상을 강조하며, 특히 환자에 대한 객관적 반동들은 "분류되고 연구되어야 한다"(1949, p. 70)라고 말했다. 객관성을 유지하는 것은 치료사의 중요한 과업 중 하나이며, 위니캇은 덧붙이기를, "이 중 특별한 경우는 환자를 객관적으로 증오하는 것이다"(p. 70).

20세기 중반에 또한 자주 인용되었던 논문에서 폴라 하이만 Paula Heimann(1950)은 역전이는 "분석 관계의 핵심적인 부분일 뿐만 아니라, 그것은 환자의 창조물이며, 환자의 성격의 일부이다"(p. 83)라고 강조했다. 분석 상황에서 분석가의 정서적 반응에 대해 하이만은 그것은 분석가의 가장 중요한 도구 중 하나로서 "환자의 무의식을 연구할 수 있는 도구"(p. 81)라고 말했다.

1950년에, 그리고 1960년대에(Ernsberger, 1979) 이 주제에 대한 문헌들이 급성장하면서 이 견해들은 이를 반박하는 학자들 간에도 일반적으로 수용이 되었다. 역전이에 대한 초기의 전적으로 부정적인 태도가 완화되면서, 분석가들은 역전이의 반치료적 요소들에 대해 동의하는 한편, 다양한 학파에서 이 현상에서 분석적 정보를 추출하고 치료적 영향력으로 사용할 수 있는 잠재력에 대해 탐구했다(Epstein & Feiner, 1979).

1949년 미국 정신의학학회에서 발표한 논문에서, 나는 분석치료에서 정서적 유발의 역할에 대해 논의했다. 나는 치료사가 "환자에 의해 유도된 정서들을 느낄 수 있어야 하며, 이 감정들을 활용하여 환자의 저항을 다루어야 한다"라고 진술했다. 이 논문의 개정판에서(Spotnitz, 1976a, chapter 1) 정서적 유발의 상호적 성질을 지적했다. "환자의 전이가 발달하면서, 치료사는 대개 역전이를 발달시키며, 이는 환자의 전이 태도와 행동에 대한 무의식적 반동들을 바탕으로 한다. 치료의 효과는 많은 부분 본능적 방출을 향한 환자의 경향들을 '감지'할 수 있는 분석가의 능력에 달려있다. 환자의 잠재적 정서를 감지하고 그가 그것들을 느낄 수 있도록 도울 수 있는 능력은 그들의 관계가 진실한 정서적 이해에 바탕을 두었는지, 혹은 주로 지능 수준의 훈련인지에 의해 결정된다"(p. 29).

상호 교환의 영향에 대한 인식이 확대되면서, 맥스웰 기텔슨 Maxwell Gitelson(1952)은 역전이 반동에 대해 말하기를 "어떠한 분석에도 있는 사실"이며 그것의 "분석과 통합에 열려있는" 치료사는 "환자와의 분석에서 실제로 필수적인 참여자이다"(p. 10). 이 견해는 현재 널리 수용된다(McLaughlin, 1982).

역전이에 대한 일반적 문헌과 함께, 정신분열증 환자의 치료에서 그 특징에 대한 보고들이 있었고, 잠재적으로 유용한 현상으로 보기보다는 그 다루기 힘든 성질이 강조되었다. 그럼에도 불구하고, 1950년 초반부터 여러 경험 있는 임상가들은 역전이를 중요한 요소로 인지했다. 정신의학발달협회 주최로 열린 회의에서 정신분열증 환자들과 일하는 치료사들은 주기적으로 자신들의 역전이 반동을 탐구해야 한다고 권장했으며, 그 직후 프리다 프롬-라이크만Freida Fromm-Reichmann은(1952) "만약에" 정신분열증 환자와 작업 가능한 의사-환자 관계를 성립하는 것이 불가능하다면, "그것은 환자의 병리 때문이 아니라, 의사의 성격적 문제들 때문이다"(p. 91)라고 진술했다.

다른 임상가들은 역전이 현상의 분석이 최소한 전이의 분석만큼 중요하다고 주장한다. 그들 중 아리에티Arieti(1961)는 "때로는 치료 전체가 지속되는 상호적 상황을 이해하는 것"(p. 71)에 달려있다고 말했다. 허버트 로젠펠드Herbert Rosenfeld(1952a)에 의하면 역전이는 "민감한 수용 세트"(p. 116)이며, 종종 해석을 안내하는 "유일한 길잡이"이다(1954, p. 140). 해롤드 설즈Harold Searles(1967)는 이 주제에 대해 많은 임상적 관찰을 통해 공헌했으며, 역전이에 대해 말하기를 "환자와 나 자신 간에, 그리고 환자 내에 어떠한 일들이 일어나고 있는지에 대한 가장 신뢰할 수 있는 정보의 원천이다"(p. 527). 나는 이에 덧붙이기를 치료사 안에서 일어나고 있는 일들도 포함된다.

정신분열증 환자의 치료에서 정서적 민감성을 지닌 채 고르게 떠있는 주의evenly hovering attention를 절묘하게 균형을 잡을 필요는 특정 문제들을 야기한다. 이 장은 자기애적 전이에 의해 유도된 역전이 반동, 그 잠재적 저항의 무효화, 그리고 그 치료적 가치에 대해 집중적으로 다룬다. 치료사의 정서적 헌신의 성질과 범위에 대한 나의 견해를 소개하는 차원에서, 먼저 부정적 역전이 현상에 대한 초기 발견—그리고 가설—들부터 다루겠다.

부정적 역전이

브로이어Breuer 와 안나 오Anna O.

부정적 역전이가 인식되지 못하고 통제되지 못하면 임상가는 자신의 치료적 역할을 수행할 수 없다는 발견은 정신분석의 역사를 선행한다. 죠세프 브로이어Josef Breuer는 프로이트를 도와 이 영역을 개척했지만, 이론적 논쟁뿐만 아니라, 이런 종류의 임상적 사고로 인해 떠나게 되었다.

1880년부터 1882년까지 브로이어의 안나 오의 치료는 쌍방간의 반동들을 유발했으며 이 개척적인 사례의 보고에 포함되지 않았다(Breuer & Freud, 1893-1895). 프로이트는 이후 이 사례에서 카타르시스 방법의 사용을 통해 생겨난 강렬한 라포에 대해 전이의 "완전한 원형"이라고 말했다(1914b, p. 12). 프로이트뿐만 아니라 브로이어가 제공한 정보에 의하면, 관계의 마지막 단계에서 브로이어의 행동은 역전이라고 명명된 것의 원형—저항으로 작용한 인식되지 못한 역전이 반응—으로 분류될 수 있다.

안나 오의 질병은 히스테리로 진단되었으며 "특정 종류의 정신증"으로 나타났다(Breuer & Freud, 1893-1895, p. 22). 여러 저자들은 이 질병이 오늘날 정신분열증으로 진단되었을 것이라고 주장한다; 다른 저자들은 아빠의 죽음에 대한 심오한 애도 반응으로 진단한다(Rosenbaum, & Muroff, 1984). 최면을 사용하여 그녀는 자신의 감정에 대해 말할 수 있었고, 증상은 진정되었다.

프로이트는 이 젊은 여성의 아빠에 대한 성적 감정들의 질병 징후학적 영향을 강조했다. 이 사례 내용을 연구한 결과 그녀는 또한 인식하고 싶어하지 않는 아빠에 대한 강렬한 증오의 감정이 있었다. 브로이어에 대해 이 두 종류의 정동의 전이는 긍정적 그리고 부정적 역전이-반동들을 유발했고, 그것들은 브로이어 자신의 감정들과 융합되었다.

자신이 많은 시간을 보내고 생각을 전념하고 있는 이 매력적인 젊은 여성에게 아내가 질투를 느낀다는 것을 깨닫자, 브로이어는 갑작스레 분노로 찬 상태에서 안나 오를 버렸다(Spotnitz, 1984). 같은 날 오후에 부름을 받아 그녀의 집을 방문했는데, 그녀는 "히스테리적 출생(상상임신)으로 고통에 빠져있었고, 이는 브로이어의 돌봄에 대해 눈에 보이지 않게 발달하고 있는 상상임신의 합리적 종결이었다." 최면을 통해 그녀를 진정시키고 "그는 식은땀을 흘리며 도망갔고" 부인과 두 번째 신혼여행을 떠났다. 안나 오는 향후 몇 년 간 동안 병이 재발했다. 브로이어는 프로이트에게 그녀가 너무나 아파서 차라리 죽어서 고통에서 해방되면 좋겠다고 말했다1). 위의 내용들은 어네스트 존스Ernest Jones(1953, pp. 224-225)가 쓴 프로이트의 전기 1권에서 인용한 것이다. 존스는 그가 안나 오에 대해 발설한 정보는 프로이트와의 대화에서 얻은 것이라고 말했지만, 이후 연구에 의하면 존스의 보고는 부정확했다고 여겨진다; 아마도 어느 정도 추측에 의한 것이다(Rosenbaum & Muroff, 1984, chapters 1, 2).

존스는 또한 보고하기를, 브로이어가 이 사례에 대해 보고하는 것을 강력하게 반대하자, 프로이트는 전이 사랑의 상태에 있었던 여성 환자의 사례를 들려주었다고 한다(1953, p. 250). 브로이어는 자신이 안나 오에게 상징적일 뿐만 아니라 "실제" 사람을 나타냈다고 설득 당했고, 히스테리 연구에 동참하기를 동의했다. 그러나 전이에 대한 이론은 심리치료를 행하는 것에 대한 브로이어의 관심을 살려내지 못했다. 그는 1907년에 쓴 편지에

---

1) 오랫동안 안락사에 대한 관심은 아마도 환자살해 소망을 숨긴 것 같다.

서 말하기를, 첫 경험을 통해 "삶의 활동과 방식을 완전히 중단하지 않으면 '일반적 의사'가 이런 종류의 사례를 다룬다는 것은 불가능하다. 나는 당시에 다시는 이런 시련을 겪지 않을 것이라고 맹세했다"(Cranefield, 1958, p. 319).

프로이트의 견해

프로이트는 환자에 대해 부정적 감정들을 경험하거나 표현하는 것은 치료사의 전문가적 역할에서 벗어나는 것이라고 믿었다. 환자에게 약간 자애로운 방식으로 반응하는 것 이외의 것은 프로이트에게는 부당했고 반치료적이었다.

환자들이 긍정적 감정들을 경험해야 할 필요가 있다는 것을 깨달았을 때에 프로이트는 이에 반대하지 않았다. 그는 짜증, 놀라움과 같은 약간 문제가 되는 감정들을 묘사했지만, 전이가 너무 강렬해지지만 않는다면 긍정적 전이 상태에 있는 환자들에게 자신의 감정 반응을 조절하는 데에는 별 문제가 없는 것 같았다. 자신의 욕정을 고백하는 여성의 "비교할 수 없는 매혹"(1915b, p. 170)에 대해, 그는 환자가 성적 충족감을 고집한다면 분석가는 "철수하고, 성공하지 못한다[2]"라고 권장했다(p. 167). 이 인용문은 전이 사랑에 대한 논문에서 발췌된 것이다. 프로이트는 전이 증오 혹은 부정적 역전이에 대한 어떠한 언급도 하지 않았다. 내가 아는 한은, 그는 환자에 대한 증오에 대해 말하지 않았으며 혹은 이런 감정들을 역전이 반동으로 인식하지 않았다. 그는 부정적 감정들이 임상 작업에서 의식화되지 않을 대단

---

[2] 이러한 철수는 오늘날 많은 임상가들은 역전이 저항으로 분류할 것이며, 행동으로 옮길 것이 아니라 분석되어야 한다는 권고를 받을 것이다.

한 필요가 있었으며, 동료들과의 관계에서 그것들을 행동화하는 경향이 있었다(Wilson, 1981).

> 전기적 정보, 개인적 서신 등과 같은 조각들을 통해 프로이트가 추천한 불굴의 외과의사의 자세를 그 자신도 유지하기 쉽지 않았다는 추측을 할 수 있다. 그는 강렬한 정서들을 경험할 수 있었고, 그가 큰 대가를 치르면서 공격성을 신체화했다는 증거가 있다3)

프로이트의 자기애에 관한 논문과 정신분석의 흐름의 역사에 관한 논문은 모두 1914년 초반에 쓰였으며, 동시에 집필되었다는 것은 흥미롭다. 이 작품들은 미켈란젤로의 모세상에 관한 짧은 논문이 집필되었던 전해 가을과 마찬가지로, 프로이트가 융과 아들러와의 이념적 논쟁에 의해 괴로워하고 있던 시기에 창작되었다. 한 편지에서 그는 "분노로 머리끝까지 치밀었다"라고 썼다; 다른 편지에서는 자기애 논문에 대해 "강렬한 성가심의 감정들"을 언급했다(Jones, 1955, p. 304).

---

3) 처음으로 세부적으로 보고된 프로이트의 꿈인 1895년도 이르마Irma 의 꿈 (1900, Chapter2)에 대한 로버트 랭Robert Lang의 논문 (1984)에는 1890년대에 프로이트가 전오이디푸스기 충동을 다루려는 방식을 창조하려 하던 시기의 고통을 반영하고 있다. 이 중요한 시기에 대해 프로이트가 빌헬름 플리스Wilhelm Fliess에게 1887년도와 1904년 사이에 썼던 다수의 편지의 본문 전체가 처음으로 출판되면서(Freud, 1985) 새로운 정보들이 밝혀졌다. 이 편지들은 프로이트가 정신증 환자들을 치료하는 것에 대해 특히 부정적이었던 이유 중 하나는, 그 환자들이 야기하는 공격성을 견디기 위해 그는 코카인, 니코틴, 혹은 술을 복용해야만 했기 때문이었다는 것을 제안한다. 그가 "배설물학dreckology"이라 부르는 것은 숙달하기 힘들었다. 예를 들어 플리스에게 쓴 1900년의 편지에서 프로이트는 그가 거절한 편집증 여성 환자가 며칠 뒤에 호텔 방에서 목을 매달고 자살한 것에 대해 냉담하게 서술했다. 분명한 것은 그가 이런 환자들이 유발하는 감정들에 대해 방어하기 위해 약물과 술을 사용했다는 것이다.

그 격렬했던 논쟁에도 불구하고, 역사를 다룬 논문에서 프로이트는 과거 "제자"들의 탈영을 냉철하고 과학적인 객관성을 가지고 논의했다. 자기애에 대한 논문은 사랑의 철수에 집중하며, 자기애적 장애에서 공격성의 역할에 대해 전혀 언급하지 않는다—수수께끼 같은 누락이다. 그러나 부정적 정서를 숙달하는 프로이트의 방식에 대한 중요한 단서는 미켈란젤로의 작품에 대한 개인적 해석에 담겨있다. 그는 모세상에서 "인간에게 가능한 최고의 정신적 성취를 나타내는 구체적인 표정을 보았으며, 그것은 자신이 헌신한 명분을 위해 내적 격정에 대해 성공적으로 투쟁하는 것이다"(1914c, p. 233). 당시에, 그리고 아마 그 이전에도 존스가 보기에는 프로이트는 "모세와 자신을 동일시하고 미켈란젤로가 묘사한 격정에 대한 승리를 모방하려했다"(Jones, 1955, p. 366).

프로이트는 적대감과 공격성에 대해 논의했고 "대상과의 관계에서 증오는 사랑보다 더 오래되었다"(1915a, p. 139)라고 지적했다. 그러나 그는 환자에게 증오를 표현하는 것에 대해 반대했다. 이런 태도는 그가 인격 성숙에서 증오의 기능과 역할을 탐구하는 것을 방해했다.

프로이트는 환자들과 있을 때에 그들이 유발하는 적대감을 의사소통하고픈 모든 충동들을 숙달한 것처럼 보인다. 분석 상황에서 그의 행동은 정서적으로 질병이 있는 모든 사람들에 대한 그의 연민 어린 태도를 반영한다. 그러나 분석가가 환자에게 적대적 감정들을 표현하는 것에 대해 이론적으로 반박한 것은 부정적 전이의 발달에 대한 그의 우려와 연관이 있다. 환자의 잠재적 본능 갈등들을 자극하는 데 전이 상황을 사용할 수 있는 가능성에 대해 논의한 논문(1937)에서 그 연결 고리는 분명히 드러난다:

우리는 이런 모든 종류의 수단들은 분석가가 환자에게 불친절한 방식으로 행동하도록 만들 것이라는 사실을 간과해서는 안 되며, 이는 애정 있는 태도에 손상을 입힐 것이고—긍정적 전이에—이것은 환자가 분석 작업에 동참하는 것에 대한 가장 강력한 동기이다. 따라서 우리는 어떠한 경우에도 이런 절차에서 효과를 기대해서는 안 된다(p. 233).

비록 그는 환자에게 적대적 감정들을 표현하는 것이 적절하다고 믿지는 않았지만, 분석가가 정서적 의사소통을 사용하는 것에 대해 프로이트는 반대하지 않는 것 같다. 그의 기법 이론에서 정서적 영향에 대한 언급은 없다; 이론에서는 감정들을 억누르는 것을 통해 통제해야 하는 것을 주장한다. 그러나 사후에 출판된 두 개의 편지에서 그가 분석가의 통제된 감정의 표현에 대해 심사숙고했다는 것을 알 수 있다.

이 편지 중 하나는 1899년에 쓰인 것으로 다음의 진술을 포함한다: "때로 나는 치료의 방식으로 두 번째 방법에 대해 상상한다—이는 환자의 생각뿐만 아니라 감정을 자극하는 것이고, 필수적인 부분인 것 같다"(1954, p. 280). 빈스뱅거에게 쓴 1913년도의 다른 편지에서 프로이트는 긍정적 감정의 통제된 사용에 대해 논의했다:

환자에게는 절대 자발적인 정동을 주어서는 안 되며, 항상 의식적으로 할당되어야 하며, 필요가 생길 때 조절해야 한다. 때로는 많은 양이지만, 절대 무의식에서 오는 것은 안 된다. 이것이 내가 생각하는 공식이다. 바꾸어 말하면, 분석가는 항상 자신의 역전이를 깨닫고 그것을 극복해야 하며, 그럴 때만이 자유롭다. 너무 사랑하기 때문에 너무 적게 주는 것은 환자에게 불공평하며 기법적 오류이다 (Binswanger, 1957, p. 50).

증오를 경험하고 유지하는 것을 배워야 하는 환자에게 너무 적게 할당하는 것은 또한 부당하다. 분석가가 어떠한 감정이라도 너무 많이 가지고 있기 때문에 적게 준다는 것은 기법적 오류이다. 환자는 성숙한 기능을 방해하는 저항을 해결하는 데에 필요한 어떠한 감정—긍정적이든 부정적이든—을 받을 권리가 있다; 그러나 이 감정들은 역전이 저항을 일으키는 것이 아니라, 의사소통의 원천이자 도구가 되어야 한다.

개념의 범위

다음의 역전이에 대한 이론은 *환자의 전이 태도와 행동에 대한 반동들*에 적용되는 것이다(Spotnitz, 1979a,).

다른 종류의 무의식적 반동들은 분석 상황 안에서 임상가의 반응 전체와 관련이 있다. 그는 환자에 대한 전이들이 발달할 수 있으며 이들은 종종 역전이와 등치 된다. 심리적 뿐만 아니라 개인적 욕구에 의해 감정들은 자극된다. 또한 경험 부족 혹은 이론적 지식의 부족으로 인해 중요한 기로에서 어떻게 진행할지에 대해 망설일 수 있다. 실수로 이어질 수 있는 개인적 욕구와 전문가로서의 불안에 대한 반동들은 문헌에서 다루기보다는 훈련과 슈퍼비전에서 더 많은 관심을 받았다; 그러나 어떤 이론가들은 역전이 이론에 이를 포함시킨다.

이 세 종류의 감정-반응들 그 자체로는 이의가 없다; 임상가가 그것들을 편안하게 유지할 수만 있다면 분석 기능을 방해하지 않는다. 분석가는 정신분열증 환자와 있을 때에 방어적으로 행동하지 않고 모든 종류의 개인적 감정들을 수용해야 한다. 치료사가 그것들을 인식하고, 이해하고, 의식적으로 표현을 통제한다면 역전이-저항을 일으키지 않는다. 그러나 이 세 종류의 감정-반응들로 "역전이" 개념을 확대 적용한다면, 이론의 기법에서 가치가 있는 환자의 전이에 대한 반응들의 특정 흐름을 명백히 기록하기 어렵다. 그러므로 치료사의 전이 태도들은 환자의 감정들과 관련이 없기 때문에, 치료사의 역전이와는 분명히 구분되어야 하며, 위에서 정의한 것처럼, 이는 환자가 치료사에게 전이하는 감정에 영향을 받는다.

초기에 역전이는 바람직하지 않는 현상으로 조명 받았기 때문에 그것이 개념적 도구로 사용되는 것에 대해 일반적으로 부정적인 태도들이 발생했다. 그러나 치료를 방해하는 환자의 전이에 대한 역전이 반동들은 가치판단—즉각적인 상황에서 그것이 진실이든 거짓이든—을 제외시키며 분명히 파악되어야 한다. 이런 이유로 "역전이"와 "역전이 저항"의 개념들은 "전이"와 "전이 저항"과 상호적으로 사용된다.

이 구분들을 통해 관계가 전이-역전이의 두 선로에서 전진하고 후진하거나 멈추어 서는 것을 깔끔하게 관찰할 수 있다. 이는 지나치게 단순화한 것이지만, 정신분열증 환자에서 중요한 변화를 가져오는 데에 역전이 감정의 분석과 통제된 사용이 전이의 분석만큼이나 필수적이다.

역전이 감정들을 개입의 유일한 원인으로 간주하지만 않는다면 진전을 방해하지 않는다. 전이가 펼쳐지고 환자가 좌절-공격성을 적절하게 언어화할 수 있게 된 후에, 때로 치료사는 환자가 유발하는 감정들을 의사소통하는 경우가 있다. 그러나 이에 대한 결정은 현재 전이 저항을 해결하는 것에 무엇이 필요한지에 대한 이해에 바탕을 두어야 한다.

환자가 전이하는 감정의 충격을 견딜 수 있고, 자신의 감정-반응들을 명확히 파악할 수 있는 임상가는 도널드 위니캇(1949)이 "진정으로 객관적인 역전이 … 객관적 관찰에 바탕을 둔 환자의 실제 성격과 행동에 대한 분석가의 사랑과 증오의 반동"(p. 70)을 마음대로 사용할 수 있다. 실제적으로 유도된 감정들은 치료사의 충분히 분석되지 못한 적응 패턴들과는 구분된다. 이 후자를 주관적 역전이라고 분류하는 것이 적절하다.

광학의 영역에서의 비유를 통해 이 두 종류의 반동들을 명확히 구분할 수 있다. 색깔의 정상적인 식별능력을 가진 사람은 빨간 빛을 보고 눈을 감은 후에는 초록색 잔상이 남는다. 그러나 색깔의 비정상적인 식별능력을 가진 사람에게는 손상의 종류와 정도에 따라 회색 또는 다른 색의 잔상이 남는다.

초록색과 회색 잔상과 마찬가지로, 객관적 그리고 주관적 역전이는 환자의 전이 감정과 태도에 의해 유도된다. 정서적으로 성숙한 관찰자의 예상 가능한 반응을 객관적이라 명하며—옥덴 Ogden(1982)의 표현을 빌리자면 "실제적으로 인식된 현재 상호작용에 대한 성숙한 반동"(p. 71)이다. 주관적 반응은 이례적이며 치료사의 독특한 경향에 의해 변질된 것이다.

주관적 역전이 현상은 주로 기억 과정의 왜곡에서 비롯된다. 치료사가 삶의 초기에 발달한 정서적으로 중요한 사람에 대한 감정들이 분석 상황에서 환자 자신의 아동기 경험을 상징적으로 재구성하는 것에 의해 부활된다. 언어로든 혹은 행동으로든 환자에게 충동적으로 치료사의 주관적 반동들을 의사소통하려는 모든 경향들은 치료사의 분석이나 지속적인 자기-분석을 통해서 인식되고 숙달되어야 한다. 마가렛 리틀Margaret Little(1966)이 지적하듯이, "자신의 주관적 그리고 객관적 감정들을 명확하게 구분하는 것은 지극히 중요하다"(p. 482).

비교적 잘 통합된 환자의 치료에서 자기-분석을 통해 주관적 감정들의 침입을 무효화하는 것은 비교적 쉽다. 그것의 영향을 발견하고 이해하면, 분석가는 환자의 정동과 공명하는 것을 통해 유도된 감정들을 적절하게 사용할 수 있다.

정신분열증 환자는 종종 전혀 자신과 관련이 없는 것 같은 감정들을 유발시키기 때문에, 주관적 역전이 반동들을 "분석하는 것"은 더욱 어렵다. 앞서 말했듯이(8장) 자기애적 전이 상태에서는, 환자는 종종 접촉을 하지 못하는 것처럼 보인다. 환자의 잠재적 정서들에 대한 반동으로 치료사는 치료 관계와 관련이 없는 것 같은 감정들을 경험하고 자신 내의 해결되지 않는 문제들로 탓을 돌리는 경향이 있다(Spotnitz, 1981b). 그러나 보기에 관련이 없는 이 감정들은 일관적으로 환자의 전이 재연에 대한 반응들이라는 것이 밝혀졌다.

내가 개인적 경험에서 배운 것은, 병리적으로 자기애적인 환자와 작업을 시작하기를 원한다면, 분석가 자신도 분석을 받는 것이 매우 바람직하다는 것이다. 자신의 삶의 경험에 기반을 둔 정서적 현상을 탐지하고 분석하는 과정에서, 종종 이런 환자의 경험된 어떤 감정들은 환자 이외에는 원천이 없다는 것이 분명해진다. 이 감정들은 자기애적 전이 상태에서 기능하는 환자의 행동, 의사소통, 그리고 감정에 의해 유발되었기 때문에, 모던 정신분석에서는 자기애적 역전이로 분류된다(Spotnitz, 1979a).

1970년대 초반 모던 정신분석의 문헌에서 "자기애적 역전이"라는 개념이 소개되기 이전에, 거의 언급된 적이 없다. 이 개념과 관련된 선행 언급을 두 가지만 발견했다. 첫 번째는 역사적으로 흥미가 있지만 현재 적용되는 개념과는 상관이 없다. 페렌치와 랭크(1925)는 분석가의 자기애를 논의하면서, "그것은 특별히 실수를 많이 하게 되는 근원이다: 자기애적 역전이의 발달은 분석받는 자가 분석가에게 아첨하는 코멘트를 하게 만들며 불쾌한 말들을 억누르게 만든다"(p. 41)라고 말했다. 이 진술은 중립적인 대상으로서의 환자에 대한 분석가의 전이 혹은 환자의 전이 태도에 대한 분석가의 주관적 반동들(주관적 종류의 자기애적 역전이)을 언급하는 것일 수 있다.

훨씬 이후 언급된 논문에서 지금과 동일한 의미로 이 개념이 사용된다. 클라렌스 셜츠Clarence Schulz와 로즈 킬갈렌Rose Kilgalen(1969)은 정신분열증 환자의 심리치료에서 자기애적 역전이를 특별한 문제로 지목한다. 치료사의 감정과 환자와의 "공생적 관계"의 원시적 성질을 예로 들기 위해, 그들은 보고하기를, 한 슈퍼비전 회기에서 말을 하지 않는 긴장성 환자의 입원 치료 노트를 살펴보면서 "한 문장에 다다랐는데 그것이 자신이 한 말인지 환자가 한 말인지 전혀 판단할 수 없었다"고 했다(p. 221).

임상 과정을 다르게 개념화하는 분석가들은 "자기애적 역전이"와 "실제적으로 유도된 감정"과 거의 동일한 개념들을 사용한다. 예를 들어 모니-컬Money-Kyrle은 "정상 역전이"에 대해 글을 썼다(1956). 게하르 아들러Gehar Adler(1967)는 쓰기를, "건설적 역전이는 분석가의 분석되지 않는 신경증적 콤플렉스에 의해 해로운 무의식적 연루를 야기하는 무의식적 동일시와 투사로서의 바람직하지 않는 역전이 징후들과 구분되어야 한다"(p. 346). 다른 융학파 분석가인 마이클 포드햄Michael Fordham은(1979) 치료사에게 환자에 대한 건설적 정보를 제공하는 반동들에 대해 "동조적 역전이"라는 명칭을 붙였다.

어네스트 울프Ernest Wolf는(1979) 코헛의 자기심리학 입장에서 서술하면서, "자기-대상 역전이"(p. 455)를 언급했다. 울프의 말을 빌리자면, 이것들은 "원시적, 통제된 공감이 아닌 치료를 위한 균형 잡히고 통제된 공감의 주요 경로를 제공한다"(p. 455). 마이클 뮐러Michael Moeller(1977)는 역전이를 전이의 필수적인 보완물로 보고 그것을 환자의 전이에 대한 분석가의 "특정한 비-신경증적 반동"으로(p. 365)정의한다. 옥덴(1982)은 환자가 개시한 투사적 동일시에 대한 치료사의 반응이 역전이의 요소라는 것에 집중하면서 명시하기를: "역전이 분석은 치료사가 환자에 대한 자신의 반응을 이해하고 치료적으로 사용하려는 시도이다"(p. 72).

주관적 요소가 침투하는 것은 오랫동안 대부분의 역전이 저항의 원천으로 여겨졌다. 환자의 전이 반동에 의해 유도된 치료사 자신의 대인관계에서 발달했던 특유의 감정들을 환자와의 공감을 통해 생겨난 감정들이라고 받아들인다면, 관계에서 무엇이 일어나는지에 대한 이해는 혼란스러워진다. 그러나 현재의 견해는 객관적 역전이 반동들이—실제적으로 유도된 감정들—주관적 반동보다 정신분열증 환자의 치료에서 실패의 원인이라는 것이다.

그러나 이런 환자들과 작업을 하는 많은 치료사들은 바람직한 변화를 만들어내기 위해 환자에 의해 실제 자신 내에서 유도된 감정들이 경험되고, 설명되고, 해결되어야 한다는 것을 깨닫지 못하고 있다. 한편으로 역전이 감정들에 휩쓸려 분석적 기능을 수행할 수 없다고 두려워하는 치료사는 의식적으로, 그리고 무의식적으로 방어벽을 칠 수 있으며, 그 감정들을 경험하는 것에 대해 정서적 중립성을 방어로서 사용할 수 있다. 정서적으로 반응하는 임상가는 반면에, 유도된 감정들을 의사소통하는 것이 치료효과가 있을 때까지 침묵 속에서 지탱하지 못하면서, 전이의 완전한 발달을 방해할 수 있다. 즉, 역전이의 저항 잠재력은 주관적보다 객관적 요소를 가지고 있다. 그러나 적절히 사용된다면, 객관적 역전이는—자기애적 그리고 오이디푸스적 종류 모두에서—진단적 보조이며, 놀라운 정보의 원천이며, 치료적 영향력의 주요 공급원이다. 그것이 제공하는 분석적 정보의 가치는 점점 널리 인정되고 있다.

객관적 역전이의 임상적 함의

전이 대상으로서의 치료자 안에 유도된 실제적 감정들은 선택적으로, 그리고 목표-지향적인 방식으로 의사소통된다면, 환자의 성숙 욕구들을 충족시켜줌으로써 저항을 해결하는 데 대대적인 공헌을 한다. 앞서 말했듯이, 원칙적으로는 성숙 욕구를 충족시켜주는 것은 분석가의 기능이 아니다. 그는 주로 그것들을 발견하고 환자가 사회적으로 승인된 방식을 찾아서 그것들을 충족시켜주는 것을 도와준다. 그럼에도 불구하고, 전오이디푸스기 저항 패턴들이 삶의 경험에 의해 확보되지 않는 성숙 욕구들에 의해 유지된다면, 저항을 해결하기 위해 치료사는 그것들을 언어적으로 충족시켜줄 수도 있다. 환자가 저항을 포기하게끔 돕는 특정 욕구-충족적인 경험들은 정서적 의사소통을 통해 제공된다. 유도된 감정으로 충전된 개입들은 이런 경험을 만들어내는 경향이 있다.

객관적 역전이는 또한 환자가 기억하지 못하는 정서적으로 중요한 전언어적인 사건들을 재구성하는 데에 필수적인 공헌을 한다. 유도된 감정들은 환자와 함께 연구되고 탐구되며, 초기 삶의 경험에 대한 인상들을 되찾고, 말로 표현하고, 거짓된 인상들을 수정하는 것을 돕는다. 재구성은 환자의 전이 반응과 그것들이 분석가 안에 유발하는 감정들의 결합된 분석을 토대로 한다. 어떤 경우에는 객관적 역전이는 자아화된 대상 인상들과 환자 자신의 전-자아 감정들을 구분하는 데에 커다란 공헌을 한다.

자신의 감정을 수용하고 언어화하는 것에 많은 어려움을 겪고, 또한 다른 사람들의 감정에 과민한 환자와 작업할 때에는, 분석가 자신의 감정과 그것이 환자에게 미치는 영향을 이해하는 것이 가장 중요하다. 유도된 감정들을 깊이, 그리고 방어하지 않고 경험하는 데에 열려있는 분석가는 즉각적인 상황에서 자신의 모든 정서적 반동의 원천과 성질에 대해 감시해야 한다. 성도착증 환자와 작업하는 분석가가 "자신과 환자들의 성도착적 핵심을 깨닫고 직면해야"(Chasseguet-Smirgel, 1981, p. 511)하는 것처럼, 분석가는 자신의 성격 안의 정신분열증적 경향들을 직면하고 분석해야 한다. 조립 기술자, 그리고 효과적인 의사소통을 하는 전달자의 기능을 적절히 수행하기 위해서는 자신의 심리적 과정과 행동 경향들에 대한 많은 자기성찰적인 연구가 필요하다 (Epstein, 1982).

역전이가 저항으로 작용하면 그것을 분석해야 하는 것이 일반적인 처방이다. 내 생각에는 아무리 임상 경험이 풍부하여도, 이 방침만으로는 부족하다. 사례가 지속되는 동안 슈퍼비전에서 모든 역전이 반동들의 분석을 권장한다. 그렇지 않으면, 미해결된 개인의 갈등과 즉각적인 현실 욕구들은 치료적 역할을 하는 정서적 반동의 저장고를 쉽게 오염시킨다.

환자의 전이 감정들의 행동화에 대한 일반적으로 인정되는 치료법은 분석을 더 받는 것이다. 기법적 오류를 야기하는 주관적 역전이 반응들은 자기-분석을 통해 종종 명료화된다; 혹은 슈퍼비전 그리고 동료와의 비공식 토의를 통해 쉽게 밝혀진다. 그러나 정신분열증 치료의 전이 상황에서 객관적 반동들의 위험에 대해 비교적 탐구가 이루어지지 않았다.

역전이 감정들을 유지시킬 수 있는 "권리"

객관적 역전이의 사용에서 초보 분석가가 종종 만나는 걸림돌은, 자신이 환자에 대해 감정을 가질 "권리"가 없다는 생각이다. 훈련을 통해 또는 개인적 선택에 의해 감정들이 금지된다면, 의사소통할 수 있는 능력이 방해 받는다. 부적절한 개입들은 종종 정신분열증 환자가 자극하는 강렬하고 갈등을 일으키는 정동들을 의식에서 없애려는 시도들과 연관된다. 이런 감정들을 경험하는 것을 꺼리는 임상가의 태도는 이미 환자가 가지고 있는 자신의 정동들을 수용하고 언어화하는 것을 반대하는 태도에 더해진다.

그러나 자유라는 것은 유도된 감정들을 경험하는 것에만 해당 된다는 것을 알아야 한다. 이것들을 의사소통할 때에는 선택과 타이밍을 고려하는 것은 필수적이다. 비록 유도된 감정들은 언제나 분석을 위한 기초 데이터이지만, 개입은 절대 경험된 감정들에 의해서만 결정되어서는 안 된다는 일반적인 원칙을 고수한다면, 많은 기법적 오류들을 피할 수 있다. 이들은 환자의 즉각적인 저항을 해결하는 특정 치료적 의도를 수행할 때만 의사소통된다. 충동적으로 유도된 감정들을 언어화하는 것은 정당화될 수 없다.

현재 작업하고 있는 저항에 대한 분석가의 이해와 자신의 역전이 감정들이 조화를 이룬다면, 이것들은 그가 저항을 다루기 위해 설계된 계획에 따라 의사소통될 수 있다. 그러나 그의 추론과 유도된 감정들 간에 불일치가 있으면, 그는 개입하지 않는다. 그는 자신의 감정들과 반대되는 방식으로 기능하지 않는다. 그는 어떠한 감정-반응이 환자가 저항 패턴을 포기하는 데에 도움이 된다는 것을 깨달을 수는 있지만, 그 감정은 그 순간에 이용이 가능해야 한다. 환자에게 유도된 감정들이 주는 충격은 치료적 영향력을 제공하며, 그 진실성과 직접 비례한다.

환자가 반복해서 의사소통하는 내용에 대한 혼란의 감정들은 치료사 내의 해결되지 않은 문제를 나타낼 수 있다. 그러나 만약 자기-분석을 통해서 이러한 연결 고리를 성립할 수 없다면, 환자가 혼란을 유발하는 것일 수도 있다. 환자의 접촉 시도가 치료사에 대한 질문으로 반영된다면, 환자는 자신이 이해 받지 못한다고 느낀다는 것을 말할 수도 있다. 결국, 환자는 자신을 이해해주지 못하고, 자신도 이해할 수 없는 부모가 있었다는 것이 명료해질 수 있다. 처음에는 임상가 내의 맹점처럼 보였던 정서적 상태가 환자의 아동기에서 중요한 대상과의 관계를 재구성하는 데에 중요한 역할을 할 수도 있다.

자기애적 역전이

자신과 구분된 대상으로서 경험되는 치료사에 대한 환자의 동일시가 자극하는 역전이 반동에 대해서는 널리 논의되었다. 자아 형성과정에서 경험되는 정신분열증 환자의 전이 감정과 태도에 대한 반동들은—자기대상 감정들(Kohut, 1971), 또는 글로버Glover의 "자아 핵" 개념 (1949)—그만큼 관심을 받지 못했다.

하인리크 래커Heinrich Racker는 치료사 안에서 유발되는 역전이 감정의 두 개의 주요 요소에 대해 주의를 환기했다. 분석가는 전이를 통해서 상징적으로 재-경험되는 초기 대상들과의 정서적 경험의 자기 요소 혹은 대상 요소와 무의식적으로 동일시할 수 있다. 바꾸어 말하면, 환자의 대상 표상들과—오이디푸스 수준에서 기능하는 환자의 역전이 반동과 연관되는 상보적 동일시—동일시하지 않고 자기 요소와 동일시함으로써 환자와 같은 정서적 경험을 할 수 있다. 래커는(1957) 후자를—"환자와의 공감을 통해 분석가 안에서 생기는 심리적 내용"(p. 312)—일치적 동일시라고 불렀다. 상보적과 일치적 동일시 개념은 자기애적 상태에 있는 환자가 자극하는 갈등되고 혼란스러운 정서를 설명하는 데에 유용하다. 환자의 자기 감정과 태도, 혹은 초기 대상에 대한 감정과 태도는 치료사 내에서 유도된다; 두 종류는 동시에 유발될 수도 있다.

자기애적 전이는 또한 앞선 개념으로는 이해하기 힘든 정서들을 유발할 수 있다. 환자는 유아기 초기에 무의식적으로 원했지만 충분히 경험하지 못했던 감정들에 대한 욕구를 의사소통한다. 정서적으로 박탈당한 환자를 "보살피고 싶은" 강렬한 욕망을 치료사는 인지할 수 있다. 이런 감정들은 환자의 의존적(심리적 의존) 상태에 의해 유도된 것이기 때문에, 나는 이것을 의존적(혹은 양육적) 역전이라고 부른다(Spotnitz, 1983). 환자가 정서적으로 성숙한 성인이 되기 위해 필요한 감정들을 포함한다.

마골리스Margolis(1978)는 분석가의 "환자에 대한 모성 욕구"를 언급하며, 이는 종종 "가장 근본적 엄마-유아 수준에서 경험되며, 환자의 굶주림 그 자체는 분석가의 양육 충동을 자극하기에 충분하다"고 했다(p. 136).

그리하여 자기애적 역전이의 객관적 종류는 다수의 유도된 경험으로 보아야 한다.

치료과정에서 지배적 역반응들

자기애적 역전이가 펼쳐지기 시작하면서 치료사는 세 종류의 유도된 감정들을 다루어야 한다: 자기 감정(일치적 동일시), 대상 감정(상보적 동일시), 그리고 환자의 의존적 상태로 유도된 양육에 대한 욕망들이다. 치료사는 이 감정들을 여러 방식으로 표현한다.

전반적으로, 치료사는 도움을 주고 싶으며 환자에게 친절하게 반응하고 싶어한다—이는 대게 환자의 적대감, 그리고 환자를 향한 자신의 적대감을 느끼는 것에 대한 무의식적 방어이다. 즉 부정적 감정들은 긍정적 감정들에 의해 가려진다. (어떤 긍정적 감정들은 의존적 역전이 반동일 수도 있다.)

다음은 치료 관계에서 보통 출현하는 순으로 치료사의 대표적 반동들이다.

환자가 불안해하거나 정동 없이 말할 때에, 치료사는 약간의 불안을 경험하거나 이상할 정도로 냉정함을 느낀다.

환자가 치료사에 대한 살인적 감정들을 경험하고 스스로를 죽이고 싶다고 말하며 그것들을 부정할 때에, 치료사는 환자를 죽이고 싶은 감정을 느낄 수 있으며(Margolis, 1978), 사적인 문제에 몰두하게 된다.

삶의 초기에 많은 정서적 박탈을 경험한 환자는 종종 치료 초기에 무관심이나 관계 없음의 감정들을 유발한다. 치료사는 졸음이 오면 졸 수도 있다.

강렬한 성적 감정을 경험하는 환자는 치료사 안에서 성적 감정들을 자극할 수 있다(Spotnitz, 1979b).

환자가 가망이 없다고 느낄 때에, 치료사는 동정이나 연민, 가망 없음, 철수, 무관심 등을 느낄 수 있다(Spotnitz, 1979a).

환자가 울거나 불평할 때에, 치료사는 성급함 혹은 경멸감을 느낄 수 있다. 반면에 치료사는 창피함 혹은 불편함을 느낄 수 있다.

치료사의 불안이 숙달되면, 친절하고 배려하고 싶은 충동들은 짜증 속에 잠긴다. 환자의 정신적 고통은 때로는 만족감, 심지어 의기양양함을 유발한다.

환자의 자기-공격적인 태도들의 반복적인 언어화는 치료사 안에서 혐오감 혹은 지루함을 유발할 수 있다(Altshul, 1977; Kernberg, 1975, 1982a, chapter 34).

환자가 분노로 폭발하면 치료사는 공포, 극심한 혐오감, 그리고 어쩌면 자기를 보호할 필요를 경험할 수 있다(Altshul, 1980). 그는 자신의 신체적, 정신적 건강에 대해 염려할 수 있다.

치료사는 환자를 "정말 귀찮게" 느끼게 될 수 있다. 치료사는 종종 싱숭생숭하다; 회기 중에 그는 갑자기 끝내고픈 충동을 느낄 수 있으며, 환자를 일찍 쫓아낼 핑계를 찾을 수도 있다.

환자가 자살 소망에 대해 자유롭게 표현할 때에 치료사는 말을 많이 하고픈 욕망이 생길 수 있다. 환자를 위한 안심이라고 합리화될 수 있는 개입들은 치료사가 환자를 도와야 하는 욕구를 채울 수도 있다.

자기애적 전이가 절정에 이르면, 치료사는 자기-몰두와 불안한 상태 사이를 오가는 경향이 있다. 그는 환자의 자기성애적 감정과 망상에 대해 크게 놀랄 수 있으며, 환자를 "마취"시키거나 친절한 방식으로 달래고픈 욕망을 인식할 수 있다. 그는 환자가 점점 멀게 느껴지며, 환자의 즉각적인 상태에 대해 때로는 낙담할 수 있다.

환자가 무력감과 가망 없음을 느끼고 치료사 역시 비슷한 감정에 습격을 당한다면, 이 감정들을 행동으로 옮기는 것이 아니라, "치료사는 가망 없는 환자와 가망 없는 치료를 하는 가망 없는 치료사라는 감정을 견디는 시도를 한다"(Ogden, 1982, p. 30).

환자가 언어화하는 자살 소망 혹은 자기애적 분노와 종종 동반되는 주먹을 쥐거나 몸을 뒤트는 행동들을 관찰하면, 치료사는 다소 실제적인 위험을 경험할 수 있다(Altshul, 1980). 환자는 친척과 동료에 대한 증오의 감정을 말로만 표현할 것인가, 아니면 그들에게 위험하다는 경고를 해야 할 것인가?(Spotnitz, 1981a) 그리고 비슷한 감정들이 치료사를 향할 때에는, 자신과 가족의 안전이 위협받는다고 느낄 수 있다.

이런 불안들은 결국 해소된다. 환자가 카우치에 누워서 자신이 어떤 감정을 느끼던 간에 그 자세를 유지할 수 있다면, 치료사는 강한 안전과 통제력을 경험할 수 있다. 그는 환자가 점점 편안하게 느껴지며, 관계에서 어떤 일들이 일어났는가에 대한 이해를 환자와 공유하고 싶어진다. 정보에 대한 환자의 욕망은 증가하며, 이를 제공하고자 하는 치료사의 생생한 관심과 들어맞는다(Kirman, 1980).

치료사는 환자에 대한 존경과 진실한 애정을 인식하며, 때로는 환자의 "엄마" 혹은 "아빠" 혹은 그 둘 모두의 역할을 하고 싶은 강한 욕망이 생긴다. 예컨대, 사례발표에서 옥덴은(1982)자신이 "강렬한 즐거운 친밀감과 모성적 보호"(p. 200)를 경험했다고 한다. 치료 후반에서는 의존적 역전이는 강렬한 추진제가 된다(Spotnitz, 1983).

역전이 저항

역전이 감정과 역전이 저항을 구분하는 것은 중요하다. 전자는 강렬하게 경험되더라도, 그 자체로는 역전이 저항이 되거나 그에 대한 증거가 아니다. 마골리스가 지적하듯이, "역전이 감정의 회피 혹은 환자의 저항을 다루는 데에 있어서 그 오용만이 역전이 저항이 된다"(1978, p. 140).

역전이 저항의 상태에서 분석가는 환자가 진보적 의사소통을 하도록 돕는—즉, 환자의 저항을 제거함으로써 간접적으로 돕는—분석가의 임무에서 어떤 방식으로든 벗어난다. 정신분열증 환자는 자기애적 전이 상태에서는 강렬한 역전이 감정들을 유발한다. 이것들이 치료사 안에서 저항을 불러일으킨다면, 환자가 진전하는 데에 필요한 특정 반응들을 제공할 수 없다.

설상가상으로 환자가 만들어내는 정서들의 강렬함 이외에도 분석가의 성격 구조가 역전이 저항의 원천이 될 수 있다. 정신증 환자들과 분석을 잘 수행하고 그들이 유발하는 감정들의 충격에서 자신의 행동을 통제하기 위해서는 강하고 잘 통합된 자아가 필수적이다. 이들과 효과적으로 작업하기 위해서는 자신의 역전이를 해결할 수 있는 능력, 혹은 해결을 도와 줄 수 있는 동료를 확보하는 것이 필수적이다.

단서들

역전이 저항은 여러 방식으로 자신의 존재를 드러낸다. 일반적 단서들은 이미 논의되었으므로(e.g., Menninger, 1958;

Greenson, 1967), 외래 정신분열증 환자의 치료에서의 경고들만 다루겠다.

　모든 증거가 흑백으로 구분되지 않는다. 그 신뢰도를 판단하기까지 상당한 연구가 필요한 회색의 증거도 있다.

　다음의 목록은 나의 경험과 동료 및 학생 분석가들과의 토론에서 발췌한 것이다. 먼저 긍정적 혹은 부정적 상태의 역전이와 연결된 저항 행동들이 열거되어있다. 부정적 역전이 저항에 대한 경고들은 그 목록이 훨씬 방대하다.

긍정적 혹은 부정적 역전이 저항

　회기를 일찍 혹은 늦게 끝내기. (주로 전자는 부정적이며 후자는 긍정적 역전이 저항이다.)

　조용히 있지 못하기. (긍정적 역전이 저항의 표시이다—환자를 얼마나 보살피고 있는지를 보여주기 위해 "너무 많이 먹이는 것"—혹은 환자를 존중하지 않는 것을 반영하는 부정적인 것이다.)

　회기 사이에 다른 환자들과 기능하는 것을 방해하는 방식으로 예상치 못하게 환자에 대해서 생각하기. (생각하는 환자에 대해서는 긍정적이지만 현재 작업이 방해 받는 환자에게는 부정적이다.)

　특정 방향으로 강제로 생각을 돌리기. (긍정적 혹은 부정적 역전이 저항이든 간에, 이것은 주로 자기-통제에 대한 싸움을 나타낸다.)

　의도하지 않게 감정들을 표현하기. (이는 대체로 도움이 되지 않지만, 치료적 효과가 있다는 보고도 있었다[e.g., Tower, 1956].)

이런 표현은 자기-통제가 부족하다는 것을 나타낸다.

정서를 의사소통하는 것이 내키지 않음. (주로 자기-존중의 상실에 대한 두려움이 원인이다; 이런 내키지 않는 태도가 환자의 진전을 방해하는지는 차후 분석을 통해서만이 알 수 있다.)

주로 부정적인 역전이 저항

한 환자의 약속을 "잊어버리고" 그 시간에 다른 약속을 잡기.

환자의 이름을 기억하지 못하기.

환자가 알기 힘든 방식으로 회기 약속을 정하기—예를 들어 "아홉 시 십오 분 전" 혹은 "십오 분이 지난 아홉 시."(경험상 가장 좋은 해결책은 환자에게 그 시간을 다시 말해보라는 질문을 하는 것이다.)

환자와 접촉해 있지 않는 감정에 대해 성급함을 느끼며 거부하는 것. (정신증적 감정을 포함해 환자가 유발하는 불쾌한 감정을 경험하고 싶지 않다는 것을 나타낸다.)

환자가 분석가가 듣기 싫은 말을 하지 못하도록 행동하기.

환자보다 많이 알고 있다는 방식으로 행동하기. (우월감을 나타내려는 시도이다.)

환자의 불분명한 의사소통이나 분석 내용을 제공하지 못하는 것에 대해 성급해하기.

한 가지 기법에 고집스럽게 매달리기. (주로 적대감이나 두려움과 관련이 있다.)

어떠한 방식으로도 환자와 연관이 없어 보이는 회기 중, 그리고 전, 후의 불안 상태. (이런 상태에서는 예를 들어, 환자에게 현관문을 열어주자마자 그가 분노하고 있다는 것을 즉각 관찰할 수 있다.)

자신이 치료 불가능하다는 환자의 말의 타당성을 수용하기. (환자와 함께 이 감정들을 분석하고 탐구해보지 않은 채)
통제되지 않는 환자의 방출 반응에 동참하기.
분석 활동을 방해하는 다양한 감정, 불안, 그리고 방해물.
환자가 반복해서 의사소통하는 정보에 대해서 오해하거나 불분명하게 이해하기.

주요 원천

증오를 느끼지 말아야 할 필요. 내 경험상, 정신분열증 환자와의 관계에서 역전이 저항의 주요 원천은 환자의 적대적 충동들이 유발하는 분노와 불안에 대해 치료사가 스스로를 방어해야 하는 필요이다. 유도된 감정들을 억제하거나 부정하면 그것들을 치료적 영향력으로 사용할 수 없으며 또한 환자의 정서적 병력을 이해하는 것이 사실상 불가능하다.

임상가가 실제 혹은 환상 속의 폭력 행동에 대해 질문하거나 환자가 이를 토론하는 것을 돕는 데에 어려움이 있다면, 증오와 분노를 언어화할 수 있는 완전한 자유는 배제된다. 많은 학생 분석가들은 이런 탐구의 과정에서 강렬한 혐오감을 경험하며, 특히 자신의 살인적 감정들을 부인해야 할 필요가 크다면 더더욱 그렇다.

사람들이 자신을 좋아해야 하는 필요. 불라드는Bullard(1960)는 말하기를, "내 생각에는 효과적 치료를 방해하는 한 문제점은 어떤 치료사들은 사람들이 자신을 좋아해야 하는 필요를 가지고 있으며, 인정받고 훈훈하게 받아들여지고 싶어한다"(p. 139). 정신분열증 사례에서는 사람들이 자신을 좋아해야 하는 필요는 강력한 역전이 저항을 일으킨다.

환자가 많은 양의 전이 증오를 터뜨릴 때, 분석가는 환자가 너무나도 적대적인 것에 대해 불행하게 느낀다. 또한 사람들이 자신을 좋아해야 할 강한 필요를 가진 분석가에게는, 돕기 위해 엄청난 노력을 기울이고 있다는 사실에 환자가 전혀 무지하다는 것은 또한 상처가 되며 기분을 상하게 한다. 감사의 마음이 없다는 것에 분개한다. 친절함의 우유 몇 방울을 주는 대신에, 환자는 분노로 대응한다. 임상가는 결국 은혜를 모르는 자라며 체념할 수 있다. 환자가 "다시는 안 옵니다"라고 말할 때에, 분석가는 그 말이 사실이기를 바랄 수 있다.

환자는, "당신은 저를 이해하지 못합니다. 저를 돕고 있지 않습니다. 전혀 진전이 없습니다"라고 말할 수 있다. 이런 비난에 상처 받는 치료사는 자기애적 몰두와 의심에 빠지는 경향이 있다—역전이 저항에게 먹히는 피식자이다. 감사를 받아야 하는 압박이 없는 분석가는 환자에게 전혀 어렵지 않게 말할 수 있기를, "치료의 목적을 위해서 당신의 말이 옳다고 가정을 합시다. 왜 저 때문에 진전이 없었습니까?"

옳아야 할 필요. 또 하나의 강력하고 중요한 역전이 저항의 원천은 옳아야 할 필요이다. 이런 압박에 시달리면, 치료사는 환자의 즉각적인 의사소통의 필요에 대한 특정 성숙적 효과를 가지는 반응을 하기보다는, 과학적으로 옳고 완벽한 해석을 항상 해야 하는 강렬한 욕망을 느낀다.

초보 분석가는 환자에게 "잘못된 말"을 하는 것을 종종 두려워한다. 한 학생은 환자가 그녀에게 "끔찍한" 엄마처럼 말하고 있다고 불평을 했기 때문에, 자신이 무엇인가 잘못했다고 확신했다. 자신의 의사소통의 정확성보다는 환자가 그녀의 말에 대해 가지는 인상들이 더 중요하다는 것을 깨닫고, 학생 분석가는 환자에게 어떻게 말하는 것이 좋겠는지 질문하는 것에 대한 저항을 해결할 수 있었다. 그녀는 그에게 더 편하게, 그리고 자발적으로 말할 수 있게 되었다.

이와 관련된 문제로 자신의 실력을 보여주고 환자에게 존경을 받아야 하는 필요가 있다. 이러한 욕구가 강한 치료사는 모든 방면에서 자신을 계속 공격하는 환자와 작업하는 것이 수치스럽다. 의견 충돌은 반치료적이므로, 이 비판은 수용되고 단지 환자와 함께 탐구되어야 한다. 그러므로 자신의 자존감을 개발할 기회는 없다.

부수적 필요들. 슈퍼비전 회기에서 학생 분석가가 가져오는 또 다른 문제는 환자에게 "선하게" 대하며 그의 애정 갈망에 반응하고 싶은 욕망이다. 관계 초기에서는, 본래의 대상보다 더 "착하고" 싶고, 달래주고, 위로해주고 싶은 욕망은 종종 경험된다—의존적(양육적) 역전이 저항들이다. (이런 감정들을 가지고 개입하는 데에 의사소통이 차단된다면, 역전이 저항이 작용하고 있는 것이다.)

다른 것을 배제하고 저항을 다루는 작업만 할 때에, 스스로가 사이코패스처럼 느껴진다고 말한 슈퍼바이지들이 여럿 있었다. 환자가, "돈을 받고 무엇을 하고 있나요?"라고 질문하면, 치료사의 죄책감은 강렬해진다. 정상 분만을 시술하고 있는 초보 산부인과 의사처럼, 진화하는 자기애적 전이 상태에 있는 정신분열증 환자와 작업하는 학생 분석가는 자신이 사실상 거의 할 일이 없다고 느끼며, 상황에 요구되는 것보다 더 활발하게 개입하고 싶어한다.

한 젊은 치료사는 청소년 정신분열증 환자의 사랑에 대한 유아적 요구를 다루기가 어려웠기 때문에 나와 상담을 했다. 환자는 치료사가 자신에게 관심이 없기 때문에 조용히 있다고 생각했다. 환자는 치료사의 무관심을 비난하며 자신이 "껍데기"에 갇혀 있기 때문에 아무 말도 할 수 없다고 말했다. 치료사는 "당신은 관심이 없어" 저항을 다루는 것이 자신이 없다고 토로했다. 그는 관계에서 어떤 일이 일어나고 있는지를 놓치고 있었다.

슈퍼비전 회기에서 그는 환자의 비난에 소심하게 반응하는 것이 환자를 "산산조각으로 부셔버리기"의 두려움과 연결이 되었다는 것을 알게 되었다. 치료사가 자신을 사랑하고 있다는 확인에 대한 환자의 요구들은 강렬한 반동형성을 자극했으며, 이는 고압적인 아버지에 대한 치료사 자신의 적응 패턴과 연결되었다. 이런 경향을 깨닫게 됨으로써 치료사는 정서적 의사소통을 하는 것에 대한 소심함을 숙달하는 데에 도움을 받았다. 결국 환자는 치료사에 대한 강한 긍정적 전이 감정들도 발달했다.

치료사가 환자의 불쾌한 감정들에 열려있고 그것들을 이해하고 의사소통할 수 있는 능력을 유지한다면, 환자는 과거에 경험해보지 못한 관계를 경험하게 된다. 분석가가 유도된 감정들을 경험하면서도 적절하게 행동할 수 있다는 인식은 정신분열증 환자가 분석가와 자신에게, 그도 불쾌한 감정들을 견디며 적절하게 행동할 수 있다는 것을 증명하려는 욕망들을 무의식적으로 자극한다. 환자의 정동을 견디는 것을 거부하거나 환자가 치료에서 철수하도록 행동하는 것은 심각한 병리가 있는 환자들의 치료에서 흔히 나타나는 역전이 저항이다.

한 학생 분석가는 환자가 가망이 없고 비참하다고 보고하면서 자신 또한 비참하다고 덧붙였다. 그녀는 자신이 환자의 감정을 경험하고 있다는 것과 그것을 거부한다는 것을 깨달았다. "내가 그가 느끼는 것을 느낄 때면, 우리 사이에 어떤 일이 벌어지고 있는지를 보지 못한다. 나는 이해심을 갖고 싶지 않다. 그저 그를 사무실에서 내쫓고 싶다."

환자가 자신의 엄마와 경험했던 것을 그녀에게 유발하고 있고 치료 관계에서 그것의 재-창조는 치료적 기제였다는 것을 분석가가 이해하고 나서는, 그것이 성공적 치료를 위해 필수적이기 때문에 "재-경험"하는 것을 수용했다.

경험이 부족한 분석가들은 종종 정신분열증 환자가 본인들이 원하는 대로 회기에서 기능하지 않는 것에 대한 분노를 이야기한다. 환자의 협조를 방해하는 장애물을 정확하게 발견하고 이를 다루는 것이 자신의 책임이라는 것을 깨닫고 있지 못할 수도 있다.

대체로 정신분열증 환자는 누군가가 나를 위해 충분히 해주지 않고 있거나 아무것도 해줄 수 없다는 감정을 많이 유발한다. 치료사는 사례가 전혀 진전이 없으며 차라리 시작하지 않는 것이 나았을 것이라는 감정이 드는 시기가 있다. 이 감정들의 유효성을 수용하고, 현재 저항을 다루는 경우를 제외하고 환자에게 행동화하거나 언어화하지 않고, 편안하게 견딜 수 있는 능력을 개발하는 것은, 대체로 숙달하기 힘든 원칙들이다.

이것들은 정신분열증 환자와 작업을 시작하는 치료사들과 중점적으로 다루는 문제들이다. 이런 작업은 특별한 종류의 슈퍼비전과 훈련이 요구된다. 역전이 저항은 분석되며 슈퍼비전 회기에서 그것을 해결하도록 초보자는 도움을 받는다(Spotnitz, 1976b, 1982). 이 과정에서 슈퍼바이지가 활발하게 참여한다면 이는 종종 그의 전문성 계발에 큰 기여를 한다.

추가적 관찰들

건강상의 위험

정신분열증 환자와 다른 심각한 병리가 있는 사람들과 일하는 치료사가 그들이 유발하는 심각한 신경증적 혹은 정신증적 반동들을 분석할 수 없다면 이는 건강상의 위험이다. 그가 즉각적인 도움을 받지 않는다면 정신증적 혹은 정신신체화 반동들을 자초할 수 있다(Spotnitz, 1963). 예를 들어, 호지킨병이 있는 환자를 치료하던 학생 분석가는 환자가 토로하고 있는 바로 그 감정들을 경험하고 있다고 말했다.

강렬하고 불쾌한 역전이 경험에 노출되는 것이 치료사 안에서 실제 정신적 혹은 유기적 질병을 만들 수 있는지는 연구되어야 할 분야이다. 그러나 자신이 분석을 받지 않는 치료사가 정신분열증 환자들을 치료하는 것은 분명히 건강상의 위험이다.

여러 해 전에 나의 동료(그는 자신이 분석을 받지 않았다는 사실을 숨겼다)는 분노와 다른 강렬한 정서들을 경험하는 것에 대한 강한 저항을 발달시켰다; 그는 심각한 병리가 있는 환자들과 작업하면서 그것들을 계속 억압했다. 언어적 표현이 막히면서, 유도된 감정들은 심장 질병인 발작성 심빈박증으로 배출구를 찾았고, 그는 이 병으로 죽었다. 자신의 건강을 위협하지 않고 이런 환자들과 생산적으로 작업하기 위해서는, 유도된 감정들을 느끼고, 인식하고, 말로 표현할 수 있어야 한다.

의사소통의 비언어적 과정들

일반적으로 주요 의사소통들은 환자가 분석가에게 하는 것이라고 추정한다. 극심한 자기애적 개인의 치료에 있어서, 첫 접촉부터 양쪽이 인식하지 못할 수도 있는 쌍-방향의 비언어적 의사소통이 이루어진다는 추정으로 작업하는 것이 도움이 된다.

방금 경험된 감정의 기원은 종종 불분명하고 그것을 밝히는 데에 시간이 오래 걸릴 수 있으므로, 두 가지 가능성을 염두에 두는 것이 좋다. 첫 번째는 환자가 그 감정을 유발한다는 것이다. 설명할 수 없는 강한 짜증의 감정들을 인식하게 된 회기에서 치료사는 환자에게 오늘 제가 짜증스럽게 느껴지냐고 물었다. 환자는 대답하기를, "어떻게 아셨어요? 당신은 독심술사인가 봐요. 오늘 출근길에 남편이 정말 짜증난다는 생각을 했어요." 또한 환자의 전이 반동처럼 보이는 것이 치료사의 언어화되지 않는 감정들에 대한 역-반응일 수도 있다. 예컨대 치료사가 개인적인 슬픔을 경험하고 있을 당시에 환자는 그 감정을 자신에게 돌리면서—어쩌면 처음으로—자신에게 매우 중요했던 사람의 죽음을 애도하기 시작할 수도 있다.

만약 환자가 분석가의 감정에 대한 자신의 지각들을 자아화하며 자신의 감정을 느끼는 것에 대한 방어로 사용한다면 성격 문제들이 발생할 수 있다. 이런 정서적 동일시는 일시적 진전을 가져올 수는 있지만, 환자가 자신의 진실한 감정들을 완전히 인식하고 그것들을 실천에 옮기는 데에는 방해가 된다. 그는 계속해서 완전히 통합된 인격이 될 수 없고, 자신이 계속해서 낯설게 느껴진다.

자기-감정들과 삶의 초기에 자아화했던 대상 감정들을 환자가 식별하도록 분석가가 도움으로써 이런 종류의 문제들은 막을 수 있다. 저항 죠이닝의 기법들은(10장에서 묘사된다) 먼저 자아화 된 대상 감정들의 자극을 돕는다. 이것들이 탈-자아화가 된 이후에, 환자는 자기-감정들을 말로 표현하도록 도움을 받는다.

기능할 수 있는 자유

정신분열증 환자의 살인적 감정들을 유지하면서 환자를 위해 사용하며, 방어하지 않고 편안하게 기능하기 위해서는 상당한 자아의 힘이 필요하다. 만약 감정들이 부인된다면 관계 안에서 그것들이 어떻게 자극되었고 환자가 그것에 대해 어떻게 방어하는지를 이해하는 것은 불가능하다. 반면에, 만약 유도된 감정들에 대한 인식으로 임상가가 마비될 정도의 불안 상태에 빠진다면, 환자는 자신이 정서적으로 성숙하는 데에 필요한 비교적 안전한 분위기를 제공 받지 못한다.

분석가에게 가장 요구되는 것은 고도의 자기-통제와 긴밀하게 연결된 정서적 민감성이다. 정서적 민감성은 환자의 전이 감정들과 유도된 정서들에 열려 있으면서 목표-지향적 기능에서 벗어나게 휩쓸리지 않는 것을 말한다(Epstein, 1982).

분석가는 치료를 수행하는 과정에서 자기 방식대로 자신의 정서적 민감성을 드러내지 않는다. (이 작업 원칙이 자주 위반되는 것을 관찰했기 때문에 강조하는 것이다.) 전문적 관계의 격식들은 일관적으로 지켜져야 한다. 분석가는 환자가 도착 시에 공손하게 맞이하며, 예의 바른 방식으로 설명하며, 모욕적인 혹은 도발하는 발언은 삼간다. 그는 다음의 태도를 전한다: 나의 감정들은 중요하지 않다. 당신을 알게 되는 것이 중요하다.

자기-통제는 자기가 저지른 실수를 견디며 그것에 지나치게 동요되지 않는 것을 포함한다. 그것들을 자백하거나 부인하는 것으로써 죄책감으로부터 벗어나는 것은 쉬운 선택이다. 그러나 정신분열증 환자가 자유롭게 적대감을 말할 수 있기 전까지는 자신의 실수를 인정하거나 부인하는 것은 거의 바람직하지 않다. 만약 환자가 나의 실수에 대해 비난한다면, 나는 그에게 묻기를, "당신이 나의 실수에 대해 옳다고 가정을 한다면, 우리는 어떻게 되는 건가요?"

환자는 보통 전문가로서의 약속을 넘어서 분석가가 정말 자신을 돕고 싶어하는지에 대해 알고 싶어한다. 이 부분에서 항상 어떤 종류의 시험이 있다. 직접적으로 개인적 관심을 부인하거나 인정하기보다는, 환자의 특별한 요청이나 부탁을 들어주거나 거절하는 것의 치료적 영향에 대해 환자와 함께 탐구하는 것을 권장한다. 분석가는 사실상 자신의 임무를 하는 무뚝뚝한 부모처럼 행동한다. 결국 환자는 분석가가 자신에 대해 진심으로 관심이 있고 환자 스스로가 그 발견을 하도록 허락했다는 것을 깨닫는다.

10장
개입: 범위와 순서

> 말의(정신분석의 주요 수단) 기본적 "정신신체적" 기능은 엄마와 유아간의 분리를 이어주는 원조격 다리이며, 이는 성인 관계에서 지속되고, 대체로 본래의 신체적 친밀함을 대체한다.
> ─ 스톤Leo Stone(1981a, p. 97)

분석회기에서 환자와의 자발적 의사소통은 두 가지 종류이다: 하나는 침묵이며 하나는 말하는 것이다. 이것을 시간으로 잰다면 침묵이 더 중요하기 때문에―그리고 더 어렵기 때문에―먼저 언급하겠다. 효과적 비언어적 의사소통을 위한 모체로서, 분석가의 침묵은 전오이디푸스기 성격에서 성장을 촉진하거나 허락한다. 자발적 침묵이 유지되어도 비언어적 의사소통은 계속된다.

예를 들어, 치료 초반에 환자가 자기애적 전이를 발달시킬 때에 사실상 무생물 같은 존재가 필요하며―될 수 있으면 숨조차 쉬지 않는 사람―움직이지 않는 침묵이 다음의 메시지를 의사소통한다: 나는 어떠한 방식으로도 당신을 방해하고 싶지 않다. 공유된 침묵은, 비간섭적인 자세의 변화로 특징지어지며, 침묵의 소망을 어떠한 방식으로든 표현하던 환자에게, 임상가는 그가 말하는 것을 재촉하지 않는다는 것을 전달한다. 안절부절 못하는 것, 기침, 갑작스러운 움직임들은 초조한 침묵을 만들며, 이는 교묘하게 반대의 메시지를 전달할 수 있다.

개입의 결정은—즉, 자발적으로 의사소통하는 것은—이론적으로 중요하다. 삶에서 성공적으로 기능할 수 있는 환자의 능력을 극대화하기 위해서 정신분석가는 간접 심리치료를 하는 임상가로서, 의사소통에서 절약의 원칙을 지킨다. 환자의 성격은 자신의 참여의 결과가 되는 것이 바람직하므로, 치료사는 환자의 행동을 변화시키는 데에 필요한 것 이상으로 영향을 끼치지 않는다. 개입들은 주로 저항을 해결하기 위한 것이다.

이것이 프로이트가 『히스테리 연구Studies on Hysteria』 4장에서 자신의 심리치료 활동에 대해 보고하면서 생각했던 목적이다. 기법에 대한 첫 번째 이론에서 그는 "지속적인 저항"을 제거하기 위해 다양한 자원이 필요하다는 제안을 한다.

이 자원들에 대해 프로이트가 말하기를, "한 사람이 다른 사람에게 일반적으로 정신적 영향을 줄 수 있는 거의 모든 것들을 포함한다." 저항은 "오직 천천히 그리고 단계적으로만" 해결 될 수 있기 때문에 인내심은 강조된다. 환자의 지적 관심의 발달을 예상하면서, 정신적 과정들에 대해 "설명하고" 정보를 줌으로써, 환자를 협력자로 만들 수 있으며, 자신을 "객관적 관심"을 가지고 대하게끔 유도함으로써 "저항을 밀어낼 수 있다."[1] 환자의 저항에 대한 동기들이 발견되면, "가장 강력한 수단"은 "그 가치를 박탈하거나 더 강력한 것들로 대체하는 것이다."

프로이트는 계속 말하기를, 온 힘을 다하여 해설자, 선생님, 고해 신부로서의 작업을 하며, 동조와 존경으로 사면을 해준다. 또

---

[1] 지적 관심의 발달에 의지하기보다는, 환자가 설명을 듣는 것에 대한 진실된 관심을 나타내기 전까지는 설명을 유보하는 것을 권장한다. 정신분열증 환자는 치료가 몇 년 진행되기 전에 지적 정보에 대한 허기를 보이는 경우는 드물다.

한 환자를 위해서 자신의 개인적 능력과 동정이 허락되는 최대의 인간적인 도움을 준다. 이 활동을 위한 "필수적인 전제조건은" 사례의 성질과 방어를 위한 동기를 예측하는 것이며, 환자가 히스테리 증상으로부터 해방되는 것은, "병리적 인상들을 야기시켰던 것을 재생산하고 정동을 담아서 그것을 말로 표현했기 때문이다. 그러므로 그가 그렇게 하도록 유도하는 것이 유일한 치료적 과업이다"[2] (Breuer & Freud, 1893-1895, pp. 282-283).

그러나 정신분열증 환자의 지적 관심을 자극하거나 인간적 도움과 동정으로 그의 협력을 구애하는 것에 의존한다면 실망이 뒤따를 것이다. 오늘날에도 어떤 분석가들은 정신분열증 환자와 관계를 성립함에 있어서 따뜻하고 외향적인 태도를 권장한다. 나의 경험상 이것은 금지되어야 한다. 환자가 증오 긴장을 정서적 언어로 방출할 수 있는 것을 발달시키고, 협력에 대한 강한 지적 관심과 치료에 대한 이해를 나타내기 전까지는, 과묵하고 냉정한 태도를 유지하는 것이 바람직하다. 그렇지 않으면 정보는 파괴적으로 사용될 수 있다.

그럼에도 불구하고, 기법에 대한 프로이트의 최초의 보고에서, 비해석적 의사소통에 대한 제약에 의해 방해받지 않았으며, 정신분열증 사례에서의 개입의 목적과 정신을 잘 전달한다. 인내에 대한 언급은 매우 적절하다. 이는 침묵에만 적용되는 것이 아니라, 자신이 가지고 있는 언어적 재주를 전부 동원해서 같은 것을 반복하고 또 반복하는 것이다. 반복이 필수적이다. 어린 아동처럼, 정신분열증 개인은 과도한 압력에 노출 되지 않으면서, 정신내적 성장에 대한 장애물들을 숙달하도록 유도되어야 한다. 이것은, 불가피하게도, 점진적인 과정이다.

---

[2] 모던 정신분석가들이 생각하는 중요한 전제조건은 분석가의 도움을 받아서 병리적 인상들을 재생산하는 것에 대한 환자의 저항을 해결하는 것이다.

저항을 해결하기 위해 필요할 때, 그리고 필요한 만큼만 개입하는 원칙은 소위 소극적 그리고 적극적 방식과 같은 비현실적인 이분법을 초월한다. 최근에 특수함이 점차 강조되었다—현재 작업하고 있는 저항을 효과적으로 해결하기 위한 특정 종류의 활동 혹은 비활동의 종류, 정도, 그리고 순서를 말한다. 어떤 정신분열증 환자들과는 긴 간격 동안 침묵을 할 수 있다; 다른 환자들은 즉각적으로 많은 활동을 요구한다. 더욱이, 치료의 과정에서 저항 패턴이 변화하면서, 환자가 반응하는 개입의 패턴들도 변한다. 이런 패턴들을 다루는 조짐과 증상들은 개입에 대한 포괄적이고 논리적인 체계를 구축하는 바탕이 된다.

이론적 학파와는 관계없이 능숙하게 훈련받은 임상가들은, 요구되는 다양한 기법들에 대해 능통하다; 그러나, 최대의 심리적 효과를 달성하기 위해 그것들을 사용하는 지침에 대해서는 부족하다. 초보자는 중요한 요소인 각각의 개입이 주어진 상황에서 어떠한 것을 성취하거나 하지 않을 것인지에 대해 생각하기보다는, 특정 개입 종류들이 요구된다는 선험적 생각을 바탕으로 개입을 하는 경향이 있다.

"바로 지금" 사용되는 저항적 행동 패턴을 벗어나는 데 환자를 도울 때만이 개입은 가치가 있는 것이다. 그는 미성숙하거나 비이성적인 태도를 표현할 수는 있지만, 그가 정동을 가지고 자발적으로 말로써 이것을 표현하고 있다면, 그를 중단시키고 이런 태도를 개념화하는 것을 통해서 얻어지는 것은 없다. 현시점의 저항에 미치는 즉각적인 효과를 토대로 해석 내용의 가치를 판단한다. 환자가 협조적으로 기능하지 않을 때에는, 경험과 상식에 입각해서 현재 저항을 이해하고 그것을 어떻게 다룰지에 대해 결정하기 전까지는 개입하지 않는 것이 좋다.

초보자는 또한 개입의 순서에 대한 원칙을 이해하기 어려울 수 있다. 이는 대개 일련의 의사소통을 포함하는 단일 저항을 다루는 데에 적용될 뿐만 아니라, 사례 전체에 걸쳐 나타나는 무수한 저항들에 반응하는 것에도 적용된다. 저항의 전반적 성질이 변화하면서, 치료 초기와는 다른 종류의 개입이 다소 필요하게 될 수도 있다. 순서 자체는 고정된 것이 아니다; 각각의 환자에 맞는 것을 발견해야 한다.

 그러나 대체로, 정신분열증 사례에서는 효과적인 개입들은 명령과 간단한 질문에서 설명, 그리고 해석으로, 단순한 것에서부터 복잡한 수준의 의사소통으로 옮겨간다. 분석가는 복잡한 의사소통에 도전하기 이전에 단순한 의사소통을 소화해야하는 환자의 필요를 이해하고 무의식적 의사소통의 순서를 정한다. 언어적 수유의 심리학은 유아의 수유 원칙과 평행을 이룬다—심리적으로 소화가 가능할 때까지는 고형 식품을 정기적으로 주지 않는다.

 자기애적 상처를 주지 않으면서 환자가 자신이 정말 느끼고, 생각하고, 기억하는 것을 말하도록 돕는 모든 개입은(Lucas, 1982) 성숙적 의사소통이라고 지정한다. 치료 초기에는, 외부 현실에 대한 인상들을 말로 표현하는 데에 환자를 돕는 간단한 질문이(환자의 증상, 꿈, 환상에 대한 관심을 보이면 종종 발달하는 파편화 저항을 관리하는 데에 도움이 된다) 성숙적 의사소통이다. 연속체의 반대편에는 해석이 있으며, 이는 환자가 요구하고 그것이 환자 자신의 생각과 감정을 표현하는 데에 도움이 될 때 사용된다. (즉각적 효과를 고려하지 않고, 환자와 통찰을 공유하고자 하는 직무 때문에 하는 해석은 역효과가 날 수도 있다.) 성숙적 의사소통의 근저에 있는 치료적 의도는 환자가 반복적이 아니라, 진보적으로 말하는 것을 돕는 것이다.

 성숙적 효과를 가지는 많은 의사소통들은 오랜 속담을 반영

한다: 그들을 이길 수 없으면 그들과 죠이닝joinning하라. 분석가는 이런 정신으로 종종 "암벽" 저항에 반응하며, 그 저항에 초점을 맞추거나, 관리하거나, 그것에 대한 환자의 필요를 넘어서는 데에 도움을 주기 위함이다. "죠이닝"이라는 개념은 반복적인 패턴에서 환자가 벗어나는 데에 도움을 주는 자아-수정적 기법들을 지칭한다.

간접적으로, 충동 방출에 대한 압박을 감소시키며, 저항과 죠이닝하는 것은 전오이디푸스기 성격을 강화하는 효과가 있다. 여러 방식으로 개념화되며 다양한 심리치료 체계와 관련이 있지만—예컨대, 빅토르 프랭클Victor Frankl의 역설적 의도라는 기법은(1960)—그 가치와 사용에 대한 설명은 항상 구체화되지는 않는다. 나의 견해에는 간접 심리치료에서 저항-죠이닝은 의사소통에 대한 즉각적 방해물을 제거함으로써 치료관계에서 환자가 협조적으로 기능할 수 있게끔 돕는 데에만 사용되어야 한다. 저항은 긍정적 혹은 부정적으로 죠이닝되며, 환자가 그것을 포기하는 것을 돕는 분명한 목적을 가지고 있다.

환자가 했던 말들은 감정과 함께 혹은 감정 없이, 질문이나 선언문 형태로 반복할 수 있다. 이미 지적했듯이(Eissler, 1958), 이런 반복의 효과는 해석과 등치 될 수 있다. 언어화되지 않는 태도는 죠이닝될 수 있다. 그러나 회기 안에서의 저항적 행동은 (행동화acting in) 지지되는 저항적 패턴의 영역을 벗어난다. 치료사는 침착하고 사색하는 태도로 그것을 좌절시키거나, 그 행동이 치료에 명백하게 파괴적일 때에는 보다 적극적으로 막는다.

"암벽" 저항을 관리하기 위한 수많은 정서적 대면을 하면서, 단조로움은 피한다. 객관적 역전이에 바탕을 둔 감정의 진실함과 만남의 신선함은 이런 의사소통들이 효과를 가질 수 있도록 기여한다(Davis, 1978).

환자는 어떠한 것들은 유쾌하게, 다른 것들은 불쾌하게 경험한다; 그 차이는 종종 개입을 하는 어조에 달려있다. 그 효과가 자아-이조적일 때에는 부정적 감정들이 동원되고 그것들을 언어화하는 것에 대한 방어들이 활성화된다. 환자가 불쾌하게 말을 할 때에는, 유쾌한 죠이닝은 불쾌한 것에 대한 저항의 힘을 약화시킬 수도 있다. (나는 슈퍼바이지들이 초기에는 환자가 개입에 대해 부정적인 반동을 언어화할 때에 자신들이 "무엇인가를 잘못 말했다"라고 느낀다는 것을 관찰했지만, 결국에 그들은 긍정적인 감정뿐만 아니라 환자가 부정적인 감정들을 표현할 수 있는 능력을 개발시키는 것이 치료의 목표 중 하나라는 것을 깨닫는다.) 자아-동조적 의사소통들이 긍정적 감정들을 동원하면, 치료사는 그것을 언어화하는 것에 대한 환자의 저항을 줄이는 것을 작업한다.

다음 부분에서는 정신분열증 환자들과 자주, 그리고 효과적으로 사용되는 개입의 종류들이 소개된다. 이 특유의 의사소통들은 그것들이 대개 치료 과정에서 나타나는 순서대로 논의된다. 이 개입들에는 명령, 질문, 설명, 죠이닝, 반영하기mirroring, 성찰적 과정들reflectice procedures, 그리고 성숙적 해석 등이 포함된다.

이어서 전이 저항의 문맥에서 개입의 순서에 대해 논의한다. 지배적인 저항에—무수한 형태로 파괴적 공격성을 억압하는 패턴—대한 순차적 접근 방식들이 묘사된다.

명령 (지시)

치료가 시작되면 우선시 되는 개입은 명령이다. 명령은 복종을 시키기 위해 사용되는 것이 아니다. 반면에 치료사의 의도는 왜 환자가 자신에게 따르는지 혹은 거역하는지에 대해 알아내고 이에 대해 의사소통하는 것을 돕기 위함이다—환언하면, 저항을 동원하고 결국 그것을 해결하기 위함이다.

"카우치에 누워서 말하시오"는 정신분열증 환자에게 하는 기본적인 법칙의 전형적인 표현이다. 이 대신에 "당신의 인생 이야기를 하시오", 혹은 "말을 하시오"라고 환자에게 명령할 수 있다. (앞서 지적했듯이 환자는 자유연상을 하도록 초대 받지 않는다.) 비슷한 방식으로 이 관련된 법칙에 대해 상기시켜준다.

환자의 저항 태도에 대한 명령들은 종종 효과적이다. 예를 들어 환자는 더 이상 말을 하지 않겠다고 할 수 있다. 부정적으로 영향을 받기 쉬운 사람에게 그가 말을 해야 한다고 상기시켜주는 것은 저항을 강화시키는 경향이 있지만, 만약 그에게 "당신은 너무 많이 말했어요. 남은 시간동안 조용히 하세요"라고 한다면, 그는 "안 해요"라고 하면서 계속 말을 이어나갈 수 있다.

예를 하나 더 들자면: 통제력을 잃은 환자에게 '울어라' 라고 명령하는 것은 그가 계속 말을 할 수 있도록 통제력을 회복시켜주는 효과가 있다. 환자가 어린 아동이었을 때 부모가 그에게 "울지마"라고 했을 것이라는 추측을 할 수 있다. 이것은 역설적 의도를 바탕으로 한 긍정적 대 부정적 반영하기의 예시이다.

명령에 대한 현실적 이유를 설명하는 것은 긍정적으로 영향을 받기 쉬운 사람의 저항을 해결할 가능성이 보다 높다. 예를 들어, 카우치에 "정말 누워있고 싶지 않는" 여성의 저항적 태도를 반영하기 위해 치료사는 이것이 의무는 아니지만 권장된다고 말했다. 그리고 그녀가 이에 대해 반대하는 것을 전부 언어화하도록 도왔고 이에 대해 토론했다. 이 중에는 타당한 것들도 있었으며 이에 대해서는 선뜻 인정했다. 치료사는 말하기를, "나는 당신을 최대한 편하게 해주려는 것이 아니라, 치료를 위해서 최선의 것을 하려고 한다." 이 여성은 더 이상 반대하지 않았다; 이 설명은 또한 관계에서 자신을 주장할 권리가 있다는 것을 그녀가 깨닫는 데에 도움이 되었다.

반명령어를 사용할 수 있다. 환자가 무엇인가를 명령하면 치료사는 "당신이 하시오"라고 말할 수 있다. 치료사에게 "조용히 하세요"라고 명령하는 환자에게, "당신도 조용히 하세요,"라고 명령할 수 있다. "저에게 말하세요," "말을 하세요"와 같은 간단한 진술도 자주 명령형으로 사용된다.

마샬Marshall(1982)은 "자기애적 저항들을 지지하고 해결하도록 만들어진"(p. 62) 몇 개의 죠이닝 기법들을 묘사하며, 이들은 그가 보기에는 전언어적 패턴들을 다룰 때에 선택되는 개입들이다. 회기에서 폭행 행동을 하던 부정적으로 영향 받기 쉬운 아홉 살 소년에게 비슷한 기법을 사용하는 것에 대해 마샬은 보고한다:

> 내가 한계를 정하려고 하면서 그의 엇나가는 성질에 대해 더욱 분명히 알게 되었고, 나는 그에게 파괴적인 방식으로 행동하라고 명령했다. "누가 시키는 건데?" "안하면 어쩔 건데" 등의 폭언 후에 그는 온순하게 행동했으며 침묵에 빠졌다. 나는 계속 침묵을 지키라고 명령했고, 그는 토론의 밑거름이 되는 중요한 자료를 드러내는 비난, 논쟁 등을 쏟아냈다. 이후에 나에게 버릇없이 불쾌한 것에 대해 말하라고 명령했을 때, 그는 휴가 동안 재미있게 지낸 이야기를 했다(p. 69).

이 경우 치료사는 환자에게 저항을 하라고 명령하기 때문에, 마샬은 이 기법을 "저항을 처방하기"(p. 69)라고 부른다.

질문에 반응하지 않는 환자들에게 명령하기는 효과적인 대안일 수 있다. 수 년전에 한 여성 환자가 질문을 견디지 못한다는 것을 통해 이를 알게 되었다. 나는 그녀에게 이유를 물었을 때에 즉각적인 설명을 하지 못했다. 결국 그녀는 질문 받는 것에 대한 불편함이 맹장 수술 이후에 종기가 발생했던 고통스러운 시기가 상기되기 때문이라는 것을 깨달았다. 그녀는 말하기를, "의사는 매일 와서 상처 안으로 탐색침을 넣었다. 당신이 저에게 질문을 할 때 마다 탐색침을 다시 넣습니다. 저는 견딜 수가 없습니다." 내가 명령은 견딜 수 있겠느냐고 질문을 했고 그녀는, "마음껏 명령하세요"라고 대답했다. 결국 문제는 해결되었다.

반면에 명령을 받을 때에 화내거나 자신이 공격당한다고 느끼는 환자를 가끔 만난다. 분명히 환자에게 질문을 하거나 명령하는 것이 중요한 것이 아니라, 그 의사소통이 환자에게 정확히 무엇을 의미하는지—어떻게 인식되는지가 중요하다(Spotniz, 1981b). 개입의 효과를 연구하고 각각의 환자의 필요에 적응하면서 시험적으로 개입을 사용해야 한다.

질문

명령에 이어 주로 질문이 사용된다. 이것들은 긍정적일 수도 (관심을 표현하는) 혹은 부정적일 수도(비판을 표현하거나, 불만을 불만으로 대하기) 있다. 질문을 먼저 하는 것뿐만 아니라, 치료사는 주로 환자의 질문을 질문으로 받아친다.

치료 시작에는, 치료사는 사실적 혹은 대상-지향적 질문만을 한다. 환자가 치료사에게 말을 걸 때 이 질문들을 하는 것이 좋다. 메도우가 지적했듯이, "접촉 기능은 주관적으로 그 시기를 결정하는 고전적 해석을 대체하였고, 주체가 요구하는 시기와 의사소통의 종류에 맞추는 요구에 따른 수유이다"(1974, p. 92).

사실적 질문

환자가 외부 사건을 애매모호하게 보고하는 특징이 있기 때문에, 그것이 언제, 어디에서 발생했는지와 같은 기본적 사항들에 대해 질문하는 것이 적절할 수 있다. 자신이 언급했던 사람들의 이름, 책, 영화 제목 등과 같은 것도 질문할 수 있다. 이에 대해 불안해하는 환자에게, 분석가는 자신이 사실들을 아는 것에 대해 관심이 있다고 알려주면서 안심시킬 수 있다.

환자의 의사소통의 반복적인 성질을 명료화 혹은 강조하는 질문을 할 수 있다. 부모에 대해 지나친 칭찬에 빠져있는 환자에게, "당신의 부모님이 정말 그렇게 멋진 분들인가요?"라고 질문할 수 있다.

증거를 찾기 위해 다그치기

망상적 사고의 타당성에 대해 전혀 이의를 제기하지 않고, 분석가는 환자와 함께 이를 조사할 수 있다. 타당성에 대한 조사는 치료 후반에 적절하게 할 수 있다.

예를 들어, 최소 1년 정도 치료를 한 후에, 자신의 감정들을 분석가의 탓으로 돌리는 환자에게 그에 대한 증거를 물을 수 있다. 일련의 질문들을 통해(요약 되어 있음) 환자가 자신의 분노를 투사하고 있다는 것을 깨닫게 도와주는 사례를 예로 들었다.

   [환자 (상담실에 들어온 지 얼마 지나지 않아): 당신은 저에게 화가 났어요.]
   분석가: 무엇 때문에 그렇게 생각하세요?
   [환자: 당신이 문을 열었을 때에 화난 표정을 짓고 있었어요.]
   분석가: 당신이 어제 갈 때에 제가 화나 보였나요?
   [환자: 아니요. 친절한 미소를 지었어요.]
   분석가: 그렇다면 왜 제가 오늘 당신에게 화가 날까요?
   [환자: 모르겠어요. 생각해보니까 오늘 여기 오면서, 지난 회기에 제 질문에 대해 답을 해주지 않아서 당신에게 화가 나기 시작했어요.]
   분석가: 제가 답을 하지 않아서 당신이 화났기 때문에 제가 화를 내야 되나요?
   [환자: 아닐 수도 있겠네요. 그렇지만 저는 제가 화났기 때문에 당신이 화났다고 생각했어요.]
   분석가: 이 문제를 어떻게 해결하지요?
   [환자: 해결 됐어요. 당신은 저에게 화가 나지 않았어요. 제가 당신에게 화났어요.]

   환자가 감정들을 "자아화"(내사)할 때면, 분석가는 계속 질문을 할 수 있다. 예를 들어, 활기차고 힘 있는 모습으로 상담실에 들어온 여성 환자는 15분이 지나자 아주 피곤하다고 말했고, 이에 대해 분석가는 질문하기를, "항상 이 시간에 오셨는데 피곤하다고 불평한 것은 처음입니다. 이를 어떻게 설명해야 되나요?" 그녀는 사실을 기반으로 설명하려고 했다. 그녀의 설명들에 대해 함께 조사하자, 그녀는 피곤함의 감정이 자신의 경험 이외의 다른 것과 연관이 있을 수도 있다고 의심하기 시작했다. 추가적인 질문을 통해 분석가가 문을 열었을 때에 얼굴에 피곤한 기색을 보았다는 결론에 도달했다. 그리고 그녀는 분석가를 불쾌하게 만들지 않기 위해 말하고 싶지 않았다고 설명했다.

대상-지향적 질문

두 번째 종류의 질문들은, 환자의 자기 성찰적인 성향과는 반대로, 환자의 반복적 의사소통에 대해 외부 대상에게 관심을 돌린다. 마골리스는(1983b) 대상-지향적 질문의 중요성을 명료화하는 상세한 논의에서, 그 기본적 기능은 의사소통에 대한 저항을 해결하는 것이라고 강조했다. 그는 덧붙이기를, 그런 목적을 위해 사용되며 "단순한 보호에서부터 가장 정교한 분석가-환자 상호작용 등 다양한 상황에 걸쳐서 사용된다"(p. 37).

환자가 반복적으로 불평할 때에, 치료사는 "제가 당신을 언짢게 하고 있나요?"라고 질문하거나, 혹시 집에서 누군가가 괴롭혔는지를 물을 수 있다. 울고 있는 환자에게 다음과 같은 질문을 할 수 있다: "제가 당신을 속상하게 했나요?"; "제가 당신을 불행하게 하고 있나요?"; "당신을 편안하게 만들기 위해서 제가 무엇을 할 수 있나요?"

언어적으로 고통에 대해 어느 정도의 책임을 지면서, 치료사는 다른 사람들이 그것을 어떻게 야기했는지, 혹은 어떻게 하면 그것을 완화시킬 수 있는지에 대해 관심을 집중한다. 이 질문들은 치료사가 끝이 없는 힘이 있는 사람이라는 것을 제안한다. (이런 "자기중심적인" 접근 방식에 대한 예는 이후에 들겠다.)

자아-지향적 질문들

관계의 초기 단계에는 환자 자신의 기능에 대해 환자의 주의를 이끄는 질문들은 거의 하지 않는다. 결국, 정신분열증 환자는 감정적으로 중요한 방법으로 자기 스스로에 대해 말할 수 있게 될 것이고, 그리고 그가 더 자아-몰두(self-absorbed)하지 않으면서도 그렇게 할 수 있다는 것을 증명하게 되면, 분석가는 세 번째 종류의 질문을 하기 시작한다. 치료 후반에 자주 사용되는 세 가지 연속의 자아-지향적인 질문들이 아래에서 예시되었다.

분석적 치료에 대한 열쇠. 자신의 부적절한 기능에 대해 불평을 해오던 사람은 그 불평을 통해서 성취하기를 기대하는 것이 무엇인지를 질문 받을 수 있다. 그의 소망과 기대에 대한 조사는 때때로 치료가 어떻게 진행되어야만 하는가에 대한 그의 생각에 대한 토론을 이끈다. 질문의 방향은 다음과 같은 상호교환에 의해서 제안된다.

분석가: 만약 당신의 말대로 당신이 부적절하다고 나를 설득한다면, 그 사실이 우리를 어디로 이끄나요?
 [환자: 그것은 당신이 나를 치료하는 데에 도움을 주겠지요.]
 분석가: 그것이 나를 어떻게 도와주나요?
 [환자: 당신이 나를 이해할 수 있을 거예요.]
 분석가: 나의 이해가 당신에게 어떻게 도움이 되나요?
 [환자: 그것은 내가 잘 회복되게 도와줄 것입니다.]
 분석가: 혼자만 이해하는 것은 누구에게도 회복하는 데에 도움이 되지 않아요. 나는 이해한다는 것을 입증해왔고, 그리고 당신은 더 나아지지 않았어요.

[환자: 그러면 제가 어떻게 치료 되나요?]
  분석가: 당신을 치료하는 것은 이곳에서 떠오르는 당신의 감정, 생각, 그리고 기억들에 대해 말하는 것을 방해하는 것이 무엇이든지 성공적으로 다루는 겁니다.

  분석적 치료에 대한 환자의 이론들을 조사하는 것은 점진적 의사소통에 대한 최초의 저항들이 포기될 때까지 계속된다. 이것은 몇 주나 몇 달이 걸릴 수도 있다.

  환자의 기대들. 분석가는 비현실적 기대에 의해서, 의식적 또는 무의식적으로, 저항적 행동의 한 양식이 동원된다는 것을 직접적으로 지적하기보다는, 능숙한 질문의 과정에서 동일한 내용을 암시할 수 있다.
  치료를 어떻게 받는 것이 좋겠는가에 대한 질문을 받은 한 심각한 장애가 있는 젊은 남자는 치료사가 "다르게 행동하기"를 바랐다고 말했다. 추가적 질문에 대한 답으로, 그는 치료사가 자기가 당하는 만큼의 고통을 받고, 그가 기분이 좋아지게 도와주는 말을 하고, 치료에 대한 비용을 받지 않기를 바랐다고 말했다.
  치료사는 환자와 함께 고통을 겪고, 그를 무료로 치료해주고, 그리고 그가 듣기 좋아하는 것을 의사소통하는 것을 고려하겠다고 대답했다. "그러나 나는 그런 행동이 당신이 회복하도록 어떻게 도와주는지를 나에게 설명해주면 좋겠습니다."
  환자의 생각들이 반복적으로 치료자와 함께 탐구될 때, 그는 그런 생각들이 치료를 촉진하지 않을 것이라는 것을 대개 인식하게 된다. 그때 환자는 치료사의 작업 계획을 고려하여 동문서답하는 일을 기꺼이 중단하려 한다.

분석가의 결점들 과도기 동안(변동하는 전이 상태들) 환자는 분석가에 대한 그의 인상과 그의 문제들에 대해 질문을 받을 수 있다. 일반적인 반응은 놀라움 또는 무관심이다: 그는 정말로 분석가를 알지 못하기 때문에 그의 의견은 쓸모가 없을지 모른다; 그와 같은 질문들은 좀 더 능숙하게 대답할 수 있는 다른 사람에게 해야 한다. 또는, 때때로: "당신이 도움을 필요로 한다면 당신 자신의 분석가에게 돌아가라."

그러나 임상가는 그가 듣기 원하는 것은 환자의 인상들이라는 생각을 전달한다: "당신은 사람들에게 민감합니다. 만약 당신이 나에 대해 생각하는 것을 말하고 내 문제에 대해 나를 도와준다면, 아마도 나는 당신과 다른 환자들에게 더욱 도움이 될 수 있을 겁니다."

설명(Explanations)

치료를 착수했을 때, 그것의 필요성에 대한 설명은 간단하게 한다. 그리고 주로 환자로부터의 직접적인 질문들에 대한 대답을 제공한다. 분석가가 회기 중에 말하는 것이 무엇이든 간에 그 순간에 환자에게 발생한 감정, 생각, 그리고 기억들을 말하도록 도와줄 뿐이라는 것을 반복적으로 언급한다―관계 밖에서 그의 행동에 영향을 주기 위한 것이 아니다.

때때로, 라포를 형성하기 위한 수단으로서, 분석가는 환자가 제기한 주제에 관한 정보를 자청한다―그날의 뉴스, 사회적이고 문화적 사건들, 그리고 그와 같은 것들이다. 그와 같은 토론들에 있어서, 분석가는 개인적 의견들을 표현하지 않는다. 그는 논란이 많은 주제들에 대한 견해의 여러 관점들을 제시하고 지속적으로 질문을 슬쩍 피하며 묻기를, "당신은 어떻게 생각하세요?" 행동에 대한 설명들은 같은 패턴을 따른다. 환자는 건설적 행동뿐 아니라 파괴적 행동에도 관여하는 충동들을 언어화하도록 도움 받으며, 각각의 경우에 대한 가능한 결과들이 설명된다. 문제에 대한 대안적 해결책들이 탐구되며 그들의 각각의 장점과 단점들을 명시한다.

치료의 첫 해 이후, 환자가 요청할 때에는 무의식적 기제들에 대한 설명이 제공된다. 그렇지만, 자기애적 전이가 전개되는 동안, 그와 같은 설명들은 이해를 증진시키기보다는 오히려 좌절 수준을 조절하기 위해서 주로 의사소통된다.

치료의 전오이디푸스기부터 오이디푸스 단계로까지의 이행 동안에는, 정보는 그것이 소통을 용이하게 할 때는 주어지고 반대의 효과를 가질 때는 주어지지 않는다. 예를 들면, 만약 환자가 자신이 언급했던 책을 읽었는지에 대해 묻는다면, 분석가는 "왜 물으세요?"라고 말할 수도 있다. 만약 환자가 그것에 대해 토론하기를 바란다고 대답한다면, "내가 그것을 읽었는지 안 읽었는지를 모른 채로 책을 토론하는 것이 더 좋다"고 분석가가 대답을 할 수 있다. 만약, 환자가 협조적이라면, 그때는 책에 대한 그의 느낌들을 언어화하려고 할 것이다. 분석가는 이제, "내가 그 책을 읽었다(읽지 않았다)"라고 말할 수 있다.

비록 환자가 자신의 경험과 인식을 보고하는 것을 더 쉽게 해줄 질문들에 대답하지는 않지만, 분석가는 보통 그것이 충분히 설명되어진 후에 개인으로서 그 자신에 대한 정확한 인식을 확인해준다. 예를 들어, 만약 그가 일요일 오후에 센트럴 파크에서 산책하는 중이었는지 질문 받는다면, 그는 아마도 "왜 그걸 알고 싶은가요?"라고 말할 수도 있다. "나는 거기서 당신을 봤다고 생각했어요"라고 대답하는 환자는, 구체적인 세부사항에 대해 질문 받는다. 그가 정확한 시간과 장소를 보고한 후에, 분석가는 "당신이 맞아요"라고 말할 수도 있다.

환자가 자신에 대해 더욱 더 드러냄에 따라, 치료사가 그 자신에 대한 몇몇 정보를 드러내는 것은 당연하다. 환자가 심리적으로 벗는 것—그의 충동, 감정, 생각과 기억을 드러내는 것—을 돕는 과정에서 보통 치료사가 점차적으로 치료 초기에 전이 대상으로서의 그를 숨기는 데에 필요했던 익명성을 없애는 것이 바람직하다. 보다 동등한 관계를 발전시킨다는 관점에서, 환자가 정서적으로 더 성숙해질수록, 환자가 분석가에 대해 알 권리가 커진다; 결국, 환자가 실재하는 개인으로서 분석가에 대해 상당히 많이 알게 되는 단계에 이른다. 환언하면, 환자가 개선됨에 따라, "전이 해소"라고 불리는 환영받는 과정이 진행된다. 전이 저항이 해결된 이후에는, 치료사가 유령 인물로 남을 타당한 이유가 없다.

자신의 전문성 뒤로 숨는 것은 환자를 분개하게 만드는 태도이다—이는 정당하다. 장기적이고, 친밀한, 그리고 깊은 인간관계에서 파트너에 의해 하급자로 다뤄지는 것은 수치스러운 경험일 뿐만이 아니라, 비이성적인 박탈의 한 예이다(Stone, 1981b). 내가 이를 강조하는 것은, 환자와 얼마나 오랫동안 작업을 했든 간에 그들 자신에 대해 어떤 정보도 드러내서는 안 된다는 인상 하에 일하는 상당한 수의 초보 치료사들을 만났기 때문이다.

죠이닝 기법들 (Joining Techniques)

전오이디푸스기 저항 패턴들은 객관적인 이해에 대해 거의 반응을 보이지 않는다. "죠이닝 기법"이라는 용어는 이런 패턴들, 특히 언어 이전의 기능을 반영하는 패턴들을 다루기 위한 기본적으로 비슷한 여러 가지 개입들에 대략적으로 적용된다. 치료사는 개입하면서 환자가 "더 적응적이고 통제된 행동 패턴으로 그것을 대체하기 위해, 인식과 자아 강도를 발달시킬 때까지" 저항의 계속되는 작용을 지지하고 심지어 강화할 수도 있다 (Marshall, 1982, p. 87).

다양한 죠이닝 기법의 예시들을 들겠다. 대체로, 이러한 모든 개입들은 환자에게 같은 메시지를 전달한다: 나는 당신과 같아요. 이런 생각을 전달하기 위해 어떤 전략이 채택되는지는 치료사가 환자같이 보이기 위해 해야만 하는 것이 무엇인지에 달려있다.

죠이닝과 반영하기mirroring는 모두 자아-수정 기법들이다. 그것들은 언어 이전의 저항 패턴들, 대개는 무효화된 공격적인 충동들을 담고 있는 패턴들을 다루기 위해 사용된다. 저항을 죠이닝하면서, 치료사는 환자의 말, 또는 환자의 의식적이거나 무의식적인 태도들에 동의한다. 반영의 경우에는 치료사는 쌍둥이 이미지로서 작용한다. 환자는 쾌활하고, 비슷한 대상과 접촉하길 원하고, 만약 그가 그렇게 행동해도 충분히 안전하다고 느낀다면 닮지 않은, 불쾌한 대상을 공격할 것이다. 이에 대한 공식은 다음과 같다: 만약 당신이 충분히 나처럼 보이고 나를 충분히 좋아한다면, 그리고 만약 내가 그 과정에서 상처입지 않을 것이라고 확신한다면 당신을 공격하는 것이 안전할 것입니다.

자아-이조적 죠이닝

자아-이조적 죠이닝은 주로 부정적인 정동의 방출을 돕기 위해서 채택된다. 이런 접근의 다양한 예들이 아래에서 묘사된다.

날씨. 날씨에 대해 단조롭게 불평하는 환자가, "너무 끔찍하지 않나요?"라고 질문할 때 치료사는 말할 것이다, "당신은 그것이 기압과 관련이 있다고 생각하나요?" 다른 기회에 그는 같은 질문에 대답하기를, "당신은 날씨가 당신에게 저주를 내리고 있다고 생각하나요?" 또는 "당신은 그게 당신의 끔찍한 기질을 반영한다고 생각하나요?"

붕괴되기(Falling Apart). 강박적인 반복과 작업하면서, 임상가는 한동안 환자에게 질문을 하고서 정확히든 다소 과장된 태도로든 그 패턴을 반영하는 말을 할 수 있다.

혼란스러워지고 있고, 비현실적이라고 느끼고, 방향을 잃어간다고 반복해서 말하는 환자에게—그가 종종 말하던 대로, "붕괴되기"—먼저 사실적인 질문들을 할 수 있다. 예를 들어, 언제 처음으로 그가 그런 감정들을 경험했나요?; 바로 그 순간 그것들이 그를 괴롭혔나요?; 그것들이 회기에서 발생한 어떤 것과 연결될 수 있을까요? 만약 그가 불평을 계속한다면, 그에게 분석가가 감정들을 불러일으키고 있는지에 대해 질문할 수 있다. 그때 환자에게 질문하기를, "어떤 이유들이 당신으로 하여금 스스로를 붕괴하게 만들고 있나요?"

질문하는 대신, 분석가는 그 역시 비현실적인 것을 느끼고 혼란스럽다고 말할 수 있다. 그가 감정적 방출을 차단하는 패턴을 반복적으로 반영함에 따라, 그는 혼란의 정도를 나타낼 수 있다—"다소 혼란스럽지만 당신만큼은 아닌," "훨씬 더 혼란스러운," 등등 이다.

제안들로 포화시키기. 만약 환자가 조언을 구한다면, 임상가는 질문하기를, "무엇이 내가 당신에게 충고해줄 것이라고 생각하게 만들었나요?" 이에 대해 자주하는 반박은, "나는 그걸 위해 돈을 내고 있다고요!"이며, 임상가는 다시 상기시켜주기를, "당신을 분석하는 것에 대해 내게 돈을 내고 있는 것이지, 당신에게 조언하라고 내는 게 아닙니다."

종종 분석가는 제안들 혹은 권고들로 충고를 구하는 사람을 포화시킨다. 여러 가능한 행동 과정들에 대해 객관적으로 묘사하며, 환자는 각각의 대안들에 대한 그의 반응들을 자유롭게 말하도록 도움 받는다.

그러나 이런 접근은 그를 거의 만족시키지 못한다. 보통 그는 "당신이 나라면 어떻게 할 것인가"를 알고 싶어 한다. 그 때 치료사는 물어보기를, "내가 어떻게 할지 당신에게 말한다면, 그게 무슨 소용이 있나요?" 만약 환자가 그 정보가 결정을 내리는 데 영향을 미칠 것이라고 대답한다면, 분석가는 "왜 당신은 어떤 식으로든 내가 당신에게 영향을 미치는 것을 허용하나요?"라고 말할 수 있을 것이다.

협박에 협박으로 대응하기. "행동은 안 됩니다. 말로 해주세요"라고 분석가는 말할 수도 있다. 모든 세력들을 언어로 표현되어야 한다는 주의는 부드럽거나, 애원하면서, 설득적이거나, 더 엄중하게 말할 수 있다.

"당신이 나에게 말하지 않는다면" 떠나겠다고 협박하는 사람에게는, "당신이 내가 원하는 방식으로 말하지 않겠다면, 나는 지금 이 회기를 끝내겠습니다"라고 말할 수도 있다. 외설과 비난들도 같은 방식으로 대응될 수 있다.

통제하기 위해서 고집스럽게 책략을 사용하던 한 대학생이 그의 아버지가 더 이상 치료에 오지 못하게 할 수도 있다고 암시했을 때, 분석가는 "당신이 아버지의 동의를 얻지 못한다면, 나는 치료를 중단하겠습니다"라고 말했다. 분석가가 그에게 말하도록 강요하던 다른 젊은이는 "카우치에서 일어나서 당신 머리를 부숴버리겠다"고 소리쳤다. 분석가는 "당신이 카우치에서 일어나기 전에 내가 당신 머리를 부숴버릴 겁니다"라고 응답했다.3)

자아를 반향하기. 자기-공격적인 패턴을 강조하기 위한 이 자아-강화 절차를 설명하면서, 나이젤버그^{Nagelberg}와 스팟닛츠 Spotnitz(1958)는 이 방법이 "유아가 가장 초기의 대상을 너무 멀리 있는 것으로 경험했었기 때문에 유아적 정신 기구들이 그 대상에 대한 적대적인 감정들을 방출하는 데 실패했을 때 … 이 충동들이 다시 그 정신 기구들을 향하게 되는 패턴의 형성에 기여하는, 자아 형성의 원과정"을 역전시키는 효과를 가질 수 있다는 가설을 세웠다(p. 796). 이와 관련해서 흥미로운 것은 정신분열증 환자들이 다른 사람에게 가까이 다가가기 위해 반향동작(보았던 행동들의 반복)을 사용한다는 관찰이다(Day & Semrad, 1978).

반향 절차를 사용하는 데 있어서, 스스로를 낮게 평가하거나 사람에게 분석가는 "당신에게 동의합니다"라고 말하거나 좀 과장해서 그의 말들을 반복할 수 있다. 자신이 "살아있는 사람 중에 가장 최악인 사람"이라고 계속 말하는 환자에게는, "지금까지 살았던 사람들 중에" 그가 가장 최악이라고 말할 수도 있다. 그

---

3) 협박을 반복하는 것은 그것들에 관한 환자의 죄책감을 덜어준다.

는 자신이 스스로 표현하는 대로 비록 정말 무가치할 수 있지만, 분석가로부터 그런 말을 듣고 싶지는 않다는 것을 보여준다. 따라서 이런 종류의 설득적 반향은 결국 공격의 표적을 자아로부터 대상에게 이동시키는 효과를 발휘한다.

우월한 또는 평범한 "나"에 대한 반복적인 평가들에 대해 "그래요, 당신은 그렇습니다"라고 반응할 수 있다.

대상을 과대평가하기. 자아를 반향하는 대신, 치료자는 심리적인 쌍둥이로서 자신을 제시할 수 있다. 환자가 스스로를 "가장 위대한" 사람으로 반복적으로 평가하는 것을 반향하는 과정에서, 치료자는 때때로 극단적으로 자기중심적인 사람처럼 말한다. 극도로 자기-중심적인 사람의 자만심 강한 태도를 강조하면서, 그는 실제로 말할 수 있다: 나는 이 세상에서 당신을 도울 수 있는 전능하고, 전지한, 단 한 명의 사람이다. 이 일련의 개입들은 대개 자기애적 전이의 측면에서 "이상화"의 발달을 조성한다.

대상을 평가절하하기. 자신이 인간 중에 가장 부적절하고 경멸스럽다는 환자의 끈질긴 언급들을 반영하는 데 있어서, 분석가는 "나도 마찬가지입니다"라고 맞장구칠 수 있다. 그는 실제로 자신을 우울하고 초라한 사람으로서 제시하면서 "나 역시 실패자입니다"라고 선언할 수 있다. 환자의 태도는 그대로 또는 다소 과장된 방식으로 반영될 수 있다.

이 일련의 개입들은, 객관적인 역전이의 정서적 에너지에서 힘을 얻으면서, 환자가 외부 대상으로서의 분석가에 대한 감정들을 성립한 이후에 사용된다. 자기애적 방어의 특성—놀라운 대상의 소중한 기능을 상실하는 위험을 겪지 않기 위해서 그 대상 앞에 스스로 굴복하는 낮은 자아—에 대해 작업하기 위해 공격적 충동을 방출하도록 돕는다.

 거의 불가피하게, 쌍방 모두가 치료가 실패했다고 느끼는 시기가 온다. 아래에 보고된 사례에서 분석가의 개입들(여기에 요약된)[4]은 발생했던 감정들을 진정으로 반영했다. 그 회기에서, 동원된 공격성의 흐름을 자아로부터 대상에게로 역전시키려는 노력들은 성공적인 것으로 판명되었다. 반영 과정은 "흘려보내는 것"(방어들을 느슨하게 하는 것)에 대한 환자의 저항을 해결했다.

 한 젊은 여성은 자신이 "생명 없는 그림자"처럼 느껴진다고 불평했다. 그녀는 사회적 상황들에서 자기주장을 하지 못했다; 게다가 그녀는 한 번도 데이트 신청을 받은 적이 없었다.
 분석가: 분명히 나는 당신을 돕지 못했군요.
 [환자: 이런 암울한 말만해서 죄송해요. 실패한 건 나지, 당신이 아니에요.]
 분석가: 내가 당신을 실패하게 만들었어요.
 [환자: 당신이 그렇게 말하는 건 불편해요. 내게 잘못이 있다고 생각하는 게 더 나아요. 당신을 짜증나게 하기 위해서 내가 실패자라고 말하지만 나는 아무것도 하거나 느끼지 않기 때문에 사실은 실패자가 아니에요.]
 분석가: 그것에 대한 책임이 나에게 있군요.
 [환자: 당신은 내게 어떻게 걷는지 보여줄 수는 있지만 나를 대신해서 걸을 수는 없죠. 내가 움직이고 싶어 하지 않는데 당신을 탓하는 게 무슨 소용이 있겠어요? 하지만 어떤 면에서는 당신이 옳아요. 항상 혼자 앉아서 아무것도 하지 않는 대신에 나는 남편감이라도 찾아야 해요. 이제 당신 때문에 기분이 끔찍해졌

---

[4] 이 대화는 다른 책에서 좀 더 자세하게 보고되어 있다(Nagelberg & Spotnitz, 1958, pp. 799-800).

어요. 왜 이렇게 나를 고민하도록 만드는 거죠? 이런 말을 하는 건 싫지만, 당신은 정말 나를 더 도왔어야만 했어요. 아니, 그건 사실이 아니에요. 내가 협조하지 않았어요. 내가 더 자유롭게 말했어야만 했어요.]

    분석가: 당신은 자유롭게 말해 왔습니다.

    [환자: 확실해요? 당신이 옳아요. 나는 모든 것을 말해 왔지만 그건 도움이 되지 않았어요. 내가 이 치료에 들인 그 모든 시간과 돈은 어쩌라구요? 당신의 말이 사실이라고 나를 설득시킨다면, 나는 너무 화가 나서 다시는 오지 못할 거예요.]

    분석가: 왜 당신은 화가 나면 못 온다는 것이죠? 만약 내가 실패했다 해도, 이 모든 것은 변화할 수 있어요. 당신이 나를 돕는다면 나는 당신을 이해하기 시작할 수 있습니다.

    [환자: (소리 지르면서) 그건 당신이 쉽게 빠져나가려는 방법이에요. 지금까지 당신이 나를 돕지 못했다면, 앞으로도 절대로 못할 거예요. 게다가, 언제부터 당신을 돕는 것이 나의 임무가 된 거죠? 도움이 필요하면, 당신의 분석가에게 가 보세요.]

    분석가: 당신은 여기에서 자유롭게 말해 왔지만, 당신이 원하는 만큼 인기가 있는 사람이 되기 위해 나에게 도움을 받으려고 시도하지 않았습니다. 만약 당신이 더 진취적인 모습을 보였다면, 우리는 이것을 성취하게 위해 함께 작업할 수 있었어요.

    [환자: …당신이 너무 증오스러워서 도울 수가 없어요. 기가 막혀서! 당신이 무덤 속으로 들어가도록 도와드리죠. 내 치료를 당신이 망쳐버린 것을 충분히 인식한다면, 나는 미쳐버리고, 비명 지르고, 내 목을 그어버릴 거예요. 아니죠! 나를 이런 상태로 만든 것에 대해서 감옥에 가야할 사람은 당신이에요. 내가 너무 친절해서 그동안 내가 생각했던 것들을 당신에게 말하지 않았지만, 이제는 너무 화가 나고 아무 상관없어요. 당신을 고발하고, 내

돈을 돌려받기 위해 고소하겠어요. 당신을 조각내서 찢어버리고 나는 정신이상이라고 변호하면 무죄 방면될 거예요 … 당신이 나를 궁지에 빠뜨렸으니 이제 날 여기서 벗어나게 해줘야만 할 거예요.]

  분석가: 당신이 나를 거기서 벗어나게 해주는 게 어때요?

  [환자: 나는 당신을 돕기 위해서 손가락 하나도 까딱하지 않을 거예요. (웃으면서) 당신이 내 뜻대로 해주지 않을 때 내가 얼마나 당신을 증오하는지 알겠죠. 당신이 나를 이기도록 해주지 않겠다면, 내 치료 전체가 연기 속으로 사라진다 해도, 나도 당신을 이기도록 놔두지 않을 거예요. 이제 내가 내 자신을 놓아버리면 얼마나 분노에 차는지 당신도 알겠죠. 그리고 아직도 내 안에 엄청난 화가 남아 있어요.]

  "환자보다 더 미치기". 진지한 자세로 말하면서, 치료자는 환자가 몰두해 있는 무모한 계획 또는 비현실적인 생각을 터무니없는 지점까지 진행할 수도 있다.[과장된 반영하기]

  마이크로카드 위에 책을 인쇄하고 출판하겠다는 생각을 계속 말하던 한 남자에게는, 그가 마이크로카드에 신문, 은행 수표, 그리고 개인적 서신들도 출판하는 가능성을 고려해봤는지를 물을 수 있다. 영사기를 설계하여 부자가 될 수 있다며 자신의 능력을 끊임없이 자랑하던 다른 남자에게는, 멀리 떨어져 있는 지역의 스크린에 영상들을 비출 수 있는 영사기를 발명해야만 한다고 제안했다. "당신 진짜 미쳤네요"라고 그가 소리쳤다.

  그러한 상호교환들을 통해서, 그의 모든 미친 생각들을 지닌 채로 분석가가 현실 세계에 살 수 있다면, 환자 역시 그것을 잘 다룰 수 있을 것이라는 생각이 출현한다.

자살 또는 환자 살해. 환자가 자기-증오와 자살에 대한 생각들을 언어화할 때, 분석가는 "나는 내 자신을 증오합니다. 나도 자살하고 싶습니다"라고 말할 수도 있다. (대상에 대한 언어적 공격을 끌어내는 자아-이조적인, 부정적 반영하기의 예시이다.)

[환자: 진심이 아니겠죠. 당신이 왜 자살하기를 원한다는 거죠?]

분석가 : 내가 당신 같은 증오스러운 사람의 이야기를 들으면서 하루 종일 이 어두운 방 안에 앉아있는 걸 좋아한다고 생각하시나요?

[환자: 물에 빠져죽어 버려요!]5)

동일한 반복적 패턴에 대한 자아-지향적인 접근(자아-이조적인 죠이닝)은 결국 스스로를 파괴하기를 원한다고 습관적으로 말하는 환자에 대해 살해하고 싶은 감정들을 임상가가 편안하게 의사소통할 수 있을 때 사용된다.

[환자: 내 자신이 증오스러워요. 자살하고 싶어요.]

분석가: 때때로 나도 당신이 증오스러워서 당신을 죽이고 싶을 때가 있습니다.

[환자: 그럴 리가 없어요. 당신은 나를 증오하지 않아요.]

분석가: 왜 내가 당신을 증오하지 않는다는 건가요? 왜 내가 당신을 죽이고 싶어하지 않을 거라는 거죠?

[환자: 어쩌면 당신이 나를 죽이고 싶을 수도 있지만, 내 스스로 죽는 게 낫겠어요.]

분석가: 당신의 인생이 정말로 살만한 가치가 없다면, 내가 당신을 비참함에서 구해주는 즐거움을 왜 빼앗으려는 거죠? 당신

---

5) 만약 환자가 연민을 표현한다면, 공격적 충동들을 언어적으로 방출하는 것을 돕는 목적을 가진 개입은 성공하지 못한 것이다.

은 안락사를 당할 자격이 있습니다.

  [환자: 진심이세요?]

  분석가: 진심이면 안 되나요? 일부 의사들은 견딜 수 없고 끝낼 수도 없는 고통에서 해방시키기 위해 안락사를 권합니다. 나도 협조할 수 있다면 기쁘겠는데요.

  [환자: 어떻게 하겠다는 건가요?]

  분석가: 여러 가지 다양한 방법들이 있어요. 내가 설명할 테니까 당신이 좋아하는 방법을 골라 보세요. 유서를 남기고 싶으신가요?

  [환자: 당신이 정말로 나를 죽여 버리는 걸 즐기고 있다는 생각이 들기 시작하네요.]

  분석가: 그것이 내게 큰 즐거움을 주면 안 되나요?

  [환자: 당신이 어찌되든 말든! 나는 당신한테 즐거움을 주는 데는 관심 없어요. 차라리 내가 당신을 먼저 죽이겠어요.]

  성공! 처음에 환자의 자아에 부착되었던 공격적 충동은 대상을 향하게 되었다; 대상이 언어적 공격의 목표가 된다.

  정신분열증적 자아는, 그것의 형성에 영향을 주었던 일차적 대상이 유아의 성숙에 필요한 욕구들을 충족시키는 데 실패했기 때문에 대개 제대로 기능하지 못한다. 분석적 과정은 결함 있는 내적 대상을 제거하고, 그것을 좋은 대상으로 대체하는 과정으로 볼 수 있다.

  환자가 한때 부모를 증오했었고 지금 스스로를 증오하고 있다는 해석은 정확하지만, 그 상황을 바로잡지는 못한다. 손상된 기능을 바로 잡고, 그것이 어디에서 기인했는지를 이해하는 것이 보다 건설적이다; 그것은 원래의 패턴으로 되돌아가려는 경향을 감소시킨다. 방금 묘사된 자아-수정 기법들은 그런 목적을 가지고 있다.

자아-동조적인 죠이닝과 반영하기
Ego-Syntonic Joining and Mirroring

10세 소년의 치료 시작 단계에 대한 안나 프로이드의 설명(1926)은 암시적으로 자아-동조적인 죠이닝의 정신을 전달한다:

> 처음에, 긴 기간 동안, 나는 모든 통로들과 우회로들을 따라서 그의 기분과 농담들을 따라가는 것 외에는 아무것도 하지 않았다. 그가 활기찬 기분으로 회기에 왔을 때는, 나도 역시 활기찼다; 그가 심각하거나 우울할 때면, 나 역시 그랬다. ... 나는 해적들 이야기와 지리학에 대한 질문들부터 우표-수집과 사랑 이야기들에 이르기까지, 모든 이야기의 주제 안에서 그가 이끄는 대로 따라갔다(p. 9).

이어서 쾌활한 죠이닝과 반영하기 과정들의 예시들을 들겠다. 몇몇 사례에서 분석가가 명령 또는 예시를 통해서 긍정적인 지시를 한다.

따뜻한 묵인. 분석가는 그의 가족 구성원들 또는 일반적으로 사람들에 대한 환자의 부정적인 관점들에 동의할 수 있다. 예를 들면, 만일 환자가 그의 부모들은 "구제불능한 사람들"이라고 말한다면, 치료사들은 동의를 표현할 수도 있다. 만일 환자는 분석가들이 쓸모없다는 의견을 제기한다면, "당신 말에 동의해요. 심지어 저도 때때로는 쓸모가 없지요"라고 대답할 수 있다. 만일 그가 되풀이해서 세상은 역겨운 사람들로 가득 찬 끔찍한 곳이라고 말한다면, 분석가는 "당신 말이 맞아요. 우리는 모두 지옥에 갈 거예요"라고 말할 수 있다. [죠이닝]

분석가는 환자가 이야기하고 있는 누군가에 대해 정서적인 폭발을 할 수도 있다. 한 훈련생은 굴욕적인 경험에 대해 보고하며, 그녀의 선생님 중 한 명이 학급 전체 앞에서 자신을 조롱했고, 이 불공평한 비평에 대해 방어할 수 있는 기회도 주지 않았다고 말했다. 치료사는 "정말 끔찍한 강사네! 그는 절대로 당신을 그따위로 대할 권리는 없어요"라고 외쳤다. [죠이닝]

분석 작업보다는 완화를 위해 회기를 사용하는 데 스스로를 크게 책망하는 한 남자가 치료실을 떠날 때, 치료사는 "당신은 한 시간을 낭비할 권리가 있어요"라고 언급했다. "좋아요. 이것은 나의 낭비된 한 시간이에요"라고 그 남자는 말했다. 분석가는 "그리고 나는 당신이 한 시간을 낭비하도록 돕고 허용했던 나쁜 분석가입니다"라고 말했다. [죠이닝 그리고 반영하기]

분석가는 환자가 바람직한 행동에 대해 말할 때 찬사와 격려로 반응하거나 다른 사람들도 "같은 배"를 탔다고 말할 수 있다. 예를 들어, 만일 환자는 그가 "숙면을 취하는 것"이 필요하다는 생각에 집착을 한다면, 치료사도 숙면이 필요하다고 말할 수 있다. 그의 여자 친구와 함께 늦은 파티에 간 것을 보고했던 훈련생은 "그녀도 아마 원했을 거예요"라고 말했다. 이후에 "숙면을 취하는 것은 건강에 매우 좋아요"라고 그 의사소통에 대해 대답할 수 있다. [자아-동조적인 반영하기]

새로운 행동을 모델링Modeling 하기. 환자가 그의 의식적인 소원들과 조화롭게 말하고 행동하는 것을 돕기 위해 분석가는 직접적으로 또는 간접적으로 적절한 행동패턴의 모델을 제시할 수 있다.

분석가는 환자의 정서적인 태도를 반영하면서, "당신은 스스로가 가치 없는 사람처럼 느껴지는군요"라고 말할 수 있다.

[환자: 그것이 제가 당신에게 말해왔던 것이에요.]
분석가: 당신은 제 말에 동의해서는 안돼요. 당신은 내게 조용히 하라고 말해야 합니다.
[환자: 맞습니다! 당신은 너무 많이 말했어요. 당신은 나에게 그렇게 말하면 안 돼요.]

자신의 고환을 잘라서 엄마에게 주는 멜로드라마 같은 환상들을 반복적으로 표현하는 한 젊은 남자에게, 분석가를 위해 스스로를 거세할 수 있냐고 물었다. 그 생각은 그를 공포에 떨게 했다; 그는 아무 말도 하지 못했다. 분석가는 "왜 그러한 질문을 한 나에게 화가 많이 나지 않나요? 당신에게 그런 요구를 하는 사람은 누구든지 간에 지옥에나 가라고 말해 줘야 합니다"라고 물었다. 그 젊은 남자는 떠들썩하게 한참을 웃었다. 그 개입은 공포스러운 거세 환상들에 대한 그의 몰두를 해결했다(Spotnitz, 1961b, p. 36).

자아 돕기. 때로 환자가 자신의 최고의 이익으로 보이는 어떤 것을 하기에는 능력이 부족하다고 반복적으로 말할 때, 분석가는 그를 돕거나 대신 해줄 것을 제안을 할 수 있다. (그러나 환자를 침묵시키는 결과를 낳는 개입은 적합하지 않다.) 분석가는 환자가 스스로 노력하는 것에 대해 말하는 것을 가능케 하는 종류의 제안을 한다.

한 젊은 남성은 그를 위해 거의 계획된 진로를 준비하면서 불안을 경험했고, 자신의 아버지와 그 일에 관한 자신의 생각들을 토론하는 것을 감당할 수 없다고 느꼈다. 분석가는 "내가 당신 아버지와 이야기해주기를 원하나요?"라고 물었다. 이러한 중재에 대한 찬반들이 몇 회기동안 탐색된 후에, 환자는 스스로 설명하겠다고 결정했다.

성숙적 해석들 Maturational Interpretations

점진적인 의사소통의 방해물들은 자아 결함들로 개념화되지 않는다. 분석가는 인과관계의 관점에서 그것들을 설명하며, 특수한 환경에 처했기 때문에 정상 인격의 경향들이 과도하게 발달한 불가피한 결과이다; 다른 대안들이 가능하지 않았다. 그가 왜 그렇게 자기애적인지 묻는 환자에게, "당신은 삶의 초기에 매우 박탈되었고 다루기 어려운 문제들이 발달했습니다. 결과적으로 당신은 자주 자신에게만 몰두하게 되었습니다"라고 말할 수 있다. 분석가의 판단 하에, 환자가 해석을 원하며 그것이 부가적인 감정, 사고, 그리고 기억들을 말하도록 도울 수 있을 때 이러한 자아-동조적인 방식으로 설명되어진다. 결국, 환자는 전이 저항의 중요한 패턴들에 대한 전체적인 설명들을 듣게 된다.

환자가 할 수 있는 잠재적으로 치료적인 반응들은 감추어졌던 충동, 감정, 사고, 그리고 기억들을(정신의 위계적 구성의 일반적인 순서대로 적었음) 포함한 것들이다. 언어화될 때, 그것들은 진정성의 감정을 담는다; 분석가는 환자가 그 순간에 전적으로 진실했다는 것을 인식하게 된다.

변형적 해석에 대한 스트레이치Strachey의 개념처럼(1934), 성숙적 해석은 변화를 만들기 위해 고안되고, 최소한의 고통만을 수반하면서 변화를 야기한다. 환자는 그가 공격받는다고 느끼지 않기 때문에 그것을 수용할 수 있다(Spotnitz, 1963).

그러나 성숙적 해석이 되기 위해서는, 그것이 제시된 방식뿐만 아니라 환경과 상황들에 달려 있다는 것을 염두에 두어야 한다. 예를 들어, 일대일 관계의 분석에서 환자가 수용할 수 있는 유용한 해석이, 집단 치료 상황의 초기 단계에서 환자가 자신에 대한 어떠한 비판적인 정보도 다른 구성원들에게 알려지는 것을 원치 않을 때 주어진다면 상처나 분노를 유발할 수 있다. (개인 분석보다 집단 세팅에서 이루어지는 해석은 환자에게 미치는 영향이 더욱 심오하며 인격의 구조와 더 많이 관련되는 것으로 보인다.)

해석은 질문과 동일한 순서로 한다. 먼저 반복적인 패턴에 대하여 환자의 자아와 거리가 먼 일반적인 경험과 관련된 묘사들을 한다. 나중에, 자유롭게 증거를 활용하면서 분석가는 환자 자신의 대상인 가족과 연관하여 설명을 한다. 그 이후에 해석은 내재화된 대상, 그리고 자아의 순으로 관련해서 이루어진다. 요약하면, 해석은 환자가 원하고, 그것을 소화할 수 있고, 건설적으로 이용할 수 있을 때 주어진다.

예를 들어, 만약 환자가 왜 자신을 증오하는지에 대해 물어본다면, 분석가는 많은 사람들이 어린 시절에 그들의 부모를 증오하느니 차라리 자신을 증오하게 되기 때문이라고 지적해줄 수 있다. 이후에 자기-증오의 감정은 환자의 부모와 다른 중요한 대상들과의 초기의 상호작용의 맥락에서 해석된다. 치료 후반부에 제시되는 해석들은 다음의 주제가 지배적일 것이다: 네가 행동하는 방식을 증오하기 때문에 너 자신을 증오한다.

자위에 대한 강한 죄책감을 지닌 환자는 그가 자위를 그만두어야하는지에 대해서 반복해서 물을 수 있다. 분석가는 이를 승인하지도 부인하지도 않는다. 그는 자위는 성적 긴장을 완화하기 때문에 사람들에게 즐거움을 준다고 말할 수 있다;한편 그들을 고립시키기도 한다고 말할 수 있다. 그래서 사회적이기를 원한다면 자위에 몰두하는 것을 자제하는 것이 바람직하며, 사회적인 것을 원하지 않으면 자위를 더 하는 것도 좋은 생각이라고 말할 수 있다.

환자가 계속해서 그 문제를 제기하면, 치료사는 다른 환자들의 자위 활동에 대한 보고와 그것을 포기했던 그들의 경험에 대해 말해줄 수 있다. 환자가 정말로 자신의 자위 충동에 관심을 갖는다면 표준적인 해석이 이후에 제공 된다.

울음과 다른 전언어적 저항 패턴은 그들의 일시적 가역성이 정신분열증 환자에게 입증된 이후에 해석될 수 있다. 그때까지는 패턴에 관한 질문은 되묻는 질문counter-questions과 반영적 개입으로 응답한다.

순서와 전이 상태들

자기애적 전이(초기 단계)

잘 수행된 분석 회기는 주로 가벼운 박탈감과(정신분열증 환자의 공격 충동과 감정의 해소를 촉진시키기 위하여) 회기 이후에 가벼운 만족감으로 이어지게 되는 특징이 있다. 공격적인 정동의 방출을 피하기 위해 환자가 활용하는 방어적 방식들은 회기 초반에는 분석가에 의해 심리적으로 반영된다. 가급적이면 환자가 상대적으로 편안한 상태에서 치료실을 떠날 수 있게 자아동조적 개입이 이어진다. 환자가 부정적인 감정이나 치료사의 결점에 대해 표현하는 것을 막을 정도로 개입이 너무 긍정적이면 안 된다. 이것은 치료 전체 과정에서 일관되게 시행되는 것은 아니지만 회기를 진행하는 일반적인 원리이다.

환자의 반복되는 진술을 반영하는 진술과 번갈아 가면서 사용되는 지시사항(주로 명령으로 표현되는)과 질문들이 이 단계에서 주된 개입의 유형이다. 회기 동안 접촉을 시도하지 않는 환자에게 몇 가지 질문을 함으로써, 분석가는 환자가 물어볼만한 생각들에 대해 환자를 교육한다(동일시를 통하여); 이 과정에서 분석가는 위장된 형태의 언어적 수유를 제공한다. 환자에게 어떤 주제에 대해서든 자유롭게 말하는 것이 협조적 행동이라는 것을 알려준다. 그는 불쾌한 충동, 감정, 사고들을 정교화하도록 도움을 받는다.

환자는 대개 이 기간에 그가 경험하기를 원치 않는 일군의 감정들에 대해 알게 된다. 그는 지속적으로 "좋은 감정"을 경험하기 위해 그리고 그러한 감정을 변화시키기 위해 도움을 요청할 수 있다. 치료사가 환자에게 그의 모든 감정과, 가급적이면 원치 않는 감정을 먼저 언어화하도록 영향을 주는 한, 치료 초기에는 "항상 좋은 것만을 느끼려는" 환자의 욕망과 갈등이 발생하기 쉽다.

반복해서 비참하다고 말하는 환자에게 "당신은 비참할 권리가 있다"라고 말을 할 수 있다. 환자가 매우 불안하다고 말하면, 분석가는 "당신이 감정에 대해 보고하려는 한 불안해해도 됩니다. 중요한 것은 감정 그 자체가 아니라, 그것을 언어화하는 것입니다"라고 말할 수 있다.

가만히 있지 못하고 카우치에서 벗어나고 싶다고 말하는 환자에게 먼저 왜 그렇게 느끼는지에 대해 질문을 할 수 있다; 그러나 만일 환자가 계속 고집하면 분석가는 "당신이 그렇게 불편하다면 카우치에서 일어나지 그래요?"라고 질문할 수 있다. 말하고 싶지 않다고 말하는 환자는 원하건 원하지 않든 간에 말해야 한다고 알려줄 수 있다. 만약 그가 어떠한 정보도 얻고 있지 않다고 불평하면 치료사는 "내가 왜 그래야 하지요?" 혹은 "내가 왜 아무 정보도 주지 않았나요?"라고 물어볼 수 있다. 그러한 질문들에 대한 대답을 이끌어내면서 환자의 적대감이 점차 해소되는 것을 돕고, 그럼으로써 치료에 대한 그의 불만이 커지면서 폭발적으로 반응하게 되는 위험을 줄일 수 있다. (그의 반대가 계속해서 탐색되고 있을 때조차, 환자는 "제기랄, 내가 여기 이렇게 누워서 말하고 있게 될 줄은 몰랐어"라고 소리칠 수도 있다.)

분석가 자신에게 집중된 질문들은 저항을 관리하기 위해 필요한 양보다 많은 언어적 조달을 공급하고자 하는 유혹을 인지하고 이해하는 데 도움을 준다. 분석가는 불편함을 완화하고자 하는 강렬한 욕망을 인식하게 되며, 이는 적절하지만, 적대감을 누그러뜨리고자 하는 강렬한 욕망은 바람직하지 않다. 만약 분석가가 지나치게 긍정적인 태도를 유지하면—과도하게 만족시키면—환자는 정신증으로 퇴행하는 경향이 발생한다. 정서적으로 건강해지기 위해서, 환자는 꾸준하게 적대적 감정의 일부를 언어화할 수 있도록 도움이 필요하다. 그러므로 임상가는 그러한 감정의 표현을 방해하는 방식으로 행동해서는 안 된다.

예를 들어, 환자가 치료실 밖에서의 비참한 감정들에 대해 불평할 때, 치료사는 그러한 비참함을 완화시켜주는 방법들을 제안하고 싶어질 수 있다. 그러나 그의 주된 임무는 환자가 치료실 밖에서 덜 비참하도록 도와주는 것이 아니라, 모든 것을 말할 수 있도록 돕는 것이다. 일부 정신분열증 환자들에게 사용이 요구되는 치료적 기술은 환자가 그들에게 부정적으로 반응하고 적대감의 표현이 정당하다고 느끼도록 하는 방식을 제안하는 것이다.

치료 초기에, 치료사는 자기애적 전이의 전개를 촉진하는 개입만을 사용한다. 치료 목적을 위해서 필요한 한에서, 치료사는 또한 이를 해체시키는 어떠한 방식으로도 주장하는 것을 삼가야 한다. 가령 그는 카우치에서 벌떡 일어나서 폭력적으로 위협하는 환자에게 "진정하세요. 나는 당신의 엄마가(혹은 아버지) 아니에요"라고 말하지 않는다. 슈퍼비전에서 이러한 사건이 보고되면, 나는 주로 그것들을 다루는 두 가지 방식을 알려준다. 하나는 환자에게 그가 있어야 할 곳은 카우치라고 빠르고 강하게 설명하는 것이다; 필요하다면 일어날 수도 있지만 카우치에 있는 것이 더 좋겠다고 말한다. 그가 그렇게 느끼는 것은 얼마든지 괜찮지만, 카우치에서 벗어나는 것은 전적으로 적절한 행동은 아니라고 설명한다. 또 다른 방식은, 분석가가 행동의 의미를 지적하는 해석을 하는 것인데, "내가 너무 많은 감정을 불러 일으켰기 때문에 당신이 카우치에서 벌떡 일어났군요"라고 말하는 경우이다. 그러한 해석은 환자의 적대감의 언어화를 촉진하는 경향이 있다.

정보를 제공되지 않은 채 환자의 정보에 대한 요청을 탐색하는 과정에서, 분석가는 자신에 대한 왜곡된 지각을 수용한다. "당신은 FBI 요원인가요?"라고 물으며 의심하는 환자에게 응답하면서, 분석가는 환자가 분석가에 대한 적대감과 부정적인 의견을 언어화하는 것이 허용된다는 것을 내비쳤다:

분석가: 왜 그런 질문을 하나요?
[환자: 만약 당신이 맞다면, 나는 여기에 더 이상 오지 않을 것이고, 당신이 요원이 아니라면 여기 오는 것을 고려해보겠소.]

분석가: 그런 경우라면, 내가 환자로서 당신을 계속 보고 싶다면, FBI 요원이 아니라고 말해야 되겠네요. 내가 당신을 쫓아내고 싶다면, 내가 요원이라고 말해야겠네요.

[환자: 진심이세요?]

분석가: 내가 거짓말할 거라고 생각합니까?

[환자: 네, 나는 당신이 거짓말할 거라고 생각합니다. 나는 당신을 믿지 않아요. 질문하는 것이 의미가 없는 것 같네요.]

다른 회기에서 환자가 동일한 의심을 언어화했을 때, 그에게 다음과 같은 질문을 했다; 내가 FBI에서 일한다면 어떠신가요? 당신은 왜 내가 요원이라고 생각하죠? FBI에서 일하면서 나는 무엇을 얻나요? 당신의 추측이 옳다고 가정하면, 왜 나는 FBI에서 일하죠? 왜 내가 당신에 대해 보고를 할까요? 당신은 당신에 대해 어떤 정보를 숨기고 싶죠?

자기애적 전이 (완전한 발달)

환자가 치료사에게 부정적 감정을 언어로 표현하도록 촉진하는 것을 계속하는 것과 더불어, 이 단계에서의 개입은 환자가 자기애적 전이에서 오이디푸스 전이 상태로 이동하도록 도와주는 역할을 한다.

이제 매우 강해진 자기애적-전이 저항은, 죠이닝과 반영으로 주로 해결된다. 환자가 어떤 패턴을 나타내든 간에 그것은 반영된다.

예를 들어, 그가 기분이 끔찍하고 더 악화되고 있다고 말하면, 분석가는, "이봐요, 나도 기분이 나빠지기 시작했어요. 더 나빠지

는 것 같아요"라고 말할 수 있다. [반영하기]

더 이상 카우치에 누워 있을 수 없다고 말하는 사람에게, "이제야 당신이 카우치가 견딜 수 없고 일어나야겠다고 말하는군요." [죠이닝Joining]

그가 가망이 없고 치료될 수 없다고 계속해서 말하면, 분석가는 말하기를, "당신은 잘 하고 있어요. 당신이 어떻게 느끼는지 나에게 말하고 있어요. 문제는 내가 가망이 없고 당신을 치료할 수 있을까 하는 것이에요. 당신이 무엇을 느끼고, 생각하고, 기억하는지를 나에게 말해주는 한 내가 당신의 감정을 다룰 수 있는가 하는 것이 유일하게 문제입니다. 어쩌면 제가 가망이 없고 당신을 치료할 능력이 없나 봅니다." [죠이닝]

이미 설명한 대로 다양한 죠이닝 기법이 반복 행동을 강조해서 드러낸다. 동일한 종류의 반응들을 반복적으로 사용하거나, 반복적인 의사소통을 유발하는 무의식적인 정서적 에너지가 언어로 방출될 때까지 다양한 방식으로 번갈아가면서 사용한다.

변동하는 전이 상태들

환자의 반복적인 의사소통을 통해서 분석가에 대한 몰두는 점점 중요한 주제가 된다. 예를 들어, 그가 비참하다고 말한 후에, 그는 "아니요, 비참한 것은 당신이에요. 당신은 내가 이렇게 느끼도록 만들고 있어요"라고 계속해서 말한다. 분석가는 "내가 당신에게 비참한 영향을 준다고 가정한다면, 나는 그것을 어떻게 만들어내는 거죠? 그것을 완화하려면 나는 무엇을 해야 하나요?"라고 말할 수 있다. 특징적으로, 환자는 당신에 대해 생각하고 싶지 않다고 대답할 것이다; 그는 단지 지금 감정이 끔찍하다고 말하고 싶을 뿐이다. 그때 분석가는 "당신이 나를 돕지 않을 것이라면 나는 왜 당신이 기분이 나아지도록 도와야 하죠? 왜 당신을 그렇게 비참하게 느끼도록 내가 무엇을 말하고 하고 있는지를 알려주지 않나요?"라고 물을 수 있다.

분석가가 계속해서 자신에게 좀 더 집중한다면, 환자는 그에 대해 더 인식하고 집중하게 될 것이다. 그는 이 인식에 대해 의사소통하고, 분리된 사람으로서 분석가에 대한 감정에 대해 보다 많이 말할 수 있게 된다. 그럴 때에, 이전까지는 반복적인 패턴에 대해 반영했다면 이제는 그에 대해 설명할 수 있다. 언질을 주지 않는 방법으로 환자의 왜곡된 지각에 대해 탐색하기보다는, 분석가는 이제 현실적인 근거를 바탕으로 그것들을 다룰 것이다. 그는 이전의 예시로 되돌아가서 "FBI에 당신에 관해 보고하는 것은 말이 되지 않아요"라고 말할 수 있다.

결국, 환자는 자신의 미성숙한 태도에 대해 분석가가 죠이닝하는 것에 질린다. 그가 생각하고 느끼는 기존의 방식에 싫증이 나면서, 그는 좀 더 발전적으로 의사소통하게 된다. 그가 새로운 생각과 경험으로 접어들면서, 새로운 것을 듣기를 원한다. 분석가는 이 시기 동안 성숙적 해석들을 늘린다.

대상 전이 상태에서, 정신분열증 환자는 긍정적인 감정에 대해 점점 자각을 하게 된다. 만약 그가 그것들을 표현하는 것에 대해 창피해한다면, 분석가는 "왜 나는 당신을 편안하게 해주지 못하는 걸까요?"라고 말할 수 있다. 그러한 저항은 표준적인 접근으로 해결될 수 있다.

위선적인 단계. 오래된 자아 상태들에서 벗어나 새로운 기능의 방식들로 옮겨가는 과정에서 정신분열증 환자는 그가 어떻게 행동하기를 원하는지를 잘 모르겠다고 특징적으로 보고한다. 그

는 여러 배역을 제안 받은 배우처럼 느껴지며, 자신에게 가장 자연스러운 역할을 발견하기 위해서 모든 역할들을 해봐야겠다고 말할 수 있다. 그는 전체적으로 숙련되지 않고 통제되지 않은 행동을 진정성과 동일시하며, 그가 다른 방식으로 행동할 때 자신이 위선적이라는 생각에 매달린다.

이러한 저항을 죠이닝하면서, 분석가는 "당신은 만약 올바르지 않다고 느끼면서 행동은 올바르게 한다면, 위선자처럼 느껴지는 것은 당연합니다"라고 말할 수 있다. 그는 설명하기를, "모든 사람들은 위선자들이에요. 좋게 혹은 나쁘게 느끼는지 상관없이 사회적 상황에서 적절하게 행동함으로써 훌륭한 위선자가 된다는 것을 배웁니다." 진정한 인격이 되는 것에 대해 반복적으로 어려움을 한탄하는 행동은, 종종 세상 모두가 무대이고 모든 남자와 여자는 "단지 배우들일 뿐"[6] 이라는 셰익스피어의 생각을 상기시켜주는 것으로 해결된다.

연합 치료는 (Ormont & Streen, 1978) 이 어려운 변동하는 전이 상태의 단계에서 표면화되는 문제들을 해결하는 데 특별히 유용하다. 예를 들어 집단의 다른 구성원들이 바람직한 행동의 모델들을 제공한다.

대상 전이

치료의 마지막 단계에서는 탐색이 핵심이 된다. 많은 질문을 함으로써 환자가 자기 분석을 하고, 그가 가지고 있는 문제를 자

---

[6] 환자는 이 기간 동안에 옷 입는 것과 사회적 예의범절에서 새로운 혹은 강렬해진 관심을 보고할 수 있다. 일부 개인들은 연기 수업에 등록하거나 아마추어 극단이나 댄스 그룹에 가입한다; 다른 사람들은 에티켓에 관한 책들을 열심히 읽는다.

기의 생각으로 표현할 수 있도록 돕는다. 그가 원하는 만큼의 추가적인 이해가 그가 동화시킬 수 있는 속도로 의사소통된다. 진전의 증거에 대해 칭송과 칭찬으로 반응하면서, 분석가는 사실상 사랑하는 부모의 전형을 효과적으로 보여준다.

환자는 종종 그의 삶의 역사나 그의 현재 행동의 모든 국면을 살펴보는 일에 대해 대단히 관심을 가진다; 심지어 그는 어떻게 치료가 이루어졌는지를 알기를 원할 수도 있다. 환자가 초기의 치료 전략이나 이런저런 가설들이 자신의 사례에 정확하게 어떻게 적용되었는지에 대한 설명을 요청할 수는 있지만, 그 어떠한 설명도 좌절-공격성 문제가 해결된 이후에 하는 것이 적합하다.

그러나 심지어 그가 자신을 이해하는 때조차도, 환자는 때때로 옛 저항의 태도를 나타낸다. 그것들이 인식될 때, 분석가는 사례 초기에 환자가 가장 반응을 보였던 죠이닝 과정을 사용한다. 또 다시 나타난 유아적 패턴에 대한 설명은 좀처럼 도움이 되지 않는다; 환자는 보통 그것들을 자각하고 있으며 그의 퇴보에 대해서 실망한다. 만약 분석가가 실망하지 않았다면, 환자는 반드시 실망을 해야만 한다고 말할 수 있다. "나는 변하지 않았어요." 한 여성이 말했다. "왜 당신은 나를 치료하기 위해 그렇게 고생을 하죠?" 그녀 자신의 환상 세계가 지금 입문하는 세계보다 훨씬 좋다고 그녀에게 말했다. 그녀는 그렇다면 왜 이 세계에 속해야만 하는지에 대해 알기를 원했다. 나는 대답하기를, "나는 이렇게 비참한 세계에서 당신의 친구가 되기를 원하니까요."

변성독소 반응Toxoid Response. 환자가 관계 안에서 형성한 성숙한 패턴들이 안정화 되는 과정에서, 분석가는 또한 환자가 미래에 높은 스트레스 상황을 직면해서 정신분열증적 반응으로 되돌아가려는 모든 경향들에 대항하는 면역력을 발달시키기 위해 시도한다. 적합한 경우에는 환자의 전이 행동에 의해 유도된 현실적인 감정들을 단계적인 복용량으로 환자에게 되돌려준다—변성독소 반응들이다 (Spotnitz, 1963).

자신을 환자의 투사적 동일시의 수령인으로서 보는 관점을 가진 분석가들 사이에서, 이러한 과정은 투사에 의해 불러 일으켜진 감정을 담아주고 되돌려주는 관점에서 개념화된다. 옥덴에 따르면(1982, p. 36), "수령인은 심리학적으로 투사를 처리하고 투사자가 재내사화하는 데에 사용할 수 있는 수정된 판을 만든다."

바람직하지 않은 반응들을 막기 위해 변성독소 반응은 신중하게 사용되며, 환자가 유도된 감정들의 투여에 대해 폭발적인 방식, 입 다물고 있기, 혹은 다른 퇴행적인 경향을 드러내는 방식으로 반응을 하는 한 지속적으로 사용된다. 그가 이러한 개입에 대한 치료적 의도를 인지하고 그가 "옛 것"들이 지긋지긋해졌을 때에 이러한 일련의 전략은 그 목적을 달성한 것이다.

정신증적 붕괴 이후에 치료를 시작한 젊은 남자의 사례에서 그는 소위 "나 자신을 고문하는 것에 대해 나 자신을 고문하는 끔찍한 고문"이라고 불리는 고집스런 저항을 나타냈다(Spotniz, 1961b, p. 36). 오랜 분석기간 이후에 그 패턴은 포기되었고 다른 퇴행적인 경향들은 해결되었다. 환자는 행복하게 결혼을 하고 인생을 즐기기 시작했던, 종결을 앞둔 시점에서, 어느 날 그는 우울한 상태로 치료실에 들어왔다. 사업하는 방식을 현대화하기 위해서 고용주를 끈질기게 설득했지만 허사가 되었다고 그 젊은 남자는 보고했다. 그가 현 상태를 그대로 두지 못하는 것은 자신의 큰 실수였다. 사장이 그에게 그렇게 "힘든 시간"을 준 것은 자신의 탓이었다. 그는 문제를 개선하기 위해 시도했던 자신을 거듭 질책했다.

자기-고문의 옛 패턴이 인지되었을 때, 다음과 같은 생각으로 환자를 죠이닝했다:

분석가: 당신의 노력이 인정받지 못하는 데에도 왜 계속해서 자신을 괴롭히나요?

[환자: 왜 그렇게 생각하시죠?]

분석가: 당신의 생각이 전달되지 않았다고 말하지 않았던가요?

[환자 (잠시 쉰 후): 무슨 꿍꿍이에요?]

분석가: 만일 당신이 설득력 있는 방식으로 제안을 설명했다면 당신의 보스가 그것을 수용했을 거라고 생각하지 않나요?

[환자: 그만하세요. 당신은 내가 예전에 나 자신을 괴롭히던 방식으로 또다시 나를 괴롭히고 있군요. 나는 당신의 비난을 충분히 받았거든요.

분석가: 정말인가요?

[환자: 물론이죠. 나는 더 이상 나 자신을 괴롭히지 않을 것이기 때문에 더 이상 자기학대에 관한 수업은 필요 없어요.]

분석가: 당신이 언제든 다시 시작하기를 원한다면, 나는 당신을 도울 준비가 돼있어요.

[환자: 걱정하지 마세요. 나는 당신에게 그런 기회를 다시는 주지 않을 것입니다.]

한 가지 저항 패턴에 영향주기

한 가지 반복적인 의사소통의 패턴에 대한 여러 가지의 접근법들은 환자가 파괴적인 자기-몰두에서 분석가에 대한 몰두로, 그리고 결국에는 자신의 인격이 어떻게 발달했는지를 이해하고 싶은 욕구로 옮겨가는 것을 돕는다. 다음의 간략한 묘사는 환자가 자기-비난의 늪에 빠졌을 때의 연이은 치료 단계들에서 개입하는 일반적인 특성들을 솔직하게 제시한다.[7]

자기애적 전이 (초기 단계)

환자는 그가 매우 불편하다고 반복해서 말한다. 그는 무엇이 잘못됐는지는 모르지만, 자신에게 짜증이 나고 화가 난다. 그는 우울하며 다른 여러 불쾌한 감정들에 대해 불평한다. 다른 무엇도 중요하지 않다.

치료사는 환자가 유발하는 정서들을 연구하며 환자가 자신을 정서적으로 끌어들이기 위한 시도에 대해 이해를 하려고 한다. 또한 유도된 감정들은 치료사에게 길을 안내하며, 때로는 치료사가 환자의 질문에 대답하는 대상-지향적인 질문으로 표현될 수도 있다. 예를 들면, 치료사는 다음과 같이 물어볼 수 있다: 이런 감정들을 언제 처음으로 느꼈나요? 누가 당신이 그런 식으로 느끼게 만들었나요? 당신의 감정들은 나와도 관계가 있나요?(만약 환자가 정보를 요청하지 않는다면, 이 같은 질문들을 회기에서 몇 개 물어볼 수 있다.)

이런 질문들에 대한 특징적인 대답들은 환자가 모르거나 또는 "이런 감정들이 언제 발달했는지는 전혀 중요하지 않아요" 이다. 환자는 단지 끔찍함만을 느낄 뿐이다. 그 감정들은 분석가와는 아무 관계가 없다. 왜 그런 질문을 나에게 하죠? 그런 것들은 도움이 안 돼요.

---

[7] 3장에서 제시한 치료적 개요의 관점에서의 개입은 다른 곳에서 예시되었다(Spotnitz, 1977, 1979b).

자기애적 전이 (완전한 발달)

환자는 그가 점점 나빠진다고 불평한다. 그는 지속적으로 스스로에게 짜증나고 화난다. 그는 전보다 스스로를 더 많이 증오하고, 이보다 더 절망스럽게 느낄 수는 없다. 그는 자신을 위해 할 수 있는 것이 아무것도 없다는 생각만 하루 종일 맴돈다. 그는 스스로 견딜 수 없다. 그를 도울 수 있는 어떤 것도 없을까?

분석가: 내가 당신을 돕기 위해 대체 무엇을 할 수 있나요?
[환자: 몰라요. 나는 단지 내가 점점 나빠져 간다는 것만 알아요. 그것 때문에 나 자신을 증오해요. 나를 위해 뭔가를 해줄 수 없나요?]
분석가: 내가 무엇을 해주기를 원하나요?
[환자: 뭔가 말해 줄 수 있나요?]
분석가: 내가 무슨 말을 했으면 좋겠어요?
[환자: 모르겠어요. 그러나 나를 안심시킬 수 있는 뭔가를 말할 수 있지 않나요?]
분석가: 내가 비참하고 가망이 없다고 느끼고, 나 자신을 증오한다고 말한다면 도움이 될까요?
[환자: 아니요. 그건 도움이 안 돼요. 당신은 전혀 나를 돕지 않아요. 나는 이것을 견딜 수 없을 뿐이에요. 나는 그래서 나 자신이 싫어요. 나는 내가 생각하고 느끼는 것을 견딜 수가 없어요.]
분석가: 내가 당신과 같은 것을 느끼기 시작한다고 당신에게 말할 수밖에 없어요. 그리고 당신이 알다시피, 나는 내가 느끼는 것을 견딜 수가 없네요.
[환자: 당신을 믿지 못하겠어요. 진실이 아니잖아요. 당신은 단지 나를 흉내내고 있을 뿐이에요. 이것은 끔찍한 사태에요. 나는

여기에 올 때마다 더욱 악화된다고 느껴요. 아무도 나를 도와주지 않아요. 나의 끔찍한 우울과 고통은 없어지지 않아요.]

　분석가: 나는 더욱더 우울해지고 비참해지네요. 당신이 나를 돕지 않는다고 느껴요.

　[환자: 왜 내가 당신에 대해 신경을 써야 하죠? 당신은 문제는 당신이 해결해야죠.]

　분석가: 그러면 왜 내가 당신의 문제들에 대해 신경을 써야 되나요?

　[환자: (웃으면서) 당신이 그 질문을 할 때, 나는 기분이 나아졌어요. 왜냐고 묻지 마세요. 나도 모르겠어요.]

　반복적인 불평들에 대한 심리학적 반영은 환자로 하여금 대상이 자신을 돌보고 분리된 사람으로서 수용하고 있다고 느끼게 한다.

변동하는 전이 상태들

　[환자: 나는 기분이 끔찍해요. 나 자신으로부터 도망칠 수 있었으면 좋겠어요. 나는 얼마나 나 자신을 증오하는지를 당신에게 말하지만, 당신은 그저 미이라처럼 거기에 앉아있을 뿐, 나를 도우려고 하지도 않아요. 당신이 단지 나를 흉내내고, 조롱하고, 거들먹거리는 것뿐이죠. 당신은 늘 당신 자신만 생각하는 것처럼 보여요—얼마나 비참한지. 당신은 나에게 최소한의 관심도 없어요. 나는 이렇게 비참한데, 당신은 내가 왜 그렇게 비참한지에 대해 설명하려고 하지도 않잖아요.]

　분석가: 왜 내가 그것을 말해야만 하죠? 그것이 무슨 소용인가요?

[환자: 당신은 밥값이라도 해야 될 것 아니에요. 최소한 나에게 뭐라도 설명 좀 해봐요.]

분석가: 그렇게 하면 무슨 소용이죠? 당신은 지금보다 기분이 전혀 좋아지지 않을 거예요.

[환자: 그것에 사실일지는 모르지만, 나는 무슨 일이 일어나고 있는지에 대해 알고 싶어요. 당신은 나의 호기심을 만족시킬 수 있잖아요. 만일 내가 이 고통에 빠져있어야만 한다면 나는 적어도 그것이 무엇인지에 대해 알고 싶어요.]

분석가: 왜 내가 단지 당신의 호기심을 만족시키려고 정보를 주어야 하지요?

[환자: 그런 쩨쩨한 쪼다 같은 소리는 그만 하고 무엇이든 말해 봐요! 당신이 정말 그렇게 비정할 리는 없어요. 만일 당신이 정말 그렇다면 나는 당신의 머리를 잘라버릴 거예요. 나는 그냥 당신이 죽었으면 좋겠어요. 당장 지금 죽었으면 좋겠어요.]

분석가: 당신은 내가 가망이 없다고 느끼게 하려고 애쓰고 있네요.

[환자: 나는 내 자신을 죽여야겠어요. 아니, 당신부터 죽여야겠어. 나는 당신같이 끔찍한 사람을 남겨두고 이 세상을 떠날 수는 없어. 내가 죽어야 한다면, 당신부터 죽어야 해.] (자기-증오와 대상-증오 사이의 변동)

대상 전이

[환자: 에이, 당신이 정말 싫어요! 내가 알았던 그 누구보다 더 많이. 나는 여기에서 끔찍한 고통을 겪고 있는데 당신은 나를 손톱만큼도 도와주지 않았어요. 당신은 바보 같은 질문이나 하고

건방진 말이나 했어요. 나는 이렇게 누군가를 증오하게 될 거라고 생각해 본적이 없어요. 내가 당신을 증오하는 만큼 엄마나 아빠를 증오했을 것이라고 생각하나요?]

분석가: 엄마를 증오한 적이 있나요?

[환자: 지금 생각나는 것은 엄마가 내가 아빠랑 드라이브를 가지 못하게 했을 때 엄마를 증오했어요. 그때 얼마나 증오했다고요! 그리고 엄마도 나를 증오했어요. 엄마는 내가 아빠랑 가기를 원했기 때문에 엄청 짜증났어요. 나는 엄마랑 있고 싶지 않았어요.]

분석가: 그때가 몇 살이었나요?

[환자: 아마도 2살이나 3살이었을 거예요. 그 나이쯤에 아빠가 새 차를 샀던 기억이 나요. 엄마는 내가 아빠랑 외출을 못하게 했어요. 엄마는 그렇게 나를 증오했어요. 이게 사실이 맞을까요? 엄마는 정말 나를 증오하고 내가 엄마를 증오했을까요?]

분석가: 당신은 이 분석이 시작된 이후로 계속해서 당신의 엄마가 당신을 증오했다고 말해 왔어요. 그녀는 당신을 돌보는 것을 싫어했어요; 때로는 당신이 그녀에게 너무나 성가셨죠. 엄마는 글 쓰는 것과 가사일로 매우 바빴고 당신이 혼자서 조용히 놀기를 바랐어요. 당신이 그녀의 말을 듣지 않을 때에는 당신을 죽이고 싶어 했어요.

[환자: 맞아요, 다 맞는 말이에요. 그러나 엄마가 나를 증오했기 때문에 이렇게 오랜 세월동안 내가 나 자신을 증오해 왔다고 말하는 건가요? 그런 의미인가요?]

분석가: 바로 그거예요.

이렇게 논의는 계속되면서 환자와 그의 부모 사이의 관계는 재구성되고 분석에서 그것의 정서적 재연이 완전히 언어화된다.

관찰 결론

　의사소통 기능의 관점에서 성숙적 대리인으로서 작용하는 임상가는 내가 일차적 관심을 주었던 개입에만 스스로를 제한하지 않는다. 정신분열증 환자는 또한 다른 환자들에게 일반적으로 하는 종류의 의사소통들도 필요하다. 그러나 내가 강조했던 것들은 가장 제공하기 어려울 뿐만 아니라, 자기애적-전이 저항을 성공적으로 다루는 데에 가장 필요한 것들이다.
　이 장을 읽은 훈련 분석가는 이러한 개입들이 지적으로 이해하기는 쉽고, 그것들을 실제로 하는 것이 별로 어렵지 않을 것이라고 예상할 수 있다. 그러나 환자와 얼굴을 마주했을 때에 상황은 매우 달라진다. 이런 정서적 상호교환들을 완전하게 수행하는 데에 분석가 자신의 감정들과 환자의 감정들 모두 방해가 될 것이다. 그러나 그것들은 필요하며, 그 순간의 전이-역전이 상태의 관점에서 적절한 순간에 사용되어야 한다.
　이러한 개입의 가장 큰 특징은 그것이 전달하는 극단주의적 태도이다. 정신분열증 환자와의 초기 만남에서 치료사는 이상함, 신비함, 불편하고 불안하게 만드는 무언가의 부재를 감지한다. 치료사가 환자에 대해 알아가고 개입의 단서로써 접촉하려는 그의 언어적 시도들을 수용하게 되면서, 너무 많거나 너무 적은 상호관계성이 정신분열증적 반응의 패턴을 형성시켰다는 것을 인식하게 된다. 치료사는 너무 오랜 기간 동안 말을 하지 않거나 또는 짧은 기간 동안 너무 많이 하는 경향이 있다. 그러나 실제로 그런 방식으로 작동하는 것은, 환자를 극단적인 좌절과 과도한 만족에 교대로 노출시키는 것이며, 두 경우 모두 바람직하지 않다. 스톤Stone(1981a)이 지적한대로 분석 작업에서 "비합리적인 박탈뿐만 아니라 지나친 자극이나 과도한 만족"(p. 106)도 삼가야 한다.

치료사의 최초의 자세는 환자의 기능에 대해 배우는 학생의 자세이다. 배우게 된 것들은 마침내 환자와 공유될 것이다. 그러나 처음에는 치료사는 자아 전이를 활성화시키기 위해서 환자처럼 스스로를 제시한다. 환자의 접촉 기능에 반응하면서 관계 안으로 "낯선" 무언가를 소개하기보다는, 치료사는 진보적인 의사소통에 환자가 참여하는 데에 필요한 만큼의 유도된 감정들을 활용한다(객관적인 역전이). 치료사는 그가 정서적 폭발이나 가급적 약간의 부정적인 반응의 표적이 되었을 때 성공적으로 저항을 다루는 보상을 받았다는 것을 인식하게 된다. ('엄청난 폭발'은 바람직하지 않다.)

언어적 흉내에 대한 연구는 환자가 충분히 방출하는 데 실패한 적대적인 반응들을 동원한 주관적인 인상들의 본질에 대해 단서를 제공한다. 분노와 격노의 활성화와 방출은 환자가 협조적으로 기능하도록 해준다. 이러한 폭발에 대해 환자와 함께 탐색했을 때 그는 꿈, 환상, 기억들을 보고한다. 따라서 원상황에 대한 환자의 초기 인상들을 재구성하고, 마음의 자아영역으로부터 "낯선" 대상 인상들을 제거하는 과정은, 개입의 해방적 세력에 의해 가능하게 된다.

자기애적-전이 저항을 해결하는 데에 가장 효과적인 것으로 증명된 개입들을 검토해보면, 치료사는 왜 환자에게 평균적인 일반인처럼 "보이기"보다는, 존재하지 않거나 독재자처럼 스스로를 제시하는 것이 더 강렬한 반응을 이끌어냈는지를 이해하게 된다. 환자는 그의 초기 대상들을 인간관계의 측면에서 지나치게 풍부한 잔치를 제공하거나 기근을 제공하는 극단주의자로 경험했다는 것이 명백해진다.

환자의 회복은 처음에는 환자의 아동기의 극단주의자들처럼 보일 수 있는 분석가와의 정서적 관계를 요구한다. 이후에 분석가는 중재하는 세력으로서 스스로를 제시한다. 그는 어떠한 종류의 명백한 역전이 저항도 해결하기 위한 환자의 제안에 열려 있음을 보여준다.

회복의 본질

자기애적-전이 저항이 극에 달했을 때, 환자는 초기 아동기의 몇 개의 기본적이고 본질적인 중대한 감정-색조들을 비자발적으로 반복하는 과정에서 헤어 나오지 못하는 상태에 처하게 된다. 그는 듣기 싫은 곡을 반복해서 연주하는 낡은 음악상자처럼 들린다. 의사소통에 대한 가장 강력한 저항들이 해결되면, 환자는 감정의 다양한 뉘앙스와 세련됨을 발달시킨다. 그는 결국 인간 정서의 전체 범위를 경험할 수 있게 된다. 분석적 관계 안에서 환자가 그것들을 표현하게 되면서, 인간의 정서적 진화를 관찰하게 된다. 마침내 환자는 성숙한 인격의 풍부한 "관현악 편성"을 획득한다.

성공적으로 치료된 개인은 다양한 행동패턴을 사용할 수 있다. 그가 사회적으로 적절한 방법으로 감정들을 표현할 수 있기 때문에, 아무리 도발을 해와도 그는 스스로를 파괴적인 행동을 하지 못하도록 접촉을 피하지 않는다. 그는 또한 다른 사람의 감정들을 수용하고 견딜 수 있다. 정서적 수용성과 수월한 반응성은 그의 삶에 대한 전체 관점을 변화시킨다. 그는 사람들과 편안하게 관계 맺을 수 있고 옛 자기애적 방어를 사용하지 않고 고통스런 현실에 직면할 수 있다. 면밀한 진단적 검사나 숙련된 면접을 통해 그의 과거 한계점들의 흔적이 드러나는 것 이외에는, 더 이상 환자는 그의 오래된 병리적 패턴들의 증거를 나타내지 않는다.

회복된 환자는 그가 자기-발견의 항해를 완료했다는 태도를 전달한다. "나는 내가 진짜로 좋아하는 것이 무엇인지 막 알기 시작했어요"라고 한 여성이 말했다. 많은 환자들은 감정의 언어로 의사소통할 수 있는 충실하고 변치 않는 동반자를 진실한 자기 안에서 발견했다고 느낀다. 그들은 삶의 만일의 사태들을 다루는 과정에서 이 새로운 감정들에 대한 자각이 중요한 자산이라는 것을 경험한다.

회복이라는 것은 모든 어려움들이 사라졌거나 새로운 문제들이 미래에 등장하지 않을 것이라는 것을 의미하지 않는다. 그러나 환자는 이제 전체 인격으로서 문제를 가지고 고심할 수 있으며, 따라서 재-교육적 방법을 통하여 초기의 고착들을 해결할 수 있는 위치에 있다(Glauber, 1982, p. 13). 자기-실현과 행복에 대한 환자의 능력이 눈에 띄게 증가하고, 환자는 상당한 회복력을 가지고 외상적 사건들의 충격을 견뎌낼 수 있다. 그는 보통 수준의 심리적 갈등들을 숙고하고 해결하기 위해 필요한 인내와 이해력이 발달했다.

완전히 회복된 환자는 치료과정을 건설적으로 비판하기 위해, 그리고 분석가의 접근법에 대한 개선점을 제안하기 위해, 분석가의 결점들을 인식하고 묘사할 수 있다. 만일 환자에게 물어본다면, 그는 그의 질환을 야기했던 요소들을 묘사할 수 있고, 그의 진전에 필수적이었던 요소들을 식별할 수 있다.

환자는 다른 사람들을 이해할 수 있다; 그는 그들이 왜 그렇게 행동하는지 알게 된다. 그는 관점과 태도의 차이를 수용할 수 있다. 그는 집에서, 직장에서, 그리고 사회적 상황에서 효율적으로 기능함으로써, 친척들과 동료들에게 깊은 인상을 준다. 그는 치료를 시작했을 때보다 훨씬 더 사회적인 존재가 되었다. 그는 그가 자기애의 암벽 뒤에서 고립되기보다는, 정서적 진실성과 자존감을 유지한 채 사람들 사이에서 사는 것을 더 좋아한다는 것을 보여준다.

명백하게, 모던 정신분석은 비참한 인간을 일반적인 불행을 겪는 인간으로 변형시키는 것—이는 프로이트와(Breuer & Freud, 1893-1895) 거의 한 세기 동안 임상적 경험과 정신분석적 이론의 확장이 이루어진 후 블룸Blum이 동일하게 제시한 치료적 기대이다—보다 훨씬 많은 것을 성취하기 위해 헌신한다. 심각한 정서장애의 치료에 있어서의 과도한-낙관주의와 지나친 기대에 대해 경고하면서, 블룸은 "전통적 정신분석은 환희의 찬가로 끝나지 않는다"라고 말했다(1982, p. 976).

성공적으로 모던 정신분석을 받은 환자는 정서적 성숙의 단계에 이른다. 인간 정서의 전체 범위를 사용할 수 있으며, 풍부한 심리적 에너지를 지닌 채로, 그는 그의 모든 잠재력을 실현시키는 기쁨을 경험한다. 이러한 상태가 안정화 되었을 때에 모던 정신분석은 궁극적인 목표를 달성한 것이다.

참고 문헌

Abraham, K. 1908. The psychosexual differences between hysteria and dementia praecox. In *Selected papers of Karl Abraham*, M.D. New York: Basic Books, 1953.

Abraham, K. 1911. Notes on the psycho-analytical investigation and treatment of manic-depressive insanity and allied conditions. In *Selected papers of Karl Abraham*, M.D. New York: Basic Books, 1953.

Adler, G. 1967. Methods of treatment in analytical psychology. In *B.B. Wolman (Ed.), Psychoanalytic techniques*. New York: Basic Books.

Aichhorn, A. 1936. The narcissistic transference of the "juvenile impostor." In O. Fleischmann, p. Kramer, & H. Ross (Eds.) *Aichhorn A. Delinquency and child guidance: Selected papers*. New York: International Universities Press.

Almansi, R.J. 1960. The face-breast equation. *Journal of the American Psychoanalytic Association* 8:43-70.

Altshul, V.A. 1977. The so-called boring patient. *American Journal of Psychotherapy* 31:533-545.

Altshul, V.A. 1980. The hateful therapist and the countertransference psychosis. Journal, *The National Association of Private Psychiatric Hospitals 11*(4): 15-23.

American Psychiatric Association 1952, 1968, 1980. *Diagnostic and Statistical*

Manual of Mental Disorders, I, II, & III. Washington: American psychiatric Association.

Arieti, S. 1961. Introductory notes on the psychoanalytic therapy of schizophrenics. In A.Burton (Ed.), *Psychotherapy of the psychoses.* New York: Basic Books, 1961.

Arieti, S. 1962. Psychotherapy of schizophrenia. *Archives of General Psychiatry* 6:112-122.

Arieti, S. 1974. An overview of schizophrenia from a predominantly psychological approach. *American Journal of Psychiatry* 131:241-249.

Bak, R.C. 1952. Discussion of Dr. Wexler's paper. In E.B. Brody & F.C. Redlich (Eds.), *Psychotherapy with schizophrenics.* New York: International Universities Press.

Bak, R.C. 1954. The schizophrenic defense against aggression. *International Journal of Psycho-Analysis* 35:129-134.

Balint, M. 1952. New beginning and the paranoid and the depressive syndromes. *International Journal of Psycho-Analysis* 33:214-224.

Balint, M. 1959. Regression in the analytic situation. In *Thrills and regression.* New York: International Universities Press.

Balint, M. & A. 1939. On transference and countertransference. *International Journal of Psycho-Analysis* 20: 223-230.

Beres, D. 1981. Self, identity and narcissism. *Psychoanalytic Quarterly* 50:515-534.

Berg, M.D. 1977 The externalizing transference. *International Journal of Psycho-Analysis* 58:235-244.

Binswanger, L. 1957. *Sigmund Freud: Reminiscences of a friendship.* New York: Grune & Stratton.

Birley, J.L.T., & Brown, G.W. 1970. Crises and life changes preceding the onset or relapse of acute schizophrenia. *British Journal of Psychiatry* 116:327-333.

Bleuler, E. 1950. *Dementia praecox and the group of shcizophrenias.* New York: International Universities Press.

Bleuler, M. 1974. The long-term course of the schizophrenic psychoses. *Psychological Medicine* 4:244-254.

Bleuler, M. 1979. On schizophrenic psychoses. *American Journal of Psychiatry* 36:1403-1409.

Bloch, D. 1965. Feelings that kill; the effect of the wish for infanticide in neurotic depression. *Psychoanalytic Review* 52:51-66.

Bloch, D. 1976. Infantile autism and the inhibition of fantasy. *Modern Psychoanalysis* 1:231-242.

Bloch, D. 1978. *So the witch won't kill me.* Boston: Houghton Mifflin.

Blum, H.p. 1982. Theories of the self and psychoanalytic concepts: Discussion. *Journal of the American Psychoanalytic Association* 30:959-978.

Boyer, L.B. 1967. Office treatment of schizophrenic patients: The use of paychoanalytic therapy with few parameters. Introduction. In *L.B. Boyer & p. L. Giovacchini, Psychoanalytic treatment of schizophrenia and characterological disorders.* New York: Science House.

Braceland, F.J. 1978. Introduction. *Psychiatric Annals* 8:329-330.

Breuer, J., & Freud, S. (1893-1895). Studies on hysteria. *Standard Edition of the Complete Psychological Works of Sigmund Freud* (Vol. 2).

Brill, A.A. 1944. *Freud's contribution to psychiatry.* New York: W. W. Norton.

Brody, S. 1976. Somatization disorders: Diseases of communication. *Modern Psychoanalysis* 1:148-162.

Bullard, D. 1960. Psychotherapy of paranoid patients. *Archives of General Psychiatry* 2:137-141.

Bychowski, G. 1952. *Psychotherapy of psychosis.* New York: Grune & Stratton.

Bychowski, G. 1956. Release of internal images. *International Journal of Psycho-Analysis* 37:332-336.

Calne, D.B. 1984. *The clinical relevance of dopamine receptor*. In W.D. Horst (Ed.), Roche Receptor (Vol. 1) No. 3:6.

Cancro, R. 1979. The schizophrenic syndrome: Its dubious past and its certain future. *Hillside Journal of Clinical Psychiatry* 1:39-56.

Cancro, R. 1982. *The schizophrenic disorders*, Part II, In L. Grinspoon (Ed.), Psychiatry 1982, *The American Psychiatric Association Annual Review*. Washington: American Psychiatric Press.

Cancro, R. 1983. Individual psychotherapy in the treatment of chronic schizophrenic patients. *American Journal of Psychotherapy* 37:493-501.

Cancro, R., Fox, N., & Shapiro, L. 1974. *Strategic intervention in schizophrenia*. New York: Behavioral Publications.

Carpenter, W. T., Jr., Heinrichs, D. W., & Hanlon, T. E. 1981. Methodologic standards for treatment outcome research in schizophrenia. *American Journal of Psychiatry* 138:465-471.

Chasseguet-Smirgel, J. 1981. Loss of reality in perversions—with special reference to fetishism. *Journal of the American Psychoanalytic Association* 29:511-534.

Clark, L. p. 1926. The fantasy method of analyzing narcissistic neuroses. *Psychoanalytic Review* 13:225-239.

Cotman, C. W. & McGaugh, J. L. 1980. *Behavioral neuroscience: An introduction*. New York: Academic Press.

Cranefield, p. F. 1958. Josef Breuer's evaluation of his contribution to psychoanalysis. *International Journal of Psycho-Analysis* 39: 319-322.

Crick, F. H. C. 1979. Thinking about the brain. *Scientific American* 24:219-232.

Davis, H. L. 1978. The use of countertransference feelings in resolving resistance. *Psychoanalytic Review* 65: 557-578.

Davis, J. M. 1975 Overview: Maintenance therapy in psychiatry: Schizophrenia. *American Journal of Psychiatry* 132: 1237-1245.

Davis, J. M., Janicak, p. , Chang, S., & Klerman, K. 1982. Recent advances in the pharmacologic treatment of the schizophrenic disorders. In L. Grinspoon (Ed.), Psychiatry 1982, *The American Psychiatric Association Annual Review*. Washington: American Psychiatric Press.

Day, M., & Semrad, E. V. 1978. Schizophrenic reactions. In A. M. Nicholi, Jr., *The Harvard guide to modern psychiatry*. Cambridge, MA: Harvard University (Belknap) Press.

Dement, W. C. 1965. Dreaming: A biologic state. *Modern Medicine,* July 5, pp. 184-206.

Deutsch, H. 1926. Occult processes occurring during psychoanalysis. In G. Devereaux (Ed.), *Psychoanalysis and the occult*. New York: International Universities Press.

Eigen, M. 1977. On working with "unwanted" patients. *International Journal of Psycho-Analysis* 58:109-121.

Eissler, K. R. 1953. The effect of the structure of the ego on psychoanalytic technique. *Journal of the American Psychoanalytic Association* 1:104-143..

Eissler, K. R. 1958. Remarks on some variations in psychoanalytic technique. *International Journal of Psycho-Analysis* 39:222-229.

Epstein, L. 1982. Adapting to the patient's therapeutic need in the psychoanalytic situation. *Contemporary Psychoanalysis* 18:190-217.

Epstein, L., & Feiner, A. H. (Eds.) 1979. *Countertransference*. New York: Jason Aronson.

Ernsberger, C. 1979. The concept of countertransference as therapeutic instrument: Its early history. Modern Psychoanalysis 4:141-164.

Federn, p. 1952. *Ego psychology and the psychoses*. New York: Basic Books.

Fenichel, O. 1941. *Problems of psychoanalytic technique*. Albany, NY: *Psychoanalytic Quarterly*.

Fenichel, O. 1945. *The psychoanalytic theory of neurosis.* New York: W. W. Norton.

Ferenczi, S., & Rank, O. 1925. *The development of psychoanalysis.* New York: Nervous and Mental Disease Publishing Co.

Fincher, J. 1981. *The brain: Mystery of matter and mind.* Washington: U.S. News Books.

Flinn, D.E., Leon, R. L., & McKinley, R. 1981. Psychotherapy: The treatment of choice for all. *Psychiatric Annals* 11(10):13-23.

Fordham, M. 1979. Analytical psychology and countertransference. In L. E. Epstein & A. H. Feiner (Eds.), *Countertransference.* New York: Jason Aronson.

Frankl, V. E. 1960. Paradoxical intention: A logotherapeutic technique. *American Journal of Psychotherapy* 14:520-535.

Freeman, T. 1963. The concept of narcissism in schizophrenic states. *International Journal of Psycho-Analysis* 44:293-303.

Freeman, T. 1970. The psychopathology of the psychoses: A reply to Arlow & Brenner. *International Journal of Psycho-Analysis* 51:407-415.

Freeman, T. 1982. Schizophrenic delusions and their pre-psychotic antecedents. *International Journal of Psycho-Analysis* 63:445-448.

Freeman, T., Cameron, J. L., & McGhie, A. 1958. *Chronic schizophrenia.* New York: International Universities Press.

Freud, A. 1926. The methods of children's analysis. In *The psychoanalytical treatment of children.* New York: International Universities Press, 1959.

Freud, A. 1951. August Aichhorn: An obituary. *International Journal of Psycho-Analysis* 32: 51-56.

Freud, S. 1892-1899. Extracts from the Fliess papers. *The Standard Edition*[1] *of the*

---

[1] S. E. in subsequent references denotes the Standard Edition, Vols. 1-24, 1953-1974.

Complete Psychological Works of Sigmund Freud (Vol. 1). London: Hogarth Press.

Freud, S. 1894. *The neuro-psychoses of defense.* S.E., 3.

Freud, S. 1900. *The interpretation of dreams.* S. E., 4 & 5.

Freud, S. 1905. *Fragment of an analysis of a case of hysteria.* S. E., 7.

Freud, S. 1910. *The future prospects of psychoanalytic therapy.* S.E., 11.

Freud, S. 1912a. *The dynamics of transference.* S. E., 12.

Freud, S. 1912b. *Recommendations to physicians practicing psychoanalysis.* S. E. 12.

Freud, S. 1913. *On beginning the treatment.* S. E., 12.

Freud, S. 1914a. *On narcissism: An introduction.* S. E., 14.

Freud, S. 1914b. *On the history of the psycho-analytic movement.* S. E., 14.

Freud, S. 1914c. *The Moses of Michelangelo.* S. E., 13.

Freud, S. 1915a. *Instincts and their vicissitudes.* S. E., 14.

Freud, S. 1915b. *Observations on transference love.* S. E., 12.

Freud, S. 1917. *Introductory lectures on psycho-analysis*, Part III. S. E., 16.

Freud, S. 1920. *Beyond the pleasure principle.* S. E., 18.

Freud, S. 1923a. *Psycho-analysis.* S. E., 18.

Freuds, S. 1923b. *Remarks on the theory and practice of dream interpretation.* S. E., 19.

Freud, S. 1923c. *The ego and the id.* S. E., 19.

Freud, S. 1924. *Neurosis and psychosis.* S. E., 19.

Freud, S. 1925. *An autobiographical study.* S. E., 20.

Freud, S. 1926. *Inhibitions, symptoms and anxiety.* S. E., 20.

Freud, S. 1930. *Civilization and its discontents.* S. E., 21.

Freud, S. 1933. *New introductory lectures on psycho-analysis.* S. E., 22.

Freud, S. 1937. *Analysis terminable and interminable.* S. E., 23.

Freud, S. 1940. *An outline of psychoanalysis.* S. E., 23.

Freud, S. 1954. *The origins of psycho-analysis. Letters to Wilhelm Fliess. Drafts and notes: 1887-1902*. New York: Basic Books.

Freud, S. 1985. *The complete letters of Sigmund Freud to Wilhelm Fliess, 1887-1904*. J. M. Masson, (Ed., Trans.). Cambridge, MA: Harvard University (Belknap) Press.

Fromm-Reichmann, F. 1952. Some aspects of psychoanalytic psychotherapy with schizophrenics. In E. B. Brody & F. Redlich (Eds.), *Psychotherapy with schizophrenics*. New York: International University Press.

Gedo, J. E., & Goldberg, A. 1973, *Models of the mind: A psychoanalytic theory*. Chicago: University of Chicago Press.

Gerard, R. W. 1960. Neurophysiology: An integration (molecures, neurons, and behavior). In *Handbooks of Neurophysiology* (Vol. 3). Washington: American Physiological Society.

Giovacchini, p. L. 1979. Countertransference with primitive mental states. In L. E. Epstein & A. H. Feiner, *Countertransference*. New York; Jason Aronson.

Gitelson, M. 1952. The emotional position of the analyst in the psychoanalytic situation. *International Journal of Psycho-Analysis* 33:1-10.

Glauber, I. p. 1982. *Stuttering—A psychoanalytic understanding*. New York; Human Sciences Press.

Glover, E. 1949. *Psycho-Analysis* (2nd ed.). New York: Staples Press.

Gochfeld, L. G. 1978. Drug therapy and modern psychoanalysis. *Modern Psychoanalysis* 3: 203-216.

Greenberg, J. 1978. The brain: Holding the secrets of behavior. *Science News* 114: 362-366.

Greenson, R. 1965. The working alliance and the transference neurosis. *Psychoanalytic Quarterly* 34:155-181.

Greenson, R. 1967. *The technique and practice of psychoanalysis*. New York: International Universities Press.

Greenwald, H. 1973. *Decision therapy.* New York: Peter H. Wyden.

Grinker, R. R., Sr. 1969. An essay on schizophrenia and science. *Archives of General Psychiatry* 20:1-24.

Grotstein, J. S. 1977. The psychoanalytic concept of schizophrenia. *International Journal of Psycho-Analysis 58*: 403-452.

Grotstein, J. S. 1980. A proposed revision of the psychoanalytic concept of primitive mental states. Part I. *Contemporary Psychoanalysis* 16:479-546.

Gunderson, J. G., reporter 1974. Panel: The influence of theoretical models of schizophrenia on treatment practice. *Journal of the American Psychoanalytic Association* 22:182-199.

Grunder, J. G. Carpenter, W. T., & Strauss, J. S. 1975. Borderline and schizophrenic patients: A comparative study. *American Journal of Psychiatry* 132:1257-1264.

Hann-Kende, F. 1933. On the role of transference and countertransference. In G. Devereaux (Ed.), *Psychoanalysis and the occult.* New York: International Universities Press, 1953.

Hart, L. A. 1975. *How the brain works.* New York: Basic Books.

Hartmann, H. 1953. Contribution to the metapsychology of schizophrenia. *Psychoanalytic Study of the Child* 8: 177-187.

Hayden, S. 1983. The toxic response in modern psychoanalysis. *Modern Psychoanalysis* 8:3-16.

Heimann, p. 1950. On countertransferene. *International Journal of Psycho-Analysis* 31:81-84.

Heinrichs, D. W., & Carpenter, W. T, Jr. 1982. The psychotherapy of the schizophrenic disorders. In L. Grinspoon (Ed.), Psychiatry 1982, *The American Psychiatric Association Annual Review.* Washington: American Psychiatric Press.

Hendrick, I. 1931. Ego defense and the mechanism of oral rejection in schizophrenia: The psychoanalysis of a pre-psychotic case. *International*

Journal of Psycho-Analysis 12: 298-325.

Hill, L. B. 1955. *Psychotherapeutic intervention in schizophrenia*. Chicago: University of Chicago Press.

Hoffer, A., & Osmond, H. 1966. *How to live with schizophrenia*. New Hyde Park, NY: University Books.

Jaynes, J. 1976. *The origin of consciousness in the breakdown of the bicameral mind*. Boston: Houghton Mifflin.

Jenkins, R. L. 1950. Nature of the schizophrenic process. *Archives of Neurology and Psychiatry* 64: 243-262.

Jones, E. 1953. *The life and work of Sigmund Freud* (Vol. 1). New York: Basic Books.

Jones, E. 1955. *The life and work of Sigmund Freud* (Vol. 2). New York: Basic Books.

Joseph, E. D. 1982. Normal in psychoanalysis. *International Journal of Psycho-Analysis* 63:3-13.

Jung, C. G. 1935. Principles of practical psychotherapy. In *Collected works of C. G. Jung* (Vol. 16). Princeton: Princeton University Press.

Jung, C. G. 1936. *The psychology of dementia praecox*. New York: Nervous and Mental Disease Publishing Co.

Karasu, T. B. 1982. Psychotherapy and pharmacotherapy: Toward an integrative model. *American Journal of Psychiatry* 139:1102-1113.

Kardiner, A. 1959. Traumatic neuroses of war. In S. Arieti (Ed.), *American handbook of psychiatry* (Vol. 1). 245-247.

Karon, B. p. , & Vandenbos, G. R. 1981. *Psychotherapy of schizophrenia: The treatment of choice*. New York: Jason Aronson.

Katan, M. 1950. Structural aspects of a case of schizophrenia. *Psychoanalytic Study of the Child* 5: 175-179.

Kavka, J. 1980. Michelangelo' s Moses: "Madonna Androgyna" (A meaning of the artist's use of forefingers). In Chicago Institute for Psychoanalysis (Ed.), *The Annual of Psychoanalysis*, 8: 291-315. New York: International Universities Press, 1981.

Kernberg, O. F. 1975. *Borderline conditions and pathological narcissism*. New York: Jason Aronson.

Kernberg, O. F. 1976. *Object-relations theory and clinical psychoanalysis*. New York: Jason Aronson.

Kernberg, O. F. 1982a. An ego psychology and object relations approach to the narcissistic personality. In L. Grinspoon (Ed.), Psychiatry 1982, *The American Psychiatric Association Annual Review*. Washington: American Psychiatric Press.

Kernberg, O. F. 1982b. Self, ego, affects and drives. *Journal of the American Psychoanalytic Association* 30: 893-917.

Kesten, J. 1955. Learning for spite. *Psychoanalysis* 4: 63-67.

Kety, S. S. 1979. Disorders of the human brain, *Scientific American*, 24(3): 202-221.

Kety, S. S. 1980. Biological subtracts of mental illness. Journal, *The National Association of Private Psychiatric Hospitals* 11(3).

Kety, S. S. 1981. Neuroscience in the future of psychiatry: Promise and limitations. *Psychiatric News*, July 3, 1981.

Kirman, W. J. 1980. Countertransference in facilitating intimacy and communication. *Modern Psychoanalysis*: 5:131-145.

Klein, M. 1930. The importance of symbol-formation in the development of the ego. *International Journal of Psycho-Analysis* 11:24-39. Reprinted in Contributions to psychoanalysis: 1921-1945. New York: McGraw-Hill, 1964.

Klein, M. 1946. Notes on some schizoid mechanisms. In M. Klein, p. Heimann, S. Isaacs & J. Riviere (Eds.), *Developments in psychoanalysis*. London: Hogarth Press, 1952.

Klein, M. 1952. The origins of transference. *International Journal of Psycho-Analysis* 33:433-438.

Kohut, H. 1968. The psychoanalytic treatment of narcissistic personality disorders: Outline of a systematic approach. *Psychoanalytic Study of the Child* 23: 86-113.

Kohut, H. 1971. *The analysis of the self.* New York: International Universities Press.

Kohut, H. 1972. Thoughts on narcissism and narcissistic rage. *Psychoanalytic Study of the Child* 27: 360-400.

Kohut, H. 1977. *The restoration of the self.* New York: International Universities Press.

Kohut, H., & Wolf, E. 1978. The disorders of the self and their treatment: An outline. *International Journal of Psycho-Analysis* 59: 413-425.

Krohn, A., & Krohn, J. 1982. The nature of the oedipus complex in the Dora case. *Journal of the American Psychoanalytic Association* 30: 555-578.

Lagache, D. 1953. Some aspects of transference. *International Journal of Psycho-Analysis* 34:1-10.

Langs, R., 1984. Freud's Irma dream and the origins of psychoanalysis. *Psychoanalytic Review* 71:591-617.

LeBoit, J., & Capponi, A. (Eds.) 1979. *Advances in psychotherapy of the borderline patient.* New York: Jason Aronson.

Liberman, R. p. 1982. Social factors in the etiology of the schizophrenic disorders. In L. Grinspoon (Ed.), Psychiatry 1982, *The American Psychiatric Association Annual Review.* Washington: American Psychiatric Press.

Lichtenberg, J. D. 1963. Untreating—its necessity in the therapy of certain schizophrenic patients. *British Journal of Medical Psychology* 36:311-317.

Liegner, E. J. 1974. The silent patient. *Psychoanalytic Review* 61:229-245.

Liegner, E. J. 1979. Solving a problem in a case of psychosis. *Modern Psychoanalysis* 4:5-17.

Liegner, E. J. 1980. The hate that cures: The psychological reversibility of schizophrenia. *Modern Psychoanalysis* 5: 5-95.

Lishman, W. A. 1983. The apparatus of mind: Brain structure and function in mental disorder. *Psychosomatics* 24: 699-720.

LIttle, M. 1958. On delusional transference (transference psychosis). *International Journal of Psycho-Analysis* 39: 134-138.

Little, M. 1966. Transference in borderline states. *International Journal of Psycho-Analysis* 47:476-485.

Loewenstein, R. M. 1956. Some remarks on the role of speech in psychoanalytic technique. *International Journal of Psycho-Analysis* 37:460-467.

London, N. 1973. An essay on psychoanalytic theory: Two theories of schizophrenia. *International Journal of Psycho-Analysis* 54: 169-193.

Lucas, M. R. 1982. An historical study of narcissistic injury. Final paper, Center for Modern Psychoanalytic Studies, New York. Unpublished.

Mahler, M. S. 1981. Aggression in the service of separation-individuation—case study of a mother-daughter relationship. *Psychoanalytic Quarterly* 50: 625-638.

Mahler, M. S., & McDevitt, J. B. 1982. Thoughts on the emergence of the sense of self, with particular emphasis on the body self. *Journal of the American Psychoanalytic Association* 30: 827-848.

Mahler, M. S., Pine, F., & Bergman, A. 1975. *The psychological birth of the human infant.* New York: Basic Books.

Margolis, B. D. 1978. Narcissistic countertransference: Emotional availability and case management. *Modern Psychoanalysis* 3:133-151.

Margolis, B. D. 1979. Narcissistic transference: The product of overlapping self and obejct fields. *Modern Psychoanalysis* 4:131-140.

Margolis, B. D. 1981. Narcissistic transference: Further considerations. *Modern Psychoanalysis* 6: 171-192.

Margolis, B. D. 1983a. The contact function of the ego: Its role in the therapy of the narcissistic patient. *Psychoanalytic Review* 70: 69-81.

Margolis, B. D. 1983b. The object-oriented question: A contribution to treatment technique. *Modern Psychoanalysis* 8:35-46.

Marmer, S. S. 1980. Psychoanalysis of multiple personality. *International Journal of Psycho-Analysis* 61:439-459.

Marsella, A. J., & Snyder, K. K. 1981. Stress, social supports, and schizophrenic disorders: Toward an interactional model. *Schizophrenia Bulletin* 7: 152-163.

Marshall, R. J. 1982. Resistant interactions: *Child and psychotherapist.* New York: Human Sciences Press.

McGlashan, T. H. 1983. The we-self in borderline patients: Manifestations of the symbiotic self-object in psychotherapy. *Psychiatry* 46:351-361.

McLaughlin, J. T. 1982. Issues stimulated by the 32nd Congress. *International Journal of Psycho-Analysis* 63:229-240.

Meadow, p. W. 1974. A research method for investigating the effectiveness of psychoanalytic techniques. *Psychoanalytic Review* 61: 79-94.

Meerloo, J. A. M., & Nelson, M. C. 1965. *Transference and trial adaptation.* Springfield, IL: Charles C. Thomas.

Menninger, K. A. 1938. *Man against himself.* New York: Harcourt Brace.

Menninger, K. A. 1945. *The human mind* (3rd ed). New York: Alfred Knopf.

Menninger, K. A. 1958. *Theory of psychoanalytic technique*. New York: Basic Books.

Menninger, K. A., & Holzman, p. S. 1973. *Theory of psychoanalytic technique* (2nd ed). New York: Basic Books.

Modell, A. H. 1976. "The holding environment" and the therapeutic action of psychoanalysis. *Journal of the American Psychoanalytic Association* 24: 285-307.

Moeller, M. L. 1977. Self and object in countertransference. *International Journal of Psychoanalysis* 58: 365-374.

Molina, J. A. 1982. Psychobiosocial "maps"; A useful tool in milieu therapy and psychiatric education. *Journal of Clinical Psychiatry* 43(5): 182-186.

Money-Kyrle, R. 1956. Normal countertransference and some of its deviations. *International Journal of Psycho-Analysis* 37:360-366.

Mosher, L. R., & Keith, S. J. 1979. Research on the psychosocial treatment of schizophrenia: A summary report. American *Journal of Psychiatry* 136:623-631.

Nadelson, T. 1977. Borderline rage and the therapist's response. *American Journal of Psychiatry* 134:748-751.

Nagelberg, L., & Spotnitz, H. 1958. Strengthening the ego through the release of frustration-aggression. *American Journal of Orthopsychiatry* 28: 794-801. Reprinted in Spotnitz 1976a.

Nelson, M.C. 1956. Externalization of the toxic introject. *Psychoanalytic Review* 43:235-242.

Nelson, M. C. 1981. The paradigmatic approach: A parallel development. *Modern Psychoanalysis* 6:9-26.

Nunberg, H. 1921. The course of the libidinal conflict in a case of schizophrenia. *Practice and Theory of Psychoanalysis.* New York: Nervous and Mental Disease Monographs, No. 74, 1948.

Nunberg, H., & Federn, E. (Eds.) 1962. *Minutes of the Vienna Psychoanalytic Society* (Vol. 1). New York: International Universities Press.

Oakes, E. S. 1982. Object relations theory and the supervisor/supervisee relationship: The trouble is the objective case. *Smith College School for Social Work Journa*l, Spring 1982, pp. 2-6.

Ogden, T. H. 1982. *Projective identification and psychotherapeutic technique.* New York: Jason Aronson.

Oremland, J. D. 1980. Mourning and its effect on Michelangelo's art. In *Chicago Institute for Psychoanalysis* (Ed.), The Annual of Psychoanalysis (Vol. 8), 1980. New York: International Universities Press.

Ormont, L. R. 1981. Principles and practice of conjoint psychoanalytic treatment.

American Journal of Psychiatry 138:69-73.

Ormont, L R., & Strean, H. 1978. *The practice of conjoint therapy*. New York: Human Sciences Press.

Pao, Ping-Nie 1965. The role of hatred in the ego. *Psychoanalytic Quarterly* 34: 257-264.

Penfied, W., & Perot, R. 1963. The brain's record of auditory and visual experience: A final summary and discussion. *Brain* 86: 595-702.

Perri, B. M. 1982. A modern perspective on the negative therapeutic reaction. Unpublished doctoral dissertation. Manhattan Center for Modern Psychoanaytic Studies.

Perri, M. E., & Perri, B. M. 1978. The psychoanalytic contract: Therapeutic and legal aspects. Unpublished dissertation. Manhattan Center for Modern Psychoanalytic Studies.

Polatin, p. , & Spotnitz, H. 1943. Ambulatory insulin shock technique in the treatment of schizophrenia. Journal of Nervous and Mental Disease 97:567-575.

Proceedings 1981. Symposium on Infant Psychiatry, 1979. *Journal of Preventive Psychiatry* 1:113-139.

Racker, H. 1957. The meaning and uses of countertransference. *Psychoanalytic Quarterly* 26:303-357. Reprinted in H. Racker, Transference and countertransference. London: Hogarth Press, 1968.

Rangell, L. 1982. 1968. The self in psychoanalytic theory. *Journal of the American Psychoanalytic Association* 30: 863-891.

Ries, H. 1958. Analysis of a patient with a "split" personality. *International Journal of Psycho-Analysis* 39:397-407.

Roazen, p. 1969. *Brother animal: The story of Freud and Tausk*. New York: Alfed Knopf.

Roazen, p. 1975, *Freud and his followers*. New York: Alfred A. Knopf.

Rosen, J. N. 1953. Direct analysis: Selected papers. New York: Grune & Stratton.

Rosen, J. N. 1962. *Direct psychoanalytic psychiatry*. New York: Grune & Stratton.

Rosen, J. N. 1963. The concept of early maternal environment in direct psychoanalysis. Doylestown, PA: Doylestown Foundation.

Rosenbaum, M., & Muroff, M. (Eds.) 1984. Anna O: *Fourteen contemporary reinterpretations*. New York: Free Press.

Rosenfeld, H. A. 1947. Analysis of a schizophrenic state with depersonalization. *International Journal of Psycho-Analysis* 28: 130-139.

Rosenfeld, H. A. 1952a. Notes on the Psychoanalysis of a superego conflict in an acute schizophrenic patient. *International Journal of Psycho-Analysis* 33: 111-131.

Rosenfeld, H. A. 1952b. Transference phenomena and transference analysis in an acute catatonic schizophrenia patient. *International Journal of Psycho-Analysis* 33: 457-464.

Rosenfeld, H. A. 1954. Considerations regarding the psychoanalytic approach to acute and chronic schizophrenia. *International Journal of Psycho-Analysis* 35: 135-140.

Rosenfeld, H. A. 1964. On the psychopathology of narcissism: A clinical approach. *International Journal of Psycho-Analysis* 45: 332-337.

Rosenfeld, H. A. 1965. *Psychotic states: A psychoanalytic approach*. New York: International Universities Press.

Rosenthal, L. 1979. The significance of the resolution of group resistance in group analysis. *Modern Psychoanalysis* 4: 83-103.

Rosenthal, L. 1985. The resolution of resistance in group psychotherapy. New York: Jason Aronson.

Rothstein, A. 1982. The implications of early psychopathology for the analysability of narcissistic personality disorders. *International Journal of Psycho-Analysis* 63: 177-188.

Rudolph, J. 1981. Aggression in the service of the ego and the self. *Journal of the*

American Psychoanalytic Association 29: 559-579.

Schilder, p. 1938. *Psychotherapy*. New York: W. W. Norton.

Schlesinger, B. 1962. *Higher cerebral functions and their clinical disorders*. New York: Grune & Stratton.

Schulz, C., & Kilgalen, R. L. 1969. *Case Studies in schizophrenia*. New York: Basic Books.

Schur, M. 1972. *Freud: Living and dying*. New York: International Universities Press.

Searles, H. F. 1959. The effort to drive the other person crazy—an element in the aetiology and psychotherapy of schizophrenia. *British Journal of Medical Psychology* 32: 1-18. Reprinted in Searles, 1965.

Searles, H. F. 1963. Transference psychosis in the psychotherapy of schizophrenia. *International Journal of Psycho-Analysis* 44: 249-281.

Searles, H. F. 1965. *Collected papers on schizophrenia and related subjects*. New York: International Universities Press.

Searles, H. F. 1967. Concerning the development of an identity. *Psychoanalytic Review* 53: 507-530.

Sechehaye, M. 1956. *A new psychotherapy in schizophrenia*. New York: Grune & Stratton.

Shakow, D. 1971. Some observations on the psychology (and some fewer, on the biology) of schizophrenia. *Journal of Nervous and Mental Disease* 153: 300-330.

Spitz, R. 1965. *The first year of life*. New York: International Universities Press.

Spotnitz, H. 1957. The borderline schizophrenic in group psychotherapy. *International Journal of Group Psychotherapy* 7: 155-174. Reprinted in Spotnitz, 1976a.

Spotnitz, H. 1961a. *The couch and the circle*. New York: Alfred A. Knopf; Lancer Books, 1972, 1973.

Spotnitz, H. 1961b. The narcissistic defense in schizophrenia. *Psychoanalysis and the Psychoanalytic Review* 48(4):24-42. Reprinted in Spotnitz, 1976a.

Spotnitz, H. 1962. The need for insulation in the schizophrenic personality. Psychoanalysis and the Psychoanalytic Review 49(3):3-25. Reprinted in Spotniz, 1976a.

Spotnitz, H. 1963. The toxoid response. Psychoanalytic Review 50: 612-624. Reprinted in Spotnitz, 1976a.

Spotnitz, H. 1966. THe maturational interpretation. *Psychoanalytic Review* 53: 490-495. Reprinted in Spotnitz, 1976a.

Spotnitz, H. 1967. Techniques for the resolution of the narcissistic defense. In B. B. Wolman (Ed.), *Psychoanalytic techniques*. New York: Basic Books. Reprinted in Spotnitz, 1976a.

Spotnitz, H. 1969. *Modern psychoanalysis of the schizophrenic patient* (1st ed.) New York: Grune & Stratton.

Spotnitz, H. 1974. Group psychotherapy with schizophrenics. In D. S. Milman & G. D. Goldman (Eds.), *Group process today: Evaluation and perspective. Springfield,* IL: Charles C. Thomas.

Spotnitz, H. 1975. Object-oriented approaches to severely disturbed adolescents. In M. Sugar (Ed.), *The adolescent in group and family therapy.* New York: Brunner/Mazel. Reprinted in Spotnitz, 1976a.

Spotnitz, H. 1976a. *Psychotherapy of preoedipal conditions: Schizophrenia and severe character disorders*. New York: Jason Aronson.

Spotnitz, H. 1976b. Trends in modern psychoanalytic supervision. *Modern Psychoanalysis* 1:201-217.

Spotnitz, H. 1977. Narcissus as myth, Narcissus as patient. In M.C. Nelson (Ed.), *The narcissistic condition: A fact of our lives and times.* New York: Human Sciences Press.

Spotnitz, H. 1978. Aggression and schizophrenia. In G. D. Goldman & D. S. Milman (Eds.), *Psychoanalytic perspective on aggression*. Dubuque, IA: Kendall/Hunt.

Spotnitz, H. 1979a. Narcissistic countertransference. In L.E. Epstein & A.H. Feiner (Eds.), *Countertransference*. New York: Jason Aronson. Reprinted in Contemporary Psychoanalysis 15: 545-549.

Spotnitz, H. 1979b. Psychoanalytic technique with the borderline patient. In J. LeBoit & A. Capponi (Eds.), *Advances in psychotherapy of the borderline patient*. New York: Jason Aronson.

Spotnitz, H. 1979c. Modern psychoanalysis: An operational theory. In G. D. Goldman & D. S. Milman (Eds.), *Therapists at work*. Dubuque, IA: Kendall/Hunt Publishing Co.

Spotnitz, H. 1981a. Aggression in the therapy of schizophrenia. *Modern Psychoanalysis* 6: 131-140.

Spotnitz, H. 1981b. Ethical issues in the treatment of psychotics and borderline psychotics. In M. Rosenbaum (Ed.), *Ethics and values in psychotherapy*. New York: Free Press.

Spotnitz, H. 1982. Supervision of psychoanalysts treating borderline patients. *Modern Psychoanalysis* 7: 185-213.

Spotnitz, H. 1983. Countertransference with the schizophrenic patient: Value of the positive anaclitic countertransference. *Modern Psychoanalysis* 8: 169-172.

Spotnitz, H. 1984. The case of Anna O: Aggression and the narcissistic countertransference. In M. Rosenbaum & M. Muroff (Eds.), *Anna O: One hundred years of psychoanalysis*. New York: Free Press.

Spotnitz, H., & Meadow, p. W. 1976. *Treatment of the narcissistic neuroses*. New York: Manhattan Center for Advanced Psychoanalytic Studies.

Spotnitz, H., & Nagelberg, L. 1960. A preanalytic technique for resolving the narcissistic defense. *Psychiatry* 23: 193-197.

Spunt, A. R. 1979. Written communications in modern psychoanalytic treatment: Their use and psychotherapeutic value. Unpublished thesis, Manhattan Center for Modern Psychoanalytic Studies.

Steiner, J. 1982. Perverse relationships between parts of the self: A clinical illustrations. *International Journal of Psycho-Analysis* 63: 241-251.

Stern, H. 1978. *The couch: Its use and meaning in psychotherapy*. New York: Human Sciences Press.

Stone, L. 1954. The widening scope of indications for psychoanalysis. *Journal of the American Psychoanalytic Association* 2:567-594.

Stone, L. 1967. The psychoanalytic situation and transference: Postscript to an earlier communication. *Journal of the American Psychoanalytic Association* 15:3-58.

Stone, L. 1981a. Notes on the noninterpretive elements in the psychoanalytic situation and process. *Journal of the American Psychoanalytic Association* 29:89-118.

Stone, L. 1981b. Notes on the noninterpretive elements in the psychoanalytic situation and process. In Panel Report. *Journal of the American Psychoanalytic Association.* 29:648-651.

Strachey, J. 1934. The nature of the therapeutic action of psychoanalysis. *International Journal of Psycho-Analysis* 15:127-159.

Strauss, J.S. 1982. The clinical pictures and diagnosis of the schizophrenic disorders. In L. Grinspoon (Ed.), Psychiatric 1982, *The American Psychiatric Association Annual Review*. Washington: American Psychiatric Press.

Strauss, J. S. 1983. The diagnosis of schizophrenia: Past, present, and future. *Psychiatry Letter*, Fair Oaks Hospital, Summit, NJ.

Strauss, J. S., & Carpenter, W. T. 1981. In S. M. Woods (Ed.), *Schizophrenia*. New York: Plenum Publishing Corp.

Sulloway, F. J. 1979. *Freud, biologist of the mind: Beyond the psychoanalytic legend*. New York: Basic Books.

Tausk, V. 1919. On the origin of the "influencing machine" in schizophrenia. *Psychoanalytic Quarterly* 2: 519-556, 1933. Also in R. Fliess (Ed.), The Psychoanalytic Reader, Vol. 1, 1948. New York: International University Press.

Tower, L. E. 1956. Countertransference. *Journal of the American Psychoanalytic Association* 4:224-255.

Volkan, V. D. 1976, *Primitive internalized object relations: A clinical study of schizophrenic, borderline, and narcissistic patients.* New York: International Universities Press.

Volkan, V. D. 1979. The "glass bubble" of the narcissistic patient. In J. LeBoit & A. Capponi (Eds.), *Advances in psychotherapy of the boderline patient.* New York: Jason Aronson.

Waelder, R. 1925. The psychoses: Their mechanisms and accessibility to influence. *International Journal of Psycho-Analysis* 6:259-281.

Wallerstein, R. 1967. Reconstruction and mastery in the transference psychosis. *Journal of the American Psychoanalytic Association* 15:551-583.

Weiss, E. 1957. The phenomenon of "ego passage." *Journal of the American Psychoanalytic Association* 5:267-281.

Wexler, M. 1971. Schizophrenia: conflict and deficiency *Psychoanalytic Quarterly* 40:83-99.

Will, O. A., Jr. 1965. The beginning of psychotherapeutic experience. In A. Burton (Ed.), *Modern psychotherapeutic practice*. Palo Alto, CA: Science and Behavior Books.

Will, O. A., Jr. 1974. Individual psychotherapy of schizophrenia. In R. Cancro, N. Fox, & L. Shapiro (Eds.), *Strategic intervention in schizophrenia.* New York: Behavioral Publications.

Wilson, C. 1981. *The quest for Wilhelm Reich*. Garden City, NY: Anchor Press/Doubleday.

Winnicott, D. W. 1949. Hate in the countertransference. International Journal of Psycho-Analysis 30:69-75. Reprinted in *Through paediatrics to psycho-analysis*. New York: Basic Books, 1958.

Wolf, E. 1979. Countertransference in disorders of the self. In L. E. Epstein & A. H. Feiner (Eds.), *Countertransference*. New York: Jason Aronson.

Wyatt, R. J., Culter, N. R., DeLisi, L. E., Jeste, D. V., Kleinman, J. E., Luchins, D. J., Potkin, S. G., & Weinberger, D. R. 1982. Biochemical and morphological factors in the etiology of the schizophrenic disorders. In L. Grinspoon (Ed.), Psychiatry 1982, *The American Psychiatric Association Annual Review*. Washington: American Psychiatric Press.

Zilboorg, G. 1931. The deeper layers of schizophrenic psychoses. *American Journal of Psychiatry* 88:493-511.

Zimmerman, D. 1982. Analysability in relation to early psychopathology. *International Journal of Psycho-Analysis* 63:189-200.

Zipf, C. 1949. *Human behavior and the principle of least effort: An introduction to human ecology*. Cambridge, MA: Addison-Wesley Press.

Zubin, J. 1974. Foreword. In R. Cancro, N. Fox, & L. Shapiro (Eds.), *Strategic interventions in schizophrenia*. New York: Behavioral Publications.

Zubin, J., & Spring, B. 1977. Vulnerability: A new view of schizophrenia. *Journal of Abnormal Psychology* 86:103-126.

권장 도서

서론 (제1장)

[일반적인 관점]

Bellak, L. (Ed). 1979. *Disorders of the schizophrenic syndrome.* New York: Basic Books.

Borowitz, E. 1976. Modern psychoanalysis in the state mental hospital: A series of interviews. *Modern Psychoanalysis* 1: 75-96.

Boyer, L. B., & Giovacchini, p. I. 1967. *Psychoanalytic treatment of characterological and schizophrenic disorders.* New York: Science House.

Dawson, D., Blum, H. M., & Bartolucci, G. 1983. *Schizophrenia in focus: Guidelines for treatment and rehabilitation.* New York: Human Sciences Press.

Feldman, Y. 1978. The early history of modern psychoanalysis. *Modern Psychoanalysis* 3: 15-27.

Gunderson, J. G., & Mosher, L. R. 1975. *Psychotherapy of schizopherenia.* New York: Jason Aronson.

Kemali, D., Bartholini, G., & Richter, D. (Eds.) 1976. *Schizophrenia today.* Oxford, New York: Pergamon Press.

Menniger, K. A. 1921-1922. Reversible schizophrenia. *American Journal of Psychiatry* 1: 573-588.

Pao, p. N. 1980. *Schizophrenic disorders: Theory and treatment from a psychodynamic point of view*. New York: International Universities Press.

Polatin, p. 1966. *A guide to treatment in psychiatry*. Philadelphia: J. B. Lippincott.

Stone, M. H., Albert, H. D., Forrest, D. V., & Arieti, S. 1983. *Treating schizophrenic patients: A clinico-analytical approach*. New York: McGraw-Hill.

Usdin, G. 1977. *Schizophrenia: Biological and psychological perspectives*. New York: Brunner/Mazel.

병의 개념화 (제2장)

Arieti, S. 1975. *Interpretation of schizophrenia* (2nd ed). New York: Basic Books.

Bateson, G., Jackson, D. D., Haley, J., & Weakland, J. H. 1956. Toward a theory of schizophrenia. *Behavioral Science* 1: 251-264.

Bergman, p. , & Escalona, S. 1949. Unusual sensitivities in very young children. *The Psychoanalytic Study of the Child* 3/4:333-352. New York: International Universities Press.

Bettelheim, B. 1967. *The empty fortress: Infantile autism and the birth of the self.* New York: Free Press.

Burnham, D. L., Gladstone, A. I., & Gibson, R. W. 1969. *Schizophrenia and the need-fear dilemma*. New York: International Universities Press.

Gibson, R. W. 1966. The ego defect in schizophrenia. In G. L. Usdin (Ed.), *Psychoneurosis and schizophrenia*. Philadelphia: J. B. Lippincott.

Laing, R. D. 1966. *The divided self.* London: Penguin.

Lipton, S. D. 1961. Aggression and symptom-formation. (Discussion). *Journal of American Psychoanalytic Association* 9: 585-592.

Lorenz, K. 1966. *On aggression*. New York: Harcourt, Brace & World.

Mahler, M. S., Pine, F., & Bergman, A. 1975. *The psychological birth of the human infant.* New York: Basic Books.
Ogden, T. H. 1982. *Projective identification and psychotherapeutic technique.* New York: Jason Aronson.
Scott, J. p. 1958. *Aggression.* Chicago: University of Chicago Press.
Silverberg, W. V. 1947. The schizoid maneuver. *Psychiatry* 10: 383-393.
Sluckin, W. 1967. *Imprinting and early learning.* Chicago: Aldine Publishing Co.
Spitz, R. 1965. *The first year of life.* New York: International Universities Press.
Spotnitz, H. 1976. *Psychotherapy of preoedipal conditions: Schiophrenia and severe character disorders.* New York: Jason Aronson.
Stuart, G. 1955. *Narcissus: A psychological study of self-love.* New York: Macmillan.

기법에 대한 기본 이론의 확장 (제3장)

Arlow, J. A., & Brenner, C. 1964. *Psychoanalytic concepts and the structural theory.* New York: International Universities Press.
Ferenczi, S. 1938. *Thalassa, a theory of genitality.* Albany, NY: Psychoanalytic Quarterly.
Guntrip, H. 1961. *Personality structure and human interaction.* New York: International Universities Press.
Kanzer, M., & Blum, H. p. 1967. Classical psychoanalysis since 1939. In B. B. Wolman (Ed.), *Psychoanalytic technique.* New York: Basic Books.
Lampl-de Groot, J. 1967. On obstacles standing in the way of psychoanalytic therapy. In *Psychoanalytic Study of the Child* 22. New York: International Universities Press.
Lewin, B. D. 1950. *The psychoanalysis of elation.* New York: W. W. Norton.

의사소통에 대한 신경생물학적 접근 (제4장)

Amacher, p. 1965. Freud's neurological education and its influence on psychoanalytic theory. In *psychoanalytical Issues*, Vol. IV (No 4). New York: International Universities Press.

Greenfield, N. S., & Lewis, W. C. (Eds.) 1965 *Psychoanalysis and current biological thought*. Madison and Milwaukee: University of Wisconsin Press.

Lennard, H., & Bernstein, A. 1960. *The anatomy of psychotherapy: Systems of communications and expectations*. New York: Columbia Universities Press.

Pribam, K. H., & Gill, M. M. 1974. *Freud's "Project" reassessed*. New York: Basic Books.

Rapaport, D. 1950. *Emotions and memory* (2nd ed). New York: International Universities Press.

Whyte, L. 1960. *The unconscious before Freud*. New York: Basic Books.

기초적인 관계에서 협조적인 관계로 (제5장)

Brody, E. B. 1958. What do schizophrenics learn during psychotherapy and how do they learn it? *Journal of Nervous and Mental Disease* 127 (No. 1).

Brody, S. 1964. Syndrome of the treatment rejecting patient. *Psychoanalytic Review* 51: 243-252.

Davis, H. L. 1965-1966. Short-term psychoanalytic therapy with hospitalized schizophrenics. *Psychoanalytic Review* 52: 421-448.

Ekstein, R., & Wallerstein, R. S. 1957. *The teaching and learning of psychotherapy*. New York: Basic Books.

Kanzer, M. 1981. Freud's "analytic pact": The standard therapeutic alliance. Journal of the *American Psychoanalytic Association* 29: 69-87.

Kubie, L. S. 1950. *Practical and theoretical aspects of psychoanalysis*. New York: International Universities Press.

Spotnitz, H. 1981. Ethical issues in the treatment of psychotics and borderline psychotics. In M. Rosenbaum (Ed.), *Ethics and values in psychotherapy*. New York: Free Press.

[집단 치료]

Bernstein, V. F. 1981. Toward a developmental model for group affects. In T. Saretsky, *Resolving treatment impasses: The difficult patient*. New York: Human Sciences Press.

Day, M., & Semrad, E. 1967. Psychoanalytic oriented group psychotherapy. In B.B. Wolman (Ed.), *Psychoanalytic techniques*. New York: Basic Books.

Ormont, L. R. 1970-1971. The use of the objective countertransference to resolve group resistance. *Group Process* 3:95-110.

Ormont, L. R., & Strean, H. 1978. *The practice of conjoint psychotherapy*. New York: Human Sciences Press.

Rosenthal, L. 1963. A study of resistance in a member of a therapy group. *International Journal of Group Psychotherapy* 13:315-327.

Slavson, S. R. 1964. *A textbook in analytic group psychotherapy*. New York: International Universities Press.

Spotnitz, H. 1968. The management and mastery of resistance in group psychotherapy. *Journal of Group Psychoanalysis and Process* 1:5-22.

Spotnitz, H. 1980. Constructive emotional interchange in group psychotherapy. In L. R. Wolberg & M. L. Aronson (Eds.), *Group and family therapy 1980: An overview*. New York: Brunner/Mazel.

저항의 인식과 이해 (제6장)

Artiss, K. L. (Ed.) 1959. *The symptom as communication in schizophrenia.* New York: Grune & Stratton.

Cleavans, E. 1957. The fear of a schizophrenic man. *Psychoanalysis* 5 (No 4):58-67.

Dahl, H. 1965. Observations on a "natural experiment" : Helen Keller, *Journal of the American Psychoanalytic Association* 13:533-550.

Freud, A. 1946. *The ego and the mechanisms of defense.* New York: Internatonal Universities Press.

Kavka, J. S. 1980. The dream in schizophrenia. In J. M. Natterson (Ed.), *The dream in clinical practice.* New York: Jason Aronson.

Milner, W. R. 1982. "Resistances to Treatment" in patients at a modern psychoanalytic training clinic: An exploratory study. Final project, Center for Modern Psychoanalytic Studies. Unpublished.

Reich, W. 1945. *Character-analysis.* New York: Orgone Institute Press.

Weiss, E. 1960. *The structure and dynamics of the human mind.* New York: Grune & Stratton.

저항의 관리와 숙달 (제7장)

Bibring, E. 1954. Psychoanalysis and the dynamic psychotherapies. *Journal of the American Psychoanalytic Association* 2: 745-770.

Ekstein, R. 1965. Historical notes concerning psychoanalysis and early language development. *Journal of the American Psychoanalytic Association* 13: 717-731.

Glover, E. 1955. *The technique of psycho-analysis*, Chapters IV, V. New York: International Universities Press.

Greenson, R. R. 1965. The problem of working through. In M. Schur (Ed.), *Drives, affects, behavior* (Vol. 2). New York: International Universities Press.

Morris, J. 1985. *The dream workbook.* Boston: Little Brown.

Nacht, S. 1959. *Psychoanalysis of today*. New York: Grune & Stratton.

Novey, S. 1962. The principle of "working through" in psychoanalysis. *Journal of the American Psychoanalytic Association* 10: 658-676.

자기애적 전이 (제8장)

Abrams, E. K. 1976. The narcissistic transference as a resistance. *Modern Psychoanalysis* 1: 218-230.

Bion, W. R. 1955. Language and the schizophrenic. In M. Klein, p. Heimann, & R. Money-Kyrle (Eds.), *New directions in psychoanalysis*. New York: Basic Books.

Ekstein, R., & Friedman, S. 1967. Object constancy and psychotic reconstruction. *Psychoanalytic Study of the Child* 22. New York: International Universities Press.

Glover, E. 1955. *The technique of psycho-analysis* (Chapters VII, VIII). New York: International Universities Press.

Greenacre, p. 1954. The role of transference: Practical considerations in relation to psychoanalytic therapy. *Journal of the American Psychoanalytic Association* 2: 671-684.

Orr, D. W. 1954. Transference and countertransference: A Historical survey. *Journal of the American Psychoanalytic Association* 2: 621;670.

Schecter, D. E. 1968. Identification and individuation. *Journal of the American Psychoanalytic Association* 16: 48-80.

역전이: 저항과 치료적 영향력 (제9장)

Borowitz, E., & Calmas, W. E. (Eds.) 1977-1978. Emotional communication and countertransference in the narcissistic and borderline disorders: A symposium. T. Lidz, J. Masterson, H. Spotnitz, V. Volkan. *Modern Psychoanalysis* 2: 149-179.

Epstein, L., & Feiner, A. H. (Eds.) 1979. *Countertransference*. New York: Jason Aronson.

Fleming, J., & Benedek, T. 1966. *Psychoanalytic supervision*. New York: Grune & Stratton.

Fliess, R. 1953. Countertransference and counteridentification. *Journal of the American Psychoanalytic Association* 1:268-284.

Fromm-Reichmann, F. 1950. *Principles of intensive psychotherapy*. Chicago: University of Chicago Press.

Glover, E. 1955. *The technique of psycho-analysis* (Chapters I, VI). New York: International Universities Press.

Grinberg, L. 1962. On a specific aspect of countertransference due to the patient's projective identification. *International Journal of Psycho-Analysis* 43:436-440.

Little, M.I. 1981, *Transference neurosis and transference psychosis*. New York: Jason Aronson.

Masterson, J. F. 1983. *Countertransference and psychotherapeutic technique: Teaching seminars on psychotherapy of the borderline adult*. New York: Brunner/Mazel.

Meadow, P. W., & Clevans, E. 1978. A new Approach to psychoanalytic teaching. *Modern Psychoanalysis* 7: 185-213.

Meerloo, J. A. M. 1964. *Hidden communion: Studies in the communication theory of telepathy*. New York: Garret Publications.

Nacht, S. 1965. Interference between transference and countertransference. In M. Schur (Ed.), *Drives, affects, behavior* (Vol. 2). New York: International Universities Press.

Roazen, P. 1985. *Helene Deutsch; A psychoanalyst's life*. Garden City, New York; Anchor Press/Doubleday.

Saretsky, T. 1981. *Resolving treatment impasses: The difficult patient*. New York: Human Science Press.

Searles, H. F. 1979. *Countertransference and related subjects*. New York: International Universities.

Spotnitz, H. 1982. Supervision of psychoanalysts treating borderline patients. Discussant: O. Sternbach. *Modern Psychoanalysis* 7: 185-213.

개입: 범위와 순서 (제10장)

Aull, G., & Strean, H. 1967. The analyst's silence. *Psychoanalytic Forum* 2: 72-87.

Eissler, K. R. 1953. Notes upon the emotionality of a schizophrenic patient and its relation to problems of technique. *Psychoanalytic Study of the Child* 8: 199-250.

Freud, A. 1965. *Normality and pathology in childhood*, pp. 227-235. New York: International Universities Press.

Grossman, D. 1964. Ego-activating approaches to psychotherapy. Psychoanalytic Review 51:401-423.

Hayden, S. 1983. The toxic response in modern psychoanalysis. *Modern Psychoanalysis* 8;3-16.

Lornad, S. 1946. *Technique of psychoanalytic therapy*. New York: International Universities Press.

Love, S. 1979. Maturational interventions with two boys in modern psychoanalytic psychotherapy. *Modern Psychoanalysis* 4: 165-182.

Nelson, M. C., Nelson, B., Sherman, M. H., & Strean, H. S. 1968. *Roles and paradigms in psychotherapy*. New York: Grune & Stratton.

Sherman, M. H. 1961-1962. Siding with the resistance in paradigmatic psychotherapy. *Psychoanalytic Reciew* 48(No.4):43-59.

Strean, H. S. 1959. The use of the patient as consultant. *Psychoanalytic Review* 46 (No. 2): 35-44.

Weeks, G. R., & L' Abate, L. L. 1982. *Paradoxical psychotherapy: Theory and practice with individuals, couples and families*. New York: Brunner/Mazel.

색 인

ㄱ

가망 없음 21, 41, 42, 174, 175, 241, 281, 289, 333
간접적 방법 92-96, 98, 102, 298, 299-301
감각 박탈 79-81, 113, 1214, 124
감각들 60-62, 99, 113, 116-119, 177, 184, 219, 241, 245
감정을 자아화하기 307
개인 개업. 또한 외래 치료를 보시오 32, 38, 44
개입(일반) 124-126, 193-194, 242, 275-278, 295-301, 304, 312, 323-326
   에 대한 절약 1147, 120, 193, 295
   의 범위 27, 41-42, 44, 298, 342-345
   전이 상태에서의 순서 328-333, 338-343
   초기 단계에서의 196, 199, 204-205
   특정 43-45

개입, 종류의 또한 분석가의 의사소통; 해석; 죠이닝 기법; 변성독소 반응을 보시오
   명령(지시) 299, 301-305, 329
   반영하기 206, 228, 301, 312-315, 317-320, 322, 329
   설명 216, 299, 310-312, 335
   성숙적 의사소통 122, 298-300
   심리적 반영 97-89, 212, 215, 217, 252, 327, 340
   정서적 의사소통 43-45, 80, 214, 216-218, 276, 288
   죠이닝 87, 901, 215-218, 299-302, 303, 312-326, 333, 336
   직면 164, 193-194, 214, 216-218, 276, 288
건설적 공격성 55, 88
격노 55, 62, 63, 65, 68, 72, 75, 76, 80, 89, 171, 186, 226, 244, 249, 250, 255, 281, 327, 345

방출에 대한 장애물의 제거 75
  억제된 72, 73
  자기애적 53, 64-67, 85-88, 283
결정, 주요, 분석기간 동안 158, 170
결핍상태 102
경계선 환자 41-42, 77, 233-235
  의 임상적 기능 77-78
계약, 분석적 의 위반 209
  의 파기 140, 145
  제3자의 참여 140-145, 163
골칫거리로서의 환자 48, 281, 343
공격성 53-60, 79-81, 100-103, 198, 234, 320, 321
  건설적과 파괴적 52-55
  공격적 욕동의 목표 55, 79-81
  방어로서의 56, 73-76
  에 대한 잠재성 81, 100
  에 대한 현대 관점 77-81
  외상적 수준에서의 활성화 44, 67-78, 79-81
  임상적 상황에서 69-72, 83-86
  자신을 향한 54-57, 63, 65, 66
  정신분열증에서의 역할. 또한 격노를 보시오
  좌절-공격성 카타르시스의 억제 240
공격적으로 결정된 이미지들 234
공생적 관계 273
관계의 초기 단계. 치료 관계를 보시오

괴상한 감정 177
구성, 또한 재구성을 보시오 249-250, 276
기능정 장애, 스펙트럼 99
기억 69, 112, 186, 198, 200, 203, 312
  또한 재구성을 보시오
  의 언어화 174
  전언어적 대상관계에 대한 195
긴장성 장애 33, 52, 55, 131, 137
꿈 106, 113, 143, 179, 188, 201
  과 꿈 상태 143, 187
  과 대상-자아 영역 187-189
  에 대한 접근 201-202

ㄴ

내사 186, 188, 242, 246
뉴런 저장고 112, 113, 114, 116
뉴런의 경로, 활성화와 비활성화 95, 116-119
뉴런의 무력에 대한 이론 107
뉴욕주 정신의학연구소 22, 137

ㄷ

대뇌반구 119
대상 (오이디푸스 종류의) 전이. 전이를 보시오

대상 보호 66, 69, 814, 85, 179, 190, 237
대상 애착 51, 60, 145, 224
대상 영역. 도한 대상 표상을 보시오 186-190, 238, 252, 255
대상 표상 (이마고, 인상) 54, 71, 80, 87, 188, 235, 238, 245
대상관계 53, 54, 61, 194, 229, 237, 255
대상을 과대평가하기 316
대상을 평가절하하기 318
대상의 상징적 파괴 75
대상의 자아화(내사). 또한 자아 영역과 대상 영역을 보시오. 188
대상의 탈-자아화 246-247
"대양적" 감정 186-188
도파민 수용체 111
독백, 반추하는 240
동일시 625, 77, 84, 187-189, 218, 227, 273, 324, 329
　보상적과 일치적 260, 2801
　와 인격 문제 292
동해 복수법 256
따뜻한 묵인 324

ㄹ

리비도 이론 53, 60
리비도적 요소. 또한 본능적 욕동을 보시오 47-50, 51-53, 63, 82

ㅁ

만족감 121, 281
"만족의 경험" 68, 203
말로 설득하기 185, 186, 215-217, 309
말하라는 지시. 자유연상을 보시오
망상 62, 636, 87-89, 98, 130, 278-279
메릴렌드 정신의학 연구센터 36
면역 조치. 또한 변성독소 반응을 보시오 31, 35, 215, 336
명료화 193
모던 간접적 심리치료 27
모던정신분석(작동이론) 27-31, 39-41, 43, 45, 80, 120
　고전적 틀의 고수 26, 28-31
　기법에 대한 기본이론의 확장 43, 82-91
　또한 정신분석을 보시오
　슈퍼비전 276, 286-290
　의 훈련 41
　이름의 선택에 대해 28-30,
　전언어적 장애에서의 적용 80, 134, 297
모든 것을 다 말하기 108, 194, 198, 330
무관심 48, 274, 281
미국정신건강의학협회 21, 32, 261
"미쳐버리기" 176

ㅂ

바디랭귀지 103
박탈, 비이성적인 312, 345
반동-형성 295
반복강박 74, 221
반향 동작 316
방어 46, 56, 59, 62, 636, 67, 70, 714-74,
77, 80, 91, 127, 130, 167, 182, 191-193,
203, 292, 318
   또한 자기애적 방어를 보시오
   방어적 정신증의로서의 편집증 46
   분석가의 정서적 중립성으로서의
274
   의 초기 형태 58, 66-70
   잠재적 사례에서 71-72
   정신증의 기제로써 46, 56-59
   활성화된 공격상의 방출에 대한 56
배운것을 비우기 27
베이비시팅 149
변덕스러운 행동 145, 165
변성독소. 또한 면역 조치를 보시오
336-339
병인론. 정신분열증을 보시오
보복 불안 59
본능적 욕동(충동) 53-57, 70, 71-76
   또한 공격성; 리비도적 요소를 보시오
   에로스의, 방어적 역할 55
   의 목적 53

부분-대상 232, 249
부적응 62, 100, 102, 120
부정적 심판 저항 207
부정적 치료 반응 174, 196-198, 209
부정적 카타르시스 213
분노 64, 101, 158, 179, 185, 254, 344
분리-개별화 26, 60, 90, 186-188
분리된 대상으로서의 분석가 25, 128,
183, 184, 246, 252, 340
분석 가능성 49, 77, 86
분석 불가능. 분석 가능성을 보시오
분석가가 환자의 가족과 연락하기
135-137, 145, 152-154, 162-166, 172
분석가의 건강상의 위험 291
분석가의 결점 310, 347
분석가의 의사소통 82-84, 94, 122-125,
149, 180-182, 208, 216, 305
   또한 비언어적 의사소통을 보시오
   삼중의 과업 129
   성숙적 122, 299
   신경생리학적 공식 96-129
   의 수량화 121-129
   초기면접에서 135-140
   환자의 가족에게 하는 162-165
분석가의 정서적 희생 44
분석적 치료 26, 29, 44, 115, 308
분화, 정서적 60, 90, 187
분화되지 않은 감정들. 또한 전-감정

을 보시오 25, 67, 186, 245, 250
불안 53, 57, 124, 175, 237, 240, 280-282, 286
   불안으로부터의 안식처인 카우치 143
   에 대한 보복 59
   의 수준 208
"붕괴하기" 183, 185, 206, 245, 314
비언어적 의사소통 27, 1147, 162, 180, 292, 300
비엔나 정신분석학회 53
비용과 금전적 거래. 치료관계를 보시오
비합리적 박탈 312, 345

ㅅ

살아있음 (감정) 62, 96, 98
살인적 감정 86, 176, 285, 319-322
살인적 미치광 71, 164
상징적 의사소통 43, 162, 180
상징적 충족 103, 205
새것에 대한 공포증 211
새로운 행동을 모델링하기 323-326
성공적 결과에 대한 약속 139
성속한 인격. 또한 인격 성숙; 회복을 보시오 187, 346
성숙적 대리인 97, 103, 343
성숙적 실패, 반응의 스펙트럼 98, 238

성숙적 욕구 80, 97, 98, 100, 101-103
   를 분석가가 간접적으로 충족하기 103, 276
성숙적 의사소통 121-123, 299
성숙적 해석 299, 301, 325
성숙한 공격성 66
성적 충동과 감정 46-49, 58, 82, 174, 177, 185, 232, 248, 252, 254, 263
소개 138, 162
소원들, 긍정적과 부정적 202, 206, 207, 260, 308, 324
수정된 정신분석 28
슈퍼비전 269, 276, 286-290, 331
스트레스에 대한 환자의 취약성 80, 113, 162, 198, 215, 337
스트레스-체질 모델 77-78
시냅스 활동 111
신경과학 96, 107
   정신분열증의 생물역동학에 대한 단서 96
신경전달물질 111, 119
신경체계의 통합적 단위체로서의 뉴런과 중간뉴런 110
신경학자를 위한 프로이트의 심리학 잘못된 몇 개의 이론들 105-108
신경학자를 위한 프로이트의 심리학 105-109
신체 자기, 초기의 감각 97

신체-자아 50
신체적 접촉 174, 210
실수 157, 158, 269, 276-278, 294
　이론적 17-19, 22
실험실, 환자의 신체 129
심리 검사 136-139, 346
심리-신체 관계 106, 118-119
심리적 가역성. 또한 완치; 회복을 보시오 31, 34, 44, 46, 62, 63, 77, 95, 98, 190
심리적 반영. 개입을 보시오
심리적 살인 74
심리적 약물로서의 말 95
심인성 질병 29, 98, 190

ㅇ

악의 41, 224
약물 치료 35, 37
약물, 항정신증 19, 36, 37
　의 복용 37
　의 유독성 36, 39, 44
억압 46, 49, 50, 89, 100, 174
억제된 격노 72, 73
언어 75, 117, 196
언어와 전어적 인상 249-251
언어적 수유 121, 122, 126, 127, 182, 183, 298, 329

또한 접촉기능을 보시오
　자기-요구에 맞추어 126, 180-182, 305
　언어화 122, 180, 183, 195-196, 198, 2036
　부정적 감정의 88, 179, 193, 209, 212, 213, 216, 221, 239, 329, 330
　전오이디푸스 상태의 189, 190, 241, 248-251
엄마-아동 관계(전언어적) 57, 60-72, 73-76, 79-81, 97-103, 180, 279
여기 지금 914, 172, 235
　부정적 전이의 상술 235
역설적 의도 300, 301
역전이 21, 28, 42, 43, 77, 83, 89, 90, 195, 251, 258, 293, 317, 344
　개념과 범위 267-274
　객관적. 또한 유도된 감정들을 보시오 259-262, 271-279, 299-318
　부정적 88, 263-268
　안나 O의 사례에서 브로이어의 263-265
　에 대한 프로이트의 견해 265-269
　와 분석가의 인격적 문제 224, 262
　와 재구성
　와 특정 전이 상태들 280-282
　의 분석 261, 269-273, 276

의존적(양육적) 종류의 279, 281, 282, 287
  자기애적. 자기애적 역전이를 보시오
  저항으로써. 또한 역전이 저항을 보시오 275
  주관적 271-274, 276, 277
역전이 저항 27, 83, 258-260, 263-269, 270, 277, 283-290
  긍정적 286
  부정적. 또한 자기애적 역전이 저항을 보시오 88, 283
    에 대한 단서 283-286
    의 원천 275, 286-290
  자기애적. 자기애적 역전이 저항을 보시오
영국 정신분석학회 260
예후. 정신분열증을 보시오
완치 21, 26, 29, 38-41, 45, 63, 116, 132, 137, 140, 213, 309
  또한 분석적 치료, 심리적 가역성, 회복으로 보시오
  신경생리학적인 개념으로 95
  에 대한 환자의 이론 309
외래치료 37, 44, 46, 127, 237-240
  의 최소 요건 131-134
외부 상황. 또한 저항, 환경적 조건을 보시오. 44
외부 저항. 저항을 보시오

외상적 정신증 62
욕구, 내적 203
욕동, 본능적. 본능적 욕동을 보시오
우리-자기 (전이) 233
우울증 43-45, 67, 77, 174, 223, 241
운동 방출(운동성) 68-70, 88, 121, 124, 127
울기 302, 307, 327
원상회복 19
원시적 증오 59
위기감 282
위선적 단계 335
위협을 위협으로 맞서기 315
유도된 감정들(정서들) 21, 89, 189, 274, 278-279, 285, 288-294
  또한 역전이, 객관적; 자기애적 역전이를 보시오
  의 성질 20, 43, 89, 276, 285
  의 의사소통 215, 274, 275-278
  재구성에서의 사용 188, 250, 277
유아 정신의학에 대한 심포지움 97
유아의 공격성화 100
의사소통에 대한 반대세력 148, 193, 215
의사소통에 대한 양적 접근 121-129
의인성 퇴행 86, 124, 126, 127
의존적 갈망 95, 153, 174, 210
의학/치과 치료 137, 156, 172

이르마의 꿈 266
이전의 상태로의 회복 40
인격 발달, 신경역동학 96-105
인격 발달의 역동 95-106
　신경생리학적 접근 95-106
인격 성숙 44, 73, 167, 168, 171, 190, 213, 250, 266
인격의 문제 174, 292
인과치료 24, 82
인생의 역사에 대한 환자의 관심 215, 335
일차적 방어 204
일차적 소원적 끌림 204

ㅈ

자기 대상 50, 87-89, 90, 233, 249, 278-288
자기 대상 전이 26, 234
자기감 98, 102, 233
자기-고문 패턴 179, 336-338
자기-공격 태도 69-72, 88, 184, 281, 316
자기-방치 170-173
자기-분석 84, 193, 272, 276, 277, 335
자기-사랑 55, 58, 73
자기애 49-52, 64-66, 74, 266
자기애적 갑옷 224

자기애적 대상으로서의 분석가 183, 229
자기애적 방어 127, 128, 179, 191-193, 195, 317, 346
자기애적 상처 136-139, 179, 298-300, 326-328
자기애적 신경증 24, 51, 224, 228
자기애적 역전이 77, 90, 195, 272, 278-282,
　객관적 형태의 251, 271-276
　또한 역전; 유발된 감정; 자기애적 역전이 저항을 보시오
　와 동일한 개념 273
　주관적 형태의 272, 273, 274
자기애적 역전이 저항 190, 195, 271, 275, 278-290
　또한 역전이 저항; 저항; 전이 저항; 자기애를 보시오
　부정적 284-286, 298, 333
　에 대한 단서 283-286
　에 대한 분석 277
자기애적 욕구 233
자기애적 인격장애 41-42, 77, 99, 267
자기애적 전이 26, 77, 126, 127, 189, 219-257, 272, 311
　관련 개념 232-233
　기법에 대한 함의 236-240

또한 전이; 전이 저항; 자기애를 보시오
  의 상태; 부정적; 긍정적 184, 197, 230, 231
  의 임상적 특징 234-236
  의 저항적 기능 239-240, 263
  의 치료적 관리 125, 126, 127-129, 219, 2247
  치료에서의 진화 328-333
자기-통제 292-294
자살 충동과 생각 70, 71, 164, 171, 185, 246, 155, 281, 319-322
자아 감정 60, 241
자아 감정 전-자아 감정 252
자아 경계 55, 60-62, 66, 73, 177, 178, 242
자아 경계 자아-대상 영역 간의 87-89, 186-190
자아 약함 168
자아 영역과 대상 영역 66, 87-89, 186, 190, 237-240, 254, 344
  또한 대상의 탈-자아화; 자아의 대상화를 보시오
자기애적 상태에서의 109
최초의 자아 영역에서 진화하기 186-188
자아 통과 188
자아 핵심 279

자아 희생 64, 66
자아-동조적 대상 26, 196, 243, 254
자아를 돕기 326
자아를 반향하기 317, 320
자아의 대상화 242-244
자아-이조적 충동 174
자아-형성. 또한 자아 영역과 대상 영역을 보시오 50, 55, 60-65, 186, 246, 278-279
자위행위에 대한 죄책감 327
자유연상 24, 117, 173, 195, 196, 301
  근본적 원칙의 재공식화 120, 141, 177, 195, 197, 199, 207, 301
  또한 모든 것을 말하기를 보시오
자체 추진의 방출 120
작업가설 27, 46, 78
작업가설 또한 정신분열증을 보시오
작업동맹 133, 135, 166
재구성 189, 201, 244, 249-251, 276, 277, 343, 344
저항 24-28, 29, 88, 115, 121, 129, 153-156, 162, 167-190, 191-218, 258, 263, 296-299
  과 방어 127, 167, 182, 193, 216, 319
  과 퇴행 178-180, 193, 199
  내적 173-174
  부정적 심판 패턴 207
  신경생리학에서 121

색인 / 391

신경증 환자에서의 82-84, 193, 194
암벽 300
에 대한 양적 접근 193
역-저항. 역전이 저항을 보시오
외적 169-173
을 다루기 133-134, 165, 180-182, 191-218,312
  을 다루는 우선순위 200-201
  의 각성 198, 204, 215, 303
  의 강도를 조절하기 123, 126, 215
  의 의사소통적 기능 169-173
  의 인식과 이해 167-190, 214
  의 정의들 167-170
  의 초기 패턴들 141-162, 175-178, 206, 239
  의 해결 (단계) 122, 127-129, 191-194, 214-218, 277, 346
  의 해석. 해석을 보시오
  의 훈습 84, 192-194, 213-215, 301-304
  의사소통에 대한 반대세력으로서의 23, 148, 193, 207-210, 215
  이드의 (반복강박) 173-175, 198
  이상화의 229
  이차적 이득 174
  인격의 파편화 179, 199, 206, 214, 217
  자아의 (억압) 174, 177, 198
  자연 과학에서 94

전분석의 130, 135, 175-178
전오이디푸스기의 180, 303, 311-315, 327
전이. 전이 저항을 보시오
정신분열증에서 특별한 징후의 175-181
종결에 대한 84, 91, 201, 213-215
증상으로서의 177, 194
초자아 174, 197, 254
치료-파괴적 패턴들. 치료-파괴적 저항을 보시오.
침묵의 204, 207
카우치 사용에 대한 178
프로이트의 분류 173-175
한 가지 패턴에 영향주기 338-343
허용되는 반응들의 재체계화 25
현상 유지 (무력) 209-210
저항 분석 29
저항의 언어적 굶주림 214-217
저항할 권리 192
적대감 50, 58, 85, 87-89, 177, 189, 204, 254-256, 330
전-감정(전-자아, 분화되지 않은) 27, 174, 186, 241, 246, 276
전략적 독재자로서의 분석가 144
전오이디푸스기 장애들 43, 82, 99, 124, 165, 178, 180, 188-190, 2014, 231, 238, 249-252, 274, 295, 300, 312

전이 24-26, 48-50, 65, 77, 123, 139, 152, 168, 263-265, 267-271
  긍정적 86, 89, 197, 211, 226, 265
  대상 (오이디푸스) 23-26, 86, 88-91, 127, 181-185, 188, 216, 228, 238-243, 252-254, 333, 334, 343
  망상적 생각에 대한 233
  변동하는 상태들의 43, 225-228, 247-250, 310, 332-335, 340-343
  부정적 84, 85-88, 196-198, 220-223, 226, 235, 253
  사랑. 또한 전이, 긍정적으로 보시오 83, 263
  에 대한 능력 23-26, 239
  에 대한 프로이트의 견해 219-225
  에 대해 환자를 설득하기 223
  원시적 232
  을 방어로 충전하기 121
  의 관리 223, 224, 241-254
  의 발달 속도. 또한 자기애적 전이; 전이 저항을 보시오 87, 247-250, 270
  의 수준을 관리하기 232
  의 외대화 232
  의 원형 263
  의 특별한 문제 254-256
  의 해결 (단계) 256, 312
  의 행동을 신경역동학적 개념으로 116-119
  의 회복적 기능 224-227
  의존적 279-281
  자기애적. 자기애적 전이를 보시오
  전이 상태들의 연속체 238
  정신증의 기제로써 77, 229, 232
  증오. 또한 전이, 부정적을 보시오 254-256, 265, 287
전이 대상 86, 126, 190, 213, 232, 236, 237, 241-246, 252, 254-256, 274, 312
전이 대상 자아-동조적 25, 230, 254
전이 신경증 24, 228, 229-236
전이 저항 82-84, 175, 177, 185, 199, 200, 206, 216, 217, 222, 249, 255, 271, 3014, 326
  대상 82-84, 90, 182-184, 332-337
  또한 자기애적 전이; 전이를 보시오
  자기애적 87-91, 184-185, 240, 313-315, 327-335, 344-346
전이 정신증. 전이를 보시오
전이 치료 115
접촉기능, 또한 개입을 보시오 199, 216, 243, 305, 244
정상성 18, 40, 111
정서적 반응성 274, 292-294
정서적 성숙. 또한 인격 성숙을 보시오 26, 44, 96-98, 118-119, 257, 348
정서적 스트레스에 대한 취약성 78, 79, 162

정서적 스트레스에 대한 환자의 취약성 80, 98, 162
정서적 유도. 또한 유도된 감정을 보시오 261
정서적 의사소통. 개입을 보시오
정서적 중립성, 방어로서의 274
정신분석(방법) 18, 27, 28, 39-41, 43-45, 56-62, 79-841, 82, 93-96, 1418, 133, 169, 194, 258, 273, 295, 347

   과 자연 과학, 유사점 92-95
   모던. 모던정신분석을 보시오
   의 목표. 또한 분석적 치료; 인격 성숙을 보시오 17
   정신분열증에서의 적용 17-45, 84
   중추신경계에 미치는 영향 95
   프로이트의 정의 29
정신분석을 지향하는 심리치료 29
정신분열증 17-23, 46-54, 67, 72, 75, 95, 111, 167, 174, 178, 276

   과 방어. 자기애적 방어를 보시오
   분석가능성에 대한 초기 견해 17-19, 24
   약물치료 35-38, 44
   에 관한 현대 이론 77-80
   의 병인론 17-79, 38-40, 60-65, 66, 80, 100
   의 예후 14-21, 35-41, 44
   의 진단 31-35, 44, 135-139

   의 치료에 있어서 정신분석적 기법의 확장 82-89
   의 치료에서 정신분석의 과업 75
   의 핵심문제(작업가설) 46, 67-72
정신분열증에서의 자아 결핍 79, 326
정신분열증에서의 핵심갈등 67
정신분열증의 갈등-방어 모델 79
정신분열증의 결핍모델 80
정신분열증적 반응. 또한 정신분열증을 보시오 20, 31-33, 70, 71, 120, 189, 198, 222, 237, 249, 337, 344
정신분열형 장애와 분열정동형 장애 34
정신신경증 24, 46-49, 82-85, 98, 223, 240
정신신경증 환자 75, 84, 89, 125, 193, 252
정신신체화 30, 44, 99, 190, 291
정신의학 증진협회 262
정신적 에너지 98, 112-116, 118, 119
정신증 32-35, 41, 46, 55, 59, 60, 61-65, 70, 76, 99, 112-116, 118, 178, 187, 190, 196, 199, 224, 263
   의 기본적 기능 65
   의 방어기제. 또한 자기애적 방어를 보시오 54-57
제1회 국제정신분석학술대회 49
조발성 치매 18, 21, 25, 51, 52, 221, 222

줄기 280
좌절 58-65, 80, 122, 125, 181
  과 자아 형성 60-66
좌절-공격성(긴장) 68, 79, 121, 181, 186, 237
  과 저항 197-199, 285-287
  또한 공격성을 보시오
  의 방출을 돕기 88, 205, 218
  의 수준을 관리하기 193, 198, 216
  의 억제 72, 73, 123, 180, 211, 256
  적절하지 못하게 했을 때의 영향125
좌절-내성 52, 63, 149
죄책감 147, 164, 174, 230, 248, 259, 293, 316, 327
죠이닝 기법 313-326, 332
  자아-동조적 301, 323-326, 328
  자아-이조적 301, 314-322
중간뉴런 의사소통 103
중화 이론 58, 73
증거를 위해 다그치기 304-307
증오 50, 55, 56-59, 255, 268, 341, 343
  에 대한 프로이트의 견해와 민감성 53, 84, 265, 269
  자기에 대한 70, 248, 327
  전이 대상에 대한 언어화 254-256, 287
  치료적 세력으로서의 86
  환자에게 표현하기 266-269, 286

환자의 정신에서의 63, 84, 174, 175, 255, 320, 321
지각적 정체성 77
지루함 281
지지적 심리치료 29, 80, 103
직면, 또한 개입을 보시오
진단, 정신분열증을 보시오
  DSM1 21, 33,
  DSM2 32
  DSM3 33
진보적 언어적 방출. 또한 환자의 의사소통, 진보적을 보시오 182, 183
질문들 137, 138, 160, 163, 200, 201, 205, 207, 209, 213, 250, 255, 285, 299, 304, 311, 314, 326, 329, 331, 335, 338-339
  대상-지향적인 181, 206, 242, 307, 339
  또한 접촉기능을 보시오
  망상적 생각에 대한 304-307, 332
  반문 328,
  사실적인 304, 314
  자아-지향적인 308-310
질문으로 포화시키기 314-317
집단 심리치료, 정신분석적 120, 162, 180, 327, 335
징후학 32-35, 36, 41, 469, 52, 77, 99, 132, 137, 263

ㅊ

철수 49-52, 54, 57, 62
초기 모성 환경 65
초기 자아 상태 26, 50, 72, 228
초기면접 135-1401
추가 회기 147, 150
충동, 공격적. 또한 공격성을 보시오
충동, 운동 행동을 방출 124, 177
충족에 대한 욕구 97
치과 치료 138
치료 계약. 치료관계; 계약을 보시오
치료 관계(동맹) 44, 98, 102, 130-165
    규칙에 대한 일반적 태도 158-160
    분석가에 대한 특수한 요구 82, 87, 90, 148
    시험 기간 140
    에 대한 계약 140-146, 147, 155, 165, 209, 213
    에서의 분석가의 태도 292-294, 310-312
    와 치료실 밖에서의 환자의 행동 158, 330
    의 기간 140, 151
    의 비용과 금전적 거래 146, 152-158
    의 중단 160-162, 214
    의 초기 면접 135-140, 148
    의 최적의 강도 151

    의 형성에 대한 분석가의 책임 131-134
    협조적 기능의 개념 41, 143, 165, 213
    환자의 가족과 접촉하기 142, 163-165
    환자의 목표를 변경하기 130-133
    회기 취소와 추가 회기 150, 156-158
    회기의 빈도수 146-152
    휴가 기간 160-163, 215
치료불가능의 감정들 18, 44, 174, 183, 247, 285, 290
치료의 목표 21, 26, 30, 119
    환자의 초기 131, 147, 167
치료의 실패 1, 44, 134, 174, 274, 317-320
치료의 중단 160-162, 214
치료적 과정에 대한 신경과학적 공식화 120-129
치료적 부정주의 20
치료적 영향력 77, 89, 261, 275, 278, 286
치료적 전략에 대한 환자의 관심 159, 336
치료-파괴적 저항 147, 153-155, 198, 199-201, 205, 211, 239
    에 대한 단서 206-210

의 강도를 조절하기 193-194, 197, 214
의 없어짐 217
침묵 123, 295, 297
  분석가의 20, 124, 208, 295, 296
  환자의 122, 149, 206, 207, 239, 303
침묵의 분석 90, 121, 196, 197, 201
침묵의 해석 121, 196

ㅋ

카우치 22, 141-143, 158, 177, 181, 195, 198, 204, 258, 282, 301-303, 316, 330, 331, 333
  에서 일찍 일어나기 209, 301-304, 329, 331
  에서의 자세 143, 282
카타르시스 접근법 255

ㅌ

타고난 공격성 101
탈인격화 52, 57
통제의 상실(에 대한 두려움) 204, 226
통찰 27, 195-196, 300
퇴행 32-34, 40-43, 46, 50, 58, 72, 73, 74, 76, 178-180, 225, 330

방어적. 또한 자기애적 방어를 보시오 62, 178-180, 199, 242
  의 제어 179, 199
  의원성의 86, 124, 127
투사 48, 60, 186, 189
투사적 동일시 242, 243, 274

ㅍ

파괴적 공격성 53, 54, 221, 230, 301
편지 쓰기 160
편집증 48
폭발적 상황의 예방 124
폭발적 행동에 대한 안전장치 85-89, 143
표현적 심리치료 29
프로이트의 견해 169

ㅎ

학생 분석가의 문제. 또한 역전이 저항; 유도된 감정을 보시오 283-290, 344
한계가 있는 정신분석 29
합동치료, 또한 집단 심리치료를 보시오
해결할 수 없는 갈등 75, 237
해석 43, 58, 195-196, 211-213, 214-218, 298, 331

꿈에 대한 201-202
  성숙적 299, 301, 326-328, 335
  오이디푸스 문제에 대한 89, 91
  요구했을 때의 300, 327
  의 순서 298
  침묵속의 121, 196, 201-202
  프로이트의 견해 23-28, 191
행동 변화 115, 198, 216-218, 335, 346
  격노-철수에서 격노-전투 패턴으로 252-253
  이와 관련된 신경변화 115-117, 120
행동 충동 75, 144, 204
행동 충동에 대한 보호 76, 193
행동 패턴 124, 217, 250
행동을 금지하기 68-70, 202-205, 239, 242
행동적 변화의 도구로서의 말 95
행동화(Acting out) 124, 249
행동화(Acting in) 249, 300
혐오감 281, 285
혐오감, 분석가의 281
협조적 기능 40, 141, 143, 165, 178, 196
화학치료. 약물치료를 보시오
환각 33, 34, 86, 131, 174, 179, 232
환경적 조건. 또한 저항, 외부를 보시오 22, 162, 164, 169-171
환상 50, 68, 180, 185, 188, 214, 241, 248, 249, 250, 300, 325, 345

환자보다 "더 미치기" 320
"환자 살해" 264, 319-322
환자에 대한 모성 욕구 279
환자에게 "잘못된 말"을 하기 287
환자의 기대들 308-310
환자의 삶의 조건 44, 141, 147, 158, 218
환자의 의사소통 121-123, 179, 206-208, 213, 216, 279, 329
  다루는 주제 213
  또한 저항; 치료파괴적-저항을 보시오
  반복적 204, 307
  상징적 180
  진보적 194, 198, 206, 216, 282, 308, 326, 346
환자의 처벌 156
환자의 행동을 통제하기 44, 86-88
회기 시간을 넘기기 210
회기의 빈도 146-152
회기의 취소 156-158
회복. 또한 완치; 인격 성숙을 보시오 20, 34, 38, 41, 44, 736, 88-91, 119, 140, 256, 346-348
회복적 증상 52, 75
훈련, 모던정신분석의 39-41, 286-289
훈습 193, 215, 216-218
휴가 기간 160-161, 214
흡연 65, 159

저자 소개

하이만 스팟닛츠 M.D., Med.Sc.D.는 정신건강의학 연구원이자, 신경학자이자, 정신분석가이며, 정신분열증 및 자기애적 장애의 치료를 전문으로 하며, 또한 집단분석 분야의 개척자이다. 저서로는 『카우치와 원The Couch and the Circle』, 『전오이디푸스기 상태의 심리치료Psychotherapy of Preoedipal Conditions』, 『자기애적 신경증의 치료Treatment of the Narcissistic Neuroses』(Phyllis W. Meadow와 공저)등이 있다.

미국 과학증진협회의 펠로우이자, 미국 정신건강의학학회와 미국 교정정신의학학회의 평생 펠로우이다. 1988년에 미국 정신의학정신분석협회로부터 지그문트 프로이트상을 수상했다. 1991년에 『그냥 다 말하라: 하이만 스팟닛츠 기념 논문집Just Say Everything: A Festschrift in Honor of Hyman Spotnitz』이 출판되었으며, 미국정신건강의학학회에서 50년간의 정신건강의학분야에서의 공로를 인정받았다.

2008년에 세상을 떠나기 전까지 분석가, 저자, 슈퍼바이저, 컨설턴트 등으로 활발하게 활동했다

한국심리치료연구소 총서

순수 심리치료 분야

놀이와 현실
Playing and Reality
by D. W. Winnicott / 이재훈

울타리와 공간
Boundary & Space
by D. Wallbridge
& M. Davis / 이재훈

유아의 심리적 탄생
Psychological Birth
of the Human Infant
by M. Mahler & F. Pine / 이재훈

꿈상징 사전
Dictionary of Dream Symbols
by Eric Ackroyd / 김병준

그림놀이를 통한 어린이 심리치료
Therapeutic Consultation
in Child Psychiatry
by D. W. Winnicott / 이재훈

자기의 분석
The Analysis of the Self
by Heinz Kohut / 이재훈

편집증과 심리치료
Psychotherapy
& the Paranoid Process
by W. W. Meissner / 이재훈

멜라니 클라인
Melanie Klein
by Hanna Segal / 이재훈

정신분석학적 대상관계이론
Object Relations
in Psychoanalytic Theories
by J. Greenberg & S. Mitchell / 이재훈

프로이트 이후
Freud & Beyond
by S. Mitchell & M. Black
/ 이재훈 · 이해리 공역

성숙과정과 촉진적 환경
Maturational Processes
& Facilitating Environment
by D. W. Winnicott / 이재훈

참자기
The Search for the Real Self
by J.F. Masterson / 임혜련

내면세계와 외부현실
Internal World & External Reality
by Otto Kernberg / 이재훈

자폐아동을 위한 심리치료
The Protective Shell in Children and
Adult by Frances Tustin / 이재훈 외

박탈과 비행
Deprivation & Delinquency
by D. W. Winnicott / 이재훈 외

교육, 허무주의, 생존
Education, Nihilism, Survival
by D. Holbrook / 이재훈 외

대상관계 개인치료 I · II
Object Relations Individual Therapy
by Jill Savege Scharff & David E.
Scharff / 이재훈 · 김석도 공역

정신분석 용어사전
Psychoanalytic Terms and Concepts
Ed. by Moore and Fine / 이재훈 외

하인즈 코헛과 자기심리학
H. Kohut and the Psychology of the Self
by Allen M. Siegel / 권명수

성격에 관한 정신분석학적 연구
Psychoanalytic Studies of the
Personality by Ronald Fairbairn / 이재훈

대상관계 이론과 임상적 정신분석
Object Relations
& Clinical Psychoanalysis
by Otto Kernberg / 이재훈

나의 이성, 나의 감성
My Head and My Heart by De
Gregorio, Jorge / 김미겸

환자에게서 배우기
Learning from the Patient by Patrick
J. Casement / 김석도

순수 심리치료 분야

의례의 과정
The Ritual Process
by Victor Turner/ 박근원

대상관계이론과 정신병리학
Object Relations Theories and Psychopathology by Frank Summers /이재훈

정신분석학 주요개념
Psychoanalysis : The Major Concepts, by Moore & Fine/이재훈

대상관계 단기치료
Object Relations Brief Therapy by Michael Stadter/이재훈 • 김도애

임상적 클라인
Clinical Klein by R. D. Hinshelwood/ 이재훈

살아있는 동반자
Live Company by Anne Alvalez /이재훈 외

대상관계 가족치료
Object Relations Family Therapy by Jill Savege Scharff & David E. Scharff/이재훈

대상관계 집단치료
Object Relations, the Self and the Group by Charles Ashbach & Victor L. Shermer/이재훈

스토리텔링을 통한 어린이 심리치료
Using Storytelling as a Therapeutic Tool with Children by Sunderland Margot/이재훈 외

자폐아동과 정신분석
Autismes De L'enfance by Roger Perrson & Denys Ribas/권정아 • 안석

하인즈 코헛의 자기심리학 이야기 1/홍이화

초보자를 위한 대상관계 심리치료
The Primer of Object Relations Therapy by Jill & David Scharff/오규훈 • 이재훈

인격장애와 성도착에서 의공격성
Aggression and Perversions in Personality Disorders/이재훈 • 박동원

대상관계 단기부부치료
Short Term Object Relations Couple Therapy by James Donovan /이재훈 • 임영철

왜 정신분석인가?
Une Psychanalyse Pourquoi? by Roger Perron/표원경

애도
Mourning, Spirituality and Psychic Change by Susan Kavaler-Adler/이재훈

독이 든 양분
Toxic Nourishment by Michael Eigen/이재훈

무의식으로부터의 불꽃
Flames from the Unknown by Michael Eigen/이준호

정신분석학 주요개념 II
Psychoanalysis : The Major Concepts, by Moore & Fine/이재훈

대상의 그림자
The Shadow of the Object by Christopher Bollas/이재훈 외

환기적 대상
The Evocative Object by Christopher Bollas/이재훈

순수 심리치료 분야

끝없는 질문
The Infinite Question by Christopher Bollas/이재훈

소아의학을 거쳐 정신분석학으로
Through Paediatrics to Psycho-Analysis by D. W. Winnicott/이재훈

감정이 중요해
Feeling Matters by Michael Eigen/이재훈

흑암의 빛줄기
A Beam of Intense Darkness by Grotstein/이재훈

C.G. 융과 후기 융학파
Jung and the post-Jungians by Andrew Samuels/김성민

깊이와의 접촉
Contact With the Depth by Michael Eigen/이재훈

심연의 화염
Flames From the Unconscious by Michael Eigen/이재훈

정신증의 핵
The Psychotic Core by Michael Eigen/이재훈

난 멀쩡해 도움 따윈 필요없어
I am not sick I Don't Need Help by Xavier Amador/최주언

분석적 장
The Analytic Field ed. Antonino Ferro & Roberto Basile/이재훈

신앙과 변형-마이클 아이건 서울 세미나 II-
Faith & Transformation by Michael Eigen Seoul Seminar II/이재훈

아스퍼거 아동으로 산다는 것은?
What is it like to be me? by AlenkaKlemenc 외/이재훈

아기에게 말하기
Talking to Babies by Myriam Szejer, M.D./김유진 • 이재훈

자폐아동의 부모를 위한 101개의 도움말
101 Tips for Parents of Children with Autism by Arnold Miller and Theresa C. Smith/최주언

"그러나 동시에 또 다른 수준에서"
"But at the Same Time and on Another Level" by James S. Grotstein/이재훈 외

C.G.융
C.G. Jung by Eliem G. Humbert/김유빈

자폐적 변형
Autistic Transformations by Celia Fix Korbiveher/최윤숙/이재훈

상상을 위한 틀
A Framework for the Imaginary by Judith Mitrani/이재훈

기독교 신앙과 관련된 심리치료 분야

종교와 무의식
Religion & Unconscious
by Ann & Barry Ulanov / 이재훈

희망의 목회상담
Hope in the Pastoral Care
& Counseling
by Andrew Lester / 신현복

살아있는 인간문서
The Living Human Document
by Charles Gerkin / 안석모

인간의 관계경험과 하나님경험
Human Relationship
& the Experience of God
by Michael St. Clair / 이재훈

신데렐라와 그 자매들
Cinderella and Her Sisters
by Ann & Barry Ulanov / 이재훈

현대정신분석학과 종교
Contemporary Psychoanalysis
& Religion
by James Jones / 유영권

살아있는 신의 탄생
The Birth of the Living God
by Ana-Maria Rizzuto / 이재훈

인간의 욕망과 기독교 복음
Les Evangiles au risque
de la Psychanalyse
by Françoise Dolto / 김성민

신학과 목회상담
Theology & Pastoral Counseling
by Debohra Hunsinger
/ 이재훈 · 신현복

성서와 정신
The Bible and the Psyche
by E. Edinger / 이재훈

목회와 성
Ministry and Sexuality
by G. L. Rediger / 유희동

상한 마음의 치유
Healing Wounded Emotions
by M. H. Padovani 외 / 김성민 외

예수님의 마음으로 생활하기
Living from the Heart Jesus Gave You
by James. G. Friesen 외 / 정동섭

신경증의 치료와 기독교 신앙
Les Maladies Nerveuses et leur
Guérison
by A. Lechler / 김성민

전환기의 종교와 심리학
Religion and Psychology in
Transition
by James Johns / 이재훈

영성과 심리치료
Spirituality and Psychotherapy
by Ann Belford Ulanov / 이재훈

치유의 상상력
The Healing Imagination
by Ann Belford Ulanov / 이재훈

외상, 심리치료 그리고 목회신학
/ 김정선

그리스도인의 원형
The Christian Archetype
by Edward F. Edinger / 이재훈

융의 심리학과 기독교 영성
De I'inconscient à Dieu: Ascèse
Chrètienne et psychologie de C.G.
Jung by Erna van de Winckel / 김성민

앞으로 출간될 책